封面題字：孫毓芹先生
國際標準書號：ISBN 957-9480-00-1

如何修證佛法

南懷瑾先生講述

己巳1989(78)年8月臺灣初版・庚午1990(79)年5月臺灣再版
庚午1990(79)年8月臺灣三版・辛未1991(80)年4月臺灣四版
辛未1991(80)年7月臺灣五版・壬申1992(81)年1月臺灣六版
壬申1992(81)年4月臺灣七版・癸酉1993(82)年1月臺灣八版
癸酉1993(82)年10月臺灣二次印刷・甲戌1994(83)年8月臺灣三次印刷
乙亥1995(84)年3月臺灣四次印刷・局版臺業字第一五九五號

發行人：南懷瑾
出版者：老古文化事業股份有限公司
地址：臺北市信義路三段二十一號二樓
電話：七〇三五五九二・七〇九六三三〇
郵撥帳號：〇一五九四二六—一　FAX: 02-7078217
香港出版者：經世學庫發展有限公司
地址：香港中環都爹利街八號鑽石會大厦十樓
電話：八四五五五五五　傳眞：五二二五一二〇一
定價：新臺幣三四〇元整
港幣　元整

如何修證佛法

南懷瑾先生講述

老古文化事業公司

九版說明

編輯室

「如何修證佛法」這本書，是一九八九年出版的，次年就受到美國學界的注意，很快譯成了英文，書名為「Working Toward Enlightenment」，并已於一九九三年由美國Samuel Weiser公司出版上半部，下半部將於今年年底問世。

把這本書翻譯成英文的人，是傑西克里瑞(J.C. Cleary)，他與湯瑪士克里瑞(Thomas Cleary)二人，是美國翻譯界有名的兩兄弟，他倆廿多年前在哈佛大學畢業時，立志要從事東方文化的翻譯工作，當時也曾有人笑他們的選擇平凡；但是十幾年來，湯瑪士已經翻譯了卌多本中國的古籍，包括「周易」，「孫子兵法」，「道德經」，「孫不二女丹」，「悟真篇」，以及八十卷的「華嚴經」等，成效驚人，歎為觀止。本書是傑西所譯，湯瑪士則翻譯南教授另一本書「禪與道概論」，已經完工，將於明年出版。傑西的譯作雖不及乃兄那麼多，但也是優秀的翻譯家。

湯瑪士在給包卓立(Bill Bodri，是本書英譯本序言的作者)的信中，談到一九八〇年開始閱及南懷瑾教授的著作，認為南氏的學術寬廣博大，并融通各家，既有理論，更有實證，為時代所罕見。他並且強調，本書英譯本出版後，將對西方造成震撼，因為南氏的講解和表達，是前無古人的。

湯瑪士克里瑞，除了幾十本東方文化的譯作外，另有自己所著「日本人的兵法」(The Japanese Art of War)一書。該書不久前已譯成中文，由台灣金禾出版社印行。

印度在釋迦牟尼滅度後九百年間，也有一對弟兄，就是世親、無著二人(俱舍論的作者)。這兩弟兄著作極豐，對佛法的發揚影響至巨。有人戲稱，克里瑞兩弟兄，是世親、無著二人轉世，只不過，這次是到美國，繼續他們宏揚東方文化的工作。

本書出版五年以來，已銷售近五萬冊，去年三月，又授權北京師範大學出版社，以簡體字在大陸印行，一年之中已發行三萬餘冊。受歡迎的程度，可見一般。在今日的社會中，看到這麼多的人注重身心修養，真是令人欣慰的一樁事。

對本書貢獻心力的人很多，最初幫忙抄稿的邢慧女士，亦為其中之一，初版時漏列，趁此新版機緣，附筆致意。

劉雨虹　記

一九九四年七月

再版前言

編輯室

本書出版後所得到的迴響，非常熱烈驚人，給我們這些從事錄音變成文字工作的人，很大的鼓舞；也使我們很樂意的加緊脚步，繼續努力。

本書在初版中，有不少錯誤，其中多數是標點符號，字體排列等，算是無傷大雅。但是有些却很嚴重，例如三七九頁倒數第六行：

「原來只是舊時人，不改舊時行履處」，其中「改」字錯了，應更正為「是」。

這是原書印錯了，我們在引用時疏忽，未加修訂，正確的說法是：

「原來只是舊時人，不是舊時行履處」這句話在指月錄原始的記載是：

「不異舊時人，但異舊時行履處。」

趁此再版機緣，除訂正外，并向讀者致歉。

編者的話

編輯室

㈠一九七八年的春季，本書作者南懷瑾教授，正在台北閉關，嗣因某種因緣，抽暇作系列講座，共廿八次。

㈡這是南教授最重要著述之一，對實際學佛修證的步驟，有精闢的講解及具體的指引，是絕對的過來人語。

㈢雖然作者曾表示，所講的內容僅為要說的五分之一，但是讀到本書，對於一個眞心修學佛法、誠心求證的人，已是受益無窮了。

㈣本書最大的特點是：對於修持路上的迷惑、岐路，以及不自覺的錯誤，都一一點破。

㈤讀者也許會感覺，內容有偶而重覆之處，因係講課方式，加重注意，故不加任何刪編，以保持全貌，并儘量保持講課時的口語化，使讀者有身臨其境之感。

㈥本書係禪定師聽課筆記，再配合錄音整理而成，并經法程師及謝錦烊居士校核經典，以及李淑君居士整閱全文，最後由劉雨虹居士總其成，并加標內容提要。在作者離台時期，本書能夠順利出版，實得力於前述幾位貢獻心力，在此一併致謝。并請各方不吝指正。

㈦本書原名是：「融會顯密圓通修證次第」，因避免與其他經論混淆，改為較淺顯的現在書名。

目錄

第一講

內容提要

本講緣起
釋迦悟了什麼
參考經典
解脫和悟道
倒因爲果
見地修證及行願
四加行

這一次我們講這一門課，有一個因緣，在此先報告一下。諸位學佛、學禪、學打坐，可以利用這個機會盤盤腿，會有很大的好處，不講有沒有功夫，先把兩條腿練熟再說。現在繼續剛才的話，談到開講這個課程的因緣。今年正月間，一位老朋友蕭先生來看我，臨走時問了一句話：「釋迦牟尼佛十九歲出家，最後抬頭覩明星而悟道，他悟的是什麼？」

這個問題如果是別人問，倒沒有什麼重要；但蕭先生研究佛學多年，他提出了這個問題，卻是不比尋常。

根據經典與傳記的記載，釋迦牟尼佛剛生下來，便具有與衆不同的稟賦。因爲過去多生累劫的修持，才有這一生出生時的各種瑞相。他拋棄了王位，又出家求道十二年。大家要注意這「十二年」，因爲很容易輕輕把它忽略過去。

現在我們把重點放在釋迦牟尼佛修持的十二年來講。當時印度的宗教，有各宗各派的修持方法，這些修法，在釋迦牟尼佛以前，就已經存在了。當時釋迦牟尼佛學了各種苦行，用了各種不同的方法修煉。他不像我們現在人學佛，三心兩意的，東面去拜個老師，西面去拜個老師，這邊去套幾句話，那邊去套幾句話。而釋迦牟尼佛每一次都是誠誠懇懇去學，該下的功夫，他都做到了，然後他認爲那些都不是道，不是究竟。於是自己又到酷寒的雪山上修苦行，經過六年，認爲苦行也不是道，只好又離開了。後來在恆河邊菩提樹下打坐，發誓非成無上正等正覺不可，否則便死在那裡，最後終於覩明星而悟道。

其實這一段大家都已經知道了，我再講一遍的原因，是要提起大家的注意，也就是要大家知道，釋迦牟尼佛在這十二年中，做了些什麼，又是如何修持的。我們看了他的傳記，只看到他學無想定三年，最後「知非即捨」，往往忽略了他在這十二年當中，認眞修持的一面。

我們先來說一說，什麼是「無想定」？這是印度的古法，中國及世界各地都有，也就是修道人想學到的那個「莫妄想」——沒有妄想。

比如我們大家打坐，能不能做到盤起腿來沒有思想？絕對做不到。我常說笑話，只有兩種人可以做到，一種是還沒有出生的人，一種是已經死了的人。除了這兩種人以外，幾乎沒有人能做得到。剛剛有位比利時的同學，也與我討論到這個想與不想的問題；我們也談到釋迦牟尼佛，在學無想定三年以後，發現那不是道而丟掉，並不是他沒有修成，而是修成後丟掉了它。因爲那不是道。由於佛經文字簡單，我們很容易看過去而忽略了。

佛學的「非想非非想定」，這個名詞很美。「非想」，不是我們普通慣性的思想境界；但是「非非想」，不是思想，勉強就說它是一種靈感吧！是一種超越思想的靈感。現在有一種「超越冥想」，其實，也還不是這個「非非想」。「非想非非想定」與「無想定」的這個「定」，完全不同。無想定是把思想完全滅除掉，而這個非想是「絕對沒有思想」，可是又不像無想定般什麼都不知道。它不是沒有知覺，沒有靈感的一種功夫，這是當時所標榜的最高修煉方法。釋迦牟尼佛以三年的時間，達到了這個境界，但發現它不是道，所以又丟掉不要了。大體上，佛經傳記所講佛的修煉經過，這是很重要的兩點。

爲什麼不提其他的修煉呢？原因是這兩種修持的功夫、實驗，已經涵蓋了世界上很多修持的方法，也是很重要的方法，所以釋迦牟尼佛其他的修學，都可以不必再細述了。例如，佛在學道前，對於數學、武功、文學，都達到了最高明的境界。出家後，又學成了這兩種最高的法門，但是認爲還不是道。其實，假如你眞能做得到，天天在那裡一動都不動，即使你沒有道，別人也認爲你有道，皈依弟子也都來了。（衆笑）

大家注意，釋迦牟尼佛認爲這個並不是道，當時他再也找不到明師，只好自己到雪山去修苦行了。他一天只吃一個乾果，當然餓扁了，餓得不成人形了。他這樣修，是要找出一個眞理來，但是六年之後，他認爲苦行也不是道，然後就下山去了。

釋迦牟尼佛到了恆河邊，牧羊女供養他很好的乳酪；因而擺脫了父親派來的五個緊跟著的年輕人。因爲這五位認爲佛放棄了修行志向，所以離開佛，這五個人後來就是佛在鹿野苑最先所度的大弟子。

這時一般人也都以爲他「退道」——退票了。因爲大家都認爲，出家人修道應該苦行，於是那些跟他的人自然退會。可是有一點我們要注意！他因爲得到了營養，恢復了體力，才覩明星而悟道。所以我經常提醒出家人，要特別注意身體健康與營養，因爲沒有健康的身體，是無法修道與證道的，這是一個事實。有關身體的健康與營養，以及與修道的關係，我們都要一步一步提出來研究。

佛接受了營養，恢復了體能，才渡過恆河到菩提樹下。那時，他沒有辦法找到一個能夠指導他的明師，祇有靠自己，到菩提樹下打坐、發願。

這簡單的幾個字，很容易被忽略過去，看的時候，意思似乎懂了，可是沒有深入體會。佛當時的誓願，推開了宗教，推開了莊嚴的辭句，等於說發了誓、賭了咒——這一次如果我不成道，就在這裡死掉算了。不起此座，就是這句話，他求道就是那麼的專心。

根據釋迦如來應化史集的記載，佛在六天之內，先得四禪八定，再得意生身，而後陸續一夜之間證得六神通。第七天的凌晨，抬頭一看，注意啊！釋迦牟尼佛打坐不像我們那麼呆板，頭也不敢抬，他大概也要休息休息，抬頭一看，看到天上的明星，而證悟到了阿耨多羅三藐三菩提。由這裡岔一句話，想到了陶淵明的詩「採菊東籬下，悠然見南山」，一般人認爲，這也算悟道了吧！（衆笑）

剛才嘮嘮叨叨的，說明釋迦牟尼佛悟道的經過，就是要說明我的老朋友蕭先生問的這個問題——釋迦牟尼佛覩明星而悟道，悟了個什麼？

你說這一下抬頭悟道，悟道了以後，前面那些修持都浪費掉了，那十二年的功夫都白作了嗎？換句話說，他悟道時不過三十歲左右，弘法時也不過三十二歲，弟子們比他的年齡都大多了。他從小所受的教育，以及出家後，各種的修煉、修苦行，是不是白幹了？我當時回答我的老朋友蕭先生說：「他悟的就是那個緣起性空。」蕭先生說：「嗯，對了！」推開門就走了。

不曉得你們大家注意到沒有，這是個很嚴重的問題。他走了以後，一個念頭來了，蕭先生研究佛學很多年了，別人問這個問題還沒有關係，他問這個問題就嚴重了。換句話說，他問這個問題非常有深度，依照道理，釋迦牟尼佛悟了性空緣起，緣起性空，這個道理很簡單，而在當時為什麼那麼難？難的是什麼？佛十九歲出家，修持了那麼多年，才懂得這個道理，而現在我們大家都懂，看一遍佛經的人都懂，對不對？這有什麼稀奇，如果悟到了這一點緣起性空，就一而貫之，一切通達了，那麼這是什麼道理？假定他悟的這個道理對，那前面功夫又怎麼說？又如何交代？

第二個問題，我們現在學佛，看到了佛法就曉得自性本空，性空緣起，雖然這個道理都明白，為什麼我們還是要修持那麼久？而且我們自己，不要說做不到菩薩，連初步的小乘羅漢都做不到。尤其令我感嘆的，在現在這個時代，連證到半個果位的人都沒有看見。

所以蕭先生一走，一個念頭使我心境不安，感嘆今天世界的文化，國內外搞宗教的，搞神祕學的，各類各式的花樣，都非常的發達，但社會也更亂了，文化的思想也更模糊了，越來越不對勁了。由去年年底到今春，同學們出國寫回來的信，所看到的資料，修道的也好，搞什麼的也好，到處一片混亂。唉！眞是無一不亂，無人不亂，此所謂亂世也。

因此我心中非常不安，再加上蕭先生這一問，問題在那裡？注意！我們大家學佛，有點顚倒因果。怎麼説呢？「倒因爲果」，也就是説我們大家都在倒因爲果。是的，我們都曉得自性本空，曉得都是因緣等等。但是，這些學理和道理，不是我們的，而是釋迦牟尼佛苦行那麼多年以後，對弟子們的回答；人家把這個回答記錄下來以後，我們看了才懂的。事實上，不是我們懂，那不過是佛經的增上緣，我們拿到佛的成果，加以接受而已。

那我們應該怎麼辦呢？答案是：我們也應該走修行的路子。要學釋迦牟尼佛一樣，走禪定的路子，向眞正的修持路上去求證，自己去證到那個緣起性空。

因爲我們懂得這許多道理以後，往往會誤以爲是自己的成果，尤其最近多年來講打坐的，一個個道家也會、密宗也會，滿口的行話，但是看看他那樣子，又一點都不像。至於説有沒有功夫，有沒有求證到，也一望而知。如宋朝大慧杲禪師説的，你有沒有開悟，你站在那裡我就知道了，那裡還需要等你説。可是現在這些人，滿口的道理，尤其什麼奇經八脈，這裡通，那裡通，熱鬧得很。我説：「你不要把身體通亂了」，這一切都是因爲我們先學了佛經上的那些知識，把前人修持的成果，拿來倒果爲因，倒因爲果。

釋迦牟尼佛這一大藏教，是理也罷，是經驗也罷，他只懷疑生死問題，生命的問題。他追求的是人生怎麼樣「了」。所以蕭先生提這個問題很重要，也就是這次開講的動機。

第二個動機是通知單上面講的，幾個外國回來的學生，朱文光、李文、陶蕾等，也提出這些問題要我講。我說我有一個條件，中英文的記錄同時出來，我就講。不要像以前一樣，每次講了以後，記錄了以後，幾年都沒有交卷，最後跑得沒影沒蹤了，這是第二個因緣。

第三個是要感謝這裡的住持，借給我們這個地方來講課。

現在再回到剛才的重點上。我們知道，一般講修證功夫，很容易犯的一個錯誤，就是把前人修持的經驗和累積的見地，拿來倒因爲果，然後就變成佛學了。結果我是我，佛學是佛學，兩個是對立的，對於修持一無用處。所以我經常說，佛法——修持的方法，與佛學的涵義，是完全不同的。我們現在要走的，是準備學佛的路線，也就是這次開講的因緣。

我們今天開講，所要引用的經典如下：

㈠經部

大般若經
大涅槃經
華嚴經
金剛經
心經
維摩詰經
楞伽經
解深密經
勝鬘夫人經
大寶積經
法華經
楞嚴經
圓覺經

㈡律部

四分律（小乘）
菩薩戒（大乘）

㈢論部

現觀莊嚴論
大摩訶止觀
宗鏡錄
正續指月錄
大智度論
密宗道次第論
瑜伽師地論
菩提道次第廣論

假定一個人想學佛，想學佛法，把上面列舉的這幾部經律論，花上三、五年的功夫，作比較深入的研讀，絕對足夠了。至於講到內容的採用，也不離這幾部經論，大家能自悟更好。有些朋友認為，祇要修持作功夫就好了，不一定要看經論，那是絕對錯誤的。要知道，作功夫，如果理不明，見不正，功夫就不會上路。換句話說，功夫作不好，那就是因為理不通達。

舉例而言，一位同學和我討論一件事，他說，我這兩天心裡頭好像有件事，他說，這是什麼？他覺得這是一個問題。他很用功，這些現象大家都會有，這確實是個問題。他說：我看這個東西，找這個東西，找它能不能找得到？我說：當然找不到，這是生理影響心理，這幾天氣候不對，你有感冒。這就是佛所說的煩惱，這位同學越找越找不到，越找越煩惱。我告訴他，你去找它時，它已跑掉了。等於小偷一樣，當你一叫小偷時，他早已走了。有時煩惱在心中，不去理它，因爲找不出原因。於是這位同學，就另外換了一個思想、觀念來代替。我說對的。

但這只是普通人的修養方法，高明的人不做這種事情，因爲他知道心裡頭有個東西，找也找不到，金剛經不是告訴你，無所從來，亦無所去嗎？來無影去無蹤，你知道它，它已經沒有了，最好不去理它。可是你說，現在我們煩惱來時，硬起心來那又變成眞煩惱。這種不理的念頭就是眞煩惱，也就是又加進去了一個東西。

我們現在討論的，就是要注意心理與生理的關係。比如去年年底，有一位女居士，忽然嘴歪了，中風。她倒有信心，問我是不是氣通不過。另有一位居士，守戒律多年，眼睛忽然看不見了，是白內障，後來針灸好了，也問，是不是氣到那裡走不過了。這些都是最近的事情，證明我們學佛的，功夫和身心都有連帶的雙重關係。這些問題都要詳細討論，如不拿出來討論，問題會越來越嚴重。大家修持時，那些是受生理影響？那些是受心理影響？如何解脫身心兩方面的問題？一定要弄清楚才行。

我們再舉一個例子，去年一位朋友去世了，他也學佛很多年，但是解脫仍難，要想離開身體，說去就去，做不到。想做而又做不到，道理在那裡？你眞做到，你的身心分離得開，那就差不多了。但是這不算是悟道，祇能說是解脫。所謂坐脫立亡，盤個腿，或坐著就去了，不僅是出家人可以辦得到，在家居士也可以做得到，甚至修養高的讀書人也做得到。

修持作功夫，身心絕對可以分離。但是，做得到身心分離，也不過是能夠解脱而已，至於悟道了沒有？答案是不一定。功夫要到可以坐脱立亡的境界，雖然不容易，但比悟道就容易多了。過去這一種方法，視爲祕密不肯講，其實佛經上都有。佛法有八萬四千法門，講太清楚了會有後遺症。因爲人們知道了會去試一試，反而試出毛病。又有些人知道了這種法門，可以藉此自殺，可以藉此逃避。爲此之故，才爲大乘密乘戒律所禁止。但若作科學研究來講，可以知道肉體與精神如何分離，如果光憑我們自已修持，去磨練，幾十年中會不會摸得到，還是一個問題。

現在我們所要講的重點是三個，就是見地、修證與行願。

什麼是見地？

拿中國禪宗的術語來説，見地就是見道。見道以後，怎樣去修證？比如説，大家都知道緣起性空，性空緣起，知道以後要如何去實證呢？幾十年前我還年輕的時候，開始學佛，當時有一個老牌的心理學教授，他説：非常佩服佛學的理論，但是認爲佛學的理論沒辦法證明。因爲佛學説一切唯心，如果現在要心理造出一個金鵝，而且會生金蛋，照理説一切唯心，應該可以造得出來，但是事實上卻不可能。見地就是理；行願同修證是事，照佛學的成語來説：就是「事相」，以禪宗的講法，就是功用，普通叫功夫。

大家學佛，首先提到定。能不能定？不去管他，先問能不能盤腿？盤腿不是定，只是習定的最基本方法。你腿都不能盤，還談什麼呢？理到了，事做不到是不行的。事相做得到，行願做不到也不行。

現在我們先解釋這三件事，並且要確確實實很老實的來討論。講修證，這些經、律、論，就包括在修證裡面。修證不離禪定，這點是很重要的。

關於「定」，最初譯為禪那，是梵語的譯音。以後借用中國文化裡的觀念——「大學」裡「知止而後有定」，故稱「禪定」。後期翻譯的經典，認為禪那不能完全表達它所涵的意義，於是又翻成思惟修。後來又發現這個名詞易被誤解成心理的思想，所以玄奘法師又譯成靜慮。不論靜慮也好，定也好，都出自「大學」。事實上，這個名詞的定義很難下，彌勒菩薩一派，乾脆不講這些，就稱「瑜珈」。後來瑜珈是指修這一套功夫的人，而「瑜伽」則是這一套功夫的總名稱。

在印度，瑜伽與瑜珈，本是一個東西的兩個定義。如瑜伽師地論，瑜伽師是指修持有成就的人，地是次地，論是論述，所以書名的意思就是對修持一步一步境界的討論。佛法所有的經、律、論，都是告訴我們修證的方法。可是我們現在他是他，我是我，完全合不攏來，理與事兩個配不起來。尤其是身與心不能合一，腦子知道這個道理，事情配合起來就做不到，這正是修證功夫的問題。

普通我們講修證的三部曲是見、修、行。要見道須有般若大智慧。見道是大智慧、大福報。眞正的大福德，也是大智慧，有大智慧的人是大福德。智慧沒有開發是因爲福德不夠。大智慧福德如何來？是「行」來的。所以見、修、行是三位一體，缺一不可。

現在有一個大問題，講到修，就提到定。一般人不論國內國外，對宗教修持功夫都很內行，修就是修定。大家修定觀念的最大錯誤是什麼呢？是以爲所謂「定」就是什麼都不知道，這與應無所住而生其心的意義是相違背的。此其一。

其次嚴重的是，現在一般人都去搞神祕了。靈感啊！神通啊！第六感啊！超越冥想啊！各種神祕名稱都加上去了，這是一個非常嚴重的錯誤。大家要知道，神通與神經是雙胞胎，這一點眞是很嚴重的問題，因爲失之毫釐，差之千里。

話又說回來了，什麼是定？一定要認清楚。四禪八定，是佛教修證方法的中心基礎，不過佛法不在定上，定是共法。但是佛法也不離開定，歷代高僧傳中，功夫修證到「定」的比丘及比丘尼非常多。甚至南北朝的皇帝，也是與佛教有關，如劉裕小名寄奴；梁武帝、隋文帝等與佛教關係都很深。

佛告訴了我們修證的路子，但是我們自己沒有走過，反而把聽到的這些，當作是自己證到的，這是「倒因爲果，倒果爲因」。什麼奇經八脈、三脈七輪的；這一關打通了，那一關打通了；搞氣脈的、搞打坐的，都不是眞正的禪定。這是什麼道理？因爲搞氣脈的，都是受生理感覺狀況支配，如果不能超越生理感覺狀況，而以爲這就是道的話，那就錯了。換句話說，這個道在哲學基礎上是唯物的，不是唯心的。因爲有身體存在，當身體健康的話，才能生起氣脈變化，如果沒有身體，還會有氣脈變化嗎？由此可知，氣脈變化是由身體來的，是屬於生理的、物質的。這樣一來，道在哲學上不是成了唯物的嗎？這個問題就嚴重得很。

如果你說不是唯物，而是唯心的，好，那麼你能拿身體以外的那個東西來看看嗎？別說拿個東西給人看，你能入定三天給人家看看，也就很了不起了。你一入定，這四大的身體就和你脫離了嗎？所以我剛才講見地、修證、行願三個部分，包括一切，三位一體，同等重要。

眞正要修證的話，楞伽經、瑜伽師地論、現觀莊嚴論等，都非常重要。如果意生身不成就，修持便不會成功，所修持的功夫，還都屬於四加行中的初步而已。四加行就是煖、頂、忍、世第一法。我們講佛學都曉得四加行，加行就如同工廠裡的加工品，加工法。四果羅漢、十地菩薩，十地的功夫，每一地都離不開四加行。換言之，初禪有初禪的四加行，二禪有二禪的四加行……。在現觀莊嚴論中，彌勒菩薩提到過；在瑜伽師地論中也提到過，都對四加行非常重視。換句話說，如果我們僅是佛學研究得好，但一點功夫都不能實證的話，就是沒有做到加行的功夫。

四加行在教理上是煖、頂、忍、世第一法，當然有他的解釋，也很合理。我們嚴格地推開教理來講，四加行一步有一步的功夫。比如我們學佛學道，動輒談生理變化、氣脈問題，按道家標準來說，奇經八脈打通了的人，我還沒有看到過。如眞打通了，根本還不算成道。至於四加行初步的「煖」法，還沒有達到氣脈通。

氣脈眞正通了以後是怎樣的境界呢？兩腿盤著，不但不想下來，渾身軟化了，與虛空合一，輕靈得很，舒服無比。眞正氣脈通了以後，身體內在的光明才可以生起。儘管沒有光，內部仍是一片光明。普通一般人眼一閉，前面黑漆漆的，這叫一團無明。

但不要以爲這一片光明是大光明境，那還差得遠呢！這還是有相之光。我祇告訴你們，這時光明生起以後，拙火（或稱靈力、靈能）才能起來，我們這個自性的本能與我們的身體，如「水中鹽味，色裡膠青」一樣，這一杯清水裡，放了一些鹽，攪合以後，水是鹹的。你能把鹽找出來嗎？水裡加了顏料，也拿不出來了。同樣的，我們生命自性靈能，在這個身體脫離不開；能脫離的人也不見得悟了道。這祇是修證功夫而已。等靈能發動了，才到達了四加行的煖法。

修持功夫到了煖法的人，不管年紀多大，便如嬰兒般，全身軟綿綿的。但這個並不就是道，沒啥稀奇！這是生命本能本來具有的。問題是你如何才能修持到這個煖法。這些問題，教理上的解釋都不同，我們是以事相來解釋的。

說到「頂」法，並不是頭頂開花，而是與虛空一體，如莊子說的「與天地精神相往來」，才是達到了頂法。先做到了煖法，其次才到頂法。頂法修持到了，就是初禪。初禪有初禪的加行，二禪有二禪的加行……，然後才能到達忍法。

什麼叫做「忍」法？就是一切都截斷了，這時妄想截斷，脫離世間，超然獨立。無生法忍，「忍」是形容詞，截斷了，但這還沒有證到空，只不過一切被截斷了而已。世間的觀念與煩惱都截斷了，到達了這個境界，也不過是世間修持的一個最高成就而已，還沒有跳出世間，所以下一步才能到達「世第一法」。

當一個人修到「世第一法」這個階段時，才能夠算得上是個人，作人到達了頂尖，也等於莊子所說的「眞人」。換言之，在莊子眼中，未得道的便是假人。雖然功夫到達了這個境界，還是世第一法而已，仍未超出世間。

那麼超出世間的路怎麼走？任何一步修證功夫的路線，都離不開四加行，每一步都離不開，包括學淨土、學止觀、學密等都是一樣。都是由四加行的成功，和禪定的成功以後，才能談到修出世法。這也就是修證的程序與次第。

剛才這些話，是由於提出三步驟，見、修、行的問題而闡明的。首先是見地，有了見地以後，就是如何修道，如何行願。現在倒轉回來只講定的問題，講定的實際道理，這仍是初步，將來要一步一步很詳細的討論它。在修證的過程中，大家必須要注意四加行的道理。

第二講

內容提要

- 偽經之辨
- 楞嚴經的密因
- 心與緣
- 七處徵心
- 八還辨見
- 五十陰魔
- 色陰

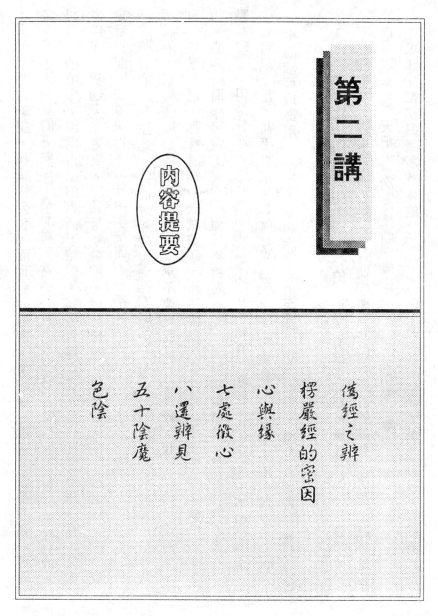

大家要做筆記，我統統要看，而且看過以後，要改過、批過。做筆記第一可鞭策自己，不願寫的更要寫，勉而爲之去試試看，可以改一改自己的習氣。不願寫的，犯了一種毛病，認爲自己的東西不值得一寫，太謙虛了。另一種是不屑一寫，又太傲慢了。我勸大家要寫，尤其是年輕的，對於修養，這是最大的一種磨練。同時規定寫日記、心得報告。最好兩本輪流，一本交給我看，一本在你那裡。

請大家特別注意，我們討論修證佛法的課程，每次所引用的佛經經文，以及我所說的，都要能於心地上來體會，千萬不要變成佛經是佛經；我的話仍是我的話；自己還是自己，那樣就無多大利益了。再一點請大家注意，千萬不要聽課時打坐，如果能夠一面作禪定工夫；一面又能夠做筆記；又能夠聽清楚，那麼就差不多有一點基礎了。但是普通人，心是不能二用的。稍稍有一點靜定功夫的人，不要說禪定，一心可以十用，甚至百用。也就是六祖所說：何期自性，本自具足，這並不困難，六根的確可以併用。不過，假如你沒有這種禪定功夫的話，還是老老實實專心的聽課。

上次講修證法門的事相，四加行的情形，有很多同學反應說，第一次聽下來，沒有抓住中心，還未入流，也沒有一個綱要。若照我原訂的綱要，眞正上路也是要個把月以上。今天把要講的前後順序變換一下，先發楞嚴經講義。

現在先把楞嚴經所列舉的修證功夫告訴大家，可以馬上著手體會。學術界的朋友們，尤其研究佛學的學者，千萬要注意，有人把楞嚴經、圓覺經、大乘起信論、四十二章經等，皆視爲僞經。這個觀念是從考據來的，因此造成佛學界一些人，對這些經典，好像根本不屑一顧。但是我敢冒昧地說：書生之見不足道也。

現在把這種種現象的前因後果，大略說明一下。中國文化到了清朝，漢學興起，分義理、辭章、考據、記聞。站在中國文化的立場，西洋的哲學包括在義理中；站在西洋文化的立場，我們的義理包括在哲學中，各人的立場不同，觀念就不同。唐詩、宋詞是辭章之學，每個時代的文化，都有其代表性。比如漢文章、魏晉書法、唐詩、宋詞、元曲、明小說、清對聯等。

辭章之學不談，清儒卻特別提出義理之學。這是因爲宋朝理學興起，只談心性性命之學。到了清朝的儒學家們，對於這些性命之學頗爲反感，因而走向實際的考證學問，稱爲「漢學」。現在的外國人，稱中國所有的學問都爲漢學，根本上這種稱法是錯誤的，而我們也跟著稱自己的學問爲漢學，實在就更可笑了。

考據只是一種形式科學，認爲這些經典是僞經的，就是由考據而來，其中的權威就是梁啓超。但是，梁啓超對佛學只懂一些皮毛，應該算是外行，他認爲這些經典的文筆太好，不像是印度的文章，故而認爲是中國人僞造的。但我認爲從內容來看，這些經典決不是僞經，所以這些考據是有問題的。

我們再來談有關楞嚴經的第一個問題：這本經起首大佛頂如來密因修證了義，

諸菩薩萬行首楞嚴經，包含了修行作功夫的大祕密在內。除此之外，眞正修證的密因再沒有其他的了。不過幾十年來，我還沒碰到過一個對本經眞正有研究，眞正能找出楞嚴經修證方法的人。實際上，在這本經典中，由凡夫到修證成佛都講到了。懂得文字的人，一看就懂，可是多數的人，都被這本經的優美文字騙住了，反而沒有看懂內容。

楞嚴經裡面有一個重點，也是一個大祕密，就是修證的方法。實際上，見地、修證、行願三者不可缺一。眞有了見地，修證一定做得到；眞正修證做到了，行願也一定做到了。有一點缺陷都是不對的。

我的話像下雨一樣，不限定對某一個人說，而每一個人都有分，你是得利或不得利，完全看你自己。這本經典見地、修證、行願都在內，我慢慢幫大家挑出來。

楞嚴經開始「七處徵心，八還辨見」，佛與阿難的對話，問「心」在那裡？往返討論了七點，心不在內，不在外，也不在中間，然後佛告訴阿難，心在那裡。

楞嚴經卷一：

佛告阿難，一切衆生，從無始來，種種顚倒，業種自然，如惡叉聚，諸修行人，不能得成無上菩提，乃至別成聲聞緣覺，及成外道諸天魔王及魔眷屬，皆由不知二種根本，錯亂修習。猶如煮沙，欲成嘉饌，縱經塵劫，終不能得。云何二種，阿難，一者無始生死根本。則汝今者，與諸衆生，用攀緣心，爲自性者。二者無始菩提涅槃，元清淨體，則汝今者，識精元明，能生諸緣，緣所遺者。由諸衆生，遺此本明，雖終日行，而不自覺，枉入諸趣。

他說我們爲什麼自己不能明心見性？因爲無始以來，我們生命中有一個東西在作用，就是攀緣心，一個念頭接一個念頭。因爲我們的思想不能停止，就是睡覺時、睡夢中，還是在思想，這個叫攀緣心。一般人錯把這個攀緣心認爲是「心」，等於西洋哲學家笛卡兒所說的：「我思故我在」。我思故我在只是普通人的思想觀念，但卻錯了，不是本「心」。要怎麼樣才對呢？

無始菩提涅槃，元清淨體，佛說這個心是現象，是本體所起的作用。生命的本心、本能叫菩提，又叫本體，它所發出的現象是分段的，像電波一樣跳動的。你不要去抓住這種現象，要回轉來認識那個本體。

則汝今者，識精元明，能生諸緣，緣所遺者。識精元明包括了唯識的識，精是眞精神，原來靈明的這一點，就是你那個能夠知覺，能夠感覺靈靈明明的那個東西。這個東西是什麼呢？能生諸緣，這個東西在裡面一動，我們思想念頭一動，心裡一感覺，外面就起作用了。

什麼是緣？我講的話是緣，發出聲來你聽得到是緣，我這樣一句接一句講，你聽的觀念跟著走，就是攀緣。

現在大家坐在這裡，人多了，身體覺得熱，就是裡面的識精元明，對外面的熱量起感應，心裡頭就感到很熱很悶，這是與熱的緣發生感覺，能生諸緣。

緣所遺者，如禪宗所講「萬緣放下」，外緣都丟開了，所剩下的那一個，就是有個丟不掉的東西。比如大家坐在這裡，感到兩腿、膀子不舒服，這是緣。什麼緣？體緣，身體上的反應作用，同「你」沒有關係。那個知道身體不舒服，腿不舒服，那個既不在腿，也不在膀子，除掉緣以後所剩下來的，緣所遺者——就是這四個字，本來那個東西，外緣都丟掉了以後，剩下來的那個東西。

由諸衆生，遺此本明，雖終日行，而不自覺，枉入諸趣。一切都是那個東西變動出來的，所以衆生顛倒，一味的跟著萬緣去跑，而在六道中輪迴、生死中打滾。這是正面的，還不是它的密法，這裡頭反面的還沒有講。

我常提醒大家，當你一上座，兩腿一盤，那一剎那是不是非常好？但坐好以後，就不對勁了，爲什麼？因爲坐好以後，就覺得自己在打坐，覺得氣也不對，身體也不對，而剛盤上腿的那一剎那，倒有點像萬緣放下，什麼都不管的味道。等腿盤好了，什麼都在想，又想成道，又想威儀端正，又想不要打妄想，妄想來了，又要趕掉它，趕掉後，又想……唉！何必趕掉它，趕了以後又是妄想，反正都是坐在那裡搞鬼。

其實只要外緣自然的放下，剩下來的那個東西沒有動過的，就是那個緣所遺者，佛就那麼直接的指示給我們，因爲把這個搞迷糊了，所以枉入諸趣，就只有在六道中輪轉了。

我們再來討論八還辨見。

「見」是什麼？現在我們一般人打坐，坐起來是什麼現象呢？就是楞嚴經上所講的：色雜妄想，想相爲身，聚緣內搖，趣外奔逸，昏擾擾相，以爲心性。

佛說一切衆生都找不到這個心，爲什麼？因爲色雜妄想，生理反應跟著心理的妄想，起交互作用，然後在裡頭想相爲身。其實我們這個身體之中還有一個軀體，就是自己思想所聚成的自己。比如剛才有一個同學講，本來不好的身體，在外面跑了一趟就變好了，可見心理作用就是這個道理。這個心裡有一個由妄想形成的軀體，你那思想本身，就是這色身裡頭的內胎子。那個思想聚合一些外緣，變成你身體裡的一個軀體。

所以聚緣內搖，就是把外緣的思想啦、情緒啦等等，所有的東西聚攏來，當你打坐坐在那裡時，就是這四個字，聚緣內搖，像筒子裡滾出棉花糖一樣，越滾越多，心裡頭亂得很，猶如開運動會一般。

趣外奔逸，念頭向外亂跑，然後眼睛閉著，昏擾擾相，昏頭昏腦的，轟隆轟隆坐個把鐘頭，叫作「參禪」，把這個樣子以爲心性。豈不知這不是眞心，犯這樣大的錯誤，還一迷爲心，決定惑爲色身之內。所以認識不清楚，還以爲自己在修道，還以爲心在這個身體上。如果心眞在身上，那麼你死了時，心不是就找不出來了嗎？

佛把這些話講得明明白白的。

不知色身，外洎山河虛空大地，咸是妙明眞心中物。他說，阿難，你們就不曉得，打坐時開眼、閉眼都沒有關係，不要守著身體。你們就不知道，以身體爲中心，擴大至整個虛空，整個太空都在你的「心」裡頭。那麼這個軀體又是什麼呢？想相爲身而已啊！這就是見地。

現在在座有許多老修行，功夫做得不錯了，你們在打坐時，有沒有守著身體在轉呢？若沒有，是不是見地已達到了外洎山河虛空大地，咸是妙明眞心中物的境界呢？

譬如澄清百千大海，棄之，唯認一浮漚體，目爲全潮，窮盡瀛渤。

佛說我們衆生那個本體，如大海一般，不知比太平洋大多少，你的身子在那裡不過是一小點，我們反而把那個大的拋棄了，只守著那一小點，認爲這個身體就是我們的生命。大家都抓住這一小點在搞，聚緣內搖，如搖棉花糖一般，越搖越大。禪宗祖師雲門說：「乾坤之內，宇宙之間，中有一寶，祕在形山」，事實上，這個外洎山河虛空大地的妙明眞心就在你身上，只是被色身及其他業力——色雜妄想蓋住了，要把它找出來。現在講了楞嚴經，是不是都懂了？你都體會了沒有？「外如虛空」，是不是參究了？證到了？要作功夫證到才行。

一邊抄筆記，一邊聽我講，注意！如何修持到六根並用，一心清淨，這才是學禪。美國及日本的禪宗，專門參究那些公案及話頭，野鴨子飛過來，飛過去，那個與禪有啥相干？那只是教育法上偶然的一點機趣而已。又如惠明問六祖：師父，五祖告訴你些什麼祕密呢？六祖說：那裡有什麼祕密！密，不在我這裡，在你那裡。這句話就是個大祕密。

楞嚴經裡，佛講這內外七處都不是心，佛說以你自己爲本心，向外面擴展，擴大到整個虛空，都是你心裡頭的東西。換句話說，內外七處也都是心，懂了吧？這是如來的密因，你們大家都沒參出來。但內外七處都是什麼心？是心的用，不是心的本體。起用的時候，是他身體的色身、報應身的作用；歸體的時候，就是法身的清淨。

雲門說：「乾坤之內，宇宙之間，中有一寶，祕在形山，拈燈籠向佛殿裡，將山門來燈籠上，作麼生？」將外面的燈籠拿到大殿裡做得到，把山門拿來放在燈籠上，做不做得到？這是禪師的說法，他在那裡亂說，這個那個，那個這個的，像演電視一樣，結果看一看在座，大家沒一個懂，只好自己再說了，「逐物意移」，又說「雲起雷興」。

中國的文化，講出來就是文章，所以出家人要注意，把文學底子搞好。雲門的意思是——唉！可惜，我講一句，你們的心便向外面跑了。這就是楞嚴經裡趣外奔逸的意思。雲門祖師說了上面那些話之後，看看大家，沒有人懂，於是說：「雲起雷興」。他看學生們答不出來，所以只好代他們答了。

再引用雪竇禪師的話：「我有一寶，就在裡頭，抓不出來，分不開。」他作了一首詩：

看看看　古岸何人把釣竿

雲冉冉　水漫漫　明月蘆花君自看

看！不是向外看，是向內看自己。有人站在古岸頭上，想度你上岸，你不上鉤，沒辦法。禪的境界是，當你萬緣放下，把身心都丟開了以後的那個東西。明月下面看蘆花，蘆花是白的，月亮也是白的，白對白的，還有什麼？一片都是白，空空洞洞，要你去找。

又如臨濟禪師上堂說法：「赤肉團上，有一無位眞人，常從汝等面門出入，未證據者看看。」這就是說，你們找不到這個無位眞人的人，還不懂的人，拿出來看看。這個時候有個出家人站出來說：「如何是無位眞人？」臨濟禪師聽他一說，下座抓住他說：「道！道！」也就是說：你說！你說！「其僧擬議」——那出家人想說時，臨濟禪師放手嘆道：「無位眞人是甚麼乾矢橛。」說完了就走回方丈室去了。這就叫上堂法語。看禪宗公案，要像看電視劇一樣，把整個身心投入了去看，不能死讀。

至於「八還辨見」，還是講見地，到後面才講到修證功夫的路子，佛把最高的祕密都講出來了。所以，我們天天帶著楞嚴經，沒把它看懂，修行不上路，很可惜的，也辜負了佛恩。

現在舉一個「八還辨見」的例子，楞嚴經卷二：

我今示汝不生滅性。大王汝年幾時見恆河水，王言：我生三歲，慈母攜我謁耆婆天，經過此流，爾時即知是恆河水。佛言：大王如汝所說，二十之時，衰於十歲，乃至六十，日月歲時，念念遷變，則汝三歲見此河時，至年十三，其水云何。王言：如三歲時，宛然無異，乃至於今，年六十二，亦無有異。佛言：汝今自傷髮白面皺，其面必定皺於童年，則汝今時，觀此恆河，與昔童時觀河之見，有童耄不？王言：不也，世尊。佛言：大王汝面雖皺，而此見精，性未曾皺，皺者為變，不皺非變，變者受滅，彼不變者，元無生滅。

有一天，波斯匿王出來問佛說：「這樣很容易，但關於心的不生滅性我有疑問。」佛說：「你幾歲看到恆河？」國王說：「小時候與我母親經過時看到的。」佛問：「你那時幾歲？」「三歲」，「現在你幾歲？」，「六十二歲」，「現在你眼睛都花了，你再經過恆河時，你看得見嗎？」，「當然看得見」，佛說：「你的年齡有衰老、生滅、死亡，而你那個能見的性，不跟著年齡在變，沒有動過。」你睡著時，雖然閉著眼睛，但是眼識還是在看，在看裡面，這個見性沒有變。有關這一節，我作了一首詩：

生死無端別恨深　浪花流到去來今
白頭霧裡觀河見　猶是童年過後心

人，生生死死，死死生生。生死對人類來說，最可怕了。我們生了、死了，再投胎，分段生死像一股流水般，永遠隨著浪頭，一起一滅，沒有休止。上面那首詩就引用了波斯匿王的典故，「白頭霧裡觀河見」，年齡大了，看東西眼花了，但是這個能見的性，還是沒有兩樣，還是童年的那個樣子——「猶是童年過後心」。

諸可還者，自然非汝；不汝還者，非汝而誰。眼見還給眼神經，光明還給太陽，一切可還的都還了，剩下一個還不掉的，無處還的，那個不是「你」又是誰啊？

當然，你可以說：「佛不是說無我嗎？」是的，佛說的無我，是無四大，無假我。自性的我沒有拋掉。有一位天目禮禪師悟道時，作了一首詩：

不汝還兮復是誰　殘紅落滿釣魚磯
日斜風動無人掃　燕子啣將水際飛

落花掉在地上，歸於本位。好似打坐時，妄想來就來，你知道時它就走掉了，不必去管它，就是這個境界。「殘紅落滿釣魚磯」，他把當時自然界的景象，很自然的擺在那裡，很現成的。就好比你的心境，自自然然的，慢慢地靜下去。太陽下山，風微微地動，就是比喻還有一點輕微的妄念。「無人掃」，不要去管它，掃不得，你不要管。「燕子啣將水際飛」，輕微的一點妄念，毫不相干。下面我自己加兩句：「嘖！嘖！是無上咒，無等等咒。」告訴你，這不是詩，你懂了這一首，你就悟到了一點了。

現在我們解釋了八還辨見，明心見性這一面，我們懂了。那個還不掉的，就是我的見，對不對？可是我要提一個問題，如果釋迦牟尼佛來了，我一定要問問他：「師父啊！你講了半天，那個還不掉的就是我，可是要有我這個肉體存在啊！我的肉體死掉時，那個東西會掉到那裡去？我還是找不到。」所以假如用功夫，仍然找不到這點來路與去路，你縱然證到心中眞空，一「定」三百六十天，也是沒有用的，還是不行，這也是個祕密。

現在你們那些功夫作得好的人會認爲：好啊！很有進步。老實講，那是靠你身體這個赤肉團，紅冬冬的一塊肉，肉壞了的時候，你到那裡去？怎麼走？「我有一寶，祕在形山」，怎麼跑出來？又怎麼跑進去？怎麼把它找出來？所以楞嚴經前面談見地，後面一路下去，修證的祕密都告訴你了。

這個作功夫的祕密，都在後面一兩卷當中，大家平常最不注意的地方，尤其是五十種陰魔——五陰解脫。心經上說：照見五蘊皆空，五陰是怎麼空的？要作功夫空。我曾說大家「倒果爲因」，把佛學的果，拿來變成自己的。現在回轉來「倒因爲果」，要自己去求證。講到五十種陰魔，大家不能不讀書，不讀書就是我慢，是犯戒的。

諸佛菩薩把法門傳給你，這就是法本。佛在楞嚴經卷九色陰區宇中說：汝坐道場，銷落諸念，其念若盡，則諸離念，一切精明，動靜不移，憶忘如一。當住此處，入三摩提。如明目人，處大幽暗，精性妙淨，心未發光，此則名爲色陰區宇。那時念頭沒有了，一切清清楚楚，這時動靜是一樣的，一個雜念不起，功夫到了憶忘如一，應該在此入三摩地。就好像明目人處大幽暗，在幽暗中有微明。精性妙淨，心未發光，這時生命本性的境界很清淨，很微妙。而一般人心理是活絡的，亂七八糟的，眼睛閉起來是黑漆一片的。如果現在有人做到銷落諸念，動靜不移，憶忘如一的境界，那不曉得牛吹得多大，其實也只是一種境界而已。

是什麼境界呢？精性妙淨，心未發光，此則名爲色陰區宇。這是心理上快要轉變時的一種心理變化，沒啥稀奇！換句話說，當你打坐時，心裡空空洞洞，或多少年，多少月，多少日，幾個時辰，那是由於你生理四大調順，瞎貓碰到死老鼠，如電源般插上了。這並不是眞功夫，稍過一會兒又掉了，這些都屬於色陰區宇。

講到色陰區宇，有幾部書應該看——神僧傳、神尼傳、佛祖歷代通載等。看這些傳記，能啓發眞誠向道之心。還有一本憨山大師年譜，憨師二十八歲到處參學，到盤山頂上，有一茅蓬，有一個和尚在裡面打坐，不理憨山大師。那和尚吃飯，憨山大師跟著吃，那和尚喝茶，他也自己喝。後來吃飯時間到了，憨山大師就給那個和尚做飯，喝茶時間到了，就煮茶，吃完了就自己經行。如此到第七天，那和尚才跟憨山大師說話，那和尚說：「我住此巖三十餘年，今日始遇一個同風。」

有一晚吃粥了，憨山照樣在山頂行香，站在那裡定住了，覺得天地世界，在一片光明中，正是銷落諸念的境界。他進了茅蓬後，那和尚一看，開口了：告訴你，此乃色陰區宇，你功夫作到這個境界也不過如此。老僧在此卅年，夜夜經行都在此境中，有啥稀奇！年輕人，就是這樣難，也就有這樣容易。那個和尚，卅年夜夜經行，身心都忘掉了。你們注意，修行人！你們還在色陰區宇的上半截，閉起眼睛黑漆一片，在那裡瞎摸瞎坐。

若目明朗，十方洞開，無復幽暗，名色陰盡。一片光明，牆壁山河大地都透視了。千萬不要以爲這時得了神通，想當祖師爺，在裡頭玩起來了。在這個色陰區宇裡，還有十種境界，都是魔境，自己去看經研究。你們在那裡搞氣脈、三脈七輪、上丹田、下丹田，顚顚倒倒，反反覆覆，在那裡幹什麼？都是在色陰區宇裡。想做到色陰盡，把生理空掉，你以爲氣脈通了就成道啊？充其量不過到達了色陰盡而已。能夠達到色陰盡，身體眞的空掉了，所謂氣脈不氣脈，已不在話下，那還是最初步的事。佛說這時才能超越劫濁，五濁中跳出一層而已。可是成道了嗎？

下面佛繼續說：**觀其所由，堅固妄想以爲其本。**這還是妄想，而且是大妄想，不是小妄想。我們現在坐在那裡，是小妄想。那個境界，身心都忘了，正是一個大妄想，是一個堅固的大妄想，還以爲自己沒有妄想。

在這一段裡，佛告訴你，在色陰區宇中有十種岔路。十種還是大原則，若詳細講，起碼要講三個月，你們自己去研究，這些都是堅固妄想的色陰境界。

彼善男子，修三摩提，奢摩他中，色陰盡者，見諸佛心，如明鏡中，顯現其像，若有所得，而未能用，猶如魘人，手足宛然，見聞不惑，心觸客邪而不能動，此則名爲受陰區宇。這是敘述到了受陰區宇時的情況。

還有些人，用功常作空念，空久了，身體僵化了，禪宗稱之爲「枯禪」。「枯木岩前岔路多，行人到此盡蹉跎」，你認爲要空念，以爲只空這一念就對了，那還差得遠呢！搞久了，身心都會僵化的，一百個有五十雙走上岔路。古人這些都是法本，你們都要去看。

現在你們懂了，一點都不必怕，而且是必須要經過的。此時到了感受的範圍，再進一步好像身體被什麼東西壓住了，綑綁了一般，翻也翻不過來。到了用力一掙，翻過來了，有些人就覺得好像有鬼！實際上，是你自己的獨影意識作用，那裡有鬼？都是生理上不舒服，是唯心所造，沒有鬼那回事。

這時翻過身了，若魘咎歇，其心離身，返觀其面，去住自由，無復留礙，名受陰盡。覺得自己離開身子了，道家講出陰神。出陰神有什麼了不起，第七、八識還沒離開，煖、壽、識都還有，所以能看見自己在呼吸。

是人則能超越見濁，這時見地不同了，什麼大學問家、大思想家，都不在話下。

所謂學問、思想者，其實是妄想之集中而已。

觀其所由，虛明妄想以為其本。這還是妄想，這不是色陰的堅固妄想，這時身心可以脫離，妄想變成泡沫一般，空虛了。

虛明妄想還是一個大妄想。事實上，五陰都是大妄想。如果在受陰區宇裡頭搞不清楚，還是有十種大魔境界。但神通跟神經，兩個是雙胞胎，境界來時，叫你不作聖解。你把握住金剛經所講：凡所有相，皆是虛妄，若見諸相非相，即見如來。你不理，不以為自己得了道，那就有助於進步。若作聖解，你若認為自己這個功夫了不起，這個就是道，即受群邪，就落入阿修羅道，魔道裡去了。

所以佛與魔，地獄與天堂，眾生與佛，只一念之差，也沒有差，一線之隔，也沒有隔。由凡夫到成佛，通通靠般若智慧的一點道理。理不明的話，就要靠佛的經驗。在楞嚴經的五十種陰魔裡，差不多把所有功夫的境界，所有的祕密都露給你了。事實上，這五十種陰魔境界，你用得好，就不是魔境了。換句話說，這五十種魔境，都是一步一步的境界，而且有些是必定經過的境界。用得不好，就完了，就下去了。如爬十幾層樓梯，爬不了兩層樓就下去了，這是修行用功要注意的地方。所以，經題上所謂的大佛頂如來密因修證了義，的確是明言密意。故佛於金剛經中說：須菩提，如來是真語者、實語者、如語者、不誑語者、不異語者。釋迦牟尼佛沒有騙我們，也沒有瞞我們，是我們自己讀經沒有參通他的密因，也沒有參通他告訴我們的修證方法。

以上是我們的第二個綱要，修證上的綱要。

第三講

內容提要

走火入魔

受陰

想陰

行陰

識陰

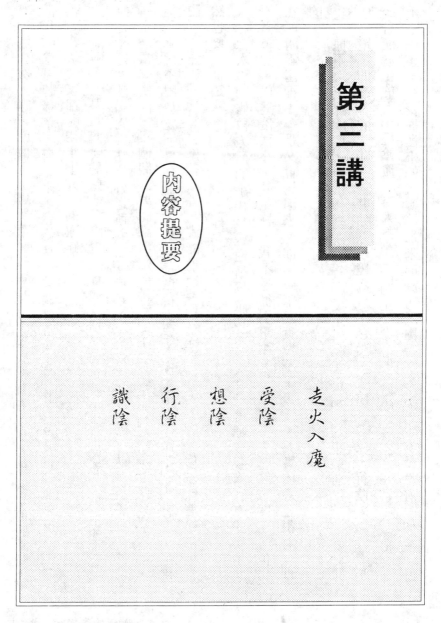

這幾次上課，就像上市場買菜，菜買好了，等於材料有了。希望同學們聽課時，把我的意見聽懂了，自己來求證修持。我講課向來不預作綱要，隨機而說，因材施教，希望大家都能夠走上修持的道路。

前兩次上課的綱要是見地、修證、行願三種。修定祇不過是修證中的一項而已。定是世間共法，爲佛法、外道所共有。佛法的不共法不是在定，大家注意！不要把「定」當成佛法，這個觀念要認識清楚，佛法的不共法是「慧」。定是修持的一種，但是修慧不離於定。換句話說，外道都做得到定，你學佛怎能做不到！釋迦牟尼佛說：佛能通一切智，徹萬法源。佛能通達一切萬法，爲天人師。你旣然要學佛，當然也要學會定。

上次講到修持方面的事相，普通稱爲做功夫。大家記得吧？我講課有些學生記不下筆記，以爲没秩序，眞冤枉，我不過從引證中又舉例引證；雖然離開了，但仍在所講範圍裡，還是又會轉回來。你們做筆記就做不下去了，其實內容是很有條理的。

前兩次上課綱要：由事相到四加行綱要，再轉入這裡。如果般若不夠，佛法也成魔境，即執著成「我」。譬如五陰境界——色陰、受陰、想陰、行陰、識陰，等於可能發生的五十種陰魔。有人打坐一聽到走火入魔，就嚇住了，當場就入「魔」，坐不住了。其實那裡來的火？那裡來的魔？魔由磨字變來，根本就沒有一個魔。好比全世界說鬼，其觀念還是離不開人類思想的形態。即如天堂、神仙，西方與東方的觀念都一樣。你意識裡有鬼，鬼就來了。「開口神氣散，意動火工寒。」走火入魔是你心理思想搞錯了，自己製造的，你自己「磨」自己而已，都是天下本無事，庸人自擾之罷了。

所謂走火入魔，是武俠小說亂寫的。爲什麼說到這個？因爲我們引用五陰境界，每種都有十種魔境。其實，不止十種，佛只說大原則而已。現今社會人類心理，文化發展，都是一些魔境，大家沒有看清楚。一個是佛經，已經太古老，被它困住了；另一個是太現代化，沒看清楚。兩個綜合起來，就知我佛如來大慈大悲，都已經說過了。如果我光講那五十種陰魔，就得花掉好幾個月，只好暫時略去。

上次介紹色陰境界時，提到堅固妄想以爲其本，佛把妄想分析得很清楚。有人不懂堅固妄想是什麼意思，大家到過精神病院吧？形成精神病的那種牢不可破的病態心理，就是堅固妄想的一種。嚴格的說，擴大範圍來講，所有的色陰境界，都屬於堅固妄想。必須要色陰盡了以後，才能破這個範疇。

現在讓我們再看看受陰盡了以後，是什麼境況。

彼善男子，修三摩提，受陰盡者，雖未漏盡，心離其形，如鳥出籠，已能成就，從是凡身，上歷菩薩六十聖位，得意生身，隨往無礙。

打坐覺得舒服，不久腿麻了，這些都是受陰範圍。脫離了這個感覺狀態，才是受陰盡。盡並不是像死人一般，而是感覺快樂的、舒服的、與宇宙虛空是合一的，形容不出，我也不想形容，因爲你們沒到這個境界，無法懂。

受陰盡了之後，雖然還沒有到達漏盡，但心已能離開形體，如鳥出籠，達到菩薩的意生身。你們聽了莫妄想，如能達到這一步，到美國不必買機票，說去就去，但別人看不見你，你卻能看到別人。（衆笑）

譬如有人，熟寐寱言，是人雖則無別所知，其言已成音韻倫次，令不寐者，咸悟其語，此則名爲想陰區宇。

到達這個境界，如人說夢話，夢中說話很清楚，很有條理，但說過就忘了，必須問旁邊的人，旁人再告訴他詳情。佛比喻人可離心，但自己作不了主，等於夢中說話，自己好像懂，又像不懂。到達這個境界，還是思想功能的範圍，還離不了意識境界，屬於想陰的範圍內。換句話說，你妄念還是在動，只不過這一句話，佛沒有說出來罷了。接著：

若動念盡，浮想銷除，於覺明心，如去塵垢，一倫生死，首尾圓照，名想陰盡。是人則能超越煩惱濁，觀其所由，融通妄想以爲其本。

超越了想陰的境界，這時覺明的心性上，就好比沒有了塵垢。如果心裡都不動念了，浮思雜想也都沒有了，那麼，覺明的心上，就好比沒有了塵垢，這時才能開始談了生死。人最大的問題就是怕死，不知道從何而生，更不曉得死到那裡。此所謂前途生死兩茫茫。如人在黑暗中怕鬼，其實不是怕鬼，主要是「怕不知道」。等你知道了鬼是怎麼回事，就不怕了。

如果這一念想陰盡，就知道如何生來，如何死去。小乘羅漢可了分段生死。什麼是我們的分段生死？就是諸有漏，善不善等業，由煩惱障助緣所感應，而得的三界六道果報。這種果報有分分段段的差異，所以稱爲「分段生死」。所有具見思惑的一切凡夫，都在分段生死中。

六道輪迴，也就是我們的分段生死。羅漢可以了分段生死，但非究竟，因爲還未了變易生死，只是請假而已。（所謂變易生死，就是諸無漏之善業，依所知障助緣所感之界外淨土果報。爲斷見思惑之阿羅漢以上聖者之生死。）到達菩薩境界時才能了變易生死。所以，如果你想下次不來了，那有那麼容易！阿羅漢也祇是能請長假而已。

此時做到不動念了，但是要注意下面那句：浮想銷除。很多學禪的人，就落在這個境界中，以爲這就是究竟。所以禪宗很容易落入小乘境界，守著那個空，以爲就是道。雖然講是講大乘，事實上是很難的。大乘以行願爲主，見地、修證爲輔。行願談何容易！好難啊！

功夫到此，也不過是「融通」，妄念要到了另一境界時，才會沒煩惱。這時不過是浮面的妄想融化了——浮想銷除，還是離不開妄想的作用。佛交代得很清楚，這時還是屬於思想功能的範圍。

彼善男子，修三摩提，想陰盡者，是人平常夢想銷滅，寤寐恒一，覺明虛靜，猶如晴空，無復麤重前塵影事。觀諸世間大地山河，如鏡鑑明，來無所黏，過無蹤跡，虛受照應，了罔陳習，唯一精眞，生滅根元，從此披露。見諸十方十二衆生，畢殫其類，雖未通其各命由緒，見同生基，猶如野馬，熠熠清擾，爲浮根塵究竟樞穴，此則名爲行陰區宇。

色、受、想、行、識五陰，等於五十種境界，照佛經的道理來說，有幾千萬種之多。所以一般人的心理，都是不正常的，說不正常不太好聽，所以稱一般人爲：顚倒衆生。

想陰盡的神通大啦！首先是宿命神通。當年大陸上有一個和尚，一念專精，持恒如一，可影響物理世界，叫我皈依他，但我不皈依。神通是戒律所戒禁，不能玩的。違戒的話要挨香板，後來他的膀子都被打掉了，再趕出山門。爲什麼這樣嚴格？其中是有道理的。

什麼是想陰盡呢？心經上告訴你：無無明，亦無無明盡。無明到那裡去了？轉了。唯識不是告訴你，轉識成智嗎？其實講穿了沒有用，害了後來的人；不講穿也害人。所以佛說：不可說！不可說！最好閉嘴不言，因爲太難了。

上面討論的都是想陰的範圍。告訴你們一個祕密，如來密因：五陰的中心是「

想」，「想」與「思」在唯識學中是屬於五徧行，最重要的。所以你把佛經融會貫通了，三藏十二部都挑出來，一部一部的去搞，鑽進去，爬不出來的。能爬出來的就會說：「不過如此」。不過能鑽得出來的人不同了，這是閒話。現在告訴你，想陰盡就是這個境界。

再進一步是行陰境界。在想陰盡之後，平常夢想消滅，心經上說：遠離顛倒夢想，究竟涅槃，與楞嚴經中夢想銷滅，語句上有相同之處，但兩個所比喻的不同。心經是講實相，楞嚴經是講修證，主題不同，所以不要亂扯。

如何叫夢想銷滅呢？例如「聖人無夢，愚人無夢」，睡眠中有夢、無夢姑且不管，因為很多人睡醒來就忘了。至於說妄想沒有，會講話、會做事、「物來則應，過去不留」、此心平平靜靜，學禪的人能做到這樣嗎？不能！意見多得很。真正到達想陰盡者，才能做到夢想銷滅，寤寐恒一。睡著與醒著一樣，做到沒有？可以說沒有半個作到。真能做到時，睡在那裡舒服得很，自己打呼嚕都聽得到，只要睡一個鐘頭，相當於睡七個鐘頭。還有一個有趣的事，就是清清楚楚知道自己在睡覺，心中粗重沒有了，那多可愛！當時憨山在盤山頂上的一大光明藏，比起這個來，就差得遠了。

觀諸世間大地山河，如鏡鑑明，來無所黏，過無蹤跡，虛受照應，了罔陳習，唯一精眞，生滅根元，從此披露。

修行人到達這個境界，看世間萬事萬物，好得很，就好像在大圓鏡中看這一切一樣。此時「時人看眼前一枝花，如夢中相似。」所以讀書人看這類經書，那裡能懂？這是講功夫境界，如燈光般照見萬象，「物來則應，過去不留」。交感相應，答覆過就算了，就沒有了。了罔陳習，看世界一切事情都是虛幻，到手就了，過了就沒有。他也發脾氣，發完了，屁事都沒有。你不對，他罵你，是你該罵，過去就沒有了。不像一般凡夫，一點事都在心中計較。

這時，過去的習慣都改變過來，只看到自己生命有一個東西。一個什麼東西？「乾坤之內，宇宙之間，中有一寶，祕在形山」，眞有個東西。我說一句事相上的話，你功夫到了時，眞覺得生命上有個東西回轉到身上來，既非靈魂，又非物質，絶對唯心，他能生萬事萬物，也就是傅大士那個偈子：

有物先天地　無形本寂寥

能爲萬象主　不逐四時凋

這個來了，你愛如何便如何，心境絶對可以控制。楞嚴經無法描寫那個東西，就叫作精眞，不是生理精虫那個精。換句話說，生理的精虫卵子，是那個東西變化來的；一切細胞一切神經等等，也都是他變化出來的。所以你沒到達那個境界，講修定兩個字，免談！

但是，到此也不過是剛剛開始，才開始修行，不能算成功。所以，學佛是科學的，一加一等於二。這個一還沒有到，不要吹！佛經這部分還看不懂，功夫到了，你才看得懂。

精眞也就是百丈禪師所講：「靈光獨耀，迥脫根塵，體露眞常，不拘文字，但離妄緣，即如如佛。」就是這東西。但是你研究禪宗，一般所謂的找到了「這個」，見到了「那個」，那個地步並不就是佛，那只是認得了走入佛的路線。即使像楞嚴經這裡所說，虛受照應，了罔陳習，唯一精眞之後，也是生滅根元，從此披露。還沒有成佛。實際上想陰盡了，還是妄想。

想陰盡了，進入行陰境界的現象：

見諸十方十二衆生，畢殫其類，雖未通其各命由緒，見同生基，猶如野馬，熠熠清擾，爲浮根塵究竟樞穴，此則名爲行陰區宇。

這時你看到生命類別多了——一共有十二類衆生（又簡稱十種異生，諸如胎生、濕生、卵生、化生、有色、無色、有想、無想、非有想、非無想等，十二類別的生命。）到了這個境界，可看到十方裡所有的生命種類，看得清清楚楚。同時見同生基，看到我們這個生命的原動力，也就是一股生的業力的根本，有個東西在動。換成唯物的比方，好比科學中看到原子，有個原子在動，雖然其形不同，各有各的形狀，但其根本結構，都是原子。而這個心物結合的生基，好像電能一樣在動。

最近報紙提到無性生殖，有人問我可不可能，我說可能，在理論上可能，在科學上做不做得到，那就不知道了。有一個剛從國外回來的同學說，不要受騙，這只是騙騙錢，事實上做不做得到，他本人也不信。

佛學上講，欲界天的生命靠兩性，靠情欲。不管欲界、色界、無色界的生命，都有一個東西在動，這個東西猶如野馬，這個野馬不是一匹馬。莊子說：「野馬也，塵埃也，生物之以息相吹也。」就好比陽燄，有如光影。我們的業報身、我們的生命，就由一個共同的生基而來。熠熠不是指有形象的發光，是形容移動投胎來時，閃動著，也就是中陰身、行陰的境象。有時，有定力者，忽然看到有個影子在你面前閃動，就是一個中陰身來投胎，當然他不是找你，只是路過而已，很快就過去了。

清擾，在一個清清靜靜的境界中，一個擾亂的動力。浮根塵，你眼睛一揉，馬上星光點點，這是生理受刺激而發光的一個虛幻現象。這個現象要加以追究，不追究就相信的話是糊塗。

究竟樞穴，在行陰境界中的修行人，功夫到這裡，正是「行陰」。「定」不必靠打坐，就在定中，每個生命的來源都知道了，清清楚楚。連自己生命的那個動力，心物結合的那股動力，都清清楚楚。這個境界，叫行陰區宇，行就是運動。易經上說：「天行健，君子以自強不息」。行就是宇宙永恒地在動，中國文化是如此活潑，無一不動。不動，宇宙就毀滅了。有人說，打坐是靜。其實入定才是大動，到了這個行陰區宇，就清楚的看到一股生滅的動力。

若此清擾熠熠元性，性入元澄，一澄元習，如波瀾滅，化爲澄水，名行陰盡，是人則能超衆生濁。

不起波瀾作用，宇宙歸到那個大靜態中，還超越過這個大靜態。形容爲澄水，變成波瀾不起，「夜靜海濤三萬里，月明飛錫下天風。」出家人對中國文化要特別努力，把清修時的記錄保持下來，可觀得很。這詩就是這個境界。「太湖三萬六千頃，月在波心説向誰。」也是這個境界。這就是行陰盡的境界。佛給你一步一步，一個程序一個程序地解説，無法躐等，楞嚴經云：理則頓悟，乘悟併銷，事非頓除，因次第盡。沒有辦法讓你躐等的。修持到達這裡，可超越衆生濁，可解脱生命的生死根本。

觀其所由，幽隱妄想以爲其本。這還是個大妄想，他並沒説這個大妄想不對，注意！這就是「密因修證」，要把握住這個經題，祕密在這裡面，佛並沒有説這個妄想不對。不過佛叫你認識清楚，把妄想變成堅固妄想，是色陰境界；變成虛明妄想，是受陰境界；變成融通妄想，是想陰境界；變成幽隱妄想，是行陰境界。但那個不變的在那裡？

釋迦牟尼佛的佛學，眞是一部大辭典，他的字字語語，都是好極了的。幽隱妄想，把妄想提升進入另一種狀態，幽隱深遠，不可限量的深度，深到了「隱」，引發了不可知意念的功能。

你看！妄想可使它起堅固作用、虛明作用、融通作用，也可使起幽隱作用，所以研究佛經要特別注意。

彼善男子，修三摩提，行陰盡者。諸世間性，幽清擾動；同分生機，倏然隳裂。沈細綱紐，補特伽羅，酬業深脈，感應懸絕。於涅槃天，將大明悟。如雞後鳴，瞻顧東方，已有精色。六根虛靜，無復馳逸，內外湛明，入無所入。深達十方十二種類，受命元由，觀由執元，諸類不召，於十方界，已獲其同，精色不沈，發現幽祕，此則名為識陰區宇。

這就是唯識的境界，實際上，五陰也就是唯識所變，都是唯識所生。楞嚴經解釋這五陰的作用，與唯識法相所解釋的方向不同。大家要配合起來參究，才能融會貫通。但這只是勉強這樣說而已。

由行陰轉到識陰境界時，是當行陰盡了，陽極陰生，又進一步即轉入識陰境界。行陰境界也有十種魔，到了識陰中，不稱為魔，而稱作外道。

什麼是外道？四果羅漢聲聞、緣覺，在佛法上都算是外道。因為他們沒有透徹證菩提道果。所以，從這個觀點看，也都是外道。這是根據佛說的。因此有些大思想家、大哲學家，不能成佛，因為生生世世愛好搞思想，永遠搞下去，要好多劫才可以轉回來。佛並沒有說這樣不對，而是可憐他們，被思想學識這個東西困住了，永遠在那裡轉。但是他們不會到下三界裡去，如楞嚴經所講：純想即飛，純情即墮。

搞思想的人是向上走，如果是被情慾牽著走的人，就會往下墮。

所以我常說，許多讀書的知識分子，夫婦間及家庭間，常常處得不太好，都是因爲太過於向思想上面發展的緣故。佛經上講幾分情、幾分想，會墮落生在何處。照此說來，一切生物乃至植物，也都是有執著的。

到了行陰盡時，這宇宙世界眞的可以了了嗎？補特伽羅（補特伽羅，舊譯爲人或衆生，新譯是「數取趣」，即在六道輪迴中常常不斷的在生死輪迴。）在這時，因「因果報應」而來還帳、算帳。這時，行陰盡了，中陰身的重點在那裡，自己都可以知道，這一股力量吸不了自己，一般人則一吸就走。到了行陰盡時，就可以向這個生死請長假了。

有人打坐，坐不到多久就坐不住了，不是腿麻，就是覺得坐不住，或者想看看錶。行陰的作用，是坐久必動，或是仁者心動。信不信試試看！參禪的人處處都是話頭，參看看，爲什麼？爲什麼六點鐘起來的人，每天六點都會按時起來？因爲他的神經比較執著，這些日常事都是學問，都是話頭。佛能通一切智，徹萬法源，不可一事不懂，事事糊塗。

到了此處，這股感應的吸力就斷了，這時生死還不能作主，但有些人能作主，有些人或作一半主。有人入胎不迷，住胎迷；有人住胎也不迷，出胎迷。我過去曾經有一友人，他在入胎出胎還有點記憶影像，就是這個道理。

到了這個境界，不過感應懸絶，於涅槃天，將大明悟，快要大徹大悟了。等於天快亮，看看有一點曙光出來。這時身心六根清淨，不會向外面跑，而進入了無所入的境界，就是楞嚴經觀世音菩薩講到證入耳根圓通法門：「入流亡所，所入既寂。此時，身心通達，十二類衆生生命的根本，有了「觀由之本」，不去投生，可以留在自性本位之中，就如傅大士那首偈頌所講的：

有物先天地　無形本寂寥
能爲萬象主　不逐四時凋

這就是進入解脫生命的識陰區宇。

第四講

內容提要

水老鶴
識陰
五陰及邊際
妄想本空
四大解脫
佛說法華經
拈花微笑

上次我們談到修證的事相，說到楞嚴經的五十種陰魔，都是修持過程的現象。關於五陰的解脫，還沒有講完，上次講到最後一個識陰的範圍。

現在先提一個要點，我們這一次講課的重點在修證，現在還沒有正式開始，只是講修證有關的資料。不過大家注意：大家聽課要聽清楚，教書的人常常發現，自己在上面講課，如果下面十個人聽，十個人的瞭解都不一樣，一作測驗，你就會知道，你說西他聽到東去了。所以，尤其是聽佛法，一定要特別小心注意。

我引一個佛經的典故作比喻：釋迦牟尼佛過世後，一、二十年間，阿難尊者還活著，阿難老了，他的相貌就跟他的哥哥釋迦牟尼佛一樣。過去大陸上比丘尼，一定是供阿難尊者，因爲佛不答應女性出家，還是阿難硬要求下來的，佛就罵他一頓：你搞的好事，我的佛教要早滅五百年。阿難以前代他的姨媽要求出家，後來人稱阿難爲歡喜尊者，不是雍和宮歡喜佛的意思，大家不要搞錯了。

阿難尊者還在世時，佛的弟子中有一位法師，也跟佛學過，是再傳弟子。他教弟子佛法，一傳再傳，有的便說：佛是這樣說的。阿難尊者一日入竹林，聞此誦偈曰：若人生百歲，不見水老鶴，不如生一日，而能得見之。徒弟們都這麼唸。阿難尊者一聽，糟了，這是那個師父教的？徒弟們說是師父教的。阿難告訴他們：佛的意思是：若人生百歲，不解生滅法，不如生一日，而得解了之。口音不對，就變成「不見水老鶴」了。阿難糾正這班弟子後，弟子們就回去跟師父講。師父說：「你們不要聽阿難的話，他老了，昏瞶，還是我的對。」這一下阿難尊者搞得沒有辦法，好在當時有一位聖宿大士，說了一首偈子：

彼者念誦偈　實非諸佛意

今遇歡喜尊　而可依了之

這首偈子是說：阿難說的對，另一個說法說的不對，才把他糾正了。

佛涅槃還沒多久，佛法就變質到這個程度。佛滅後一百年，因對戒律和教法，各有不同見解，而分爲上座部與大衆部二派；佛滅後四百年左右，已演化成二十部了。所以現在人鬧些意見算什麼，佛所親自教授的弟子尚且如此，何況我們。聽佛法要注意，不要發生偏差，把生滅法變成「水老鶴」，那就眞叫牛頭不對馬嘴了。

現在繼續講識陰區宇。識陰範圍大得很，其實五陰的範圍都很大，這還是講好的境界，正面的境界。如果走眞正修持的路子，每個人都會經過這些步驟，眞正修持的路，幾乎是固定的。

若於群召，已獲同中，銷磨六門，合開成就，見聞通鄰，互用清淨。

關於一切生滅的根源，在行陰區宇的範圍，已經說得很清楚了。這裡的六門就是六根，眼、耳、鼻、舌、身、意。我們一般人不靠眼睛就看不見，不靠耳朵就聽不見，爲什麼？我們生命無始以來的業力，必須要靠這器官各自的功能。如果眞正到達了修持有成就，識陰解脫的範圍，就可以不靠這些生理功能了。銷磨六門，就是說成就者不受六根功能的限制、障礙，而且合開成就，見聞通鄰，眼睛可當耳朵用，耳朵可當眼睛用。這聽起來有些古怪，其實一點都不古怪，不但有成就的人可以辦到，有些事連凡夫也可以做到。

比如我們注意一件事，只注意前面，但是後面有人過來你也曉得，沒有回頭，也沒有用眼睛看。現代人講第六感等，都是屬於這個範圍。不過這是普通人一點點體會，到了合開成就，境界就大了。下面八個字見聞通鄰，互用清淨，說明了六根互用不是雜亂、煩擾的，而是非常清淨的。我們常說出家人六根清淨，就是語出這裡。六根清淨不是聽不到聲音，而是不論聽到好的、壞的、善的、惡的、是的、非的，都一樣清淨，這個清淨以後要再討論。

到此時，十方世界，及與身心，如吠琉璃，內外明徹，名識陰盡。識陰進一步解脫，達到什麼境界呢？整個的宇宙，以及個人的生理、心理，整個身心，跟宇宙渾然一體，像一個琉璃圓體，內外透明，通體光明，沒有障礙。到了這個境界，才算解脫了識陰的作用。

識陰解脫了，就很了不起，我們望塵莫及，連想都想像不到的。現在先把理透徹了，搞清楚了，修行的事相就容易了。佛說到達這個境界，是人則能超越命濁，才了三界的命根，可以超出三界了。但要注意，到識陰了了以後，才可以超越命濁。

下面佛的結論又要特別注意了！

觀其所由，罔象虛無，顛倒妄想以為其本。由識陰境界而到識陰盡，而至於超越命濁，仔細一研究，這還是妄想作用，還沒有離開一念。我們學佛打坐都討厭妄想，要趕掉它，但是你們看，要能解脫五陰境界，也就是靠它呢！大家現在學佛學禪的，不管你學什麼，總把心理的思想、意識狀態，往來於腦子裡頭當作一念。但這只是一念的浮想，浮在上面，還不是眞正妄想意識之根。所以佛在楞嚴經開始時，告訴阿難：縱滅一切見聞覺知，內守幽閒，猶為法塵分別影事。又說：現前雖成九次第定，不得漏盡成阿羅漢果。他說你們學佛就算滅掉一切見聞覺知，清清淨淨的，都還在意識的狀態中。

法塵就是意識，為什麼？譬如當你聽過佛法有什麼境界等話，你下意識已經先中毒了。所以你靜坐起來，達到那個境界，有時並不是眞的，而是你的意識狀態，將那個境界勾劃出來。這只是隨便打一個比喻。甚至你雖證得九次第定，也還不能證果，何況只是「法塵」影事！

法塵分別影事，是第三重錄影。比如我現在講話，錄音是第二重，別人再拿去錄是第三重、第四重。它究竟不是我現在講話的眞聲音。就是這樣，到達這個境界還是大妄想，而這還算是正路。佛告訴你，這裡頭有邪路——外道。五十種陰魔，最後的識陰叫作外道。羅漢、聲聞、緣覺都是外道之見。佛說這是罔象虛無，顛倒妄想來的。

「罔象」這兩個字出自莊子，罔象等於影像，也就是影像的影像。當然，它不是一個實際的東西，它是虛幻，卻也的的確確有那個影像，所以楞嚴經這裡這個罔象虛無，放在顚倒妄想上面，的確安排得很好。

你看，這一念這麼難，五陰就是一念。有時我們覺得，自己念頭清淨了，身心內外清淨，能達到這個境界，一半還是生理幫忙你，心理較寧靜時，才能夠達到這個境界。因爲是身心兩方面互相影響，所以仍屬於色陰境界。這個裡頭一走偏差，問題就多了。比如我們這時氣脈——嚴格說，還談不上氣脈，只能說你那個神經系統，在平常的感受境界上，突然得到一種沒有經驗過的寧靜境界，因而起了變化。尤其是當氣脈通過後腦這一部分時，耳朵會聽到一種聲音；到了眼睛，眼睛出毛病；到了牙齒，牙齒出問題；到每一部分都出問題。了解了這個問題，都可以因應、證入；不瞭解這個關鍵，就會走火入魔。其實，旣沒有火，也沒有魔，這是你心理幻想變化的錯覺。而你認爲的清淨，也不是清淨；你認爲的光明，也不是光明。

楞嚴經最後，把漸修方面的次序功夫，講解得很淸楚，頓悟不離漸修。我們平常看楞嚴經，絕對會麻麻胡胡把珠寶看過去，其中的巧妙你去找吧！珠寶都埋在泥礦裡頭，自己去找吧！它是藏在五十種境界裡頭，要用智慧，把首尾貫通，要讀到滾瓜爛熟才能眞懂。我現在告訴你們的，是我花了幾十年的時間成本，才把密因抽出來的。你找找看，古人也沒有把它認眞指出來過。所以「莫將容易得，便作等閒看。」

下面是一個總論：

汝等存心，秉如來道，將此法門，於我滅後，傳示末世，普令衆生，覺了斯義，無令見魔，自作沉孽。

佛吩咐他的出家弟子，一定要存心發願。存心就是發願，儒家稱爲存心，佛家就叫發願，也就是立志的意思。佛說等我過世以後，把這個法門，傳給修持的人，使一切衆生明白這個道理。無令見魔，自作沉孽，一切觀念、一切修持的錯誤，都是「見」的問題。見解的錯誤，也就是所謂「見濁」。我們這個世界，有所謂五濁惡世的說法，見濁就是五濁之一。這世界上的意見最多了。例如戰爭，就是因意見上的紛爭而起。人的煩惱都是從意見上產生的，我的對，你的錯，大家就鬧起來了。執著了個人見解，變成了見魔。佛說自作沉孽，這個孽字，不是那個業字，這裡乾乾脆脆，就是說自己造孽。

保綏哀救，銷息邪緣，令其身心入佛知見，從始成就，不遭岐路。

所以你們要把修持的路子告訴大家，使大家不要走錯了路，走錯了路不得了。

精眞妙明，本覺圓淨，「精眞」比喻這個本性，生命本來的這個東西。楞嚴經上不用學理性的名稱，如「眞如」啦，「法界」啦，「法性」啦，「如來藏」啦……

：乾脆用事相來表達。每一本經典都有它的重點，楞嚴經偏重在修證，所以明明白白用這個代名詞——精眞。佛家講本性是本覺、始覺。覺什麼？覺那個「本覺」，並不是另外得到一個東西，是覺我本來的東西，這個東西是本來清淨的。

非留死生，及諸塵垢，乃至虛空，皆因妄想之所生起。注意這句非留死生，不是沒有生死，生是有的，只是生死無妨，不留不礙，不垢不淨，沒有關係。所以張拙秀才悟到「涅槃生死等空花」，不但生死等於空花，涅槃也等於空花。換句話說，你認爲涅槃是一個東西，涅槃就是生死。又換句話說，你證了生死本來虛幻，生死就是涅槃。這個「留」字實在用得好極了。「非」字也改不得的。

年輕的出家同學，你們注意！未來的佛教，中國文化的佛教，是要你們挑擔子的。文學沒有搞好，這個擔子怎麼挑啊？挑不起來的。唐、宋以前的高僧爲什麼樣樣好？再加上詩詞歌賦，個個都是高手。他們會的，你們不會；所以那時上自皇帝，下至挑葱賣蒜的，沒有不佩服這些高僧的。而現在我們作了出家人，你不會的，在家人會；你會的，在家人都會，那麼問題不就來了嗎？我站在你們這一邊，勉勵出家人，要發願挑這個擔子。你看！楞嚴經翻譯，一個字也不能麻胡的，非留死生，不但「留」字用得好，那個「非」字，也眞不知用盡多少心思。

這部楞嚴經是般剌密帝法師帶過來的，當時印度是禁止佛書出境的，違犯了就要殺頭。據說這位大師把自已脅下的皮肉剝開，把這本經縫在皮肉裡頭，才能帶到中國來。我們讀經往往忽略了當時種種艱苦的情形，所以佛教中有預言，這本經最後傳進中國，到了末法時期，這本經最先被毀掉。末法來了，開始有人攻擊這本經是假的，後世人聽到這批學者的僞經論調，也就不去看它。其實這批學者也不是學佛的，什麼功夫，什麼修證，一概都沒有。

接著又再叮嚀：斯元本覺妙明眞精，妄以發生諸器世間。這個問題大了，是科學的領域，這也是楞嚴經第四卷，富樓那問佛的問題。你說本性本來清淨，本來圓明，爲什麼形成這個物理世界呢？第四卷所討論的問題，就是這個地球怎麼變出來的。我們打坐爲什麼丹田會發煖？祕密也就在這裡，佛把祕密露給你，所以楞嚴經自稱是「密因修證」，他的祕密放在裡頭，而且根本也沒有祕密，「乾坤之內，宇宙之間，中有一寶，祕在形山。」就在你那裡。

法華經也告訴你這一點，一切衆生本覺妙明，因爲妄想而發生了器世間。器世界，也就是物理世界。眞正的佛法是純粹唯心的，物理世界是心的功能變化的附屬部分。所以佛說：如演若達多，迷頭認影，當釋迦牟尼佛時代，城裡有一個人，名叫演若達多，長得蠻漂亮的，一天早上起來照鏡子，咦！我的頭到那裡去了？鏡子裡是有一個頭，有那個人看到過自己眞正的頭？有人看到自己這本來面目沒有？鏡子裡看過，但鏡子裡焦點相反的，也不是眞的自己。演若達多天天找，天天找，找瘋了。這故事形容得好極了。是嘛！我們的眞頭掉了，用的都是這點影子，都是第三重的幻影。

一般人打坐，都想除妄想，讀通了佛經後，你就會哈哈大笑，不去除妄想，妄元無因嘛！你坐在那裡打坐除妄想，你不是受罪嗎？妄想本來空的。比如，妄想來了，唉啊！妄想，我要去掉它，剛起這麼一個念頭，那個妄想早跑掉了，你還在這裡趕妄想呢！妄想是無根的，所以金剛經告訴你：如來者，無所從來，亦無所去，是名如來。這明白告訴你，它是無根的，因爲妄想本身，非因非果，還怕它什麼妄想！你如果有本事，想它三天三夜，看看能不能不睡覺，專門妄想，如果做到了，我向你磕頭。對！有人做得到，台大精神病院裡頭有人做到，但他們也不是自始至終只有一個妄想。他們的妄想也是波動的，一波過了又換一波，妄想是這樣跳動的。所以，你除什麼妄想呢？

於妄想中，立因緣性。妄想是因他而起，自己沒有本因，因外相而引起。講唯識「依他起性」，就是把意識跟外界，兩方對立起來。但是你不曉得，你自己本身就是外界。依第六意識來講，外界就是前五識；譬如四大也是外界，外界的變化引起意識的反應。拿第八阿賴耶識來講，你的四大，你的意識分別，本來都是外界。這要注意了，所以我們看到全世界的人在搞唯識，如同搞易經一樣。學易經搞八卦的人，古今中外，都陷在八卦陣裡頭，永遠沒有爬出來過。什麼八八六十四卦，又畫圖，又數字，搞了半天，完了，趴在裡頭作遊戲可以，眞要用也用不上。搞佛學也是一樣，不求修證，永遠爬不出來，就是被這些名詞給困住了，將佛學變成了思想。就在那裡玩思想，永遠的玩下去，玩了半天，對自己的身心一點幫助也沒有，所以千萬要注意。

許多人對妄元無因，於妄想中，立因緣性弄不清，於是迷因緣者，稱爲自然。您認爲一切因緣都是「自然」來的。這「自然」不是中國文化的自然，而是印度哲學思想派的自然哲學派。那個自然，是一個理念構成了一個東西，所以印度的自然哲學，與道家老子的自然，不能混爲一談。中外的著作，在講印度哲學史時，入手都錯在這個地方，毫無辦法。這就是瞎子牽瞎子，滾進去一堆渣子，全錯了。而古人有些大師們，著作老子學說，批評老子，也錯了；他們把老子的自然，跟印度自然學派的自然攪在一起，所以說也錯了。

佛告訴我們：彼虛空性，猶實幻生，因緣自然，皆是衆生妄心計度。他說，就整個宇宙來說，太空也還不是永恆存在的東西。在楞嚴經的前面，釋迦牟尼佛曾說，當知虛空生汝心內，猶如片雲點太清裡。太空是如此眇小，整個太空還是幻想構成。換句話說，太空是屬於「七大」的範圍，是物理的東西，是唯心的心性所附屬的一個現象。何況我們還是因緣所生法的，還是太空物質世界中，地面上的爬蟲，叫作人類，而這些名詞都是我們腦子所構想出來的，所以也就更靠不住了。懂了嗎？總之，太虛、太空還是一個幻境。何況我們這些學問，是這個太空裡頭的地球，地球裡頭的世界，世界裡頭的爬蟲，這些爬蟲叫作人，人的腦子裡頭所構成的幻想而已。所以皆是衆生妄心計度，說得好聽叫推理，不好聽就是估計、猜猜而已。

阿難，知妄所起，說妄因緣，若妄元無，說妄因緣，元無所有。

注意這個「知」，你那個知道妄想起來的那個知，那一點的關係，加上執著這裡面的構想，說妄因緣，說妄想是因緣所生，如果你明白了妄想自性本空的話，說妄因緣，元無所有了，本空嘛！

何況不知，推自然者，至於那些認爲這些生命的心理根源，是因自然而來的，就更不要談了。

是故如來與汝發明，五陰本因，同是妄想。所以佛說，我上面告訴你，我們這個五陰——色、受、想、行、識，在發揮作用時，各有不同。歸根結柢，五陰雖不同，但都是一個大妄想。

世尊接著就五陰的妄想性質各作解說，而後總結說：是五受陰，五妄想成，這五重感受的陰境，就是五種妄想的形成。汝今欲知因界淺深，你們如果想知道他們的構成的因素和範圍的話，現在我告訴你。

五陰第一個是色陰，唯色與空是色邊際。一種「形」或「相」的呈現，就是色；相對於「色」的呈現，那就是色的消失，也可以說是一種「空」。由於這個「空」是物理世界的空，或者心理概念上的空，嚴格說，也是一種「相」，是「空」的「

相」，所以仍屬於色陰的範疇。這也就是唯色與空，是色邊際的道理。

唯觸及離，是受邊際。譬如我們手一碰、一離，是受陰範圍裡兩大現象，這還是以大原則講。如有些人與朋友分開，心裡的感受很難過，那不是這個觸，而是「想」所構成的觸。這五陰還要重重打滾的，等於中國算命講五行，錯綜複雜，木剋土，土剋水，水剋火，火剋金，金剋木，這裡頭身心互相影響很大。

唯記與忘，是想邊際。在想陰的範疇裡，有記得和忘記，兩大作用型態的呈現。忘了就是對某件事想不起來了，在「想」的天地裡，呈現一片糢糊，無記的相，所以同「記」一樣的，屬於想陰的範疇，只是「記」與「忘」是相對的兩種現象。

唯滅與生，是行邊際。在行陰的範圍裡，則是「生」「滅」兩大相對作用型態的呈現。

湛入合湛，歸識邊際。這就很難解釋了，湛就是澄清，心境到了澄澄湛湛，空靈一片，這是上一個「湛」。「入」，進入那個自性本體的，了無所有的，澄澄湛湛的境界，就是湛入合湛，這就是第八識如來藏性的範疇。

此五陰元，重疊生起。這是五陰的根元，這五陰就如同中國文化的五行，是同樣的麻煩和複雜。五大因素間互相影響，互為因果。佛經裡頭有一部叫「五蘊論」，但是還沒有講得清楚。在印度的十二因緣，也是根據十二個時辰來的，等於中國文化的子丑寅卯辰巳午未申酉戌亥。無明就是子，無明緣行，行就是丑，那是另一套學術研究了。從前大陸上的大廟子，當方丈要收徒弟時，用達摩一掌金來看，那一年，那一月，那一日生的，算出來是可以出家，或沒有佛緣不要出家。達摩一掌金就是根據十二地支來的，十二地支是十二因緣來的。你說靈光嘛！佛法講一切唯心，大禪師大方丈們，就不用這一套。

生因識有，滅從色除。一個凡夫的生滅，色沒有了叫作死亡。修道則滅從色除，先在身體上想辦法。如果身體的障礙除不去，五陰脫不掉，那有什麼用呢？閉起眼來打坐，只不過在這個身體裡頭打滾。這裡不舒服，那裡舒服，這邊不通，那邊通了，轉來轉去都不出這個身體。就像禪宗祖師罵人的話：閉起眼來，在那個黑山鬼窟裡頭作活計。

理則頓悟，乘悟併銷，事非頓除，因次第盡。五陰的解脫是一步一步來，是科學的，是沒有辦法違反的原則。當然有人一上路，也可能先從行陰或識陰解脫，步驟並不是完全固定的。頓悟是講見地，漸修是講修證。見地眞到了，後面修持的事相就必定已到。但是話又說回來了，見地眞到了，正好修行。

這本經書的重點在修證。前面七處徵心、八還辨見是講見地，後面統統講的是漸修。換言之，講的都是實實在在的修證方法。事實上，漸修不離頓悟，頓悟也不離漸修。

我的構想是整套的計劃，由初步開始打坐，一直到修持，想向大家作系統的解說，現在仍是先搜集資料。

佛反對神通，但在幾次重要說法時，他現了神通。第一次是阿難出了毛病，佛囑文殊菩薩趕快去救他。楞嚴經上講，釋迦牟尼佛兩腿一盤，頂放百寶無畏光明，光中生出千葉寶蓮，有佛化身結跏趺坐，宣說神咒，敕文殊師利將咒往護。

爲什麼佛不自己去救？或者顯神通，兩手一抓，把阿難給抓回來，爲什麼？這都是話頭。第二次從面門放光，第三次從胸卍放光，第四次從五體放光，第五次從肉髻放光，每次放光都不一樣，爲什麼？這些都要研究。

有些經典花樣特別多，像法華經裡，統統講故事，而故事裡頭找不出什麼。其中第一個故事，佛一上來，就清堂了，佛也沒開口，五千比丘就走了，爲什麼？這些處處都是問題，大家都被其中的哲學思想迷住了，叫好！認爲這些重點很了不起。我寫楞嚴大義今釋時，把地獄天堂略掉了，因爲現在沒人相信，實際上那裡頭大有學問。爲什麼人變畜牲？看得我毛骨悚然，就是說，你一個念頭，一個情緒動錯了，那個因果就來了。這幾十年中看得多了，時代不同，因果更快了，這一部分在修持上是非常重要的。可是大家認爲最難懂的是「七處徵心，八還辨見。」其實，那不過是在文字上搞來搞去，還容易懂；但眞正的學問是在最容易看的地方，那也就是最難懂的地方。

現在講七大的解脫——地水火風空覺識，只談前面有關身體的四大。現代人打坐最喜歡搞氣脈，什麼三脈七輪等等，專門在身體裡頭玩。注意啊！那不過是色陰境界而已，在這裡頭搞來搞去，花樣多得很，玩得你暈頭轉向，頭都昏了，方向都迷掉了。

如果明白了理，就知道不在這個上，不在四大——地水火風上。四大是一念所生，今天講念頭，只知道心裡的思想是念頭，不知道連這個四大也是念頭，楞嚴經上都指出來了。

玄奘法師八識規矩頌中，阿賴耶識頌二：

浩浩三藏不可窮。淵深七浪境為風，受熏持種根身器，去後來先作主公。根身器所指的根是六根，身是人體，器是物質世界，都是這一念變來的。這一念就是業力，念轉得過來，業力也轉得過來。所以禪宗了心，就是了這一念，這一念就是五陰，就是八識。修是修這個，不是光修第六意識。第六識一念一念來，也一念一念的去，所以你一念不能了第七識、不能了第八識，還學什麼禪！

我們平常只在心中搞一點意識清明，那是第六識一部分的事，差得遠啊！到了臨死時，四大要分散時，你平常所得的清淨，所得的功夫，一概用不上了，因為單單一個第六意識起不了什麼作用的。嬰兒生下來，第六意識沒有分別，老年糊塗了，也沒有用，可是第七、第八識還在作用，這一點要知道。所以臨死時，你叫他念佛，他說：「不行了！不行了！」真是不行了，但是你怎麼還會講話呢？這時第六意識渙散了，只能起一部分作用。所以，一念不了第七、八識，你學什麼禪！了什麼念！

那麼第七、八識能了，地水火風四個部分在那裡呢？先講火大，楞嚴經云：

性火眞空，性空眞火，清淨本然，周徧法界，隨衆生心，應所知量。循業發現，世間無知，惑爲因緣，及自然性，皆是識心，分別計度，但有言說，都無實義。

見到空性就是性火眞空，性空眞火。所以我們的根本老師釋迦牟尼佛，教了很多的寶貝給我們，我們都不知道。很多人打坐，身體發煖，就以爲拙火起來。我說你去檢查檢查，可能是病態。四加行裡的發煖，煖與軟是配合起來的，得煖後就返老還童了。見到空性豈只丹田發煖，你若見到空性，愛怎麼樣就怎麼樣。

有些人打坐聽呼吸、數息，性風眞空，性空眞風，呼吸是風大，是生滅法，但靠這個對治身體，也不是沒有用，不過對悟道沒有幫助，眞正的悟道是性風眞空，性空眞風。

物理世界都是現象，能變成火、氣流、電。這些現象後面所隱藏那個本體的功能，是清淨本然，周徧法界。它同心物是一元的，心理所到達之處，物理就到達；物理所到之處，心理也就到達，這兩個並重，彼此没有輕重的分別。

隨衆生心，應所知量，都是你造的，所以你作功夫時，覺得有身體某一部分發燙，以爲是氣脈通了。老實講，那是你的妄想造成的通，美其名爲修煉，講不好聽是你妄想打得好大哦！如此而已，這不是道。這是隨衆生心而感應，你向這一面求，他的功能就向這一面發展，所以稱爲循業發現，跟著你的業力轉。「發現」用得好，不是發明，是宇宙間本有的，不是創造的，不過被發現罷了。

這些搞清楚了，才好修行。還有好多要點一時說不完，下次再說，現在轉到法華經。

現在中國人講修證，尤其是禪宗，提到兩部經典——法華及楞嚴。法華經比楞嚴經來得早，南北朝東晉時代就傳過來了。這本經影響中國文化很大，在文學、學術上，經常可看到法華經的東西。

智者大師師徒二人，創立天台宗，就是宗奉法華經。很多過去學「般舟三昧」的高僧們，修持都走法華經的路線。眞講這部經太難了，這才是眞正的一乘佛法。以前幾次禪七時，都曾講到釋迦牟尼佛爲何拈花，迦葉尊者爲何微笑。我去年在關中，有一個感想，寫了一首詩，答一位要出家的老朋友：

禅自拈花一笑來　靈山花蕊滿靈台
如何淨土華嚴界　又道花開見佛回

佛在靈山會上，天人供養的花太多了，滿了靈台。有一件事很奇怪，佛教一直都與花有關。然後，我再給朋友一個話頭：

莫妄想　費疑猜　頭陀一去首空迴
東風正放花千樹　盡向南華覺後開

提到法華經，爲什麼拈花，爲什麼微笑？你站在那裡看花，話頭就來了。你懂得花，你也差不多知道怎麼修持了。一顆種子，怎麼開花？怎麼結果？

法華經即妙法蓮華經，同莊子一樣，都是寓言故事，尤其提到講經的功德怎麼大。印度的文化，一句話寫了一大堆，不過，耐心研讀，每句話都有道理。這本經處處都是話頭，它是眞講修持功夫。

法華經卷一：序品第一，東方現瑞，佛放光動地，弟子們認爲這一次傳大法了，一定大不同。然而五千比丘卻先退席，認爲這個老師不行，變妖道了，退席而去。阿彌陀佛在西方，而法華經則專放東方光明——東方現瑞。這部經典統統都是故事，每個故事都是話頭。佛的弟子中，智慧第一的舍利子，起來問法。

佛放那麼大的光明，排場那麼大，卻說：算了！算了！我的法太不可思議，不要講，你看五千比丘都退了。在法華經卷一方便品第二中說：止！止！我法妙難思，諸增上慢者，聞必不敬信。人都有傲慢心，尤其是學佛的，自認懂得佛。天上天下唯我獨尊，那是佛，不是你。佛說，許多有增上慢的人，對於我要說的法，他決不會信的。

是法非思量分別之所能解，唯有諸佛乃能知之。注意！這是見地，尤其我們學佛更要知見正，佛法不是靠思想去搞，佛在這裡告訴我們，眞正的佛法不是你思想意識分別所能解釋得了的。下面一句很嚴重，我們也白學了，唯有諸佛乃能知之。

眞正的佛法，只有佛知道，到了佛的那個境界才眞懂。難怪那五千比丘要退席了，唯有佛才能懂，那我們何必要學呢？

所以者何？諸佛世尊，唯以一大事因緣故出現於世。他說一切佛出現世間，只爲了一件事，這件事叫大事因緣。換句話說，佛說佛法只有一乘道，只有一個東西，你懂了就成佛。

諸佛世尊，欲令衆生開佛知見使得清淨故，出現於世。欲示衆生佛之知見故，出現於世。欲令衆生悟佛知見故，出現於世。欲令衆生入佛知見故，出現於世。

注意！開佛知見、示佛知見、悟佛知見、入佛知見。悟要悟道，入要證入。法華經就是開、示、悟、入，最後要證道。

此衆無枝葉，唯有諸眞實。五千比丘走了，渣子都出去，留下來都是好角色，都是心裡頭清淨、夠格的人選。

我雖說涅槃，是亦非眞滅。沒有一個涅槃是斷見，是去了不來的。什麼是涅槃？一種現象——諸法從本來，常自寂滅相。注意！楞嚴經剛剛提到的——本性，你要悟，那裡去找？「諸法」講萬有一切，不論精神的、物質的，一切世界萬有的事相，都在生生滅滅，變化萬端。未變之前，及既變之後，乃至變動的過程中，本來就在涅槃中。本來就是寂滅的、清淨的。要懂得這個，先要瞭解這個，這就是參禪，禪宗經常提到這一句。

佛子行道已，來世得作佛。你現在去行願、修證，來生成佛。注意！這是他對出家弟子小乘衆中，智慧第一的舍利弗講的。

佛種從緣起，是故說一乘。沒有三乘，只有一乘，這一乘是什麼？是法住法位，世間相常住。把前面的諸法從本來，常自寂滅相。和是法住法位，世間相常住。連起來是很好的一副對聯，你一看就懂得大綱了。佛說這個菩提在那裡？就在這裡。乃至到了地獄、天堂裡頭，他也就在地獄、天堂裡。就算你在魔道中、六道輪迴中，他都跟著你。諸法都在本位上，這是本體的功能。至於現象呢？世間相常住，世間萬有的現象，就是他的現象，所有的作用，就是他的作用。

於道場知已，導師方便說。成了佛，你坐在這個位子上，一悟就是你的道場。知道了這個以後，你可以方便說法，怎麼說都是它。

法華經的重點又來了，佛很慈悲，第一、第二品還給我們提重點，因他對小乘說法，怕他們智慧不夠，只好明說了。

下面對大乘菩薩說法，他只說故事，要你懂。知第一寂滅，以方便力故，雖示種種道，其實爲佛乘。成道與悟道的人，他怎麼說都對，由世第一法到涅槃寂滅境界，他悟到這個道了。所以佛說他在說法時，雖然介紹了各種的修行法門，有時說小乘，有時說大乘，其實都是方便而已。

所以佛在涅槃經上說，我說法四十九年，沒有說一個字。爲什麼沒有說呢？因爲諸法從本來，常自寂滅相。對那個形而上的本體而言，都是方便而已。所以雖然開示了種種法門，都是方便，所謂世間法，也就是佛法。

法華經這樣講，維摩經也是這樣講。所以法華經最後說，一切治生產業，皆與實相不相違背，一切爲生活做的事都是佛事。出家人注意啊！我不是偏向在家人講的。法華經上說：一切治生產業，皆與實相不相違背。這中間只有一個法門，並沒有在家、出家之別，也沒有出世、入世之別。

下次我們再繼續講。大家注意：這個課還是向見地、修證、行願的方向進行。現在還在講法華經見地、見性方面的資料，沒有說修證，以後會談到。

第五講

內容提要

法華和莊子的寓言
五千比丘離席
分段及變易生死
彈指八萬四千劫
序品—東方現瑞
比喻品—火宅三車
信解品
藥草喻品
化城喻品

我在閉關中，有朋友來信，我用王陽明的兩首詩代爲作答：

見說新居上隔山　肩輿曉出暮堪還
知公久已藩籬散　何事深村尚閉關
乘興相尋涉萬山　扁舟亦復及門還
莫將身病爲心病　可是無關卻有關

「莫將身病爲心病，可是無關卻有關。」這兩句好極了，莫非你推辭，不想見我，有這麼一個責備的味道在裡頭。

我們這堂課，重點在講如何修證佛法，不是講佛學，也不是講普通的佛法，是講學佛修證的路線。我們的綱要已提出來了，就是——見、修、行，三位一體。我們可以拿這三個綱要讀一切佛經。功夫作不上路，是見地不對；見地不對，理不對，行願沒有到，功德沒有圓滿。換句話說，見地爲什麼不到呢？是修證沒有到，行願沒有圓滿。行願爲什麼沒有到？功德也沒有圓滿呢？因爲見地、修證有問題。三位一體，不可分的。

以後，我們會花一點時間，修正打坐盤腿的姿勢。剛才我看見幾位坐在那裡，姿勢都有問題，外姿尚且不對，何況內在。

法華與楞嚴爲禪宗的兩大經典，但我們今天講課並不限於禪宗，也用不著走禪宗的路線。我們學佛應選對修證有利的路子走，管他禪不禪，不要有門戶之見，不要認爲禪是至高無上的，也不要以爲有那一個宗派是至高無上的。所謂宗派的分別，都是方法的分別，基本上仍是一樣。

法華經與莊子一樣，是講故事的。現在人認爲，莊子專説一些無邊際的話，是一些幻想，這是錯誤的。所謂寓，就是寄，有寄託的。等於打丫頭罵小姐，是有對象的，不是亂講。最近百多年來，翻譯的西方兒童故事、小説，很多都是先由日本翻譯，再傳過來。比如哲學這名詞，也是日本翻譯過來的。如此一來，這些幻想小説，就借用了莊子的「寓言」，所以年輕同學先讀了伊索寓言，然後再看莊子，也是寓言，就認爲與西方的幻想小説一樣，這也是因果顚倒了。

法華經是一個故事接著一個故事，幾乎找不出其他東西來。可是你要注意啊！這本經典自南北朝以來，影響中國文化非常鉅大。神僧傳、神尼傳的這些高僧們，修法與法華經有密切的關聯，與禪宗也大有關係。

法華經的序品，把最重要的擺在前面。佛這次講經不同了，又是放光，又是動地，高明的弟子知道，佛這次要説大法了。但是有五千比丘，過去也跟佛很久了，反而走了，不要聽，覺得佛今天説得不對，認爲過去的才對。因爲佛過去講的是斷惑證眞，斷去煩惱、妄想，證得眞如自性。這是小乘佛法，所謂四諦、十二因緣等等的法門，可以證得羅漢果。但是佛今天卻用另外不同的説法，因此這五千比丘、比丘尼就走了。換句話説，他們落於小乘道，走小路，只曉得空，還談不上妙有，不曉得緣起法門，佛經上稱爲——焦芽敗種。芽燒焦了，種子不能發，結不成果。這五千弟子走時，佛默然，讓他們走，也沒說什麼。走了以後，佛說：此衆無枝葉，唯有諸眞實。意思是，留下的這些人，是可以承擔大法的。

第一品——「東方現瑞」，這是我定的名稱。原始的翻譯沒有分品，（佛經稱品，普通書籍稱章。）例如：金剛經三十二品，是昭明太子將其按品分章。當佛經講一個法門時，有時提的是西方，比如講淨土宗，一定提西方；法華經講東方現瑞。這是什麼理由呢？又是一個話頭。什麼叫話頭？這就是話頭。

參話頭，大家不要搞錯了，以爲是拿個小問題，在心裡嘀咕，一天到晚嘀咕，以爲這樣叫參話頭，這樣是鬧笑話。佛經就是個大話頭，爲什麼從東方現瑞？講到涅槃境界才是西方現瑞。喜歡研究易經的朋友，對這個方位的道理，要多注意，這是相關的，不是偶然的。

是法住法位，世間相常住。所以那五千比丘非退席不可，聽不下去。那些比丘專門出家修道，結果佛講眞正的佛法就在世間，也不離出世間。世間與出世間無所不在。是法住法位合於道，本來在的。世間相常住永遠合於道，不一定出世才能夠成道。

法華經卷二譬喻品第三，舍利弗說偈言：

世尊知我心，拔邪說涅槃，我悉除邪見，於空法得證。爾時心自謂，得至於滅度，而今乃自覺，非是實滅度。

首先舍利弗向佛說：我錯了，世尊曉得我的程度。當時我一切的邪念、妄念去得乾乾淨淨，以爲這就是涅槃。小乘到這裡，的確是涅槃的最高境界。不要看不起小乘佛法，大乘佛法是要以小乘佛法爲基礎。我們講修證，這個第一步沒做到，還是不行啊！舍利弗是到了這個境界以後，再求進步，所以認錯。

舍利弗說：我在修持的過程，完全停掉了邪念，達到了空的境界，於空法得證。我們常說四大皆空，只是理念上達到。你肚子餓時，明知四大皆空，何以還會覺得餓？冷起來，你說四大皆空，冷也空，不錯，理論上是「性冷眞空，性空眞冷」，但是不穿衣服，你就受不了，那是什麼理由？佛法不是光講理論。所以舍利弗報告說：當時我證到了那個空的境界，自己認爲已經得道了，到了涅槃境界佛的果位。現在曉得錯了，這不是眞的證入大涅槃。

大家從佛學的學理，曉得空也叫涅槃，是羅漢境界。做到了萬緣放下，一念不生，絕對空的境界，那個叫作有餘依涅槃，不是最高的果位。所謂果位，拿現在來講，就是效果、成果。爲什麼叫作「有餘依」？那是說雖然做到萬緣放下，一念不生，但是那一個業力根源的念，爲萬緣的種子依然還在，只是沒有爆發而已。碰到其他因緣的刺激，還是會爆發的，因爲種子習氣都在。所以最高的羅漢境界，可以了分段生死，還不能完全超越變易生死。所以嚴格說，也不能了分段生死，只能夠在生死的過程上，請長假而已。可以歷經八萬四千大劫都在定境中，以我們來看，是八萬四千大劫，但在他本身而言，只是一彈指之間罷了。

這點不曉得你們有沒有經驗，定了幾個鐘頭，一出定覺得眼睛只閉了一下，以爲只有兩三分鐘，事實上，幾個鐘頭過去了。所以時間是相對的，八萬四千大劫，也只在一彈指之間而已。

憨山大師三十歲的時侯，同妙峰禪師上五台山住茅蓬，當時見萬山冰雪，四周寂靜，正好修行。後來天暖冰消，澗水衝激，其聲如打雷一般。憨山大師在靜中聞聲，如千軍萬馬出兵之狀，感覺非常喧擾，就問妙師，師曰：「境自心生，非從外來。」聞古人云：「三十年聞水聲不轉意根，當證觀音圓通。」於是他就自己一個人，到溪水的獨木橋上，天天去坐在上面。有一天，坐在橋上，忽然忘身，音聲也沒有了，從此以後才入流亡所，心所不動，覺得響聲沒有了，再也不爲聲音所擾了。

可是有一次，在平陽太守「胡公」皈依弟子家裡，他說：「我休息一下。」就在床上一坐，一直坐了五天。家裡僕人叫不醒他，直到五天後，這個皈依弟子從外面回來，拿引磬一敲，憨山大師才出定，但不曉得自己在什麼地方。這又是個話頭——無記。不過稍過一會兒，他又知道自己在那裡了。

憨山大師就在這個境界上。但是，這還不是究竟。所以他自己講：「荊棘叢中下足易，月明簾下轉身難。」這也就是走禪的路線。什麼是荊棘叢，心裡頭亂七八糟，妄想多。像置身於荊棘叢中，到處是刺人的荊棘，還不算太難。他說，心裡亂糟糟的，能夠把它一下放下了，當然很困難，但還不是最難。最難的是什麼？當你功夫到了一個程度，坐起來心裡頭覺得清清明明，空空洞洞的，往往就以爲這個就是了。其實，落在小乘果。舍利弗所講的，就是這個境界。這時候要想轉過來，非常難，難得很。

我勸你們要常看憨山大師年譜，尤其是出家的同學，別人修持的經過，講得確確實實，可以啓發你們。當然人家學問好、佛學好、修持好，樣樣都好，無一不好。他除了註解儒家大學外，中庸、老子、莊子也曾註解；還有奇門遁甲、地理風水、陰陽八卦、算命等，無所不通。這麼一個和尚，難怪轟動當時。這一段同舍利弗所講的有關，所以才提出來講一講。

法華經的序品裡頭，有好多話頭要參。爲什麼那些弟子們，還沒等佛開口，就曉得聽不下去了？可見那五千比丘並不簡單。他們一看情況不對了，認爲自己走出世的路子，學空就好，不想再聽其他的了，也算是有先見之明。這是什麼理由？佛的這些話，都在五千比丘退席以後講的。

第三譬喻品，爲了這次講課方便，我把它定一個名稱——火宅三車之喻。三界如火宅，這個世界受大火煎熬，衆生在這裡生活，還自以爲快樂得很。佛說這些衆生、兒子們，都不肯出火宅，只好想辦法說「有三車」。三車就是三乘道——聲聞、緣覺、菩薩道。像佛這樣一個老師，愛衆生如愛兒女，可是沒有一個兒女懂事聽話的。沒有辦法，只好騙，只好誘導。誘導衆生到那些車上去，總該不會車上有人劫機，把我們劫到地獄去，那就不得了啦，就很難辦啦！（衆笑）

諸佛法藏，是諸衆生，皆是我子，等與大乘，不令有人，獨得滅度。

佛說，我愛一切衆生，如父母之愛子女，我不會只度某一個人。等與大乘，平等的給予大乘道，不會不管那些對我不好的人。好比一部大車子，不管好的、壞的，都要裝乘他們的。

皆以如來滅度而滅度之。

問題來了，這句話是說，用佛的滅度法門，而實際得到佛同樣的涅槃境界。爲什麼不說皆以世間滅度而滅度之？這是經過謹愼的抉擇用字。如來者，是佛的本體，就是都到達形而上那個法身的境界。

是諸衆生，脫三界者，悉與諸佛禪定解脫等娛樂之具。

佛說，衆生們能解脫出三界（欲界、色界、無色界）火宅的話，我給這些孩子們什麼玩具呢？禪定、解脫等等。換言之，佛說的一切法門皆是方便，等於使孩子們先得到一個快樂的境界。所以禪定、解脫等並不是涅槃、菩提之果，只是加行法門而已。

皆是一相一種，聖所稱歎，能生淨妙第一之樂。最後最高的原則，都是「一相」，即如來實相；「一種」，即佛種。我這個法門，是過去、未來一切聖賢所稱讚的。雖然我把這些比喻爲玩具，但是你不要搞錯，這玩具不是我們的，有些什麼功德？什麼效果？能生淨妙第一之樂，這是人世間第一法的快樂，清淨美妙，但卻不是究竟。

佛說：一切衆生，皆是吾子。我愛一切衆生，猶如愛我自己的兒子一樣。深著世樂，無有慧心。三界無安，猶如火宅。一切衆生貪圖世間短暫而不眞實的快樂，是沒有智慧的。因爲人活在三界裡，猶如在火燒的房子裡煎熬，一天、一時、一秒，都在受煎熬。

今此三界，皆是我有。其中衆生，悉是吾子，而今此處，多諸患難，唯我一人，能爲救護。

話頭又來了，佛說無我，這裡又說有我；生下來即說有我——天上天下，唯我獨尊。涅槃的時候，他說平常所講的無常、苦、空、無我，是方便法；究竟的道理則是常、樂、我、淨。在法華經這裡，也提起「我」來，不過也是說法的方便。所以現在他說：三界都屬於我。這不是話頭嗎？什麼理由？第二句話是大慈悲，其中衆生，悉是我子。佛說爲什麼談這個法門？因爲世上都是痛苦，這痛苦沒有人可以救，只有我可以救。這是什麼「我」？這是話頭，要注意！

他說：我曾說證到涅槃，證到了空，就可以了生死。我現在在法華會上，老實告訴你們，沒有這回事。什麼叫作滅？滅也不是，是法住法位，世間相常住。永恒的在這兒。這是什麼道理？這不是話頭嗎？這還是見地的範圍。現在還在清理見地，見地清好以後，再開始講怎樣用功。

我們這一次採用的佛學經典，已向大家報告過了，希望大家自備。我們這次講課，是爲了大家一生的修持。或者是作學問也好，講修持功夫也好，總之是非常重要的。

離諸苦縛，名得解脫。修小乘法有五個程序——戒、定、慧、解脫、解脫知見。本來學佛法爲求解脫，爲什麼求解脫呢？因爲有痛苦，所以才求解脫。

是人於何，而得解脫，但離虛妄，名爲解脫。離開了一切虛妄，便得解脫。問題來了，普通人以爲虛妄就是妄念，認爲把妄念去掉了就得解脫。楞嚴經明白告訴你，五陰皆是虛妄，都要脫離。所以大阿羅漢入涅槃時，灰身滅智。佛經上說，大阿羅漢要走時，灰身滅智，口吐三昧眞火。就是自己放一把火，只見一片光一亮，身體就沒有了。這不是假的，眞做得到。當然我們做不到，因爲沒有修持。大阿羅漢能發起地水火風的功能，意念一動，可以發起任何功能，就是這樣自在，這是大阿羅漢的境界。

我們不要以爲「虛妄」兩字是指妄念；我們的身心一切，乃至物理世界，都算是虛妄。但離虛妄，名爲解脫。可是縱然到達這個解脫境界，也只叫作小乘極果。

其實未得，一切解脫。雖做到這樣，仍未完全解脫。禪宗裡記載一個公案，有個大禪師自認大徹大悟了，結果師父涅槃時，並沒有把衣鉢傳給他；反而把他的師弟從遠地叫回來，接受法位。他覺得不是味道，而師弟也知道，所以在師父火化的時候，把他叫來，鄭重的說：你以爲你悟了對不對？現在如果我把你和師父一起火化了，你們那裡見面？師兄很不服氣說：你不相信我啊，你點一炷香來，香煙還沒燒完，我就走了。換句話，我要走就走，要來就來。師弟不理，一把火把師父燒了。這個師兄也跑去盤腿，準備自己也要走，表示他跟師父倆可以見面。這叫作坐脫立亡。縱然到達這樣的程度，還是沒有悟啊！師弟走到他涅槃的身體旁邊，拍一巴掌說：師兄啊！「坐脫立亡則不無，先師意尚未夢見在。」你要走就走的功夫是有，但佛法的眞正道理，你連夢都還沒夢到呢！

佛說是人，未實滅度。這種人，沒有眞正達到涅槃之果。

斯人未得，無上道故。這種人，還沒有證得阿耨多羅三藐三菩提。

我意不欲，令至滅度。佛這句話妙了，他說爲什麼這些人那麼笨呢？事實上，我不願意教他，太笨了。佛爲什麼這麼小氣？他答覆得很怪。

我爲法王，於法自在。我是法王，在三界中，我愛怎麼樣就怎麼樣。你說這成什麼話？眞令人想起貪瞋癡慢來。其實不然，佛是大慈悲，這就好比臨濟棒，故意刺激大家，故意不教大家，看我們能不能自己反省，自己懺悔，能不能謙下。這是佛的教育法，但也是眞話。

安隱衆生，故現於世。佛說我爲了救度衆生，才到這個世間來，我豈有不肯教之理。我之所以不教，是因爲你自己承受不了，因爲你自己不是法器。

到這裡結束了，這又是一個話頭，你自己去參去，不過我已解釋過了。第四品「信解品」，大家注意，光靠相信也可以得道；但必須是眞正的信仰，不是迷信。信那個眞理，也可以得道。這裡的代表是迦葉尊者，就是禪宗標榜的那個祖師爺，與舍利弗不同。

迦葉尊者，頭陀第一，出家人修苦行頭陀，是走戒律的路子。小乘的戒律有比丘戒、比丘尼戒，偏向於頭陀行，你們自己去研究。照頭陀行的規矩，我們坐在這裡是犯戒的，因爲有貪圖享受的味道。頭陀不三宿空桑，恐怕留戀，有了牽掛的情感；著糞掃衣——垃圾堆裡頭撿來的破布，洗淨後做的衣服。

現在頭陀第一的迦葉尊者，起來報告了：

我等內滅，自謂爲足。唯了此事，更無餘事。我等若聞，淨佛國土，教化衆生，都無欣樂。

迦葉尊者直截明瞭的報告小乘的境界。他說我們跟佛學修持，到了「內滅」，打起坐來，裡面沒有妄想，一念不生，這就是道了。滅是滅掉一切煩惱，以爲到此就是究竟，認爲自己已經到家了，其他就不管了。至於淨佛國土的大乘境界——注意！一個三千大千世界，叫一個佛國土，不是教化一百人、一千人，而是要教化三千大千世界所有衆生，皆歸極樂淨土，這個叫作淨佛國土。大乘菩薩走的是這個路子。多難！我前幾次講課就覺得自己多事，何苦來哉！但跟淨佛國土比，這一點點多事又算什麼！迦葉尊者等一聽大乘道，要淨佛國土教化衆生，唉！免了，我一點都不高興，那個事不幹。

所以者何？一切諸法，皆悉空寂，無生無滅，無大無小，無漏無爲，如是思惟，不生喜樂。

他講的没錯，是你老人家教的嘛！世界上一切無常、苦、空、無我，本來不生不滅，本來不大不小，本來無漏無爲。既然如此，何必去度衆生？這樣一來不就又有爲了嗎？

我講課是對佛法，不是對人的。當年有個學生問我：你學禪嘛！爲什麼要辦個東西精華協會？我問他：那你認爲學禪要怎麼樣才對？他説要像寒山一樣。寒山標榜的是另一個型態，佛學叫作示法。寒山大師的詩：

閒自訪高僧　煙山萬萬層
師親指歸路　月掛一輪燈

寒山的詩我熟得很，同紅樓夢一樣熟。我提寒山就想到紅樓夢，爲什麼？話頭。

我向同學笑笑，不想說了。這種人如同五千比丘退席一類，我懶得跟這種笨人談。

我等長夜，於佛智慧，無貪無著，無復志願，而自於法，謂是究竟。

迦葉尊者自責，自己在佛法智慧上不求進步，如同在夜裡摸黑一般，自以爲在佛法上已達究竟。這是他懺悔的話。

我等長夜，修習空法，得脫三界，苦惱之患，住最後身，有餘涅槃。

他說我們眞是小器，如同在長夜漫漫中摸索，以爲達到空的境界，達到了究竟，自認爲跳出三界外，不在五行中就行了。但要注意啊！迦葉尊者有資格講這個話，我們只懂佛學，而沒有眞正修持用功的人，沒有說這個話的資格。迦葉尊者作到了「最後身」，這個肉身在分段生死中不來了，走入變易生死的範圍。

什麼叫變易生死？化身境界。但不是佛的化身。羅漢境界是住最後身，要走的時候都說同樣的幾句話，我看了很痛快：長揖世間，我生已盡，所作已辦，梵行已立，不受後有。所謂立德、立功、立言、立名都有了。但這是小乘極果，非究竟涅槃，是有餘依涅槃。

爲什麼這段話叫信解品？什麼叫聲聞？是自己沒有悟，全靠老師教化的。我們都是聲聞，講法講了半天，都是佛的成果。眞正信佛法是信這個。接著還有：

佛亦如是，現希有事，知樂小者，以方便力，調伏其心，乃教大智。我等今日，得未曾有。非先所望，而今自得，如彼窮子，得無量寶。

這裡有個典故，上面是迦葉尊者對釋迦牟尼佛的懺悔。現希有事，知樂小者，以方便力，調伏其心。很難得希有的事情，佛作了。知道那些人愛小乘，愛走小路，沒有辦法，先用一個方便，拿塊糖給我們舐舐。現在你又打我們耳光，說我們錯了。乃教大智，要學大智慧的成就。我等今日，得未曾有，非先所望，而今自得。現在我們懂了，高興極了，意外得到的，不是先前所企望的。以爲你的口袋都掏光了，沒想到還有一點。要注意啊！佛已經掏給我們了，但要怎麼拿到呢？法寶不在佛那裡，我這裡都有。「乾坤之內，宇宙之間，中有一寶，祕在形山。」如彼窮子，得無量寶。就像窮光蛋，無意中發了大財，這下子不知多麼高興。

法華經這幾段都是話頭。兩個頂頂大名的大弟子，是這部經典的請法之主，請求說出這部大法。一個是智慧第一，一個是頭陀第一，兩個都已達到小乘極果的境界。

但舍利弗尊者那一品，同迦葉尊者這一品，名稱不同。信解品是相信這個就是，要信得過。爲什麼這樣安排？是個大問題。我先露一點給大家，佛認爲大乘的路子，還是以小乘爲主，性空以後再談緣起，你這一步還沒有作到，免談下文。

跟著是卷三第五品「藥草喻品」，這一品很妙，佛說：我的說法像下雨一樣；大地山河上面這些草木都是藥。這個問題好大啊！在指月錄卷二，記載了有關藥草的故事：

「文殊菩薩一日令善財採藥曰：是藥者採將來。善財徧觀大地，無不是藥。卻來白曰：無有不是藥者。殊曰：是藥者採將來。善財遂於地上拈一莖草，度與文殊。文殊接得示衆曰：此藥能殺人，亦能活人。」文殊菩薩叫善財童子去採藥，善財童子就蹲到地上，抓起一根草給師父。這是什麼？他說：大地草木那一樣不是藥？

佛在這個藥草喻品是講什麼？人的身體是肉做的、不是鐵打的，不吃藥不行，一身都是病。很多人說：既然修行，病要靠功夫趕掉。可以啊！幾十年功夫才去得掉病，這幾十年不是修道，是修病，划得來嗎？所以，非要重藥不可，這是有形的藥，無形的藥到處都是，百千法門都是藥。

這一品講完了，突然來一個「授記品」，佛一個個授記，大送人情。他把小乘諸大弟子都叫來，摸摸這個頭項說：你啊！幾百幾百年以後成佛，叫什麼什麼佛；你啊！幾百幾百劫以後成佛……結果個個都成佛，大家從來都沒有想到，自己還會成佛。這是玩什麼花樣？這爲小乘衆授記，卻沒露一手給大乘菩薩。這是什麼意思？又是一個大話頭。

到這裡爲止，這部經典就是這樣，熱鬧得很，半句佛法也沒有講，不像楞嚴經，也不像華嚴經，也不像唯識的經典有邏輯。法華經沒有講道理，就那麼授記了一大堆，你說怎麼看得下去嘛！這是小乘的部分，到這裡爲止了。小乘的部分講完了以後，就開始授記。這裡頭存在一個大話頭。

然後另一幕開始了——「化城喻品」。變化出來一個城市，一個非常妙的化城。這是大乘的路子，化城的主角叫大通智勝佛。這個佛來頭很大，他有十六個王子，都成了佛。阿彌陀佛也是他的王子，釋迦牟尼佛是最小的王子，第十六子。大通智勝佛原來是國王，後來出家，帶了十六個王子都出家，後來都成佛。

人作到像大通智勝佛一樣，這個人就作絕了。怎麼說呢？世間法，身爲國王，福祿壽喜樣樣皆有，十六個王子個個好，世間的福報享到不要享；出家，又個個都成佛，我看他的八字要算成十字才對。

這是佛在法華經卷三，化城喻品第七說的故事，把我們帶到許多億劫以前。佛說我在這個老王之下，於娑婆國土成阿耨多羅三藐三菩提是註定的，這是什麼理由？這是講宿因，三世因果。

我滅度後，復有弟子不聞是經，不知不覺菩薩所行。

我將來涅槃以後，有些弟子不相信這部經典，也不知道這個法本，眞正什麼叫作大乘菩薩道的行願，應該怎麼做，一概都不知道。不知不覺菩薩所行，這句話很嚴重，不要認爲我們研究了很多經典，看了許多大乘經典，就懂得菩薩行。事實上，是大有問題的，將來我們談到行願的時候，要大加討論。

自於所得功德生滅度想，當入涅槃。

他說將來我滅度以後，有些弟子不懂，而且又傲慢，認爲所得到的一點小功德，就可以證得涅槃，那就錯了。如達摩祖師講梁武帝的「人天小果，有漏之因。」布施了萬把塊錢，以爲自已作了功德，其實是小之又小的事。

我於餘國作佛，更有異名。

我在這個世界滅度了以後，到了他方國土，仍在那裡成佛，當然不叫釋迦牟尼佛，有別的名字。（這些名字在華嚴經上曾提到過釋迦牟尼佛，在上方世界叫什麼；在另一處又叫什麼……多得不可思議。）所以，你不要以爲涅槃就是沒有了。

是人雖生滅度之想，入於涅槃，而於彼土求佛智慧，得聞是經。

我的弟子們如果懂得了這個道理，證得了涅槃，離開這個世界後，往生到他方國土去，可在那裡求大乘道，還有機會再聽到法華經的道理。

這段故事講完了，佛提出一個大問題來了，在禪宗裡頭也常提到的，釋迦牟尼佛講他當年他的父親——大通智勝佛，在那裡打坐學禪。

大通智勝佛，十劫坐道場，佛法不現前，不得成佛道。

大通智勝佛修行好苦啊！坐在那裡入定，不是一兩天，而是十小劫，這個功夫還得了！坐在那裡不動，修證功夫和定力到達這個境界，仍不算悟道。菩提沒有顯現，沒有證悟，不得成佛道。

佛法不離定，更不離打坐。不過打坐入定許多劫，也不一定有用。這是法華經上有名的一首偈。年輕的同學們，不要隨便學不倒褡，光坐在那裡有什麼用？不倒褡有什麼用？佛法不現前，就不能成佛道。要注意，不能隨便搞，把身體搞壞了，雖然大地都是藥，可是你不會用，那就更糟了。

第六講

內容提要

法華與寒山
衣中寶
少欲及無欲
佛法與皇帝
永恆不變存在的真理
大醫王
多寶如來和張商英
龍女成佛

上次偶然提到寒山大師，因爲寒山同法華經與天台宗，都有密切的關係。現在寒山詩非常流行，有人考證他有個哥哥，有個嫂嫂，因爲嫂嫂對他不好，逼得他只好出家。聽說是從他的詩裡考據出來的，但寒山詩裡講到過老婆，難道他又討了個老婆？這些說法無從理喻，只好付之一笑。

法華經上說五千比丘退席，他們願走小乘的路線，這些比丘走的就是寒山拾得的路子。但是這其中有一個問題，大乘菩薩有時化身在小乘比丘中，也就是說，小乘的比丘衆中，就有大乘菩薩的化身。可是，這些是無法考據的。

中國的詩，不但是出家人的詩，在家人的詩也往往帶些佛法。因爲凡是詩詞之學，照佛學來講，都有一點慧業種性，悲嘆無常，感歎世間一切靠不住。失戀了，是愛情的無常，所以有茶花女、紅樓夢等名著。寒山大師的詩，在悲歎無常方面特別多，走的是小乘路線。我們只看到他的詩美，沒有看到他的「行」，我幫你們找出來：昔日，寒山問拾得曰：「世間謗我、欺我、辱我、笑我、輕我、賤我、厭我、騙我，如何處治乎？」拾得云：「只是忍他、讓他、由他、避他、耐他、敬他、不要理他。再待幾年，你且看他。」這就是寒山、拾得的了不起。

寒山云：「還有什麼訣可以躲得？」拾得就用彌勒菩薩偈回答：

老拙穿破襖　淡飯腹中飽　補破好遮寒　萬事隨緣了

有人罵老拙　老拙只說好　有人打老拙　老拙自睡倒

涕唾在面上　隨他自乾了　我也省力氣　他也無煩惱
者樣波羅蜜　便是妙中寶　若知者消息　何愁道不了

寒山的行持，雖說是小乘的風範，我們做得到嗎？所以只有頂禮膜拜的分。這是走絕對小乘的路子，你們自己去研究。

上次講到大通智勝佛，十劫坐道場，佛法不現前，不得成佛道。釋迦牟尼佛跟我們說一個故事，他說大通智勝佛，功夫那麼好，在道場——不一定是在禪堂，或天台宗的觀堂，只要我們坐在那裡，一念清淨，就是道場。什麼叫「佛法不現前」呢？什麼叫現前佛法呢？這值得注意，話頭來了——廣義的說，話頭就是問題，你不要把話頭就當作：狗子有佛性也無？這是小話頭。這裡現前的佛法才是大問題、話頭。

佛說：我愛一切衆生，就同愛我的兒子一樣，等於當年大通智勝佛愛他的十六個王子一般。但是孩子們不聽話，自己家裡有錢，卻不要，只在外面亂跑。父親只好在每個孩子的衣服裡頭，縫了一顆寶珠，等窮得沒飯吃時，自己發現了，也就發財了，這是父親的慈愛。

迦葉尊者說：您大慈大悲，把寶貝塞在我們的衣服裡頭，我們卻愚蠢得不知道。這就是中國文化有名的典故「貧子衣中珠」的來源。每個人都有財富，自己不曉得，所以變成窮人。這又是個話頭。

什麼是我們的衣服呢？我們的肉體，媽媽所生，就是我們的衣服。這是一個假房子，裡頭有寶貝。「衣中珠」怎麼找？法華經卷四，五百弟子品第八告訴你——內祕菩薩行。中國道家講「借假修眞」。沒有這件衣服，就沒有辦法找出眞的。這一個東西是「內祕」，內祕之行，內祕菩薩行，祕中之祕，在自己內心找。

外現是聲聞，聲聞衆菩薩常常以出家相示現。聲聞衆的心行是少欲厭生死。大乘八地以上的菩薩，到了佛的境界，才能夠徹底做到絕對無欲。「少欲知足」是頭陀行。所以大家對出家修聲聞衆的修道人，不要過分要求。「少欲」已經很難了，「知足」更不容易。「少欲知足」是聲聞衆戒行之一。聲聞衆是「厭離生死」，菩薩衆則是「不畏生死」。所以，少欲厭生死是聲聞衆、羅漢境界，如寒山大師等人行徑的極果。

實自淨佛土，釋迦牟尼佛所在的這個娑婆世界，是凡聖同居，有淨、有垢。但佛說：我這裡就是佛土。爲什麼必須先由少欲厭生死去專心修證，才能達到淨佛國土呢？這就是內祕之行，這個內祕是什麼祕？又是一個話頭。

貧子衣中珠的典故，在中國文化的文學及學術史上，佔很重要的地位，常常可以讀到。比如李後主死了兒子，就引用到這個典故：

永念難消釋　孤懷痛自嗟

雨深秋寂寞　愁劇病增加

咽絶風前思　昏矇眼上花
空王應念我　貧子正迷家

這首詩是他亡國以前寫的。李後主的佛學學得很好啊！佛學全通，和梁武帝一樣，但政治搞不好，這是中國文化上一個重要問題。你們要注意，佛學是佛學，爲政是爲政。

文學同修證的事相，有莫大的關係。說到見地、修證、行願，世法與出世法都一樣。後世禪宗興盛以後，要評論一個人，先從「器識」看。器就是器量，識就是遠見。任何事情沒有遠見，就沒有偉大的作爲。器與識兩者之間，有密切的關聯。器就是行願，識就是見地。李後主這首詩很好，但是不像皇帝，像酸溜溜文人的詩。

唐太宗的後代，有好幾個當過和尚。唐宣宗未即位以前，就作過小沙彌，因爲武宗要謀害他，他只好溜入空門。歷史上的皇帝謚號叫宣的，都很了不起，像周宣王、漢宣帝、唐宣宗等。

唐宣宗參禪是參通了的，他和黃檗禪師是同學，都是百丈的弟子。黃檗禪師知道他是皇家的宗室，不過，當他有什麽不對的時候，還是照樣給他一棒。兩人有這樣的因緣。有一次，兩人同去遊山玩水，到了一個瀑布旁邊，宣宗說：我們倆來作詩吧！你先作前兩句，我接後兩句。黃檗就作了：

千岩萬壑不辭勞　遠看方知出處高

人作詩時，無意中把自己的見地都吐出來了，黃檗後來就是一代大禪師。唐宣宗怎麼接呢？他說：

溪澗豈能留得住　終歸大海作波濤

黃檗立刻給他一掌，去你的！小和尚，你當不成佛了。宣宗接的這兩句，是皇帝氣派，他也在無意中流露出來。這個光頭是暫時剃的，留不住我的，我會終歸大海作波濤。唐宣宗當時還有別的好詩呢！

日月都從肩上過　山河盡向掌中看

描寫他參禪所悟到的境界，也是後來作皇帝的氣派。現在轉回來講法華經。

貧子衣中珠的故事結束了，佛並沒有告訴你衣中珠怎麼找，這是內祕菩薩行。注意！父母給我們放了一顆寶珠在身上，你找不到，活該！父親呢？過世了，他老人家不管你了。你把秩序這樣一看，就發現法華經的編排非常精彩。

法華經卷四，「授學無學人記品」第九：「學」，就是修學戒定慧，譬如初果、二果、三果羅漢都還在學習階段，如當時的阿難等。到了四果羅漢，功行圓滿了，得果位，就叫「無學」。佛把有學和無學的弟子，一起都叫到面前來，一概授記，並且說：正法與像法，悉等無有異。佛法是眞理，永恆存在於這個世界。佛說將來我過世以後，就沒有正法，那只是方便說而已，那是不了義教。了義教的說法，沒有什麼正法、像法、末法時代。眞理是永恆不變存在的，但要大家自己去找出來。

所以「無學」的成佛，「有學」的也成佛。

接著講「法師品」第十，凡是宣揚法華經的正法者，都是大法師。一切治生產業，皆與實相不相違背。這是大乘的根本。緊接著佛說：法師是這世上的大藥。這又是個話頭。依教理解釋，佛爲大醫王，能醫衆生病。不錯！心病能醫，但生理的病能不能醫呢？顯教釋迦牟尼佛不談這個，他自已幾次示病，表示生病了。比如涅槃時，表示因年輕時在雪山苦行，受了風寒，風濕發出來了，得了背痛而涅槃。他死了，他已經躺在棺材裡頭了，但還能把腳露出來給你看看呢！

你說他不死可以嗎？可以！可惜當時阿難沒有留他。他死以前問阿難（他以阿難代表）：我的時間快要到了，不過我也有辦法永遠活在這個世界，留形住世，你看我怎樣比較好？阿難悶聲不響，失念，他悶住了。過一陣，佛又問阿難：我的時間要到了，你看我留形住世怎麼樣？如此，三次問阿難，他都啞然不語。於是佛宣佈了：某一天涅槃。這時阿難卻哇啦哇啦哭了起來。佛說：我問過你三次，魔障了你的心竅，你一次也不回答。佛爲什麼要涅槃？佛種從緣起，這個緣不對了。佛說：算了！緣過了，只好走了。

佛雖走了，他的四個大弟子倒留形住世了。第一個是迦葉尊者。第二個是賓頭盧尊者。現在要請賓頭盧尊者，他還是會來的，不過他走後你才會知道。說不定我們這裡他也來了呢！佛的公子羅睺羅是第三個。另一個則是君屠鉢歎。他們都是受佛的遺囑吩咐而住世的，他們在這個娑婆世界，以各種不同的身分、形態來教化。

爲什麼講到這裡呢？因爲這個與藥王菩薩有關係，但是這部經典找不出這個道理。所以這部經典看起來沒有什麼，卻問題重重，都是話頭。

佛告訴你，藥在那裡：

若欲住佛道，成就自然智，常當勤供養，受持法華者。

若想住持——荷擔如來大法，要成就根本智，那本有的是自然而來，不是任何人給你的，是人人都具有的。每個人本身都有，要把它找出來，要成就自然智。要如何成就呢？常常要供養受持法華法門者。又是法華——花。釋迦牟尼佛爲何拈花？迦葉尊者爲何微笑？重要的經典處處講到花，這是什麼道理？

這一品結束後，法華經的重點來了，是有名的「見寶塔品」。塔就是墳墓，也就是寶庫。佛在說法時，地上湧出一個寶塔，坐了一個佛，是過去很早以前，塵點劫前成佛的。（塵點兩個字，在數學上是最初的數字，在零以前那一點，一陽來復之初。）這個佛叫多寶如來。

多寶如來向釋迦牟尼佛招招手，門忽然開了，叫釋迦牟尼佛進來，分半座給他坐。這也是很大的一個問題啊！兩個都是佛，所以分半座。然後，他方菩薩從各處都來了。這個故事如果光講學理，可當成一個比方，但眞講修證，則確有其事。

多寶如來可說是化身佛、報身佛、也可說是法身佛；也可說釋迦牟尼佛就是他的化身佛。法、報、化三身合一。修持走禪宗路線的人，充其量，得一個法身境界而已。我可以大膽說一句，能夠三身成就的，禪宗那麼多人，一、兩千年以來，沒有幾個。因爲學禪易入小乘境界，只得一點法身清淨就跑掉的人，蠻多的，舍利弗就是如此。可是現在能如達摩祖師遺言所講的：「說理者多，行證者少。」就不錯了，後世連這個說理的也沒有了。如果我們眞正要學佛法，這一品要特別注意。

我再講一個故事，宋朝宰相張商英學佛、爲政、又悟道。當張商英病重臨走時，告訴兒子及女婿：我告訴你們，法華經上所講，地上湧出多寶如來寶塔，多寶如來分半座給釋迦牟尼佛坐，確有其事，不是學理上的。講完後，把枕頭一丟，兩腿一伸走了。本來他生病，躺在床上，但他要走的時候，不想躺著走，所以把枕頭隨便一丟，打在窗上，空中響一聲大雷，他就走了。由他臨終囑咐家人的話，證明他的公子及女婿，也都在參禪。

所謂從地湧出，這個「地」就是心地法門眞正達到某種境界時，眞空生妙有，自然湧出的事物，這才叫成就，修成無縫之塔，也就是華嚴經的彌勒樓閣。寶塔是沒有門的，也就是楞伽經所講的無門爲法門，並不是說理。

打坐時，達到念頭平靜，清清淨淨，那不過是第六意識境界初步的初步而已，心地法門還沒有摸到。唐朝貫休和尚的兩句詩：「修行不到無心地，萬種千般逐水流。」又想到杜荀鶴的一首詩，我不是教大家學詩啊！詩裡頭，就是禪，也就是佛法，講修證，這就是鞭子。杜荀鶴生在唐末五代的亂世，他的詩說：

利門名路兩無憑　百歲風前短焰燈

只恐爲僧心不了　爲僧得了盡輸僧

大家要注意，眞正的修持需要眞切的反省，名與利可不容易除去；我說得太客氣了，不是不易去，是去不掉啊！眞除去了這個名與利，修證的「行」字才有一點像樣，這一點沒有去，不像樣！不像樣！

這時進入了第十二品，「提婆達多品」，多寶如來分半座給釋迦牟尼佛後，熱鬧了，各方的菩薩都來了。東方國土的佛也來了，這國土的首座弟子叫智積菩薩，意思是智慧的累積。釋迦牟尼佛的首座弟子，是文殊師利菩薩，智慧第一。智積菩薩一到這娑婆世界，看到這裡慘兮兮的，正是未開化地區，非常落後，就告訴他的佛：我們回去吧！東方的佛說：慢點！你還沒有看到清淨面，沒有看到他們的淨土。

這時，文殊師利菩薩從龍宮出來，兩邊菩薩一看，果然相貌不凡。智積菩薩便問：頗有衆生，勤加精進，修行此經速得佛否？他說：你們這個娑婆世界多苦惱啊，這裡的衆生好度嗎？言下之意，這裡的衆生一定很難度的。

文殊師利代表發言：我剛從龍宮回來，龍王有個公主，年始八歲，智慧利根注意這句！善知衆生諸根行業。他知道衆生起心動念，每個衆生的生生世世行爲，她也能知道。已得陀羅尼，已得總持的法門，就是抓住大要點了。

諸佛所說甚深祕藏，悉能受持。這是指智慧方面的成就。至於功夫方面：深入禪定，了達諸法，於刹那頃發菩提心，得不退轉。她當時就頓悟了，到達第八地不退轉地菩薩。辯才無礙，慈念衆生猶如赤子。這是菩薩境界的慈悲。功德具足，心念口演，微妙廣大，慈悲仁讓，志意和雅，能至菩提。

爲什麼我把這段摘錄下來？爲了讓你們多一個學佛的榜樣，因爲每一句話，都包含了見地、修證、行願在內。

結果智積菩薩不相信，因爲根據佛法，沒有女性成佛的。女人五漏之身，猶有五障：一者不得作梵天王、二者帝釋、三者魔王、四者轉輪聖王、五者佛身。於是文殊菩薩叫那個徒弟龍女：孩子，乖乖，你過來。龍女見過多寶如來、釋迦牟尼佛後，獻出了她最寶貴的一顆寶珠。中國文化中有句「驪龍之珠」的說法，據說龍的頸下有顆寶珠，那是她的命根，是她的生命，修煉的精華，她將這無價之寶捨掉了，供養這兩位佛。釋迦牟尼佛趕快就收下了，別人的供養他還會考慮要不要呢！龍女對智積菩薩說：深達罪福相，遍照於十方。意思說，一切人的罪相、福相、善相、惡相，各種心性狀況，都看得清清楚楚。智力慧見遍照於十方。

微妙淨法身，具相三十二。每個人的本性都有三十二相，八十種好，每個人都是佛，本來就是佛，你卻沒有找出這個關鍵來，這裡還會有男女相的差別嗎？

以八十種好，用莊嚴法身。在法華經中，三十二相、八十種好，是法身的相，不是報身。換句話說，龍女批駁智積菩薩著了相。

天人所戴仰，龍神咸恭敬，一切衆生類，無不宗奉者。又聞成菩提，唯佛當證知。就是說，成不成菩提你怎麼懂？只有成了菩提，悟道的人彼此才會懂。

我聞大乘教，度脫苦衆生。她說：我有這個功德，我就是佛。於是佛就爲她授記，等她講完，寶珠一收，她馬上到南方無垢世界，現身成佛。爲何不在東方、西方或北方？爲何一定要在南方？因爲南方是光明清淨的世界。佛法的方位數字，與易經的方位數字，都是很奇妙的。大通智勝佛有十六個王子，不是十五個，也不是十四個。龍女呢！八歲成佛，二八——十六，功德才圓滿。

龍女獻寶珠又是一個大話頭，這一段完了，法華經的重點也結束了。我們現在只是先講資料，以後再慢慢討論。最重要的重點，是地上湧出多寶如來的寶塔，無始無終，永恆存在。再來就是文殊師利引出來的龍女獻珠，立地成佛的頓悟法門，沒有說女性不能成佛。眞正的一乘佛法，並沒有男女老幼的分別。龍女八歲成佛的典故，就是出在這裡，華嚴經也提到過。

接著是「持經品」第十三。「安樂行品」第十四。在安樂行品中，文殊菩薩爲請法之主。「從地湧出品」第十五品，是釋迦牟尼佛爲消除他方菩薩的誤解，以爲娑婆世界無淨土，而指示大菩薩們裂地湧出，遍滿虛空，把他方菩薩看呆了。原來釋迦牟尼佛已在娑婆世界，教化出那麼多的菩薩來。從地湧出，但不是這個土地哦！

是心地，個個都是佛。

兩方的菩薩見面，佛與佛見面，都有兩句問訊話：世尊少病少惱，安樂行否？你說佛没有煩惱！其實，教化教得他煩死了，這不是我講的，佛經上都有記載，釋迦牟尼佛煩得都想逃。有一次，釋迦牟尼佛溜到山裡頭，結果碰到一頭大象王，後面帶了五百隻大象，象集在一起，專愛打架，吵得不得了，象王也煩死了，也溜走了，兩個碰了頭，釋迦牟尼佛摸摸象王的頭說：此時我同你的心情是一樣的，煩死了！後面跟著一堆。

所以，不要以爲成了佛就没有煩惱。報身在這裡，還是受這世界許多牽累。安樂行否，是說幸福吧？平安吧？所應度者，受教易否？你所教化的，聽不聽話呢？不令世尊，生疲倦耶？你不至於因爲教化，而厭倦了吧？這都是經驗之談。孔子能誨人不倦，確實稱得上是位聖人。教化人常教得煩死了，連自己都不想活了，就如辛稼軒的詩：「此身遺世眞容易，欲世相忘卻大難。」這也是人生的一種魔境。

下面跟著「如來壽量品」……等等，乃至觀世音菩薩的「普門品」，都是法華經的附屬文章，大家自己研究，我們討論法華經就到此爲止。

第七講

內容提要

十念法門
安般、止觀、煉氣
安般品第十七
正意、正身、正言
出息入息
氣與兩腿
羅雲念安般

今天我們講事相的重要部分，是小乘經典的增壹阿含經。採用這一部經典的原因很多，重要的一點就是：隋唐以前，出家在家修持證果的人非常多，尤其是出家方面，在神僧傳、神尼傳中，都可以看到。而那時禪宗及密宗，都還沒有傳到中國來。依據佛最初的說法，小乘經典的四阿含經，就是現在佛學所講的南傳佛教。

增壹阿含經是四阿含經中的一部分，在三國東漢年間傳入中國，是中印學術文化最熱鬧的時候。當時佛教在中國，正萌芽燦爛，與中國三玄之學的易經、老子、莊子互相融合。在政治上，南北朝是最混亂的時期，但在學術史上，則是最特殊的轉變期，先後持續兩三百年之久。

當時出家學佛修成證果的人很多，並沒有人特別講究奇經八脈之類的事，不過有神通的人很多。如大家都知道的佛圖澄，晚上看經時，把塞胸口一個肉洞的棉花拿出來，自然就從自身放出光明來了。有時覺得胃吃得太髒了，就到河邊，把胃拉出來洗一洗，洗乾淨又放回去。杯度和尚要過江，把楊柳枝丟在河裡，踏著就過去了。但那時的修持，差不多都走阿含經路線，走的是「念」的路子，以八正道來說，即是正念。

阿含經有十念法門。什麼叫念呢？就是對於心靈的一種訓練方法，訓練自己的心靈，採用「念」的方法。

十念是念佛、念法、念僧、念戒、念施、念天、念休息、念安般——也有人稱念安那般那，就是念呼吸與息，也就是現在密宗、道家的煉氣法。中國道家講氣脈，都是受安那般那的影響。接著是念身，最後一個是念死。這十念包括了一切修持的方法。大乘佛法是以小乘爲基礎，小乘做不到，免談大乘。

聞如是，一時佛在舍衛國祇樹給孤獨園。爾時世尊告諸比丘：當修行一法，當廣布一法。已修行一法，便有名譽，成大果報，諸善普至，只要一個方法做得好，修行就對了，一切的善也都成功了。得甘露味，是得無上佛法的法味。至無爲處，便成神通。心無所住之後，日久功深，眞空自然生妙有，神通就來了，不騙你的啊！除諸亂想，逮沙門果，自致涅槃。一切妄念都去了，羅漢的果位就達到了。自此一路下去，自然就到了涅槃的果位。云何爲一法？所謂念佛。這一法，就是講念佛的法門。

這幾句是公式話，差不多十個法門之中，每個都有這幾句。我們學佛看不起小乘經典，又不作研究，這是不對的。現在的人都說：唉呀！我是走大乘路子，不談神通。少吹牛了！每個人都喜歡神通，而且喜歡假神通。絕對不理會神通的人，差不多可以頓悟了，那是有大菩薩見地的人。其餘那個不喜歡神通？嘴裡說不喜歡，心裡可不是那麼一回事。我們要嚴格的反省，既然好神通，那該如何求呢？要想得果位，佛告訴你只要一門深入，好好修持，都可以得到果位。

第一個法門是念佛。不是後世的念佛啊！後世的念佛法門，是由慧遠法師所創，根據大乘經典的無量壽經、觀無量壽經、阿彌陀經等淨土三經而來的。而這個十念中的念佛，可不是念阿彌陀佛啊！留給你們自己去研究。

第二個法門是念法。小乘的基礎，告訴我們人生無常、苦、空、無我。這就是法。先要了解清楚。小乘經典告訴我們：諸行無常，是生滅法，生滅滅已，寂滅最樂。這是法。人生八苦、十二因緣、三十七道品，這些都是法。

什麼叫念法？就是你專心用這些道理來體會人生，以及身心變化的種種。但我們儘管研究佛學，打起坐來，並沒有把佛學的道理，跟打坐用功合在一起，我說的對不對？看經時，唔！很有領悟，打起坐來還是坐在那裡哼啊哈的，這裡氣動，那裡氣不動的。佛法並沒有叫你搞氣脈，佛法是叫你窮理，正思惟，不是不可以思想啊！絕對可以思想。佛法的理，就是正思惟，正思惟就可得禪定。

第三個念僧。別以爲是念和尚啊，那怎麼能算是念僧呢？念僧是至心皈依聖賢僧衆，一切聖賢僧，就是沙門，證道的果位上人。

第四個念施。什麼是念布施？禪宗所講：「放下！」就是內布施，什麼都放下了，把心中雜念妄想都布施掉，這樣也可以到家，可以得神通啊！這是佛告訴你的，是修法的大原則。更擴而充之，心心念念反省自己的過錯，把不好的心行通通去掉，起心動念一點錯誤都沒有，這就是念施。

第五個念天。天有什麼可念的？釋迦牟尼佛承認有天主的，甚至介紹了欲界、色界、無色界等二十八天。你們不要小看了天道，功夫、善行不到，還不容易升天呢！佛也承認有神仙，可以活到幾萬歲。怎麼煉成的？楞嚴經也告訴你了。佛並沒有說他們不對，只是說他們還沒有得正覺。因爲他們沒有悟到本體，如果他們得了菩提正覺，就不叫外道了。人沒有善行的話，隨便你有什麼功夫也進不了天堂。佛對天道說得很詳細，譬如欲界天有多少天——當然並不在地球上，而是在另外一個星球。人死後想往生這個天道，還眞不容易呢！至於人如何升到色界天道中去，除積善累德之外，還要靠禪定的功夫。四禪八定作不到，是升不了天道的。我們修行了半天，初禪都没有到達，來生能再得一個人身都不容易。楞嚴經裡已經告訴你，如何修定升到六欲天。

第六個念休息。這可不是光睡覺，而是萬緣放下。實際上眞得休息就是禪定。眞得休息，可以證果。爲什麼？楞嚴經也告訴你八個字：狂性自歇，歇即菩提。中國話「歇」就是休息。大休息就可以證菩提。我們睡覺是假休息，身心皆空，萬緣放下，才是眞休息。身也休息，心也休息，空也休息，把空的境界都休息掉了，那才叫大休息。所謂念休息，是要你行、住、坐、臥，隨時隨地，念念放下。

第七個念戒。這節另外專題再講。

第八個念安般。安般也叫安般守意。這個要注意了！非常重要。念安般就是念出息、入息，修持氣息。後來天台宗的止觀，講究出入息的方法，也就是從安般守意來的。安般守意不是釋迦牟尼佛創的，印度的婆羅門教、瑜珈術裡早都有了，只不過佛用佛學的方法，將它與般若觀行融會在一起。傳到中國以後，又跟道家打成一片，守竅、煉氣都與它有關係。中國的高僧，有神通證果位的那麼多，都同這個念安那般那有關係。修氣是非常重要的，你們生在這個時代，物質文明那麼發達，未來的時代更忙碌了，最好是採用這個方法，不走這條路子，修行想得果位很難，眞的很難啊！

我們先插一段經文，增壹阿含經卷第七，安般品第十七，佛教他公子安般守意的方法：爾時世尊作是教敕已，便捨而去，還詣靜室。佛也是肉體之身，需要休息的。是時尊者羅雲復作是念：今云何修行安般，除去愁憂無有諸想？是時羅雲即從座起，便往世尊所。私情上他們是父子；教儀上，也是弟子之一。到已，頭面禮足，在一面坐。爲什麼一面坐？因爲佛在打坐休息，所以行了禮後，坐在旁邊等著。須臾，過一陣子，佛出定了，下坐，羅雲退坐，趕快去問父親：云何修行安般，除去愁憂無有諸想，獲大果報，得甘露味。世尊回答說：善哉！善哉！羅雲，汝乃能於如來前，而師子吼問如此義。你現在問我這樣大的修行問題。汝今羅雲，諦聽！諦聽！善思念之，吾當爲汝具分別說。這裡有四個字要注意：善思念之，意思是說，你懂了以後，還要去研究，不要只是盲目的迷信。方法我來教你，自已要好好地去研究。

世尊告曰：如是羅雲，若有比丘，樂於閑靜無人之處，便正身、正意，結跏趺坐。要注意！你們打坐坐不住，兩腿不爭氣，那不是「兩足尊」。如果兩腿的氣通了，你們的壽命可增加幾十年。

佛告訴我們，修行最重要的是正身。站著也能正身，睡也有睡的正身，吉祥臥、攤屍法都是正身的一種。

我們打坐作功夫沒有效果，究竟是什麼原因呢？因為沒有「正意」；因為顛倒因果，把佛的成果結論，拿來當作自己的修持法。一上座，都想空，空什麼呢？你自以為這一下很好，空空洞洞的，其實，那正是「意」啊！是第六意識的境界。縱使你現在做到身體忘了，感覺到內外都是光明，也還沒超出第六意識的範圍。在楞嚴經裡的五陰區宇中，還只屬於色陰的範圍，是堅固妄想以為其本。

有些人靜坐在一片光明中，未來的事情也能知道，以為是「靈感」。你若學過唯識就知道，那是第六意識的反面，是所謂獨影意識的作用。境界多得很呢！因為你學佛，所以就會看到佛、菩薩，這是意識境界。拿小乘修證的理論來講，你意識沒有專一，沒有「正意」。所謂正意、正身、正言，三者都不可缺。換句話說，你處處在犯戒，一般人隨便談戒，談何容易啊！你的心念意識，一點都沒有正，隨時都在造地獄種子的業，現行變成種子非常厲害啊！要特別注意。所以佛說，修持第一要正身、正意，意念專一。

中國道家修神仙的丹經，在隋唐以後就多起來了，講氣脈的問題，很多都是從這個安般品中脫胎出來的。東晉以後有黃庭經，講究上藥三品，神、氣、精，這些都是事相，屬於有爲的功夫。如果有爲的功夫，你都沒有修到家，怎麼能達到無爲呢？有爲法不能專一，念頭如何空得掉？那只是自欺欺人罷了。所以後世學佛的，一萬個中，沒有一個證果。請特別特別注意！我除了依照佛經以外，拿我幾十年摸索的經驗，誠懇的告訴各位，你眞達到正身、正意，沒有一個身體不能轉化；沒有病去不掉的；沒有身心不會健康的。正身、正意做到了，身心兩方面絕對的健康，可以返老還童。因爲一切唯心所造，這是眞的，就是「正身」、「正意」四個字。「正意」涉及了呼吸，道家也一樣，陰符經上有一句話——「禽之制在氣」，這是一個重要的口訣，也就是方法。念頭抓不住，會亂跑，思想不能專一，就因爲你的氣在散亂，氣散亂，心就散亂了。

但氣不是主體，是心的附屬品，可是這個附屬品很厲害，抓它不住，你的心就停不下來。等於人騎在馬上，你的氣就是馬。西遊記裡，唐僧騎的那一匹馬，就是代表那股氣。人若騎在一匹劣馬上，想叫牠停住，韁繩拉得很緊，馬還是亂跑，停不下來，你一點辦法都沒有。所以我們心雖想定，若氣不能定，妄念怎麼能停止呢？有許多人情緒不好，身體不好，其實都是氣不好的緣故。

無他異念，這時心裡什麼念頭都不要有，就是正意的道理。繫意鼻頭，把意識掛在鼻頭上。這句話，害死了許多修道學佛的人。什麼「守竅」啊！「眼觀鼻，鼻觀心」啊！小心得高血壓。還有什麼學白鶴，白鶴能活一千多歲，據說是因爲白鶴休息的時候，鼻子對著肛門，兩氣相通的緣故。但我們的脖子比白鶴短這麼多，怎麼學？所以佛說：衆生之愚痴，至可憐憫者也。繫意鼻頭，不是叫你看鼻子，這要首先提醒你，要注意鼻孔呼吸出入的氣，也就是「心息相依」的第一步，使意念跟呼吸配合爲一。

出息長亦知息長，你的正意不要離開呼吸，呼吸出來有多長，你自己要能知道。入息長亦知息長，注意這個「知」字，如果你一邊在修氣，一邊腦子裡亂想，那就不對了，沒有效果。思想和呼吸配合爲一，叫安般守意。怎麼把妄想抓住呢？只要注意呼吸，呼吸就像是一條繩子，把這一匹馬拴住了以後，等於妄念被拴住了，修行便可以專一，也就可以證入「初禪」。修行的效果是一定會來的。

出息短亦知息短，入息短亦知息短；出息冷亦知息冷，入息冷亦知息冷。

呼吸進來有時候是涼的，這時有兩種可能，一種是病態，一種是絕對健康的，是自己的熱能，也就是「四加行」裡面的「煖」相生起。相對的，你會覺得從外面吸進來的空氣是涼的，而又覺得那個空氣與你不相干。

出息暖亦知息暖，入息暖亦知息暖。你們打坐，有時腳心發暖，那就是「息暖」。不過你們心跟息，兩者不能專一，所以東一下，西一下，息自己亂跑，跑到那

裡就暖到那裡。跑到丹田就以爲是拙火，勸你趕快撥一一九電話，叫消防隊吧！（衆笑）

佛告訴他的公子：盡觀身體入息出息，皆悉知之。這個氣息，就是楞嚴經所說的風大，大家應該還記得，楞嚴經裡面的性風眞空，性空眞風。但這一步牽涉到大乘的修法，暫且不談。你們不要一心爬高，先要能做到守息才行。能夠在靜坐時，入息出息皆悉知之，所產生的效果，就是記憶力非常好，腦子特別靈敏。

你們一般學打坐的，坐在那裡，呼吸時在呼吸，都不知道；昏沉時也不知道；有時意識中有點空靈，又有好幾個東西在亂忙，如果不信，你們自己檢查看看！根本沒有「正意」，這個叫什麼功夫啊！你坐一萬年也沒有用。

最近好多人問我，關於不倒褡，難道不倒褡就是道了嗎？那一本經典，那一條戒律叫你不倒褡啊？除非眞正在修頭陀行。連佛自己都要睡的，經典上、戒律上，只教你睡時，要觀想日輪在心中，要清明的睡，睡得少，這些講究是有的。出家人睡，去掉五蓋則有之，並沒有叫你不躺下來。我說這些話，並不是說不倒褡不對；只是，你如果自認爲有這個體能，可以做到不倒褡才行。如果沒有這個體能，結果要修道，道沒有證到，體力先搞垮了，這個可太不值得吧！我講的話很嚴重，是很誠懇的告訴你們。佛乃如語者，實語者，不妄語者。我們要作實語者，老老實實的講話，直心是道場，所以要注意這個問題。

皆悉知之很重要，乃至你躺著睡，也可以注意呼吸，這是同樣的道理。

有時有息，亦復知有。注意！這裡進一步了。後來天台宗把這個法門擴充了，叫做「調息」、「聽息」、「數息」，乃至後來到了密宗，叫作修氣功、修九節佛風、修寶瓶氣等等。道家有句話：「天地玄珠，萬氣本根。」在身心配合下，氣有萬種的變化。中國人看相，先要看氣色好不好，的確是有道理的。

呼吸沉靜到停止了，絕對找不出妄念來，你要起個妄念都起不來，可是這時知不知道？很清明，這是實際的功夫。這時做到了有時無息，亦復知無。至於知道的這個「知」，又是什麼？那是另外一個問題。所謂靈靈明明，始終存在。

若息從心出，亦復知從心出。這句話就要研究了，從心出並不是從心臟裡出來，而是說：心念動了。心念動時，有時覺得息與光明放射出去了，那時如有旁人經過，這個人馬上會受感染，他的心境就會得寧靜，或覺一股熱流一樣傳到他身上來。但這是過程，不是好事，這是做得到的。這時候還沒有得定，還早，只是普通靜坐功夫而已。

現在科學曉得人體會放光，本來每個人都會放光的，到那時，你的氣息停止了以後，那個光芒放射的更大。如果講有鬼神，那個時候，鬼都不敢碰你，老遠看到你就躲掉了，陽氣盛極之故。

所以息從心出，並不是息從心臟出來，那是你的心念動了。換句話說，一般人練氣功都從心——心念故意造作，學密宗也是，那是你心念構成一個氣息出來的道理。

若息從心入，亦復知從心入。修寶瓶氣時，丹田有一股氣，煉到能不呼不吸時，即使把你長埋於地下，也可暫時死不了。

大家注意啊！現在談的這個路線，都是從鼻子來的，其實我們人體也在呼吸。身體上的呼吸停止了，才算眞正入定了。入定時三樣東西還在——煖、壽、識。阿賴耶識並沒有離開過身體，眞正入定了，氣息一定充滿。氣息充滿的人，不管多大年紀，身體任何部分，一定都是軟的，軟化到如嬰兒一般。所以入定的人，不能去碰他，只能用引磬在耳邊敲。

你們功夫做了一段時間，身體還沒有軟化，兩條腿盤不住，這不是兩足尊，而是兩足爭，打起坐來跟兩腿在爭、在熬。去年有一位朋友，寫信問我打坐的問題，他說他腿坐不住，我回答他：那得功夫與腿爭！我們現在用功都來不及，還跟腿去搞這玩意兒！來不及啊！正意最重要。什麼姿勢都可以的，等功夫到了，兩條腿已軟化，自然就盤得住了。只要這兩條腿的氣通了，壽命也跟著延長。你注意！你覺得身體老化一點，僵硬一點，那麼你就早準備一點——準備走了。老子講：「專氣致柔，能嬰兒乎？」所以也不要有門戶之見，在這一套修法上，佛家、道家都行，因爲「定」是共法。

有些人日常很忙，注意！趕快多打坐，不要以爲忙啊！累啊！沒有時間打坐。你要趕快坐，坐到能夠住氣，那麼一個鐘頭下來，一天都用不完，但是要眞正做到了才行。不過有一點要注意！腸胃要空虛一點。道家有兩句話：「若要不老，腹中不飽。若要不死，腸內無屎。」當然營養還是要夠，腸胃乾淨，氣就容易充實。

如是羅雲，能修行安般者，則無愁憂惱亂之想，獲大果報，得甘露味。

在這物質文明發達的時代，修這個法門，對身心都好，壽命也可延長。你們打坐時，有的人不是會亂搖嗎？只要你把意念與呼吸配合爲一，氣就不會亂跑了。則無愁憂惱亂之想，所以學密宗的講，由喉輪到心輪的脈打通的人，妄念就不來了，憂愁煩惱自然就去掉了。

爾時世尊，具足與羅雲說微妙法已，具足，大原則都具備了。

羅睺羅聞法後，往詣安陀園，安陀園又譯爲阿蘭若，意即清淨的道場。他在一樹下，正身正意，結跏趺坐，無他餘念，繫心鼻頭。羅睺羅開始修持佛所教的安般法門。

爾時羅雲，作如是思惟，這思惟是在定中，正思惟，並沒有錯。你們以爲應該無妄想，把正思惟也丟掉了，那就錯了，大家懂吧！想把正思惟也空掉，是不對的。

欲心便得解脫，無復衆惡，有覺有觀，念持喜安，遊於初禪。羅雲依照佛的教法，入了初禪定，這時才眞得大喜樂，發出眞正的大慈悲心。

第八講

內容提要

修持證果
初禪到四禪
結使和大阿羅漢
念身與白骨觀
念佛與淨土宗
念法與學理實踐
念僧念聖賢僧
念戒守戒
念施念捨
念天及天堂

大家的筆記一定要交，但筆記不是記錄，不是把我每一句話記錄下來，而是記要點，加上你自已的心得。日記是把要點配合自已的修證、體會，再加上對問題的參悟作一個記錄。

上次提到，自佛法傳入中國，爲什麼東漢之後，隋唐以前，修行證果的人那麼多；但在宋明以後，證果的人越來越少，主要原因就是修證的問題。

講到修證事相的問題，要特別提出小乘經典——四阿含經。中國佛教喜歡講大乘，但眞正中國的佛教，是融合大、小乘的；而且大乘是以小乘爲基礎。後來的顯教與密宗的修法，也都離不開這個原則。所以這次才特別抽出增壹阿含經的「十念」要點來講。隋唐以前，學佛修道證果者多，就是因爲注重這方面的修持。十念當中，念「安般」最重要。「安般」的修證方法，於後漢時傳入；大安般守意經，就是這一個時期由安世高翻譯的。

現在繼續上次羅睺羅所提出的報告，用安般守意的方法修持，到達不呼不吸的禪定境界。這裡已將祕密告訴我們：一定要到達不呼不吸的狀態，才能證入初禪。

爾時羅雲，作如是思惟，欲心便得解脫。名、利、財、食、睡等欲，是屬大乘範圍。小乘範圍的欲，是指性欲。關於這點，還會再討論。佛在三千年前，對於現在人所有的性花樣，早都知道，在經典上佛都講到了。欲念不得斷，羅漢果位就證不到。這個欲念甚至包括了遺精，譬如夢中因欲念而有的遺精；同時也包括了各種自慰的方法；自慰，包括意淫，純粹心理想像的自慰方法。上面這句話的意思是說，呼吸到達不出不入時，欲念才可能解脫，這是小乘境界的解脫。

有覺有觀，念持喜安，遊於初禪。這時才證入初禪境界。「覺」是生理上的感覺狀態，冷熱脹餓等。「觀」是心理上的知覺狀態，每個念頭的來去都知道。此時呼吸不來不往，並不是呼吸完全停止，因爲毛孔還是在呼吸，脈搏還是在跳動。到達渾身毛孔呼吸「靜止」了（不是眞的停掉），才稱爲呼吸不往來。此時知道自己的呼吸完全停了，這就是「觀」的境界。

有覺有觀，即由感覺和知覺反應來的，這個反應就叫「一念」。念持喜安，就是心中發生無比的喜悅。「喜」，偏於生理而言，「安」，則是心理上的輕安，此時，身心如坐虛空，這時才證入初禪的狀態。

證到初禪的狀態，還不一定證到初禪的果位。證到初禪的果位，可以稱爲「初果羅漢」。至於什麼條件可以稱爲初果羅漢，大藏經中的記述多得很，如果肯花時間加以融會貫通的話，自然就會知道。

修證部分乃南傳經典主要精華；學理部分是如是思惟。大乘見地略有不同，小乘有小乘的見、修、行，這一點要搞清楚。

學禪不離禪定，但不一定要從禪定入手。禪宗注重見地，注重般若。當然仍須修證，沒有漸修的根基，如何談頓悟的成就！

有覺有觀再進一步：有覺有觀，內自歡喜，專其一心。無覺無觀，三昧念喜，遊於二禪。

由有覺有觀的境界，再進一步證入內心無比的喜悦。這不只是口頭的高興，而是看到一切衆生、任何人、乃至冤家、仇人等，自己內心都是祥和的；他們即使有錯，也是值得憐憫的。慈祥是內心自然的流露，不是出於勉強的，所以菩薩「慈悲喜捨」中的喜很重要。不喜的狀態持久了，整個身體會僵化，氣脈就不能通了。

這時專其一心，專在初禪所得的境界，念持喜安，保持能量不放射的狀態。氣停了，就是道家「無火之謂炁」，漸漸地證到：無覺無觀，三昧念喜，心中無比的喜悦。這個喜悦的境界就是「念」。此時證到二禪。

增壹阿含經，在三國東漢末年傳入，這時佛法注重修持，佛法也很容易被接受，因爲一修就有效果。當時西晉的文化相當高，如果佛教光靠學理進來，不一定被接受，但定力與神通一來，知識界不能不投降了。而現在學佛的人，那裡有神通！只有神經。如從禪定入手，就會有神通，各個都有，不足爲奇。

無著菩薩一系下來，專講唯識法相方面的修證，在這一套理論系統下，我們方才講的，有覺有觀，念持喜安，遊於初禪，還在有尋有伺的境界裡，還是在第六意識的狀態中。到達無尋有伺時，才是這裡所講無覺無觀，三昧念喜，遊於二禪。心理思想，不再像電子般亂跳動，而進入無尋有伺的境界。可是此時還有境界存在，還沒到無尋無伺地，還不到「無心」地，還早得很。「無心」談何容易啊！如果我們認爲萬事過了不留意，就叫作「無心」，這樣每個人都會。禪宗祖師說：「莫道無心便是道，無心更隔一重關。」學禪宗，在見地上有莫大的好處，但在修證方面，卻有莫大的流弊。凡事有利有弊，這也是一陰一陽的道理。

無復喜念，自守覺知身樂，諸賢聖常所求護喜念，遊於三禪。

這裡又起變化，到了三禪，心頭的喜念沒有了，守著一種境界——覺知身樂。身體內部所有的氣機、氣脈，每一個細胞、神經，都起了大變化。到了三禪境界，才可能去除疾病。所以不要以爲兩腿一盤就是禪。能到達三禪，是要無量功德無量善心，慢慢熏修來的。在這之前，只能略微改善身體現狀，做到少病而已。證入三禪後，看以前歡喜境界，就如同凡夫一樣。因爲現在才達到至善的喜悅，這是聖賢的境界。

彼苦樂已滅，無復愁憂，無苦無樂，護念清淨，遊於四禪。

這時再進一步，證到沒有苦，也沒有樂；沒有憂愁，更沒有幽悶。大家要注意，到了苦樂已滅的境界，也還是「念」，所以接著說護念清淨，身心內外一片，融化了，證到四禪境界。

這是佛的公子羅睺羅，自己的心得報告。

彼以此三昧，心清淨無塵穢，身體柔軟。這時身心毫無渣垢，如嬰兒狀態一般，要到三禪才能證到這個境界。以前高僧大德，都可預先說出何日死，且臨死時身體像嬰兒般柔軟。或者更高明的，化成一片光，人就消失了；充其量留幾片指甲，或一束頭髮作爲紀念。

此時智慧到達了：知所從來，憶本所作，自識宿命無數劫事。同時解脫了分段生死，進入變易生死中。知道自己如何來，如何去；得宿命通能知無量億劫事。四果羅漢只能知五百生，大阿羅漢知道的就多了。羅睺羅就是到達這個境界。

彼以此三昧，心清淨無瑕穢，亦無諸結。一切煩惱諸結，都解開了。

復更施意，成盡漏心。注意這八個字，四禪是禪定功夫境界，如結使未斷盡，所以四禪並不就是大阿羅漢，還未證果。到了這個境界時，復更施意，如果念頭起來了，要更加修持。成盡漏心，就是無漏心。

但是，不能動念不就成木頭了嗎？不是的，起心動念，用過便休，沒有滲漏，沒有黏著。有定力的人，儘管一天忙到晚，他那個處在定的境界的本心，並沒有動，並且還是光明清淨。處理煩惱事，在當時現煩惱相，但心境的光明，則一點都沒有動。

彼以作是觀，欲漏心得解脫。這時，所有的欲漏、有漏、無明漏，統統得解脫。到這個境界時，心得解脫，已得解脫，便得解脫智。生死已盡，梵行已立，所作已辦，更不受後有。

四禪功夫到了這個程度，才算得到了解脱。大家注意，心得解脱，這個「解脱」是修持上一個境界；「得解脱智」則是見地。智慧不屬於功夫，不屬於境界；但是功夫、境界與智慧，是相輔相成的。所以到了解脱的境界以後，還要繼續努力，慢慢地得「解脱智」。大家又要注意了，在這一段修證程序中，最後歸於「解脱智」。可見小乘還是以智慧的解脱爲終究，何況大乘。用大乘的説法，則是大般若圓滿的解脱。

到了這個境界，羅漢的果位來了，這個生命就叫最後身，以後不來了。（到那裡去？）這一生，清淨的果位已立；世間所有的冤債都還光了，以後不到欲界中來了。這就是小乘極果。但是大乘的道理，這種成就最多經過八萬四千大劫　非再回來不可。不迴心向大乘，不能徹底了脱生死，只能了分段生死，進入變易生死的境界。

這是羅睺羅的修證報告，經上没有記載他修了幾年，或幾個月。然而佛在世時，確實有人當下證羅漢果，有人三天證果，也有人七天成就。

羅睺羅向佛報告修持經過，佛很高興，獎勵了一番。接著説：具足禁戒法，諸根亦成就，漸漸當逮得，一切結使盡（增壹阿含卷七）。佛説修安般，由調息的方法入門；修成後，戒定慧具足，不用刻意守戒，已完成守戒功德。諸根神而通之而得解脱。比如佛學中的**四大皆空**，要諸根成就了，才「空」得掉，才做得到飢餓寒暑不侵，四大才轉得過來。

要證得大阿羅漢，還要斷三有結使。「三有」是欲界、色界、無色界。三有結使就是心理行爲，即心理狀況、起心動念所構成的作爲。這些習氣的結使都斷光了，才能證得大阿羅漢果。

在佛所提出的十念當中，講得最多的，就是利用呼吸證果，佛的公子也報告了這方面的修證經過。

在增壹阿含經第十一、十二品中，提倡孝道，強調父母之恩難報。由於中印基本文化思想上這個共同點，所以佛教傳入中國後，很快就爲中國文化吸收，並發揚光大。

第九個是念身。這裡的念身法門，是就顯教而言，不講密教。後世的中國道家及密宗，走的是密教路線，偏重於修身的法門。但在最後，往往不知道把這個法門解脫，而過於執著了修身，就是外道。如果知道把這個法門解開，就不是外道。

這裡所講的念身，是小乘的方法。譬如「四念住」中，念身不淨、念受是苦、念心無常、念法無我。小乘所講的無我，是就現有的生命現象而言，在於提示人們，超越這個層面，取得涅槃。可是流入學術界後，尤其是流入西方以後，認爲佛家的無我是斷見，不承認有靈魂，也有說佛學是無神論，這眞是笑話。

唐宋以前修持證果的人很多，修念身法門的也特別多。如不淨觀、白骨觀兩種，都是念身法門。天台宗的止觀，採用了呼吸法門，再加上修不淨觀、白骨觀。浙江寧波太虛法師有位弟子，學問非常好，三個月修成了白骨觀，把人觀想成骷髏架子，觀想到每個人都是骷髏，到達二禪境界。後來他告訴我說：儘管出家，欲念還是有。雖然白骨觀修成了，但是卻覺得，「縱然白骨也風流」。

所以白骨觀、不淨觀，要修持到沒有欲念，古人可以，今人不靈光。今人覺得白骨也蠻好看的。

念身，觀身不淨，主要在於去欲。大乘戒律第一條是戒殺；小乘戒律第一條是戒淫，爲什麼不同呢？

要得羅漢極果，必須先戒欲念。但是，白骨觀也罷，不淨觀也罷，數息觀也罷，百千無量法門，差不多都拿淫欲沒辦法。淫欲之斷，就有如此的困難。能先轉化了欲念，才能談修證、禪定。

第十個是念死。人生都要死，尤其是老年人，眞看通了生死，才能放下，同時鞭策自己，趕快努力修持。近代淨土宗印光大師，特別注重修念死法門。

現在再把十念重新討論，與本題「融會顯密圓通修證次第」，加以融會貫通。

第一「念佛」：這個念佛，並不是淨土宗的念佛法門，雖與淨土宗同一原則，但修法不同。據阿含經所述，這是心心念念仰慕、追隨、信奉、追求佛的成就，以佛來警策自己的一種法門。

慧遠法師創立淨土宗，採用淨土三經，其目的是求長生不死。慧遠在出家學佛前，學的是道家；後來覺得，道家求長生不死的修煉方法不夠究竟，所以轉到佛法裡追尋，結果找到精誠一念，可以往生極樂世界，他便採用這個法門，創立了淨土宗。往生西方極樂世界，也可以說是長生不死，但沒有徹底「了」生死。要往生那裡再繼續修持，成就了以後，再到十方世界度衆生。這是大乘路子，同時也包括了小乘的念佛法門。

此外，密宗的念佛法門最多，譬如毘盧遮那佛修法、普賢如來修法、上樂金剛修法、喜金剛修法等等，都是念佛法門。

這裡我所講的念佛，是廣義的，包涵極廣。狹義的，是淨土宗的念佛法門，那只是一個方法而已。

第二「念法」，也可以成就。現在一般人不能把學佛、佛學、佛教三者合一，眞能合一，就是念法。譬如我們都知道無常、苦、空、無我、十二因緣，諸行無常，是生滅法，生滅滅已，寂滅最樂。這些學理就是法。我們只曉得這些學理，而沒有把這些學理，用到自已身心上，沒有和修證配合起來，這就沒有「念法」。

孔子所講「窮理、盡性，以至於命。」也就是念法。把佛學的理，應用到身心上來，這是「念法」的法門。

第三「念僧」，念聖賢僧。如馬祖、百丈禪師如何出家？如何參禪？如何成道，或憨山大師的修持經過，我們佩服他們，模仿他們，就是念僧法門。先輩的聖賢們，走什麼路子，有什麼成就，我們依法修行，就是「念僧」。但現在的人們，非但不看前輩修行傳記，不學習他們的修行；即使看了他們的傳記，也用客觀的眼光去研究它，甚至批判它，這不是修行人應有的態度。

第四「念戒」。念戒也不容易，大陸上以前每月陰曆的初一、十五，必須誦戒，非常隆重。每個出家人自己犯了戒，逐一作懺悔，希望不要再犯。至於念戒，和誦戒不同，一條一條都要熟記於心，連開步走，或做任何事，都要念著戒。這樣，你的行爲，處處都是合於法度，心心念念如此，做得到嗎？戒又有遮戒、性戒的差別。因時間、地區不同，可以權宜變更的戒條，叫做遮戒。但是像殺、盜、淫這三大戒，是永遠不能違犯的，這些就是性戒。

念戒，就是隨時嚴重的告訴自己要守戒，看住自己的思想、念頭，只能起至善的念頭；至於壞念頭、惡念頭，絕對動都不能動，以免犯戒。

年輕人若眞做到，七天規規矩矩念戒，一定會證沙門果。證了這個果位後，修持的路就好走了。但是，後世修念戒的人很少。

四無量心也在戒的範圍，經與戒是合一的。學密宗的人，守戒方面就更嚴謹了。每次修法，先修四無量心：衆生一切的痛苦，自己來擔；修法不爲自己修，希望修成了以後能度衆生；所有的功德迴向衆生，自己完全不要。發菩提心、四無量心等等，這些都屬於念戒法門。最近到處都流行密法，東傳一個，西傳一個，但是基本道理都沒有。搞得我「可是無關卻有關」，只好不看了，實在看不下去。眞正的密法，在心理的行爲，道德的反省上，都是非常嚴肅的。一般人聽到密宗，都想到男女雙修，把密宗給蹧蹋了，也蹧蹋了佛法。任何一個宗派，都不是這麼簡單的。

第五「念施」。施即布施，念捨，一切都要捨。如拾得引用彌勒菩薩偈子說：「有人罵老拙，老拙只說好；有人打老拙，老拙自睡倒。」這也是布施。念施談何容易！大乘佛法第一個講布施，布施最難修。中國文化中提到游俠的仗義疏財，財物拿出去沒當成一回事；自已沒有錢，卻要給人，這也算得上是施。我們一般的施，往往是有條件的，不是求功德，就是求名利。如能一切都捨，捨到最後就空了，那就證到了空。這個法門還包括很多。

第六「念天」。西方宗教有天堂之說，那是正確的修天道，不是不對，不要看不起西方這個法門，學佛的人，不應該對西方宗教有偏見。金剛經上說：一切賢聖，皆以無爲法而有差別。各個宗教的眞理，都是對的，只是證道的程度有深淺，表達方式不同而已。況且佛教小乘，也有念天法門。

怎麼修「念天」呢？說起來難爲情，我們一般人修持，死後能不能升天，還是個問題，更別談往生西方了。蘇曼殊說：「升天成佛我何能，幽夢無憑恨不勝。」由「念天」來說，與我們有絕對切身的關係；四禪八定最高的果位，並沒有脫離三界天。所以眞想成佛，跳出三界外，可眞太不容易了。

第九講

內容提要

孟子的浩然之氣
見思惑和結使
楞嚴經中的十種仙
六欲天道
斷欲及煉氣調息
瑜珈及密宗的修法

若將佛法的要點歸納起來，我們就瞭解，大乘與小乘是分不開的。而修行是以見地、修證、行願三方面并進，以求自已證果；決不是學學靜坐功夫就算了，那只是玩玩而已。所以要先提出南傳小乘經典，增壹阿含經「十念」，作爲修行基礎。十念的方法是一個大原則，由這裡再發展成八萬四千種修持的方法。

增壹阿含經的十念法門中，第一是念佛。它包括了淨土宗、密宗所有諸佛菩薩的觀想方法等等。第二念法，第三念僧，都有很多道理。我們只能簡化扼要說明，希望大家自已去作深入研究學習，不要只當故事聽，辜負了我的講解，也辜負了你自已。

十念的「念」字，與楞嚴經五陰解脱中妄念的「念」，是有分別的，不可混爲一談。

這十個方法中，除念身外，其餘均屬精神方法之修煉。念身，包括修白骨觀，以解脱這個肉身給我們的麻煩。其中的念安般，是呼吸與精神互相配合。

讀書不能只用眼睛，應該別具慧眼，須頂門上另有一隻智慧的眼睛，用智慧去看。增壹阿含經特別強調念氣，因此，由佛的公子羅睺羅，特別報告自已證阿羅漢果的經過。其他方法則没有特別報告，由此可見念氣的重要。

我們的精神、身體都很差，作功夫幾乎很少有人上路。就連靜坐，也少有人能將妄念清淨下來。換句話説，如果能用煉氣法門，像羅睺羅一樣，較易得成效，這一點是非常重要的。

在佛法傳入中國前，有一位聖人，也早就提出煉氣的道理，那就是孟子。他在公孫丑篇上的養氣中說：「吾善養吾浩然之氣，其爲氣也，至大至剛，以直養而無害，則塞於天地之間」。學佛者不要輕視他家，天下眞理是共通的。學佛的更要清楚，大乘菩薩是以各種不同的化身，各種不同的教化示現，孟子所提的養氣，是大有道理的。修安般法門者，應注意孟子的話：「志壹則動氣，氣壹則動志」，如果精神與氣不能配合，想不生起妄念，絕對做不到。孟子在盡心下篇中，提到養氣作功夫的秩序，說到由一個凡夫，作到聖人，有一個程序：「可欲之謂善，有諸已之謂信，充實之謂美，充實而有光輝之謂大，大而化之之謂聖，聖而不可知之之謂神。」

說到大乘與小乘，二者的差別在那裡？學大乘菩薩道，如果不以小乘作基礎，免談。像現代人的學佛有個大毛病，動輒談大乘，其實連基本——人乘都沒作好。五乘道是：人乘、天乘、聲聞乘、緣覺乘、菩薩乘。大乘不是那麼容易的。先不談小乘的聲聞、緣覺有沒有修好，一般連人乘的修養都有問題。人乘的基礎應先打好，把四書五經研究了再說。大乘與小乘的差別，就在見地、修證、行願的不同。

十念，只是修煉的方法，至於如何修證到羅漢果，不是光憑煉氣就可以的。爲何不能修證到羅漢果？是心行不夠，心裡的煩惱妄想習氣的根，轉化不了，見地不到。修到小乘極果的羅漢果談何容易！人死後不墮落，再得一個人身都不容易。佛經上形容，要得人身，如盲龜遇浮孔。

在大涅槃經卷二壽命品第一之二中，佛說了個偈子：

生世爲人難　　值佛世亦難

猶如大海中　　盲龜遇浮孔

那是說一隻瞎了眼的烏龜，在大海裡漂，正好碰到一根浮木，木頭上有個洞。這隻瞎眼的烏龜，就正好把頭穿進這個洞裡。這是多麼難得的一個巧合！我們生而爲人，就有如「盲龜遇浮孔」般的稀有難得。至於想生天道，那就更難了！

天人是由四禪八定修來的，四禪八定修成了，往生天道，但還未跳出三界，還是在三界中轉。我們動輒談跳出三界外，不在五行中，談何容易！

打坐修定是共法，並非佛家才有，每個宗教、外道、魔道，都講打坐。功夫作到了，可昇華到欲界天，或阿修羅道去。升天界也並不容易，升天道要有見地才行。

下面參閱見思惑與三界九地、斷惑證眞之關係（如附表見最後一頁。）

見惑：是指思想觀念上的煩惱，也就是見地上的煩惱。見惑在俱舍論中，歸納成八十八個結使。如繩子打結，解不開。學佛的人嘴裡講空，心結卻始終打不開，「結」字譯得非常好。爲什麼結打不開？因爲氣的關係，氣質變化不了，所以結打不開。

身見：對身體的執著，包括身體上的各種痛苦。老子云：「吾之所以有大患者，爲吾有身」，我們忙了一輩子，爲這個身，最後它還是要腐爛，變一灘膿水。可是，誰不愛此身呢？許多痛苦都是因爲身見解脫不了。

邊見：一切哲學思想都屬於邊見。

邪見：有許多思想學派，和美國嬉皮，最近性觀念開放等，都是邪見。邪見，就是偏見。

禁戒取見：因戒而生取捨上的偏差。

見取見：各人所執著的主觀成見不同。

疑：不信任他人。慢與疑兩者聯在一起，總以爲自己對，別人不對的心理，就是慢疑，每個人都有。

其他的貪、瞋、癡、慢從略，大家自己研究。

上面所說的，就是屬於佛法的心理學。

普通的心理學，是講現象的分析和研究，越發展越細。佛教的心理學，如八十八結使，唯識宗的百法明門論等，是道德的心理學。它有一個前提擺在那裡：就是說只有證道者的心理才對，其餘的都不對。這是至善的，純善的心理學。唯識是了不起，現在這裡談的心理，還是大原則，如要一條一條分析起來，就不勝枚舉了。

有心宏揚唯識的人應該留意，不要關起門來稱皇帝，以爲只有佛家的東西才了不起，普通的心理學也有它的道理。我們修行，就是要檢查自己的心理，這就是見地。心行作不好，乃至對人處事的行爲改變不了，就算是功夫作好了，也沒有用，充其量也不過是大海裡頭的一個盲龜而已。

這個見地也涉及了行願，修小乘的行願，要證得羅漢果位，不但功夫要作好，心理上必須要去掉這些見思惑。

九地：三界中又分作九個程序，這個世上的人，是欲界「五趣雜居地」，也就是天、人、畜生、餓鬼、地獄這五類，都住在這裡，是凡聖同居的地方；再加上色界與無色界各四地，共有九地。

思惑：指思想方面的發展。如有人寫佛學方面的文章，可謂「文章華麗，考據精詳」，但是毛病落在思惑，也就是思想沒有搞清楚。又如我們打坐，有時偶而撞到定境，能思考的那個就想：嗯！這大概就是道吧！他卻不知這一點念就是思惑。所以，見與思是兩個不同的成分。

未證得菩提以前，都在三界中轉。這裡自己去研究，作心得報告。這一章非常重要，因爲我們的思想、見地一有偏差，就已經落在凡夫境界中了，自己還不知道。

在斷惑證眞的四果中，斷了見惑粗的觀念煩惱，才是預流果，又稱須陀洹果，也就是初果。

一來向：斷思惑初地之一品乃至五品稱斯陀含向，也是一來果的候選人，又稱斯陀含果。斯陀含有兩種說法；一種是「五還人間」，升天，再下人間，如此來往五次，就不再來人間了；但另一種說法是，死後升天，再下一次人間，就不再來了。

所以在教理上說，認為立地成佛是做不到的。證羅漢果也不容易，須看我們自己的修持功夫。

關於見思惑，三界九地與斷惑證眞的關係，在俱舍論中都有提及，可以作參考。所謂「論」不是佛說的，是一些菩薩修證成果的經驗，記下來告訴我們。

佛在世時，人的社會不像現在這樣複雜，所以佛在阿含經中，教了這幾個法門，許多弟子們，當場就證得了羅漢果。但是，後世人何以成道難呢？

我們想修道證果，見地不能不弄清楚。光修道不通理是沒有用的，功夫作得再好，不通理還是沒有用。現在許多所謂教主，功夫作得很好，可以發生各種境界，但要走的時候，還是腦充血、糖尿病。這些人都是講究作功夫，而理卻未通達。

反之，光通理，不作功夫的人，則百年三萬六千日，不在愁中即病中。儘管此身之可惡、虛幻，但是為了這幾十斤肉，卻很難安排。所以光作功夫，見地不到不行，行願不到不行；光有見地，修證不到也不行。

禪定功夫作得好，才能升天，但一般人升天的第一步都做不到，為什麼？因為男女關係斷不了。所以小乘果位，先從基礎來講。不只男女關係不可以，連遺精、手淫，乃至所有的自慰方法，或者意淫，都不可以。所以小乘第一條戒律是戒淫。

不漏精不是指漏精液，修持的人應該在沒發動精液以前化掉它。道家廣成子說：「情動乎中，必搖其精」，心中有一念，感情一動，精氣已經在散了。精的道理是這個精，不是精虫的精。何況還有遺精（道家稱漏丹）、手淫、自慰等。基本上先要守住這個戒，但據我所知，一般人作不到，打坐坐了幾天，又垮了。

其次是飲食。有許多人功夫作得好，但腸胃吃出毛病，又搞壞了。

這些道理都知道對治以後，佛經上告訴我們，佛的弟子們三天、五天或七天以內，就證了阿羅漢果，是絕對有的事。所以立地頓悟是做得到的，要點是務必注意守戒。

楞嚴經卷八提到十種仙。

一般攻擊楞嚴經爲僞經的理由是——印度沒有仙道，只有中國才有。實際上印度修仙道的婆羅門教，比佛教還早。比如「唵嘛呢叭咪吽」這個咒子，在南非、南美等地，幾乎全世界都有人唸，但並不是中國傳過去的。這個時代搞學術文化的人，常閉門造車，閉戶稱王，令人感嘆。

佛在楞嚴經卷八說這十種仙道：是等皆於人中鍊心，不修正覺，別得生理，壽千萬歲，休止深山，或大海島，絕於人境，斯亦輪迴妄想流轉，不修三昧，報盡還來，散入諸趣。

這十種神仙，只在心的方面修煉自己，沒有大徹大悟證得菩提，他們掌握到了生命存在的關鍵，活一千歲一萬歲都辦得到。但這只是輪迴妄想的流轉，沒有明心見性，還是會墮落的。如果能明心見性，那就對了。執著了方法爲究竟，那就不對。不明心見性，什麼都不對；若證得了菩提，什麼都對。

再講天道：諸世間人不求常住，未能捨諸妻妾恩愛。有些人不會眷戀這世界，不像仙道的人想活上幾千歲、幾萬歲，可是妻子的恩愛捨不掉，有這種思想的人很多。但有些人可以做到：於邪淫中，心不流逸，儒家的方法也如此，不管幹什麼，心沒有散亂。澄瑩生明，命終之後，鄰於日月。像這樣有相當修養的人，命終後，可以超越這個娑婆世界，往生到天道的四天王天（見書後頁三界天人表）。然而還是在欲界中，稱六欲天。

六欲天的天人，壽命比我們長太多了，而且沒有我們這個世界的痛苦、煩惱。他們福報很大，所以都是作善事、修善行、作功夫的人往生。因爲沒有離開男女的欲念，所以叫六欲天。雖未離欲念，但已將欲念昇華到很高的境界，所以能升到六欲天。

瑜伽師地論卷五，本地分中有尋有伺等三地之二云：一切欲界天衆，無有處女胎藏，然四大王衆天，於父母肩上或於懷中，如五歲兒欻然化出。起世經卷七，三十三天品第八之二如此記載著：諸比丘，彼於天中或在天子，或在天女，或於坐處或兩膝內，或兩股間忽然而生，初出生時，即如人間十二歲兒，若是天男，則在天子坐膝邊生，若是天女，則在天女兩股內生。至於色界天的天人則由父親生，頭頂裂開而生出來。天人頭上都有花冠，死前花冠先枯萎，這時天人、天女都哭了，這個人快死了，要墮落到下界去了。到了下界變成我們這些人，我們這些人還覺得自己很偉大呢！

人類靠兩性關係生下一代，欲界天人行欲時，如起世經卷七，三十三天品第八之二云：四天王天、三十三天行欲之時，根到暢適，亦出風氣，夜摩諸天，執手成欲；兜率陀天，憶念成欲；化樂諸天，熟視成欲，他化自在天，共語成欲，魔身諸天，相看成欲。色界天人彼此以眉目傳情就可以；無色界天人，彼此連看都不必，只要彼此意念一動，就生下一代了。

若把描寫三界天人這一部分佛經資料集中起來，當作小説寫，變成一部新的宇宙生命觀，一定很吃香，也很可觀，可惜我們沒有興趣這麼作。

修持到達初禪，才能往生欲界天，何以如此？因爲在初、二禪之間的人，欲念還沒有完全斷，只不過最後那欲念屬於思惑了，只是風流而不下流，看看，覺得很美而已，沒有邪念。這是情，情屬於思惑，一樣是貪瞋癡。

説到癡，古代高明的文學家，如清朝龔定盦的詩：「落紅不是無情物，化作春泥更護花。」

憐花，多美好的句子。又如宋朝黃山谷的詩：「五更歸夢三千里，一日思親十二時。」這兩句詩，若拿佛法來看是思惑，是感情思想上的煩惱，是生死的根本，輪迴的根本。當然這已經昇華得多了，欲念是最粗的，所以欲念不斷，不能證果。

如何斷欲？佛只先教我們過午不食。過午不食有幾大功德：第一、不易昏沈；第二、斷睡眠；第三、斷情欲；第四、身體清明。

斷欲除了這個方法以外，佛沒有教別的，但是斷欲是最難最難的，很少人眞正能把欲斷了的。年輕人打坐，剛剛把功夫作得好，情欲就來了。沒有情欲時，打起坐來，半在昏沈半睡眠。這怎麼辦？要靠煉氣，所以，十念中第八項「念安那般那」，非常重要。

佛教有兩大宗派，特別提出煉氣以求定。一爲天台宗的調息、數息、聽息（參考書籍：摩訶止觀；大止觀、小止觀；六妙門）；另一爲密宗黃教，創始人是宗喀巴大師，他在菩提道次第廣論中強調，作功夫要注重調息。尤其紅、白、花教更注重煉氣；所謂修氣、修脈、修明點、修拙火等，煉好了以後，才能證得菩提。

爲什麼「息」這麼重要？生命的四大——地水火風，其中：骨頭、肌肉屬地大，不大好下手修煉；水大屬血液，屬於液體類，從這一步下手修煉也很難，不過，功夫作好了以後，水大自然完全淨化了，此時血液流出來是白色的乳汁；至於火大：功夫到了相當的火候，三昧眞火發出時，百病皆除，可長生不死。

總之，四大中最重要的是風大，就是呼吸往來的氣。一口氣接不上來就會死亡，所以氣最重要。念頭與呼吸有很大的關聯；思想越散亂，呼吸就越亂；思想細了，呼吸也跟著細了。到鼻子不呼不吸時，才叫做「息」。所以打坐作功夫，調不好息，談不到得定；也談不到止觀的止；充其量，只不過有一點影子而已。打坐後身體變好，並不是你方法修得好，是靜坐中，無形中在調息，氣息變細了，身體便轉好一點。如果我們把意志專一起來修持，那效果就更大了。

由初步起修，到證果成阿羅漢，再到成佛，不論大小乘，都不離這個安般法門。佛在增壹阿含經中，由羅睺羅的報告，已露消息給我們，只是我們没注意到而已。

成道不成道暫時不談，活著能少病少惱，走時乾脆俐落，不麻煩自己，也不拖累別人，已是第一等人了。藉著煉氣修氣，最容易達到這個目標。煉氣只是初步，因爲眞息並不是氣，這個初步的方法，等於靠火柴來點燃一個東西，使它燃燒。所以密宗稱之爲「燃法」，是靠我們後天的呼吸，來點燃與生俱來，本有的原「炁」，使其發揮功能。

有些人打坐時，身子會自然地搖動起來，那是因爲身體裡頭有問題，氣在動，走到有毛病的地方，自然就搖動起來。趁現在還健康的時候開始煉，不要等到病入膏肓再開始，就來不及了。

天台宗小止觀法中，有一個偈頌：

心配屬呵腎屬吹　脾呼肺呬聖皆知

肝臟熱來噓字至　三焦壅處但言嘻

呵（管心臟）、噓（管肝臟）、呼（管脾胃）、嘻（管三焦）、吹（管腎臟）、呬（管肺）。

在空氣乾淨的地方，站著或打坐，用這六字之中的一個，作口形呼氣，不要出聲音，儘量呼，呼到不能再呼了（肚子癟進去），嘴巴一閉，讓它自然吸。煉得累了，停下來作調息功夫。此時就是小止觀所謂「有覺有觀」，感覺自己不呼不吸了，非常輕微，雜念少了，慢慢練習下去，身體內部會起各種變化。

瑜珈術洗胃法：吞長紗布，一端吞下，另一端用手拉著，吞至胃，然後拉出。測出胃不好的人，須馬上找醫生。

洗腦法：乾淨的水，用鼻子吸進去，初練習時，頭痛如萬針穿孔，煉慣了以後，水一吸一噴，由嘴裡出來。煉到後來，一吸氣，不是只到肺部，同時可以直接進到腦裡去，腦子可整個貫通，同時也到腳底。莊子云：「眞人之息以踵，常人之息以喉」，一點不錯。

洗胃的另一種方法：頭仰，舌尖向小舌頭裡頂，發「嘔」欲吐，胃裡的髒東西，就會拉乾淨。

最好能一個禮拜斷食一天，光喝水，清理腸胃，身體會健康。

這些都是有爲的作法，密宗的寶瓶氣、九節佛風，走的是瑜珈術的路子。身體四大不調，想打坐得定絕無可能。氣息調整不好，身體也不會健康。同時還要懂得營養，懂得醫學。儒家講：一事不知，儒者之恥。所以必須發心，樣樣學問都要知道，這是大乘的精神，各種常識要學，就是菩薩道。相反的，不懂又不學，就是凡夫。

氣功作得越好，精神越旺盛，也不會累，然而心會累，關於這其中的道理，以後再作研究。這時妄念少到極點，如果調整得好，妄念根本沒有了。妄念沒有，思惑就來了。所以打坐時覺得：唉，已經坐很久了，這不是妄念未斷，是惑沒有斷。這兩者層次不同，本質則差不多。所以學禪的人，如果連這個道理都參不出來，還叫什麼禪呢！光是一個話頭是沒有用的。學禪要開悟，開悟的人已得無師智，自然懂這些道理。

第二步到達不想作氣功時，注意，即羅睺羅所講：息入則知息入，息出則知息出，身體內的氣，像能量一樣在動。道家有任督二脈之說，其實是氣的作用，任督二脈之說是見惑。

到了息入知入，息出知出，有覺有觀的狀態時，有些人覺得自己的身體還在，以爲這是妄念没有空的緣故。其實這種心理是矛盾的，再作十年功夫也沒有用。這是初步有覺有觀的當然現象。以爲這是妄念，就是理認不清。拚命想辦法除妄念，怎麼能得定！怎麼能上路！白作了。功夫到了這個時候，要參考羅睺羅的這一段報告。

到息眞正充滿了以後，可以忘掉身體，進一步求大乘道，再進一步到達：性風眞空，性空眞風，清淨本然，周徧法界。佛把祕密説了，呼吸的往來是生滅法，是現象，我們的生命都在生滅中，而能使它往、使它來、又能使它生滅的那個，並不在生滅中。那個是本體，明心見性就是見這個心的體。所以，煉呼吸時，如走大乘的路線，定中有慧，性風眞空，性空眞風。然後到達清淨本然，周徧法界，與孟子的「其爲氣也，至大至剛，以直養而無害，則塞於天地之間」，有異曲同工之妙。

煉息是非常重要的，因爲煉息可斷去欲念，作到不漏丹。老年人煉息可使陽氣重來；有病的人可藉此去病，健康長壽。

總之，百千法門無量妙處，就在這個法子裡。沒有時間對諸位詳盡的講，很抱歉！

第十講

內容提要

聽息數息的問題

精氣神樂明無念與三界

空假中三止三觀

密宗及修氣

修脈

生命和宇宙法則

上次講到念安那般那的重要，通俗名詞稱爲煉氣。安那般那是煉出入息，包括顯密許多方法，而原則只有一個。若加上印度婆羅門、瑜珈術、中國道家，至少有幾百種方法。方法雖多，但歸根結柢都是煉氣煉息。

我常感嘆講話難，難於使聽話的人明瞭。上次上課講有爲修法，許多同學覺得很過癮，可見現在人都喜歡有爲法。其實，煉氣功和證果是兩回事，這一點大家應該了解。

再則，同學間輾轉相傳這些方法，結果都搞錯了，只好以引用古人的話來說：「鑪鞴之所多鈍鐵，良醫之門足病人」，聊以自慰。

這時有同學提問題：

問一：修下丹田，吸氣進來細長慢，呼氣時快短急，第一口氣呼完，第二口氣緊跟著吸進來，對否？

師答：對。

問二：聽息時耳聽呼吸，開始時，同時要聽脈搏，比較容易知道內息在裡頭走動。待心進入初步定境時，自然就放開了，不管脈搏，也不管呼吸，此時呼吸非常細微，等於不呼不吸，對否？

師答：對。

師云：若能在最鬧之處，聽到自己的呼吸聲，此人有定靜功夫。達摩祖師在嵩山入定時，聽階下蟻鬥之聲如雷鳴，確有其事。

另一個故事，玄奘一個大弟子窺基法師，又名三車和尚，到終南山拜訪律宗道宣律師。道宣律師守戒律，功德成就，因而有天人天女供養。窺基大師去看望他那天，天人不來了，兩人只好挨餓。夜裡睡覺，道宣律師整夜打坐，不倒褡。窺基大師不管這一套，倒頭便睡，睡相不佳，又打呼嚕。次日，道宣律師說他：出家人的規矩，不打坐也該作吉祥臥，你睡得不規矩，又打呼又亂翻身，吵了我一夜。窺基大師說：我才一夜沒睡好，被你吵死了，我睡到半夜，好好地，結果你腰中有一隻蝨子，咬了你一口，你手伸進去，本想把牠掐死，又想想，不能殺生，你就把它往地上一放，放也該好好放，那麼高一放，把牠的一隻腿跌斷了，所以牠哎喲、哎喲的叫了一夜，吵得我睡不好。

道宣律師不敢說話了，眞有這回事，他怎麼知道？等窺基大師一走，中午，天人又來送食，道宣律師問天人，爲何昨天中午不來？天人回答說，昨天中午是來了，結果看到滿山滿頂被五色祥雲蓋住了，找不到茅蓬，而且祥雲外面，金剛護法神很多，一定有大菩薩在這裡，我們欲界天的小天人進不來，道宣律師聽了簡直無話可說。

爲何在睡眠中，這些小聲音都知道，這是什麼定力？達摩祖師在嵩山入定時，聞階下蟻鬥如雷鳴，也是這個道理。

鬧中聽自己的呼吸聲很難，同學問的這個問題就是作聽息功夫，開始聽脈搏跳動的聲音，心臟、血液流動的聲音都可以聽到。有定靜功夫的人，只要聽到裡頭的聲音不對了，就曉得身體那裡出了毛病。

問三：試作安般法門，六、七天來情況如下：一上座，因學佛多年，自然而然，變成數息。後來繫念鼻端，卻不知息的長短、冷暖。後來漸漸可以配合知道了，數了三息左右，忘了繫念鼻端，更忘了息之長短、冷暖，此時忽現一片強光，明知不能貪著，還是執著了。等發覺錯後，再攝念、重新恢復繫念鼻端，如此越搞越亂，變成在作氣功，不在修持了。後來或數息，或看這一片光，越想糾正越亂，怎麼辦？

師答：如在數息中間，動了一個念頭，岔了一個雜念，須重新數起，中間不准有雜念，一路作下去。陸放翁的詩：「一坐數千息」，表示一坐起碼就有幾個鐘點。陸放翁、蘇東坡這些名人，當年都是作功夫的。凡是營養過剩、血壓高睡不著覺或雜念多、欲念旺的人，要計出息；有些身體衰弱、血壓太低、腦神經衰弱的人，要計入息，這就是對治法門。佛是大醫王，能醫衆生病。修行初步要懂醫理，不懂醫理是搞不好的。身體不好也不壞的人，可分上、下午分別各數出、入息。

（師示範數息方法）

上次重點在八十八結使的解脫，不是在作氣功。可是講了那些煉氣方法後，大家以爲得了祕訣，如獲至寶，以爲這就是佛法。眞正的佛法是在心行，在八十八結使的解脫。這位同學有這個問題，主要在於見地與功夫配合不了，知見不明，理沒有透。要知道，調息、止息不過是初步去雜念的方法而已，雜念既去，此法也用不著了。佛在金剛經說：汝等比丘，知我說法如筏喻者，法尚應捨，何況非法。所以過河需用船，過了河後，把船背起來走，不是很笨嗎？他的這個問題，是因為調息調過分了，等於營養過多，也會出毛病一樣。

至於眼前發光，只要氣息調好，氣充滿了，內在光明一定起來，那時晚上不用電燈，一樣看得很清楚，那是氣的功效。但不是道果。

三脈七輪

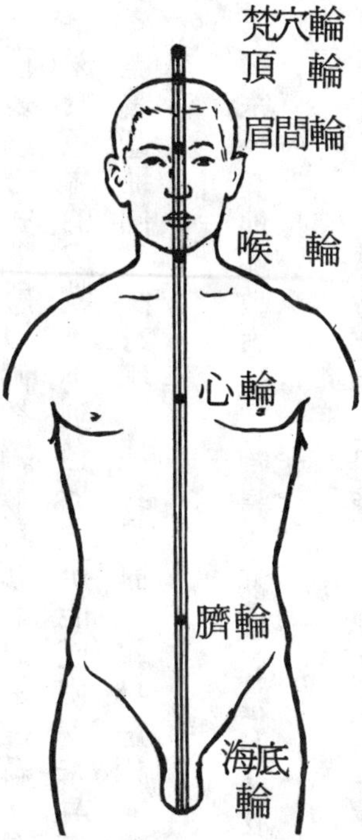

眉間	無色界	神	無念
心輪	色界	氣	明
中宮 肚臍	欲界	精	樂
		（道家）	（密宗）

如上圖所示人體，心窩以下屬欲界，心窩以上至眼是色界，眉以上是無色界，

與虛空合一。

道家的精、氣、神，與密宗的樂（精不降，樂不生）、明、無念，也就是三界的另一種表達方式。所以佛教羅睺羅修氣息的路線，是修色界的方法。報身佛的成就，是屬於色界的成就，不到色界，不能成佛。未昇華到色界的境界，不能成就報身佛。毘盧遮那佛是法身佛，法身是體，報身是相。釋迦牟尼佛則代表化身佛，就是用。

學禪宗及其他顯教方法，都是容易成就法身，但是很難成就報身，成就化身就更加難了。

息調好了，很容易產生光明境。但是光明境一來，就容易產生矛盾，那時佛學知見來了，什麼著相啦、妄想啦。其實，管它著相不著相，只要忘身，也不著光明境，自然在光明中。這時如覺得不對，是因爲佛學知見太多之故。在光明境中，忘了身體、四大、呼吸……一切不管，則光明變成寂靜，清明寂靜，又會變化另外的境界。變化以後如何，到了以後再講。

修這個方法成就的人，都很樂觀，沒有憂愁，沒有煩惱，其他的好處還很多。比如容易到達「波飛太液心無住，雲起魔崖夢欲騰」的境界。身體會特別健康，功夫達到時，口水都是甜的，無法形容的甜，是由於腦下垂體的賀爾蒙下降，胸腺及欲界的性腺整個起了變化，這時精神健旺，但也很容易引起欲念。所以就如這一句詩：「波飛太液心無住」。氣太健旺，養氣養得太好，如不懂佛法，不在八十八結使心地法門中下手，就變成英雄氣概，「雲起魔崖夢欲騰」，人都覺得要飛起來了。（劍仙必須經這個過程才煉出來的。）如由此歸到心地法門，則可證羅漢果了。至於道家的神仙，也是由此進去的。

問四：等公車念安般，更易煉成，對否？

師示：不對，都市的空氣污染，不適合。覺得更易煉成的原因，因爲人一直在散亂中，稍稍收斂，掛著念頭，在感覺上說，以爲較易煉成，其實這是錯誤的。吃飽不可以作氣功，因爲腸胃要清。我們學佛是走心地法門，藉煉氣去修是助道而已，不是專作氣功。眞作到了以後，道家有幾句經驗之談：「精滿不思淫，氣滿不思食，神滿不思睡」，神滿了以後，再談不倒褡就對了。氣滿時，覺得自己的身體像一股氣一樣，眞是「雲起魔崖夢欲騰」，走路如踏在棉花上，可以煉輕功了。不過學佛的人，不向這方面引導，一切唯心造，心如專向那一面造作，就會變成那個樣子。

功夫到達某一程度時，想要證果入定，非休糧辟穀不可，充其量吃一點水果，腸胃中不需要其他東西。出家人能過午不食，下午好好用功，多作氣的修持，會得大好處。功夫有了基礎後，營養與否，已沒有關係。但這個中間，男女又各有不同。

問五：修十念法門，男女性的衝動很嚴重，構成修行的障礙，要怎麽對治？

師示：一般人修行之所以不能證果，不外四個字：男女飲食。若不能轉化，什麼基礎都沒了。就算作氣功，如果漏丹了，就不行。

女性月經前後，生理與氣功的關係非常細密，若能修持得好，月經漸漸減少，及至於完全停止，回轉童身，男性成馬陰藏相。變馬陰藏相以後，欲念壓力減少十分之七，其餘三分很難解脫。那個時候，不是你心理上想要，不是第六意識上的動念，乃唯識所講，阿賴耶識習氣種子，那部分習氣種子能轉過來，就可超凡入聖了。

男女欲念用「性」，明心見性也用「性」，文字用得妙極，此「性」同彼「性」，幾乎是同性，很難分別。欲念也是最後一品無明，這一品不能了，就跳不出欲界。

走修氣的路子，就容易升到色界天，比欲界高一層了。從禪宗「無念」的路子修，可升無色界。但三界有偏向，單走任何一界的修法，都不能證果、不能成道。光是煉精得樂，全身舒服無比，稱為菩薩內觸妙樂，每個細胞都是快樂的，最細微的快感。但必須這樣才能得定，但是也很容易墮落、沈溺在欲樂的境界裡。

這些都屬於四加行，加行就是加工，如果加工都沒有加好，就不要談學佛修道。首先是得樂，樂由精生，精不下降，樂不生。但凡夫的精一下降就漏丹，不是遺精，就是有欲念，追求性行為而走失掉。然後重新再作功夫，如此反反覆覆，就是凡夫境界。所以，一萬個人修持，沒有一個證果。

其次，氣不充滿，光明不起，氣一充滿，自然在內外一片光明中。只住在妙樂境中，會墮在欲界；只住在光明境中，墮在色界；假如走後世禪宗的空心、無念，則墮在無色界。注意！無念久了，就成無記，容易墮入畜牲道中。所以宗喀巴大師在菩提道次第廣論中，痛斥無念，認爲會墮入畜類，一點也不錯。所以宗喀巴大師

再說，不得樂不能得定；不得光明，不能生起智慧；不入無念，不能得空。然而要得空，更須具足戒定慧，缺一不可，若有偏差，則墮在三界中，跳不出去。

精氣充滿後，第一個反應是欲念來了。幾年前，有個朋友，寫了一篇「性非惡論」，要我評論。我說：性本身無所謂善惡。就像刀一樣，可以救人，也可以傷人，而其本身並無善惡之分。此理一般人不易瞭解。性欲是個無明，但無明並不一定是罪惡，只能說是無明。無明與惑業相關聯，惑業是不是善或惡，又是另外一個作用。惑業只能算是煩惱，煩惱有善也有惡。但是這一股無明的力量不來，也就不能證得菩提。這一股力量來時，如果轉化不了，就成欲界凡夫。所以道家稱其爲「兩界關」。欲念來時，翻上去就是天堂，翻下去就是地獄，確實是不容易把握的。

佛法講了半天的戒定慧，在顯教裡只是點到爲止，靠自己去悟；但在密教裡，又是另一套說法。其實顯教裡也有，只是我們不曾注意到。所以我特別強調楞嚴經卷四中所講，轉變物理世界，心物一元的關係，及地獄天堂之說。佛把祕密隱在其中，叫我們如法昇華，如法修持。

現在繼續上次的課程。

修安那般那最容易成就，因爲生命的根元在氣，但氣也是生滅法。大家要注意：羅睺羅修到四禪境界，這其中另有關鍵。並不是光修氣就可達到四禪，還須把貪、瞋、癡、慢、疑等八十八結使一併解脫，才可證得羅漢果。

如果光修氣，只在功夫上走，一樣是外道，因爲是心外求法。我發現大家都沒有注意到心地法門的重要，其實功夫只是化城，不是寶庫的目的地。

在隋唐時期，比丘、比丘尼、居士等，證果的很多。當時一般人修持，都是拿到一個法門，規規矩矩去修。愈到後來，佛經翻譯越多，道理知道的也就越多；再加上社會環境更形複雜了，衆生對佛所說的話，懷疑的本事越來越大，也就是慢疑更厲害了；對世法的貪瞋癡也越重，當然證果的人就更少了。

南北朝時，智者大師創立了天台宗，比禪宗創立得早。中國十宗中，最早的是東晉慧遠法師所創的淨土宗。天台宗的止觀法門，初步是修息，再轉到修空、假、中的三止三觀。修止即修定，修觀即修慧，這就是定慧雙修。

天台宗以數息、調息、聽息三法門來修止觀，等到眞得定後，馬上進入「空觀」。也就是說，等到呼吸調整好，到達不呼不吸，氣息充滿了，這時妄念少了。此時如果不走觀的路，光煉功夫下去，就可以得神通，走向小乘果位，乃至走向外道的路子。

所以，此時應該馬上觀心，回轉來觀空，曉得呼吸調整到不呼不吸，身心寧靜愉快即止。這時候還是一念，然後把這一念放掉，再空下去，身心都不管，叫空觀。不過這個空，注意啊！還是念，所以還是在第六意識中。

因此，當我們打坐時，覺得一念都沒有了，好清淨的時候，這曉得清淨的，也是一念。

當你知道清淨時，已經不清淨了，又是一念了。等於一面玻璃，你用白筆或黑筆在上面一畫，也是一個東西，但你不能說黑筆是壞的東西，白筆是好東西。所以佛經上說，眼睛裡，不能丟進去一點點碴子，也不能丟進去金剛鑽粉，因爲不論好壞，都不能丟進去。

但是止觀不講這個，這時候，你曉得清淨的境界就是「有」，不過這個有是「假」有，所以「即空即有，即有即空」。至於那個道體，則空也不住，有也不住，所以叫做中道。這個「中」，採用了龍樹菩薩的般若中論。所以稱作空、假、中三止三觀。

有時在空觀的境界裡入定，也可以一定八萬四千大劫，我們連定八個鐘頭都做不到，不要說八萬四千劫了。或者在空的正觀上，能這樣一定，也差不多了，然後再轉來修有觀、中觀，就容易了。

修持天台宗所創的止觀路線，在當時很好。到了隋唐，由於證果的大菩薩、大善知識多了，教理也跟著越來越多。理越明，作功夫的人就越少，證果的人自然也就少了；再者，禪宗發達以後，到處都是禪，嘴巴都很厲害，道理都很明白，實際修行的人反而不多，證果的人當然也跟著越來越少了。

現在接著講氣，印度北傳的佛教傳到西藏，稱爲藏密。開始是紅教，演變成花教、白教，再演變成黃教。黃教是宗喀巴大師創立，他的四大弟子是達賴、班禪、章嘉活佛及哲布尊丹巴。

宗喀巴大師的菩提道次第廣論，講修定、修觀，與天台宗的止觀法門，幾乎完全相同，唯引用經教不同而已。天台宗的摩訶止觀，走的是龍樹菩薩大般若宗的教理，是性宗路線；宗喀巴大師走的是無著菩薩唯識法相宗的路線。

修密宗主要強調的是修氣修脈，以達到成佛證果。氣修不通，脈絡轉化不了，不能得定，就是所謂的：「中脈不通而言得定者，絕無是處。」至於打坐，能坐上幾天幾夜，並不一定是你氣脈通了，氣脈通不通和打坐是兩回事。但氣脈通了，要坐便坐，非但可坐上幾天幾夜，就是睡幾天幾夜，站著幾天幾夜，也照樣都能入定，入定與姿勢是無關的。

現代人腦子太複雜，所以修有爲功夫，也就是修安那般那法門最好。修氣，身體也會好，如果想藉修氣求得證果，要懂得醫理才行，所以先要自己研究醫理及醫藥。

有一些跟我多年的年輕同學，普遍都有依賴性，處處依賴老師，這裡痛、那裡痛，只找老師，不肯趁老師在時，多研學醫理。更有甚者，吃了藥後，問他反應如何，竟答不知道，像這個樣子，眞不知道他如何學佛修道！

一個學佛修道的人，是絕對自私的，要先能管理照應自己的身心。如果連身體的變化都不知道，還叫修道嗎？修道要清楚身體內部的變化，以及心理的變化；起心動念，都要知道。也就是說一個人只管自己，作到完全的自私，但不妨礙別人，那就天下太平。換句話說，對自己身心內在任何一點變化，都隨時要很清楚，這才叫修道。學佛之道就是先求自度、自利，這一點要注意。

舉凡身體的變化，欲念的澄清，飲食的調理，氣候的變化等，處處都是學問，都要留意。古代的大善知識們，不論道家、佛家，都是通醫理。修持功夫高，他們都是從自己身體上體會出來的，也是從自己心地法門中體會出來的，不是靠書本讀來。一個人一生幾十年，老實講，沒有那麼多時間和精力去讀許多書，只要心地的寶庫一打開了，就都會懂的。

密宗強調修氣，在修氣以前，這些道理先要懂得。修氣修到不呼不吸，呼吸停止，密宗叫「寶瓶氣」，瑜珈術稱「瓶氣」。人像寶瓶一樣，在定境要來時，氣充滿了，呼吸停掉，肚子回收進去，身子自然直了，端端正正，定住了，這時舒服得很，叫你下坐都不幹。

不呼也不吸，並不是眞正沒有呼吸，只是很細微而已。此時雜念沒有了，過了很久，好像有一點吸進來；很久以後，又有一點呼出去，到這個境界就要修脈了。這是唐代以後密宗的說法。

知息冷知息暖，就是在修脈的境界，但並不是在鼻端知息冷暖，而是在身體內部。此時，在身體內部知道那裡發暖，那裡發冷，這就是後世密宗所說的脈，差不多相當於神經反應。每個細胞的感覺，那裡走得通，那裡走不通，都清楚。事實上，脈就是息的更進一步。

打坐爲什麼腿麻？因爲腿的脈不通，下部的脈都沒有通。最難通的是臀部，我們坐到後來不想坐了，有兩個原因，一個是心，一個是身。通常我們不想坐了，是不是心不想坐？不是的，大部分是因氣到臀部沈不下去，此時氣會影響心理。凡夫的心不能轉物，唯物思想家認爲，人的思想受物理影響，並沒有錯，只是這個說法只適用在凡夫的境界上。氣也是物，所以我們坐到某一階段時，因爲氣到臀部沈不下去了，無形中腦神經緊張起來，心裡就坐不住了，只好下座。如果氣從臀部通到大腿、膝蓋，一節一節通下來，要經歷過痛、癢、麻、脹、冷、熱、甚至兩腿發爛，最後等氣一走通，忽然就好了。古代修行人，修持精神很可佩，氣把身體內部的髒東西逼出來，逼到身體都爛了，他們也能把色陰看空，毫不在乎。現在的人有福氣了，只要吃消炎藥，打消炎針就行。

待氣到了足心，才能談得到三脈七輪。氣脈打通了，准可得定，得那種定？定有百千三昧，每種不同，而我們卻以爲只有一個「禪」。所以說，爲何禪宗以後更無禪，禪是眞誤了不少人。

眞正把中脈打通了以後，一坐一定，閉著眼，滿天星斗看得清清楚楚，密宗所講的是眞事。那個情境就像太空船進入太空的境界一樣，這就是宇宙的奧祕，生命的奧祕。上次太空船進入太空的整個過程，每一秒我都留意其變化，注意宇宙間的法則，是否和人體是一樣的，結果發現完全一樣。由此更證明，佛法顯密所說的修持經驗，一點都沒有錯，錯在我們自己不用功，沒有修證到。

第十一講

內容提要

達摩的理入行入

二祖安心

四祖與各宗派

五祖的時代

六祖的時代

即心是佛的流弊

小釋迦仰山

臨濟四料簡

我們的課程已進入第五個禮拜的第二次了，實際修證的資料，因時間的關係，無法在這裡作仔細研究，要大家自已去研究，光聽而不研究是沒有用的。

我們開始所講的，是關於學佛見地方面；後來偏重於修證作功夫的事相。特別要注意的，是十念法中，修出入息的方法。這個修出入息的方法，因個人生理、心理的差異，而有所不同。佛說的念安般是大原則，當然每一句話，內容都很複雜，若能修好，絕對能作到健康長壽。若作不到，則是因為不得法，或者沒有恆心。有了初步的修持，再進一步得定，發智慧、得神通，也都絕對能作到。至於詳細的方法，當然不簡單，密宗的修氣、修脈、修明點、修拙火四部，都是修安般法門發展出來的。

先不談悟道成佛，光說修養功夫，應參考孟子的養氣原則，還有呂純陽的百字銘：「養氣忘言守，降心為不為」，也非常重要。呂純陽是道家，也學禪，他在百字銘中，把修證的事相，尤其煉出入息成就的步驟，都包括在內了，很值得研究。當然細則很多，非依明師不可，沒有過來人指導，會走很多冤枉路，如由有經驗的人點一句，則事半功倍。

前面所有關於修持法門的討論，都屬於四加行的範圍。修氣的法門與心物的關係，因時間不夠，暫時擺下不談。

現在再介紹中國學佛的修持路子。

前幾次談到自東漢以後，到了南北朝、隋唐之間，修行有成就的人很多，尤其是隋唐以前，走的都是小乘的修持法門。後世有一個毛病，一聽小乘就看不起，這也是顚倒因果。我也再三的說，學大乘沒有小乘基礎，根本就不必談，等於小學基礎沒打好，怎麼讀大學呢！唐宋以後，禪宗興盛了，證果的人卻越來越少，而說理的越來越多，直到現在，都是如此。一般人動輒參話頭、參公案，或者觀心、默照，統統叫它是禪，這都是笑話，都在顚倒因果。

東晉時代，大小乘經典源源滾滾，都向中國介紹而來。經典的翻譯很多，教理越來越發展，對當時作功夫的人不無影響。尤其是鳩摩羅什翻譯的法華經、金剛經，影響中國之大，無與倫比，維摩經亦然。

東漢以後，魏晉南北朝這三百多年間，是中國文化學術，以及哲學思想最輝煌蓬勃的時期。在形而上道方面，比春秋戰國的百家爭鳴還要高明。不過很可惜，一般學佛的人，只懂佛學這一面，南北朝的歷史未加研究，只曉得那時「清談誤國」，至於清談了些什麼，誤了國沒有，並沒有眞正瞭解。實際上，清談不曾誤國，倒是當國者誤了文化，所以讀歷史不可人云亦云，要自己眞作研究。

在這個時期，達摩祖師來了，當時修道證果的人很多，都是用小乘禪定的路線在修持，都是有爲法門。雖然方法都對，但欠缺把有爲變成無爲形而上道的轉節。一般大師們，如鳩摩羅什法師，雖然傳了佛經，對於形而上道的翻譯，也介紹得那麼高深，但他修持所走的路線，還是小乘禪觀的法門，也就是十念當中，念身的白骨觀，或不淨觀這一類法門。當時，在很難追求形而上道的時候，達摩祖師來了，成爲禪宗的開始。

嚴格來講，禪宗是心宗，所以達摩祖師指定以楞伽經印心。楞伽經的宗旨，一句話：**佛語心爲宗**。心字的問題出在這裡，後來的明心見性，一切都誤在這裡。達摩祖師當時指出了兩個方向，一個是「理入」，一個是「行入」。

理，不是普通研究道理的理，是從止觀、觀心的理論，進而悟道。行入包括十戒，以及菩薩的行願，也就是在作人處事中，注意自己起心動念的一點一滴，以此證道、悟道。禪宗的宗旨，特別注重行入。但後世研究禪宗的人，有一個很大的錯誤，就是將禪宗指導學人輕快幽默的教授法，當成了禪。比如這個來一喝，那個來一掌，尤其以爲禪宗是見花而悟道的。殊不知那都是教育法的一種偶然機用，不是禪的眞正中心。眞正的中心，是達摩所提出來的行入。

參公案是把古人悟道的經過，仔細研究一番，然後回轉來於自己心地上體會。應該怎麼走？如何才能相符？都要會之於心。二祖去見達摩祖師時，把自己膀子都砍了，他這樣精誠求道的事跡，我們都曉得，但卻極少有人注意到，二祖在出家以前，學問已經非常好，是個大學者。他在山東一帶講易經，信仰他的人很多。後來，他覺得這個學問，並不能解決宇宙人生的問題，等到再看了大般若經以後，他認爲宇宙人生的眞諦在佛法中，於是就出家了。

二祖出家後，在河南香山打坐八年，修了八年禪定。後世因無法獲得資料，所以二祖當時修定所走的路線，是修氣抑或觀心，不得而知。這裡要注意，修禪定八年，太不簡單了，又具備了第一流的學問修養，後來又跟隨了達摩祖師好幾年。書上記載二祖來看達摩祖師，在雪中站了三天三夜，達摩不理，反而對他說，佛法是曠劫精勤的無上大法，在雪中站幾天求法就行了嗎？二祖於是把膀子給砍了下來。後世有人研究，好像覺得達摩祖師要求得很不合理，事實上，從前那一代人的宗教熱忱，求法的情操，不是我們後世人所能了解的，高僧傳中也隨時可以看到。我年輕時，親眼見人修持求法，燃指供佛，刺血寫經等事實。像這種情形太多了，依現在人講，這是愚蠢迷信，不知是我們愚還是他們愚？古今時代不同，不要輕易對古人下斷語。

後來達摩祖師問二祖：你要求什麼？他當時又餓又痛又冷，只說：如何是安心法門？如果是我們就會問：老師，我就是念頭去不掉。二祖遠勝於我們，他已打坐了八年，再加上以前的用功，他不說念頭清淨不清淨，問的是安心不安心，這個問題大了。

指月錄是一部大奇書，太好了，但難讀得很，要像看電視劇一樣，活看。這一段描寫二祖向達摩祖師求法時，達摩祖師面壁而坐，待二祖把膀子砍下來時，達摩當然拿藥給他敷，包紮一番。若說絕對不理，那就不叫達摩祖師了，也不是佛法了，這中間細節沒有記載。立雪、砍膀子、求安心法門的時間，並不在一起，各是一回事，書上硬是把這三件事聯在一起。

安心是什麼意思？安的是什麼心？二祖這時膀子也砍了，又冷又餓，他的心當然不安。所以達摩祖師答他：你拿心來，我給你安！這時達摩祖師把印度人的大眼睛一瞪，一把粗鬍子，一定把二祖給嚇住了，這一罵，神光的魂都掉了。不是他膽子小，這個疑問太大，答案又太奇，搞得他心都掉了，魂也飛了。然後他說：覓心了不可得，找不出來。達摩祖師說：我已替你安好了，就是如此。

二祖跟了達摩祖師幾年以後，達摩祖師告訴他：「外息諸緣，內心無喘，心如牆壁，可以入道。」走修證的路子，不管大乘、小乘，不管那一宗、在家、出家，凡是修持的人，非照這幾句話走不可。

「外息諸緣」，外界一切環境都要丟掉，我們學佛修證不成功，就是這一句話作不到。我們的心都是攀緣心，這件事做完了，又去抓那件事，事情永遠做不完，外緣也永遠息不了。

「內心無喘」，就是十念中念安般法門裡頭，作到不呼不吸，進入四禪八定的境界。

「心如牆壁」，內外完全隔絕了，外界任何事情心都動不了，也沒有妄想出現，也無妄念起來。

注意，作到這樣就可以入道了，可以去證悟菩提，可以去證「道」。

達摩祖師告訴二祖這一句話，應該是在問安心法門之前的事。達摩權衡二祖的禪定功夫，再教他禪定的路線。二祖問此心不安，應該是在功夫作到了以後的事。爲什麼？假定一個人做到了「外息諸緣，內心無喘，心如牆壁」，敢說自己成佛了嗎？心安了沒有？悟道了嗎？這時究竟什麼是佛？什麼是菩提？還是搞不清。所以此心不得安。

後來二祖傳法給三祖，交付衣鉢以後，比濟顚還有過之，到處吃喝亂逛。像他這樣大名鼎鼎的學者，出家以後專心用功，達摩祖師又付法印給他，等他交出衣鉢後，晚年的生活完全不同，又喝酒，又在花街柳巷到處亂跑。人家問他：你是禪宗祖師，怎麼逛到酒家去了？二祖講了一句話：「我自調心，何關汝事。」

問題來了，他求的是安心法門，達摩祖師一接引，把安心法門給他，但是到了晚年他還要去調心，此心尚不得安，可見二祖所講禪宗安心，這個心，到底是個什麼東西，仍是一個大問題。沒有成佛以前，誰的心都不能安，包括羅漢、菩薩，都沒有究竟安心，除了大徹大悟，誰都不能安心。

拿現在學術思想來講，唯心思想與唯物思想，兩者在爭戰。我們曉得心物是一元，究竟心怎麼樣能夠造成物，如果不到成佛的境界，誰都下不了結論。所以，在理上儘管誰都會講，事實上心卻安不下來。

這就是禪宗。從此以後，禪宗事實上幾乎等於沒有了。

我們後世研究禪宗，都注意南宗六祖這一系，不把南北兩宗連起來研究。四祖時，正是唐代要開新紀元的時候，也是玄奘法師到印度留學，快要回來的時候。那時，禪宗還沒有大興盛，仍是單傳，一個人找一個徒弟，來繼續挑這個擔子，使法統不致斷失。到了四祖以下，造就出來不少弟子，後來唐朝幾個大國師，乃至華嚴宗、天台宗的祖師，都是由四祖這個系統下來的，比六祖系統的輩分高。

唯識、法相等經典，經由玄奘法師介紹過來後，佛法的教理更趨完備。後來的臨濟祖師，也是唯識宗的大師，不是光學禪的，曹洞祖師亦然。他們通達各種教理，不像現在我們一般人，不去研究經典教理，只拿個話頭就自以爲懂禪了。從前的大祖師們，是在三藏十二部都通徹了以後，再拋棄教理，走簡截的法門，一門深入。正如孔子所講的：「博我以文，約我以禮」，由博而約，先博學，待通達以後，再專門走一條路。

到了五祖的階段，就是唐太宗時期，禪宗是單傳，在文化上並沒有佔太大分量。不久，天台宗漸漸出頭，當然最普遍的還是教理。接著玄奘法師回來，造成佛法之鼎盛。唐宋時候，第一流人才，第一流頭腦，往往致力佛法。現在第一流的頭腦和人才，都到工商業界去了。所以現在怎麼會有佛法？時代完全相反了。那時學佛學禪是時髦，等於現在研究科學一樣，風氣使然，教理盛極一時。而領導者唐太宗，也非等閒之輩，詩好，字好，文好，武功好，佛學也好，樣樣好，他爲玄奘法師所寫的聖教序，就決非他人所能替代。

禪宗的鼎盛時期是中唐以後，晚唐到五代之間。當時佛學的理論，發展到最高峰，而六祖的禪，剛剛湊上了時代。那時唯識法相、華嚴，各種佛學的理論普及於社會，差不多讀過書的人，都會談幾句佛法。這時，小乘的修持已經看不上了，都走大乘的修持方法，但又找不出一個路子；於是達摩祖師所傳的禪宗心印，直指人心，見性成佛的法門，到了五祖、六祖時，即應運而出。

達摩祖師初傳的修持方法，理論上教大家注重楞伽經。到五祖時改變了，因爲楞伽經的學理太高深了，爲了容易證入這個法門，改用金剛經。其實在四祖時已經開始了這個方法，到了五祖、六祖更盛而已。金剛經講性空之理，非常簡化。這時佛學的理論，似乎走到金字塔的最高峰，鑽不出來了，如何與身心平實地打成一體；如何立刻求證，反而成爲很難的事。因爲依照教理來講，一個凡夫想要成佛，須經三大阿僧祇劫，遙遙無期，怎麼修證呢？

大乘經典一流行，覺得小乘法門不足爲道。而禪宗的直指人心，見性成佛，更迎合了時代的需求，到了六祖時代達到了巔峰。

六祖的禪宗，從南方廣東開始。那時的南方，是文化落後地區，而佛教鼎盛，原本是在中原。大國師、大法師們，都在中原地區西安、洛陽一帶。六祖在落後的南方，因爲用口語來傳佈佛法，就很容易普遍流行起來。

仔細研究壇經，六祖還是很注重「行」，仍是從「行」門而入。不幸的是，自從六祖壇經，與大珠和尚「頓悟入道要門論」等流通了以後，佛學與禪就完了。大家都曉得心即是佛，可是怎麼樣是「心」呢？都沒有著落。所以有些人不信宗教，以爲自己雖沒有作好事，但對得起良心，就是佛了。至於「心」是什麼？就不管了。毛病就出在這裡，所以這次講課，不包括六祖壇經在內，但可作爲參考。

因爲這個「心即是佛」的流弊，而產生了宋代理學的發達。理學家所表達的，倒是一副禪宗的姿態，是從「行」門來的禪宗，而其講人天之道的行持，又等於佛家的律宗。唐宋以後老莊思想的道家，則等於佛家的禪宗，是解脫路線的禪宗。這三家的相互關係，極爲微妙。

直指人心，見性成佛的理，越說得明，佛學則越加暗淡，修證功夫越發沒有著落。其實，大而無當，還不如修止觀，作觀心法門，還可能拿到半個果位。走小乘到底還可以求證，大乘菩提則另當別論。

再說，禪宗提倡了金剛經以後，因爲金剛經講性空，容易導致狂禪，理解上雖很容易通，但對求證則沒有幫助。

禪宗的書，以指月錄爲最好，它集中了禪宗各種書籍的要點，包括了見地、修證、行願。我在台初版指月錄時，因銷售不佳，只好論斤賣給屠宰業，用來包豬肉，這是另一段插曲。眞要研究禪宗，把指月錄搞通就夠了，不過教理要熟，而且要有修證的底子，不然很多地方就看不通。

後世一提禪宗，就是參話頭。其實，禪宗眞正注重的是見地。比如溈仰宗的仰山禪師，被稱作中國佛教的小釋迦，他是晚唐、五代時人。指月錄記載：「有梵僧從空而至，師曰：近離什處，曰：西天。」又此梵僧說：「特來東土禮文殊，卻遇小釋迦」，於是送了仰山禪師一些梵書（貝多葉），向仰山作禮後乘空而去。從此以後，大家就稱他爲「小釋迦」。從空而來請益的西天羅漢，不只一次，因有門人見到追問才知。

仰山跟隨溈山參學時，有一天，師父問徒弟說：涅槃經四十卷，多少是佛說，多少是魔說？仰山說：師父啊！我看都是魔說的。溈山聽了很高興說：「已後無人奈子何」。仰山又問師父：「慧寂即一期之事，行履在什麼處？」意思是——我話雖說得對，此心還是不安；一期之事我是知道了，見地上我到了，境界也有一點，但是，什麼是我的「行履」呢？

行履包括心理的行爲，作人作事的起心動念，履字也包括功夫。溈山回答他一句名言：「只貴子眼正，不說子行履」，換句話說，只要你見地對了，不問下面的修證功夫，因爲見地對了，修證一定會上路的。就怕我們見地錯了，功夫再作得好，行履也是錯。

因此，後世誤傳為禪宗注重見地，不重功夫。其實每個祖師都是見地、修證、行願等持，差一點都不行。溈山的這句話，是天才的師父，對天才的徒弟說的，我們並不是仰山，這話對我們不一定適用。

後世學禪宗，大多是在六祖、馬祖、二祖等幾個前面逛一下，對後來的五大宗，諸如臨濟、溈仰、曹洞、雲門、法眼等，都不曾研究過，這樣那能算是學禪呢？

比如臨濟的宗旨，講「三玄三要」、「四料簡」，這是教育法，也包括了見地、修證、行願。臨濟說：「我一語中具三玄門，一玄門中具三要義」，例如「茶」一字中，具三玄門，一玄門中又有三要義，不是光講理論。又如大慧杲一句話下面，作四十九個轉語。

「四料簡」，料是材料，簡是選擇。四料簡有賓主，有方法。但古人不講這個方法，而要靠自己去悟；如果講明了方法，呆板的一傳，大家就執著了。衆生本來的執著已解脫不了，再加上方法的執著，非下地獄不可。

四料簡中，什麼是賓？什麼是主？比如一香板打下去，啪一聲，香板下面什麼都沒有——念頭一板子打空了，沒有了，如果能永遠保持這樣就不錯。用香板的方法，一語道破，那就是「吹湯見米」，知者一笑，這是騙人的玩藝兒。但也不騙人，把我們的意識妄想，用一個外力截斷，使我們經驗到達平常所沒有經驗過的清淨。

如果以爲這就是明心見性，那就大錯特錯了。但由這點影子也可以悟進去，這時要用般若，香板那一拍裡頭，透脱一悟，那叫禪。這就是臨濟的四料簡——有時「奪人不奪境」，功夫到了清淨的境界。有時「奪境不奪人」，功夫進步了一點，希望你再進一步，那個境界不是的，把它拿掉，你還是你，叫我們自己去參究。有時「人境兩俱奪」，把你搞得那一頭都不是。但是，這個方法不能用，正如禪宗古德所説的，如果眞提持禪宗，旁邊半個人都不跟了，法堂前草深三尺，沒有一個人來。

我在峨嵋山曾用人境俱奪，接引過一個出家人，一腳把他踢昏了，躺在那裡不動，醒來後，叩了三個頭，高興的跳起來走，從此居山頂，住茅蓬去了。

也有時候「人境俱不奪」。

臨濟禪師並不只講教育法，作功夫也在這裡頭。有時候功夫作得好，心裏什麼雜念也沒有，清清明明，空空洞洞，那個是「奪人不奪境」。你還是你，坐在那兒，不過心裡空空洞洞，這是第六意識的境界。奪人，人不動；不奪境，有一個境界。當然這境界還是會變，爲什麼？因爲它是賓，不是主，客人不會常住的，怎麼不變？這就是禪宗的祕密。但我們初步，必須讓賓作主，讓這個境界保留越久越好，只是不易作到。

「奪境不奪人」，這就難了。我可以大膽地説，在座沒有人能作到，因爲見地還沒有到，所以修持、行願也都不到。

有人問，本來清清明明的，這兩天卻靜不下去了。我説學禪爲什麼不自己去參究呢？此時，奪境，境沒有了；不奪人，人依然在這兒。是賓？是主？是賓中主？還是主中賓？主中主？或是賓中賓？

有時用調息，有時看光，法寶多得很，祖師們在書中都教了，不懂可以問我，高段的教法不懂，可作落草之談，循序以進。

作氣功、修定，就是讓賓作主。四大不調，身體不好，氣脈是賓，讓身體搖搖。如果強作克制，對健康並不好；等身體調好了，賓就可以不用了，由主來作主。

念頭也是如此，有時降伏不了，就念念佛，再沒有辦法，就唱個歌吧！調心就是如此，此心很難調伏的。有時功夫剛剛好一點，接下來情緒便壞得很，這時只有讓賓作主了，主人家暫時搬位。

有些人學佛作功夫，充滿了矛盾，氣脈來了，怕執著，所以想把它空掉；氣脈沒有了，又想打通任督二脈。光明發現了，怕著魔；沒有光明嘛，又想：怎麼一片無明呢？等到空的時候，又想：我恐怕又落頑空了吧？放心，你儘管頑空，我幾十年來還沒有看到過能頑空的人。頑空者，頑石不靈，什麼都不知道。

就這樣，處處矛盾，沒有辦法。氣脈來，乾脆搞你的氣脈，賓作主，沒有錯。氣脈來時，每個部位都是痛苦的。痛就痛嘛！這是你的，是客人的，不是我的，這時我不作主，讓賓作主。你越看它，這個身體就像小孩一樣，「孩子看到娘，無事哭三場」，越管它，它越痛得厲害。你不管它，它就乖了。眞作得到，一下就成了。可是人就是不行，氣脈一來，總愛去引導它，都在色陰區宇裡頭轉，道理都講得很好，事情一來就統統迷糊了。

參話頭是沒有辦法中想出來的辦法，那不是禪。還有「默照」，閉起眼睛，看著念頭，心裡很清淨的坐一下，宋朝大慧杲罵這是邪禪。楞嚴經上有句話：內守幽閒，猶爲法塵分別影事。因爲沒有明理，以菩提大道來講，當然是邪禪；明了理，悟了道的人，默照也是禪。這是臨濟禪師的照用，同時是照也是用，但是一般人不知道，光是靜默的守在那裡，這種默照就成了邪禪。

仰山問：「如何是眞佛住處？」溈曰：「以思無思之妙，反思靈燄之無窮，思盡還源，性相常住，事理不二，眞佛如如。」

仰山在這個時候，才大徹大悟，溈山可沒給他一個耳光，或者踢一腿，而只是跟他講道理。

「以思無思」，禪宗叫做參，佛教稱思惟修，把理窮通透頂，到達無思之妙。這時那個能思、能覺的功能起來了，各種神通妙用，也就都起來了。

「思盡還源」，心意識思想的作用，退到那個本來去了，「性相常住」，然後性相現前，宇宙萬有的現象，都擺在本位上，沒有動過。「事理不二」，功夫就是理，理就是功夫，這時「眞佛如如」，就同佛的境界。

仰山因爲師父這幾句話，他就悟了，悟後執持服勤十五年。十五年中隨時隨地在追問師父修行的經驗，隨時在求證。十五年後，再去傳教，作大方丈。

爲何這幾句話能使仰山大徹大悟？我們自比仰山，體會看看。

第十二講

內容提要

參話頭
觀心法門
三際托空
再說臨濟四料簡
永嘉說三身
禪與指月錄
生死問題
溈仰的對答
夾山悟道

上次談到，一般人提起禪宗，就提到參話頭。其實，參話頭是禪宗發展到宋元之際，不得已而產生的一個辦法。怎麼叫不得已呢？因爲唐宋以後，走修持路線的人，能眞正證果的，實在太少了，主要原因就是禪宗的流行。尤其到了宋元以後，口頭禪太多，嘴上講道理個個會，打機鋒、說轉語，個個行，但是離禪卻越來越遠，因此產生了參話頭。

所謂話頭就是問題、疑問。比如「生從那裡來，死向何處去？」，「父母未生我前，我在那裡？」，「狗子還有佛性也無？」，「什麼叫佛？」雲門祖師答曰：「乾狗屎。」爲何雲門祖師這麼說？又比如：「無夢無想時，主人公何在？」你說：「我睡著了。」那麼，睡著時，你在那裡？這時如果有人一刀把你殺死，你到那裡去了？

這些問題分成兩種，一種是「有義語」，有道理可解釋的；一種是「無義語」，沒有道理可解釋的。參話頭是拿你平生最懷疑的問題來參究，不要管佛學字面上的解釋。這也就是止觀法門，但比普通的止觀好，因爲所有的懷疑集中到一點，什麼妄想都起不來，一個問題沒有解決，其他都解決不了。

在過去禪堂裡，有些人參話頭如瘋了一樣，參到什麼都不知道，什麼妄想雜念都沒有了，專一話題，就是止。等碰到一個機會，突然打開了以後，這個問題整個解決，這就是觀。

但參話頭流行了以後，禪宗就更衰落了。當年在大陸，因參話頭而得神經病的很多。現代人腦筋太複雜，問題已經太多了，若再加上參話頭這樁事，不瘋才怪！眞正的禪宗很簡單，五代以前的祖師，就是用「直指人心，見性成佛」作爲觀心的方法，人人作得到。初步先曉得人有思想、有念頭，比如別人講話，我們聽到話，這是一個觀念，一個念頭，這個念頭隨著別人的話講過了，我們聽的作用也過去了。

我們靜坐時觀心，這個「心」，不是明心見性的心，這個心代表思想，以及煩惱的念頭。這個念頭一來，比如：阿福下午要來看我，三點鐘來，我準備請他上咖啡館。這樣正是三、四個念頭過去了。算了，請他喝杯茶就可以了，或者吃一碗擔擔麵。不來最好了，太麻煩，我又沒有錢……念頭一個個跳來跳去，這個心就是這個樣子。

我們要看清楚，當前面一個念頭跑掉，而後面一個念頭還沒來時，中間有段空空洞洞的，保持中間這個空，就叫觀心法門，這樣就先作到了第一步。

念頭是生滅法，佛經上說：諸行無常，是生滅法，生滅滅已，寂滅最樂。行就是一切作爲，心裡的作用也是行。大家打起坐來，收攝六根，觀察這個念頭，不要壓制它，也不要作功夫，只看到這個念頭過去了。比如唸南無阿彌陀佛，一聲南無阿彌陀佛，它不會停留住，念念遷流。前一個念頭流走了，後一個念頭還沒有來以前，這個中間就是「現在念」，現在念本來沒有，清清淨淨，能夠這樣，越持久越好。拿教理來講，就是觀空法門。

中間這一段空，天台宗及禪宗，稱其爲三際托空。前際的念頭過去，後際的念頭沒有來，現在這個念頭，當下是空的。比如我們講「現在」，立刻過去了，沒有了，當下就空了。金剛經上說：過去心不可得，現在心不可得，未來心不可得。中間是空的，如果講一個中際，立刻又落入一個前際。

學佛走的路子有兩個：一是加，一是減。使你空掉就是減，其他宗的修法，如密宗修法都是加。密宗修法時，自己前面擺供燈，還要香花啦、水啦、果啦，一天忙到晚。然後戴上帽子，穿上法衣，坐在那裡觀想佛像，嘴裡又念咒，手上搖鈴，握杵，放下來又結手印，搞了半天，一身大汗，三個鐘頭過去了，然後放下休息。

密宗的修持方法很多，想發財，有財神法；要升官，有升官法；要兒子，有送子法；要早點死，有頗哇法。給你加上半天，加累了，只好休息，還是三際托空。

現代人心太複雜，空不掉，只好用加法，加到你挑不動了，只好放下，就成功了，就是這個道理。

禪宗既不給你加，也不給你減。要我們看清楚這個心念，本來空的，還要找什麼！何必要找個明心見性呢！我們本來很明的，因爲有個佛法，反而把我們弄得不明了，不要找，放下來就是了，很簡單，很自然。

三際托空就是禪嗎？不是的。什麼道理？因爲這時只是意識狀態把它空掉。其實只要上坐以後，大聲地「呸！」一聲，就沒有了，空了，這是密宗的大法門。我當年學這一聲呸，花了十幾萬塊，方法是：第一步先坐好，端正、調息，「呸」一聲，完了。

當然我們不行，呸一下，只是幾秒鐘沒有念頭，過後念頭又來了，來了再呸！後來就不行了，再呸也趕不走了，這就是凡夫。世人愛假不愛眞，「莫將容易得，便作等閒看。」

上面這個道理，就是：**應無所住而生其心**，六祖因這句話而悟道。舉個例子：我們聽到別人講話，心不是生了嗎？話聽完了，我們的心也就丟開了，本來**無所住而生其心**嘛，何必守個心呢！

如果能作到念念看清楚就行了，不須修個什麼氣功，打個什麼坐，求個什麼道。有本事的人就那麼信，沒有本事再來！初步能保持三際托空的境界就好了。

指月錄卷七記載，有位樓子和尚，有一天從歌樓下走過，聽到樓上有人唱歌聲道：「你旣無心，我也休」。當時他正在繫鞋帶，聽到這句歌聲，就悟了。悟了什麼？我們本來無心，每一句話講過了，都沒有留在那裡，你旣無心，我便休，算了！也是空的道理。

三際托空雖然還沒到家，但將三際截斷，一直保持下去，也幾乎沒有人能作到。

原因是對「能」與「所」，認識不清楚，這個問題，以後介紹唯識時再談。

其次關於參話頭的問題，這個時代，參話頭實在不合適，還是走觀心法門，比較平實、容易。要用參話頭的方法，不如修止觀、修定。其實悟後的人，沒有悟的人，都可以起修，這個問題，到作結論時，會告訴大家。

不過，參話頭也有參話頭的好處，以前我的老師袁煥仙先生，在四川閉關時，與我談到這個問題。他說當時打七的人眞可憐，禪堂中一百多人，打一百天禪七，三個多月不能說話，同時也沒什麼道理可聽，眞不得了。而後我的老師給我看幾首「香艷體」的詩，說念佛參禪照這個方法講最好，其中一首是：

漫言楚漢事由天　兒戲功名本偶然
且付河山獨響外　一鞭紅照出風前

學佛用功，要有皇帝都不當、天下都可丟的氣派。學佛的人口口談空，步步行有，名、利、兒女、妻子，一切都要，一個都丟不開。「一鞭紅照」，是學釋迦牟尼佛半夜偷走，騎匹馬去出家的行徑。

去馬聲從竹外過　誰家紅粉照顏酡
傳車幾度呼雛去　絕妙相關你我他

這就是艷體詩，描寫有家小姐非常漂亮，把人迷住了，站在那裡傻了——形容參話頭，眞用功到了絕妙相關你我他就好了。「你」就是話頭，或者一句阿彌陀佛，

「我」坐在這裡，「他」妄念又來了。說不打坐嘛，覺得滿有味道，實在有一點影子，有一點功夫來了。說入定嘛，定不下去。那麼不定下去，不修好了，不修又捨不得，是有一點影子。可是修嘛，妄念又截不斷——絶妙相關你我他，怎麼辦？

我們都在這裡頭轉，不一定是男女之間，世間的事總丟不開。再過兩年、三年，兒女都安排好了，再來修吧！這也是絶妙相關你我他。丟嘛丟不掉，道理上曉得應該丟，要走了，後面也在叫：起駕了。有些人學佛，愛到處聽課，叫他好好用功嘛，又不上路，也是絶妙相關你我他。

肩輿排共柳溪東　劍影釵光亂夕紅
多少遊絲羈不住　捲簾人在畫圖中

三際托空也是這個境界，這時所有的妄念跑來跑去，留不住了。當時好像是悟了，又沒徹底；不悟嘛，的確有點味道。就像我們把窗簾拉起來，只能看到那邊的人影，看不到眞人。說沒有，是他，但是你又把捉不住，「捲簾人在畫圖中」。

參話頭能到達這樣是初步，但仍屬於意識狀態。爲什麼？因爲還有一個「你」，你曉得身體坐在這裡，身體就是一念，五陰都是一念，你能夠了意識的這一面，三際托空清淨，但是你的感受狀態還在，解脫不了。

什麼氣脈流通啦，河車在轉啦，就是感覺狀態在自我搗鬼，沒有把五陰一念空掉。

有許多人修到很清淨，但身體一身是病，說他沒有功夫嘛，很定，心裡空空洞洞，但是幾十年連病都轉不了。眞到臨死時，那一念空不了，就跟著昏沉下去，那麼他所得的一念清淨，老實說是唯物的，是隨著身體健康來的。這樣靠得住嗎？不可能。

上次大略講到臨濟禪師的四料簡，現在再加以說明。臨濟禪師的四料簡，是教育方法，也是我們用功、了解自己的方法，同時是告訴我們三乘——聲聞、緣覺、菩薩道的修持方法。

「至晚小參曰：有時奪人不奪境，有時奪境不奪人，有時人境兩俱奪，有時人境俱不奪。克符問：如何是奪人不奪境？」

克符是輔助臨濟開宗的，臨濟當時只有三十幾歲，不敢開宗。黃檗說：你去，自有人幫忙。一個克符，一個普化和尚，都是臨濟的老前輩，都是悟了道的。這兩個老前輩給他當輔導，故意問錯話，臨濟棒子就打過去了，兩人乖乖地挨打，大家一看，兩個有道的人都聽他的，自然沒有話說，這樣就把臨濟禪師給捧出來了。所以，學問道德高，沒人捧還是沒有辦法，矮子是要人抬轎子的。

克符看這一班人不吭一聲，就只好故意問了：如何是奪人不奪境？

師曰：「煦日發生鋪地錦，嬰兒垂髮白如絲」，這是當時的教育，出口成詩，在當時還算是白話的。什麼叫奪人不奪境？比如「呸」的一聲，三際托空，作得好的人，身體都忘了，很清淨地在那裡。我們當中也有些人，瞎貓撞到死老鼠。這堂課是講給有這種經驗的人聽的，這是四加行裡頭比較中心的。人忘了，境界還是有，功夫眞作到這樣，不論是道家、淨土、禪宗都不容易。

這個奪人的境界，如春天的太陽，照在萬物上，生機蓬勃。人的外形儘管有衰老，自性的清明卻没有動過，永遠保持這個境界，這是奪人不奪境。由凡夫到小乘定的境界，守住一個空，形體儘管變動，這個東西没有變。

符曰：「如何是奪境不奪人？」師曰：「王令已行天下徧，將軍塞外絶煙塵。」境界没有了，我還是我，山還是山，水還是水，這時心中没有煩惱、没有妄念，即百丈禪師説的：「靈光獨耀，迥脱根塵」，自性本性，清明自在，一個命令下去，整個天下太平。心裡頭没有戰亂，没有念頭，但是我還是我，没有境界。這時才眞算有點入門的樣子。

符曰：「如何是人境兩俱奪？」師曰：「并汾信絶，獨處一方。」每句話都答得很夠文學氣味。時當晚唐、五代，軍閥割據，山西、河北各據一方，彼此交通封鎖，不相往來，內外隔絶了。各人獨霸一方，也就是小乘羅漢境界，只守著一個空，如達摩祖師告訴二祖：外息諸緣，內心無喘，心如牆壁，可以入道。這是人境兩俱奪。

符曰：「如何是人境俱不奪？」師曰：「王登寶殿，野老謳歌。」我還是我。

像我們，學了幾十年佛，搞了半天，一點境界都没有，這也是人境俱不奪。可見臨濟禪師的這個人境俱不奪，不是凡夫境界，而是佛，是大徹大悟，一切衆生本來是佛，一切現成，不要修的。

臨濟禪師的日常教育法，也不外這四句的範圍。有時某人學問特別好，到他那兒，他卻說：「不是的」，把你駁得一點理由都没有，使你覺得很窩囊，這就是奪境不奪人。

有時又說你學問蠻好，可惜功夫没有到，還是挨罵，這也是奪境不奪人。

有時兩樣都不是，搞得你没路走，人境兩俱奪。

有時捧你一頓，人境俱不奪。

臨濟宗的教育方法，靈活而不固定。

我特別要提醒大家，禪宗是有流弊的，所以大家要同時參考天台宗的修持方法，以及密宗黃教宗喀巴大師著的菩提道次第廣論，還有永嘉禪師的永嘉禪宗集。

這位永嘉禪師，把天台宗與禪宗的精華加以綜合，明白的指出，由凡夫到成佛，一定要修到「三身成就」——法身、報身、化身圓滿。

證得法身，有斷德，能斷除一切煩惱、一切習氣。

報身也叫自受用身，自己受用。比如我們有一個身體在，是因法身的無明而轉化所生，是報身。如果悟了道，修成功了，就轉成自受用身。自己具有五種神通，智慧圓滿，有五種妙用。有智德，有大智慧福報。

化身是他化二身，爲一切衆生化身千百億，教化度人。他化二身有大恩德，大慈大悲。

永嘉禪師又說：

法身不癡即般若，般若無著即解脫，解脫寂滅即法身。

般若無著即解脫，解脫寂滅即法身，法身不癡即般若。

解脫寂滅即法身，法身不癡即般若，般若無著即解脫。

當我們修證法身時，要注意，不要癡迷，許多人執著空的境界，人我皆空一直定下去，往往會貪戀其中。憨山大師講「荊棘叢中下足易，月明簾下轉身難」，在清淨境界裡，作不到轉身入世。所以作到法身不癡，就是般若，是大智慧。

永嘉禪師在永嘉禪宗集中，分十章來敘述見地、功夫與行願，其中第八的簡示偏圓，及第九的正修止觀兩篇，尤其須仔細研究。

指月錄卷六，圭峰禪師作禪源序略曰：「禪是天竺之語，具云禪那，此云思惟修，亦云靜慮，皆定慧之通稱也。源者，是一切衆生本覺眞性，亦名佛性，亦名心地。悟之名慧，修之名定，定慧通明爲禪。此性是禪之本源，故云禪源，亦名禪那。理行者，此之本源是禪理，忘情契之是禪行，故云理行。然今所述諸家述作，多譚禪理，少說禪行，故且以禪源題之。」

懂得這個道理叫禪理。忘情是沒有妄念，沒有煩惱，心空了。情代表情緒、妄想、妄念等等。契之是證入。

唐末禪宗的情況，已流於多說禪理，少說禪行的趨勢，所以今天隨便講禪宗，那更不是禪了。自唐宋以後，毛病已出來了，圭峰禪師看不下去，才作禪源這本書。「今時有人，但目眞性爲禪者，是不達理行之旨，又不辨華竺之音也。然非離眞性別有禪體，但衆生迷眞合塵，即名散亂。背塵合眞，方名禪定。若直論本性，即非眞非妄，無背無合，無定無亂，誰言禪乎？」有些人只曉得明心見性的道理，卻根本不懂這個道理是要實證的。

在指月錄這本書中，記載古代禪德，如何見道，如何修持用功夫，如何行願，統統講了。前人留給我們的法寶太多，只是我們自己沒有用功，沒有去看，更沒有去研究，自己智慧沒有開發，所以看不出寶藏嵌在泥巴牆壁上。每個有成就的人都很慈悲，把東西留下來給我們，希望能幫助我們學有成果。

古人觀心的路線，所謂三際托空，是很簡單的。打坐時，什麼功夫都不要用，只要能夠在前念過去，後念未起時，保持中間這一段空，就行了。由這個起修，自然會了解釋迦拈花，迦葉微笑的公案。若作不到，就假裝中間這一念空了也可以。這一點假裝就是種子，由這個種子自然會開花，會結果。這幾句話很重要，很重要。

指月錄卷一：「世尊在靈山會上，拈花示衆，是時衆皆默然，唯迦葉尊者破顔微笑。世尊曰：吾有正法眼藏，涅槃妙心，實相無相，微妙法門，不立文字，教外別傳，付囑摩訶迦葉。」

佛說的話中，包括了見地、修證、行願。「正法眼藏」這句話，可以參考夾山說的：「目前無法，意在目前，不是目前法，非耳目之所到。」見地、修證、行願，也都在裡頭。所以夾山的弟子洛浦說，先師意，簡直沒有人知道啊！

前面提到，心境如果能做到三際托空，永遠保持如此，奪人不奪境——人空境不空，就可以證果，也可以發神通，還可以了分段生死。當然變易生死仍未了，這一段須特別注意。小乘可了分段生死，不能了變易生死。再進一步的人，可以了分段生死和變易生死，而大生死——根本無明，並沒有破。

生死要如何了呢？指月錄卷二：文殊問庵提遮女曰：生以何為義？女曰：生以不生生為生義。殊曰：如何是生以不生生為生義？女曰：若能明知地水火風四緣，未嘗自得有所和合，而能隨其所宜，是為生義。

殊曰：死以何為義？女曰：死以不死死為死義。殊曰：如何是死以不死死為死義？女曰：若能明知地水火風四緣，未嘗自得有所離散，而能隨其所宜，是為死義。

我們的生命是怎麼來的？第一個生命怎麼來的？由無始而來。無始以前，為什麼要來？——不生而生，生而不生，是生的道理。

我們的身體是四大合攏來，搭成了一個房子，雖然這四樣東西和合，變成一個身體，地還是地，水還是水，火、風還是火、風，各不相涉，各安本位。「而能隨其所宜」，還是相互配和，合攏來，構成了這個生命現象。

唯心、唯物的關係都在這裡，這四大，我們看它是結合的，事實上並沒有和合。說無所合，又能隨其所宜，就是楞嚴經上：清淨本然，周徧法界，隨衆生心，應所知量，循業發現。不要只研究佛學，要把這個理拿到自已身上來用功，來求證。若平時只曉得打坐，守著一個境界，瞎貓守到死老鼠，永遠是隻瞎貓，要參：「未嘗自得有所和合，而能隨其所宜。」也就是生從那裡來的道理。

死以不死死爲死義，你認爲死了？世界上誰沒有死，死而不死。我們看到人死了，骨頭也散了，實際上它們還是各安本位，而能隨其所宜。

庵提遮女問文殊曰：「明知生是不生之理，爲何卻被生死之所流轉，殊曰：其力未充。」

庵提遮女問文殊：我早就悟到了生死之理，卻還被生死的力量帶著。等於我們說：我明知道空，就是空不了，妄念就是去不掉，明知道這個，卻沒有用。

爲什麼被生死所流轉呢？現在有個人出來安慰我們。文殊說：不要難過，你那個東西還是對的，不過練習得還沒純熟，力量還沒擴充，所以仍被生死所轉。也就是修定的功夫未到。這裡全講功夫，功夫不到不行。若能把身體解脫，要走便走，理論上可以做到，可是我們作不到，因爲其力未充。這個「力」，包括見地、智慧之力，以及修定功夫之力，這點很重要。

講到「行」門，學佛的行最重要。包括外在的行爲及心理的思想、觀念種種。溈山禪師有兩句名言：「實際理地不著一塵，萬行門中不捨一法。」我們一念放下，無所謂善、惡，無所謂是、非。善法不是，佛法也不是。就是六祖所說：

菩提本無樹　明鏡亦非台
本來無一物　何處惹塵埃

萬行門中不捨一法是菩薩戒，菩薩起心動念之萬行，心念一動，說善的就向善的做，不捨一法。

我當年去看傳鉢老和尚，這個老和尚與虛雲、能緣爲當年大陸的禪宗三大師。我一到，老和尚趕緊煽風爐，燒茶。我說：「師父啊，不敢當，不要燒水了。」老和尚說：「你不懂，你們是客人，我是主人，萬行門中不捨一法，理當給你們燒水。」這是老一輩的行徑，每一點都要注意到。

禪宗裡頭的行願、見地、修證功夫，三者不可缺一。拿教理來講：行願是功德，功德不圓滿，智慧不會成就。換句話說：智慧不成功，就是功德不圓滿。

指月錄卷十二，「溈山謂仰山曰：汝須獨自迴光返照，別人不知汝解處，汝試將實解獻老僧看。」

這是講功夫，也是講見地，與正法眼藏有關，達摩祖師的「一念回機」，也與它有關係。

我們打起坐來，眼睛一閉，眼光隨之落深坑了，和死了差不多。怎麼樣叫迴光返照呢？與道家的內視，長生久視之道相同，不能迴光返照，功夫走不上路。所以溈山讓仰山說一說他最近用功所達到的程度。

仰曰：「若教某甲自看，到者裡無圓位，亦無一物一解得獻和尚。」師云：「無圓位處，原是汝作解處，未離心境在。」

你眞到了無圓位、無所在、無所不在，這就是見解了。

未離心境在，是指還是在心意識的境界上，沒有徹底的空。注意這句話！你縱然達到了此心空空洞洞，不在身內，也不在身外，無所住，也仍未離開心境。

仰曰：「旣無圓位，何處有法，把何物作境？」

旣然無圓位，那裡還有一個境界呢？

師曰：「適來是汝作麼解，是否？」仰曰：「是。」師云：「若恁麼是具足心境法，未脫我所心在，元來有解獻我。許汝信位顯，人位隱在。」

你旣然有這個理解，就未脫「能」、「所」。不過，溈山鼓勵他，能到你這個境界，也不容易了。以教理言，十信、十住、十迴向、菩薩五十五位中，地前菩薩十信之位，信得過自己，可以說已在凡夫裡頭跳出一層，但還未入道。

指月錄卷十二，夾山悟道因緣：

當年道吾、雲巖與船子德誠三人，離開師父藥山，各自開山當大和尚，唯獨船子德誠幫人筏船，不當大禪師。不過他對兩人說：「他日後，知我所止之處，若遇靈利上座主，指一人來，或堪雕琢，將授生平所得，以報先師之恩。」

那時的夾山，已經是一位大法師，道吾來接引他，故意在下面聽經。有個出家人提出問題問夾山，「如何是法身？」夾山答：「法身無相」。「如何是法眼？」夾山答：「法眼無瑕」。回答得很好，可是後面有個和尚噗哧一笑，這個和尚就是道吾。夾山很謙虛的下座問那個和尚：「某甲適來祇對者僧話，必有不是，致令上座失笑，望上座不吝慈悲。」道吾和尚說：「和尚一等是出世，未有師在。」也就是說，你錯倒沒錯，就是沒好老師教過。夾山又追問：「某甲什處不是，望為說破。」吾曰：「某甲終不說，請和尚卻往華亭船子處去。」也就是說，我不說破，你自己去找船子誠和尚。夾山理是對了，但是並沒證到。於是便請教道吾說：「此人如何？」道吾說：「此人上無片瓦，下無卓錐，和尚若去，須易服而往。」夾山當時架子大得很，聲望很高，排場很大，所以道吾禪師告訴他，這樣去怎麼行？你規規矩矩去見他，把你的聲望、地位都拿掉，尤其不能擺大法師的架子。注意！此處就是見地、修證、行願。於是「山乃散衆束裝，直造華亭。」船子德誠才見，便問：「大德住什麼寺？」山曰：「寺即不住，住即不似。」佛法本來無住，無相的，如住在一個境界，當然不是道了。

師曰：「不似個什麼？」山曰：「不是目前法」，師曰：「甚處學得來？」你這些滑頭話，是從那兒學來的？

山曰：「非耳目之所到。」等於反擊老和尚，你不要認爲高明，也許你還不懂我呢！

師曰：「一句合頭語，萬劫繫驢橛。」

這句話後來成了名言，意思是說，一個人講那樣肯定的話下去，就是笨蛋了，等於一個木樁打了下去，所有的牛、馬的繩子，都栓在上面了。換句話說，你那還是執著了法，你不要在口頭上玩花樣。這話一講，夾山楞住了。

師又問：「垂絲千尺，意在深潭，離鉤三寸，子何不道？」

文字眞美，不是後來的人編的，他們的學問都很好，這是在講功夫，當我們用功時，那個念頭空了一點，說空了嘛，它還在，說在嘛，又覺得坐得滿好。「絕妙相關你我他」，「多少遊絲羈不住，捲簾人在畫圖中」。

夾山被他東一撥，西一撥，到達那個境界，站在那裡不動了。船子德誠說，像釣魚一樣，放那麼長的線下去，現在就差那麼一點點了。也就是說，你下了這麼多的功夫，你想悟道，現在差不多了，你怎麼不說話？

「山擬開口，被師一橈，打落水中，山纔上船」，夾山正準備開口，想說佛經上說如何……。一語未出，碰的一聲，被船子和尚用槳打落水中去了。人一掉下

水裡，會拚命往有亮光的地方鑽，夾山可能懂水性，不向亮處沉，冒上來了，頭剛一冒上來，

「師又曰：道！道！山擬開口，師又打。山豁然大悟，乃點頭三下。」

試想一個人一肚子學問，站在他旁邊，跟他對答，突然啪嗒把他打到水中，等他掙扎了半天冒上來，這一下學問到那裡去了？早到九霄雲外去了，什麼妄念都清淨了，船子德誠禪師，就用這個辦法對付他。

佛學三藏十二部，唯識、眞如、般若，夾山禪師什麼都會，都清楚得很，非要把他這些都打掉，打到水裡去了，連呼吸也來不及，思想也來不及，等他冒上頭來，你說！你說！他要講般若啊！船子德誠禪師又把他打下去了，再冒上來時，他說不出來了，這下悟了。悟了以後，怕師父再打他，來不及說，趕快點頭三下，表示我懂了，你別再打我了。

師曰：「竿頭絲線從君弄，不犯清波意自殊。」

像釣魚一樣，把絲線放下去，這根絲從君弄，等於我們打坐、作功夫，煉氣功也好，念佛也好，空也好，「不犯清波意自殊」，你怕什麼妄念，妄念來不相干啊！不去理它，不是很好嗎？我在念佛，也曉得妄念的存在，那個妄念碰不掉這個佛，不用怕。如果怕的話，那是所謂的顚倒嘛！既然是凡夫，當然有妄念，但何必怕他、理他呢！妄念會慢慢下去的，習氣會慢慢沒有的。

夾山於是問：「拋綸擲釣，師意如何？」

假如不要釣魚竿和絲線，都丟掉，又如何呢？剛才船子德誠禪師，告訴他用功的方法，還有一條釣絲在那裡。

師曰：「絲懸綠水，浮定有無之意。」

丟掉滿好的，你說空也不對，有也不是。非空非有，任運自在。絲在水面飄浮，業力習氣都轉薄了。

夾山禪師懂了。

曰：「語帶玄而無路，舌頭談而不談。」你說了等於沒說，即空即有，即有即空。

船子德誠高興了，說：「釣盡江波，金鱗始遇。」山乃掩耳。

我在這裡幾十年，天天駕渡船，想渡個人，一直沒有人給我渡，今天總算釣到大魚了。師父捧的話，夾山不聽，蒙起耳朵。

師曰：「如是，如是。」遂囑曰：「汝向去直須藏身處沒蹤跡，沒蹤跡處莫藏身。」

妙極了的雙關語。因為夾山禪師名氣太大，所以吩咐他，此去要隱姓埋名，躲起來，不要讓人知道。接著說，心境完全住在空裡頭也不對。

「吾三十年在藥山，只明斯事，汝今已得。他後莫住城隍聚落，但向深山裡钁頭邊，覓取一個半個接續，無令斷絕。山乃辭行，頻頻回顧。」

夾山禪師背個包袱，大概身上的水還沒有乾，走兩步就回頭看看，一方面捨不得師父；一方面心中想：難道佛法就是這樣啊？貪瞋癡慢「疑」嘛！船子德誠禪師站在船頭一看，就大聲叫他：「和尚！」夾山禪師回過頭來。

「師豎起橈子曰：汝將謂別有？乃覆船入水而逝。」

你認爲我還有祕密不傳給你啊？你看！自己把船給翻了，下水去了，表示無其他。佛法就是這樣，自己死給他看，堅定徒弟的信心。其實他死不了，不知跑到那裡去玩了。

這一段講見地，如何修持，如何行願，都有了。

看禪宗的書，語文學識底子要夠，否則會看不懂。

第十三講

內容提要

思想念頭的流動
三際托空與現在心
四料簡與火候
軍事藝術和禪
夾山度洛浦
宗鏡錄悟道十問
洛浦三關
說臨濟
說曹洞

我們的課程正講到中國禪宗部分，禪宗的中心，五家宗派。但是大家要注意啊！我們研究這個課程的時候，不是拿我們自己的思想觀念去看禪宗，而是要把所講的事情，回轉到自己的心地修養上，去作修持的功夫，去體會。假使光是聽鬧熱，等於國內外流行的禪學一樣，不談修持，不談求證，只是把這一套學理故事，作一番客觀的評論，那就是一般禪學的路線，但是我們的重點是擺在求證上。

上次提到禪宗以前，我曾告訴大家，不妨走從前古人的路線，用觀心法門，觀察自己，以現在的觀念而言，就是檢查自己的心理狀態。

我們的心理狀態，所有的思想、感覺可以歸納成三個階段，那三段時間的分類：過去、現在、未來。古人稱前際、中際、後際。

這一個法門，不一定要盤腿。靜下來時，觀察自己的思想，會發現一團紛亂。我們的心理狀態，一部分屬思想方面；一部分屬感覺方面，像背酸、腿痛等等；還有一部分屬情緒方面，覺得很悶、很煩。總而言之，這些都歸納到心理狀態，叫作一念。

然後，我們再觀察自己的念頭，前一個思想過去了，沒有了，就像話講過了，我們也聽過了，每一句話，每一個字都成爲過去，一分一秒都不會停留。我們不要擔心，它不會留下來長到心裡去的。換言之，念頭本身停不住，永遠在流動，像一股流水一樣，永遠不斷的在流。它是一個浪頭連一個浪頭，很緊密的接上來。如果再仔細加以分析，它像是一粒粒水分子，密切連接成一條河流。實際上，前面一個浪頭過去了，它早就流走了，後面的還未接上來，這時候，假如我們把它從中截斷，不讓後面的浪頭上來，中間就沒有水了，心理狀態也像這個一樣。

又比如我們看到這個電燈永遠在亮，實際上，我們把開關打開後，第一個電子的作用上來，馬上放射，很快就沒有了，後面電的功能不斷的接上來，我們就一直都看到亮光，事實上它是生滅的，所以看到日光燈有閃動，也就是因為這個道理。

我們的心理狀態，也是這樣在生滅，只是我們自己不覺得，以為自己不停地在想。實際上，我們的思想、感覺，沒有一個念頭是連著的，每一個念頭都是單獨跳動的。比如我們在這裡作個檢查，早晨剛一醒來，第一個念頭是——自己在想什麼？到現在還是早晨的那個念頭嗎？絕對不是，它不會一直停留在心中，早跑掉了。所以念頭用不著去空它，太費事了，它本來是空的。一般人聽了佛學，一上座就求空，用自己的意識去構想一個空，這是頭上安頭，是多餘的。

不過，現在的問題是，念頭流走還容易懂，可是後面第二個念頭怎麼來的？它的來源找不出來，這是一個值得參究的問題。為什麼我們並沒有想它，而它自己會來？尤其是打坐的人，本來想清淨，偏偏念頭來了，有些念頭平時根本想都不會想的，只要一打坐，幾年前的事，都想起來了。

比如有則笑話：一個老太婆打坐，下座以後，告訴別人：嘿！打坐真有用，十幾年前，某人向我借一塊錢，一直沒有還我，打坐時，倒想起來了。這可也不是笑話，它說明了一個事實，心裡越寧靜，所有的東西都自然在腦中浮現了。怎麼來的？這是很重大的問題。假如前一個念頭過了，後面的念頭不接上，中間不就空了嗎？這個念頭怎麼來的？那個去找的，又是一個念頭。不要去引動它，也不要尋找它，不要怕它來，它雖然來了，但也一定會過去。只是這裡頭有一個東西，那個知道自己念頭跑過去了，知道念頭又來了，那個東西沒有動過，要找的是那一個。那個就是心經上講的，觀自在菩薩行深般若波羅密多時，照見五蘊皆空的「照」，永遠在照。這個照字用得非常好，等於電燈一開，燈光就把我們照住了。

大家因爲不明白這個理，所以專門在亂跑的念頭上想辦法，想把它截斷。其實看到念頭，照到念頭的那個，並沒有動，也不需要截斷念頭。我們明白有一個主人家，看到了這些雜亂念頭，這是我們本有的功能，這個功能永遠靜靜地在那裡，久而久之，這些連緜不斷的妄念不會來了。等於客人來家裡，主人並沒有說：「你出去」，也沒說「請進來」，不拒不迎，妄念自然跑了，這是最初步。能夠隨時在這個裡頭，慢慢觀心，觀察煩惱習氣。只要一觀察，煩惱習氣就沒有了。只要照住它，它就空了。這個道理要特別注意。

有人問：寧靜的心境保持了兩三天以後，身心沒什麼變化，這時問題來了；心裡會覺得很無聊、很落寞；有時想，這不是枯禪吧？現在的心境與枯木有何分別？

同無記、無念，又有何分別？

這個問題本身就有問題。第一、覺得自己是三際托空，但心境卻很無聊，這不是還有一念嗎？可見三際沒有托空。第二、又覺得這是無念，其實念頭多得很，豈止三際，至少也有五、六際。這是用功吃緊，身心發出了一種無聊的感覺。所以佛說修行要像彈琴一樣，你太用心、太吃緊了，就像琴弦絞得太緊，難受了。換句話說，有些學佛學道的人，一下子勇猛精進起來，就想馬上有所成就，這時馬上量他的血壓看看，一定很高，因為神經緊張的緣故。

注意！剛剛有人提出的問題，不是三際托空，眞到了三際托空，前念過去了，後念沒來，中間當體即空，其實根本沒有中間念頭。所以金剛經上說：過去心不可得，現在心不可得，未來心不可得。三際都是不可得，不是說沒有，是把握不住。未來還沒來，你能夠把握明天腦子裡想些什麼嗎？未來心不可得。現在心不可得，我們剛說一個現在，就已經成為過去了。

金剛經告訴我們的是不可得，不是告訴我們過去心空，現在心空，未來心空。也沒有說：過去心沒有，現在心沒有，未來心沒有。古人的翻譯是很愼重的，如眞有一個三際托空，也是無法把握住它的。為什麼？能把握住三際托空境界的，就是現在心，懂得現在心不可得，就沒事了。此其一。

第二、眞到了三際托空，身體不存在了，與虛空合一，那眞是逍遙自在，不得了的自在。學佛是爲了學解脱自在，可惜現在學佛學道的，搞得既不逍遙，又不自在，更不解脱，何其苦哉！結果反而被那個東西，把自己綁了起來，這個道理要注意，要弄清楚。

上次提到臨濟禪師的四料簡，談人與境的相互配合。舉凡作功夫，不管道家、密宗，或佛教任何宗派，都離不開一個東西，那就是什麼構成了生理與心理。作功夫時，不是生理發生感覺，就是心理產生思想問題，這都是妄念。因爲作功夫才有它，不作功夫就沒有，所以那些都是境。但誰在作功夫呢？是我在作功夫，我就是人。人與境兩個問題在教理上，稱做相，就是現象。那麼什麼使我這個人坐在這兒？性。性相兩門。就是我本身知道坐在這兒，我知道正在用功，所以人境兩方面都在轉來轉去。

因此臨濟提出四料簡，一方面教育人，一方面叫我們作功夫要注意：有時奪人不奪境，有時奪境不奪人，有時人境兩俱奪，有時人境俱不奪。這四樣需要適當的調配和選擇，道家稱火候，像煮飯一樣。火大了關小一點，不然會燒焦；火太小了，又煮不熟，都得自己作調配，所以稱「料簡」。這一切別人都幫不上忙，什麼明師一概幫不上，就是佛坐在你面前，也沒辦法，否則佛的公子，以及佛的弟弟阿難，也不需要修行了。人只有自救、自度，任何人救不了你，所以料簡是要我們自己調配的意思。

禪宗這個方法是最了不起的，它包括了顯、密二教的方法。

有三樣東西與禪是不可分的：第一是軍事，古代的名將都有一點禪的味道。名將天生就是天才，打仗時，四面被敵人圍住了，只有死路一條，而在這時，如何動一個腦筋，靈光一現，反敗為勝，這是禪。如果說這時想想諸家兵法，都沒有用，不論那一個兵法都救不了。第二個與禪不可分的，是眞正的詩人，好句子作出來，連自己都不知道這些好句子是如何寫出來。第三是藝術家的好作品，這也近於禪。所以唐末、五代時，禪宗偏重於中國文化，尤其是其文學性，動不動就用詩表達。其實他們不是在作詩，而是自然的從本性中流露。當人的本性達到最空靈、至善、至美的時候，美感自然流露出來了，所以文學境界也就高了。這並不是刻意學的，而是自然的。所以寫文章是沒有章法的，愛說什麼就說什麼，慢慢寫熟就好了。但臨濟以下，中國的禪，看它是文學，卻處處是功夫，實在是很難看得懂的。

現在回轉來講夾山，他自船子德誠禪師那裡悟道了以後，到那裡去了？船子德誠禪師告訴他：藏身處沒蹤跡，沒蹤跡處莫藏身。這兩句話包括得非常多，作功夫方面，「藏身處沒蹤跡」，指身體的感覺沒有了，心理上的雜念也沒有了，三際托空，一點影子都沒有了。但是，空的境界不能住久，住久了，人就懶了。所以，在修證上可以，行願上則不可，按菩薩戒來說是犯戒的，耽著禪那，不起慈悲，不做救人救世的事，是犯菩薩戒的。所以「沒蹤跡處莫藏身」，未有久住而不行者，不能永遠在山裡頭作自了漢，要出來作功德，做救苦救難的事。所以船子德誠叫夾山「藏身處沒蹤跡」，先去住茅蓬，隱起來，不要讓人知道，等功夫到家以後，「沒蹤跡處莫藏身」。

後來夾山禪師開堂說法，指月錄卷十七：

夾山禪師有一個弟子叫洛浦，原來是臨濟的弟子，聰明能幹，學問也好，佛教的經典都通達，而且戒律守得很嚴，當初是臨濟的侍者。臨濟對這個弟子很得意，常讚歎說：「此臨濟門下一隻箭，誰敢當鋒？」這一鼓勵，洛浦認爲自己開悟了，後來臨濟一與他討論，他對師父都不服氣了，那就無法再教了。洛浦後來向臨濟告假，走了。臨濟說：「臨濟門下有個赤梢鯉魚，搖頭擺尾，向南方而去，不知向誰家齏甕裡淹殺。」鯉魚躍過龍門就變龍了，這條鯉魚還沒有變龍，本來要變，結果沒變，到南方去了，不知誰家能收服得了他。（臨濟是在山東。）

「師遊歷罷，直往夾山卓菴，經年不訪夾山。山乃修書，令僧馳往，師接得便坐卻，再展手索，僧無對，師便打，曰：歸去舉似和尚。僧回舉似，山曰：者僧若開書，三日內必來，若不開書，斯人救不得也。夾山卻令人伺師出菴，便與燒卻。越三日，師果出菴，來人報曰：菴中火起，師亦不顧。」

那時禪宗鼎盛，「不怕天下荒，只怕頭不光」，到處都可以住，到處有大師，洛浦四處遊歷參訪，都看不上眼，一直到了夾山禪師那裡，在他的廟子附近，搭一個茅蓬打坐。這樣一個年輕和尚，到了夾山那裡，卻整年也不去朝拜。夾山寫了一封信，叫人帶去給他，信的內容如何，沒有記載，一定是逗他，叫他到自己的廟子來。結果洛浦把信放在坐墊底下，理也不理，照樣打他的坐。夾山對弟子們說：如果他開我的信，三天以內一定來，如果不打開我的信，這個人沒救了。

夾山派了一個人，在茅蓬外面守著，三天以內，如見洛浦一出茅蓬，就放把火，將他的茅蓬燒掉。結果第三天，洛浦果然離開茅蓬，這裡頭有個問題，洛浦認爲自己已大徹大悟了，經夾山信上一考問，他沒有辦法了，二祖所謂安心，他安不下心來，非出來不可。等洛浦一出茅蓬，茅蓬就起火了，夾山的徒弟放了火，還在後面嚷：和尚，你的房子起火了！洛浦頭都不回，不是故作大方，實在是心裡頭的疑處讓夾山抓住了，急著要下山找夾山。

「直到夾山，不禮拜。乃當面叉手而立。」洛浦到了夾山那裡，很傲慢。夾山那時名氣很大，年齡也大了。洛浦看到夾山，也不跪下來，叉手而立，夾山說：「雞棲鳳巢，非其同類，出去！」給洛浦一個下馬威。洛浦說話了：「自遠趨風，請師一接」，我老遠從北方來這裡參學，請你接引一下，我還有大事沒了。

山曰：「目前無闍黎，此間無老僧。」師便喝。夾山說：我這裡沒有你這個和尚，此地也沒有我這個老和尚，我這裡的佛法是這樣的：目前沒有你，也沒有我。這時洛浦學臨濟的辦法，對夾山作驚人的一喝！夾山的作風與臨濟不同，臨濟氣宇如王，眼睛看著人，魂都會給他嚇掉了。而夾山是斯斯文文地，他這一喝，夾山說：「住！住！且莫草草匆匆，雲月是同，溪山各異。」同樣的月亮，同樣的雲，照不同的地方，風景就是不同，換句話說，你師父那裡嘿呀喝的，這一套到我這裡吃不開。「截斷天下人舌頭，即不無闍黎，爭教無舌人解語。」洛浦聽了這句話，「師佇思」一沈思。「山便打」夾山便打。「因茲服膺」這下子他服氣了。也不去住茅蓬了，就跟著夾山。

一日問山：佛魔不到處，如何體會？他的功夫境界到達這個程度，完全空掉了，三際托空，佛也沒有，魔也沒有，怎麼體會？

夾山回答他：「燭明千里像，闇室老僧迷。」蠟燭一點起來，大老遠的地方都照出來；暗室裡的老和尚就是看不見。什麼意思？當然燈點了就看得見，不點燈就看不見。可是學佛的人認爲這裡面有密法，爲什麼這樣的境界是佛魔不到處？佛拿你沒辦法，魔也拿你沒辦法。這是什麼道理？見地、修證都在裡頭。

又問：「朝陽已昇，夜月不現時如何？」這是形容功夫的境界，打起坐來身心都忘了，只是一片光明，等於太陽已經出來。「夜月不現」，到了夜裡又不同了，自性光，清涼的，也就是道家參同契所說：「至陽赫赫，至陰肅肅。」當一個人達到空到什麼都沒有的境界，要注意，那還是屬於「至陰肅肅」，陰極陽生以後，身心內外與天地同根，一片光明，那才是「至陽赫赫」的境界。這時氣脈通不通早就過了，講三脈七輪時，連初步的定都沒有到，他這時已超過了這些定境，那就是「朝陽已升，夜月不現時」。

夾山說：「龍銜海珠，游魚不顧。」師於言下大悟。這一下洛浦大徹大悟了，這裡頭有東西，在內外一片光明境界裡頭，像一條龍在海裡游動，嘴裡銜著明珠，這顆明珠就是龍的命根，旁邊魚蝦游來游去，龍的眼睛斜都不斜一下，看都不看一眼。

我們修氣脈也好，念佛也好，修到只有這一念，也等於龍銜海珠，游魚不顧。旁邊那些妄念，根本就不理。除妄念幹嘛？最高的道理也可以拿到最初步用，大家作功夫，不管煉氣、念佛或其他法門，只要抓住那一念，繫心一緣不動，記住「龍銜海珠，游魚不顧」，慢慢的也會眞到達這個境界。這兩句話不是光講理論，還有眞實的修證功夫的事相，是實際的功夫境界。前面提過法華經龍女獻珠，都是眞實的事相，確有其事，確有其境界。

人人動輒談開悟，所謂的開悟，究竟如何？標準是什麼？最平實的說法，是永明壽禪師在宗鏡錄中提到的，包括了禪宗的見地、修證、行願。

宋朝有兩部大著作，一是司馬光的資治通鑑；一是永明壽禪師的宗鏡錄。兩者差不多同時。可惜，談世間學問的資治通鑑，流傳後世，研究者衆。而宗鏡錄幾乎被丟到字紙簍裡去了，一直到清朝才被雍正提出來，幾次下令，特別強調要大家研究這本書。

宗鏡錄告訴我們，什麼叫作悟了。書中提出十個問題，悟了的人没有不通經教的，一切佛經教理一望而知，如看小說一樣，一看就懂，不須研究。

永明壽禪師宗鏡錄卷一：

「設有堅執已解，不信佛言，起自障心，絕他學路，今有十問以定紀綱。

一還得了了見性，如晝觀色，似文殊等否？

二還逢緣對境，見色聞聲，舉足下足，開眼合眼，悉得明宗，與道相應否？

三還覽一代時教，及從上祖師言句，聞深不怖，皆得諦了無疑否？

四還因差別問難，種種徵詰，能具四辯，盡決他疑否？

五還於一切時一切處智照無滯，念念圓通，不見一法能為障礙，未曾一剎那中暫令間斷否？

六還於一切逆順好惡境界現前之時，不為間隔，盡識得破否？

七還於百法明門心境之內，一一得見微細體性根原起處，不為生死根塵之所惑亂否？

八還向四威儀中行住坐臥，欽承祇對，著衣喫飯，執作施為之時，一一辯得眞實否？

九還聞說有佛無佛，有衆生無衆生，或讚或毀，或是或非，得一心不動否？

十還聞差別之智，皆能明達，性相俱通，理事無滯，無有一法不鑒其原，乃至千聖出世，得不疑否？」

一個人到底悟了沒有，前面這十個問題，可以作判斷標準。

第一問，是明心見性的境界，於一切時，一切處，一切事物上，一切清清楚楚，如同白天看畫圖的顏色一樣，與文殊菩薩等人的境界相同。你能這樣嗎？

第二問，你碰到了人，碰到了事，或者別人當面妨礙了你，總之，逢緣對境包括很廣，見色聞聲了不動心，日常生活間，甚至晚上睡覺都能合於道，你做得到嗎？

第三問，佛教的經典，法華經也好，楞嚴經也好，拿過來一看，都懂了，聽到最高明的説法也不怖畏，而且徹底的透徹明瞭，沒有懷疑，你做得到嗎？

第四問，所有的學人，拿各種學問問你，你能給予解答辯才無礙嗎？

其餘還有六問，大家可以自已研究。最後一段：

「若實未得如是，切不可起過頭欺誑之心，生自許知足之意，直須廣披至教，博問先知，徹祖佛自性之原，到絶學無疑之地，此時方可歇學，灰息遊心。或自辦則禪觀相應，或爲他則方便開示。設不能徧參法界，廣究群經，但細看宗鏡之中，自然得入。此是諸法之要，趣道之門，如守母以識子，得本而知末，提綱而孔孔皆正，牽衣而縷縷俱來。」

若這十個問題連一點都做不到，就不可自欺欺人，自以爲是。有任何疑問都應到處向善知識請益，一定要到達諸佛祖師們的境界。祖師們所悟到的，你都做到了，才可達到絕學無疑之地，不須再學。「灰息遊心」，妄想心都休息了。「或自辦則禪觀相應，或爲他則方便開示」，到達大徹大悟後，或走小乘的路子，再轉修四禪八定，證得果位，六通具足，三身具備，神通妙用，一切具足；或走大乘路子，爲他人犧牲自我的修持，出來宏法。

「設不能偏參法界，廣究群經。」假設你認爲三藏十二部太多看不完，「但細看宗鏡之中，自然得入，此是諸法之要，趣道之門。」永明壽禪師勸你仔細參看他所編的宗鏡錄，因爲一切經典的精要，他都集中在此書中。「如守母以識子，得本而知末，提綱而孔孔皆正，牽衣而縷縷俱來。」，文字多美，這是永明壽禪師所講此書的重要。

現在繼續講洛浦開悟以後，繼承夾山的法統，他的教育法非常嚴厲，因爲他兼數家之長，功夫高，見地高，氣派又大。他有幾句名言：

「末後一句，始到牢關，鎖斷要津，不通凡聖。」

這是功夫境界，他說末後一句才能到向上一路，才可以修到三身成就。禪宗分三關：初關、重關、末後牢關。什麼是牢關？我們這個身體就是牢關，你破不掉，飛不出去，等到死時，這個牢關才破，但那是假破，又變中陰身了，再入輪迴之中。「末後一句，始到牢關」，這個時候，「鎖斷要津，不通凡聖」，不是凡夫，也非聖人，也就是魔佛不到處，才算成功。

洛浦禪師臨走前，對徒弟們懇切的開示曰：「出家之法，長物不留」，不要貪圖東西，本來出家就是丟開一切，萬緣放下，「播種之時，切宜減省」，古代叢林都是自己種地，就是告誡弟子們播種之務，不要浪費，換句話說，這四句是雙關語，作功夫、作事也一樣。「締搆之時，悉從廢停」，你們光辦建築方面的事，這些都應停止，好好用功才行。「流光迅速，大道元深」，光陰很快的過去，但是道業深遠的很。「苟或因循，曷由體悟」，如果你們因循且過的一天一天麻胡過去，而不努力精勤於道業，那麼要到那一天才能有所成就啊！「雖激勵懇切，衆以爲常，略不相做」。儘管洛浦禪師以懇切的語氣對弟子們開示，但弟子們平常就聽慣了師父愛罵人的訓示，所以這些話大家也就不在意了。

「至冬示微疾，亦不倦參請，十二月一日告衆曰：吾非明即後也。今有一事問汝等，若道者箇是，即頭上安頭；若道不是，即斬頭求活。第一座對曰：青山不舉足，日下不挑鐙。師曰：是甚麼時節作者箇語話。時有彥從上座對曰：離此二途請和尚不問，師曰：未在更道。曰：彥從道不盡。師曰：我不管汝盡不盡。曰：彥從無侍者祇對和尚，師便休。至夜令侍者喚從，問曰：闍黎今日祇對。甚麼道理汝合體得先師意，先師道曰：目前無法，意在目前，不是目前法，非耳目之所到。且道那句是賓？那句是主？若擇得出，分付鉢袋子。曰：彥從不會。師曰：汝合會，曰：

彥從實不會。師喝出乃曰：苦！苦！」

洛浦禪師這一宗系下來，教育方法非常嚴肅，教理不但要通，學問又要好，見地、功夫都要求得非常高，所以他到了最後要走時，找不到一個合格的接棒人。洛浦禪師問弟子那個可接法，没有一個人答出來，只有彥上座答出來，但彥上座不肯當大和尚，所以洛浦禪師一問他，他卻説不知道。

「二日午時，别僧舉前話問師，師曰：慈舟不棹清波上，劍峽徒勞放木鵝。便告寂。」洛浦禪師説了兩句感嘆話後就走了，你看他生死來去多麽痛快。「慈舟不棹清波上」，這是大乘菩薩的行願，慈舟渡人一定到濁流中去；下面一句感嘆自己，幾十年來没有渡上一個人，「劍峽徒勞放木鵝」，就是説他住的地方有個山峽叫劍峽，縱然他把橋架起來要引人過來，卻没有一個人肯上來。如同古德兩句名言所講的：「慈航本是渡人物，無奈衆生不上船」，那有什辦法呢！就是這樣感嘆！

指月錄上的小字註解，是唐代以後到清朝以前，有些大師們得道成道後的註解，也很重要。

現在再講臨濟所説的三玄門。什麽叫三玄三要？這同天台宗的三止三觀，可以勉強配合起來講，但究竟的道理需要自己研究，要作功夫才行。

指月錄卷十四：

臨濟曰：「有時一喝，如金剛王寶劍」，把你心中的妄想煩惱都喝掉了。「有時一喝如踞地獅子，有時一喝如探竿影草。」有時罵你幾句，故意逗你發火，看看你的功夫定力如何，如探竿影草，恐草中有毒蛇，拿根棒子在草裡兜幾下。「有時一喝不作一喝用，汝作麼生會？」這是臨濟的客氣話。「僧擬議，師便喝。」這個喝是罵人的。

臨濟平常講：「一念緣起無生，超出三乘權學。」這兩句話，同「應無所住而生其心」是同是別？大家參一參看。

下面要講的這段，對學禪的人見地修持上大有關係。

「阿修羅與天帝釋戰，戰敗，領八萬四千眷屬，入藕絲孔中藏。」這是佛經上所記載，你看魔王的神通不是也無邊嗎？「莫是聖否？」這個不是與聖人的神通一樣嗎？「如山僧所舉，皆是業通、依通。」什麼是業通？現在世界上科學的發達，連太空都飛得上去，這是眾生共業的業通，也是神通，也是智慧。「依通」，算命、看相、卜卦、靈魂學、神祕學都是依通，依靠一個東西而來的，不是眞神通。佛經講「納須彌於芥子」，我們知道藏芥子於須彌，那是理所當然，但如何是納須彌於芥子呢？「夫如佛六通者不然」，到達佛的境界就不是這樣，「入色界不被色惑，入聲界不被聲惑，入香界不被香惑，入味界不被味惑，入觸界不被觸惑，入法界不被法惑，所以達六種色聲香味觸法，皆是空相。不能繫縛此無依道人，雖是五蘊陋質，便是地行神通」。「道流」就是現代人講同參道友。「眞佛無形，眞法無相。

」注意啊！「你祇麼幻化上頭，作模作樣，設求得者，皆是野狐精魅。」你只要眞認爲自己有點功夫，有點境界，以爲這就是道，那是妖怪，並不是眞佛，是外道見解。「夫如眞學道人，並不取佛、不取菩薩羅漢，不取三界殊勝，迥然獨脫，不與物拘，乾坤倒覆，我更不疑。」

臨濟將去世時，說了一個偈子：

沿流不止問如何　眞照無邊說似他
離相離名人不稟　吹毛用了急須磨

臨濟祖師在世時，他的教育法很古怪，很不平實，到臨走時，他規規矩矩告訴我們：「沿流不止問如何」，念頭思想停不掉，像一股流水一樣跟著跑，怎麼辦？「眞照無邊說似他」，不要去管那些妄想、念頭；那個知道自己妄想在來來往往的，那個沒有動過，要把握那一個。

眞照無邊的清淨，與眞如佛性很接近，只要把握住就行了。但落在這境界上，就容易犯一個毛病：把眞照再加上照一照，那又變成妄念了。不要用心，很自然的清淨下來，也不要守住清淨。「離相離名人不稟，」這個東西，叫它是心也好，性也好，道也好，我們都不要管。這也就是「一念緣起無生，超過三乘權學。」但是眞的什麼都不管嗎？「吹毛用了急須磨。」

寶刀、寶劍叫作吹毛之劍，鋒利的刀怎麼測驗？拿一根頭髮放在刀口上，用口一吹，毛就斷了，叫作吹毛之劍。可是再鋒利的刀，使用過後，還是要保養的。換句話說，臨濟禪師吩咐我們，沒有明心見性以前，隨時要反省檢查，一念回機修定，不起妄念。

悟了以後的人，功夫用了一下，馬上要收回。如果講世法，論語上曾子提的：「吾日三省吾身，為人謀而不忠乎，與朋友交而不信乎？傳不習乎？」都是同樣的道理。

佛法的一個原則：隨時隨地反省，檢查自己，吹毛用了急須磨。

臨濟這一宗，重要大旨略向大家提一點，其他自己去研究。

現在來談曹洞宗，日本禪宗流行到現在，大多是曹洞宗的後裔。曹洞宗是唐末、五代的大宗派，弟子稱曹山，師父稱洞山。

宋朝大理學家周濂溪，提倡太極圖，這太極圖是一個和尚傳給他的，和尚的來源沒有講，此其一。邵康節這一系的易經，河洛八卦圖，是由曹洞宗出來的。中國的道家修丹道的著作，也大都是來自曹洞宗。所以曹洞的禪，同中國後世的丹道，脫離不了關係。不過丹道是用曹洞的，不是曹洞用丹道的。曹洞宗用易經窮理之卦，成為太極圖之說，發展到理學家這一系統；易經的象數之說，則變成邵康節這一系。兩個系統都出於禪，這是我首次公開把這個祕密講出來。

洞山良价悟本禪師，曾到溈山那裡參訪，溈山拿洞山沒辦法，就指定他到雲巖道人那裡去。他在雲巖那裡悟了一點，不徹底，當時他要走了。

指月錄卷十六：

「師辭雲巖。巖曰：什麼處去？師曰：雖離和尚，未卜所止？巖曰：莫湖南去？師曰：無。曰：莫歸鄉去？師曰：無。曰：早晚卻回？師曰：待和尚有住處即來。曰：自此一別，難得相見。師曰：難得不相見。」自性本來無相，大家都一樣，難得不相見。

「臨行，又問：百年後，忽有人問，還邈得師眞否？如何祇對？巖良久曰：祇這是。師乃沈吟。巖曰：价闍黎，承當個事，大須審細。」

洞山這時候難過了，覺得師父很可憐。雲巖罵他：像你這樣行嗎？學禪要有大丈夫的氣派，你還有世俗的感情，牽掛著，放不下，我走了，又怎麼樣？

「師猶涉疑」，到這裡，洞山才起疑情，更懷疑了。

「後因過水睹影，大悟前旨。有偈曰」：

切忌從他覓　迢迢與我疏
我今獨自往　處處得逢渠
渠今正是我　我今不是渠
應須恁麼會　方得契如如

後來離開師父，過一條溪水，看到水中自己的影子，這一下大悟了，才作了悟道的偈子。「切忌從他覓」，什麼是「他」？我們找氣脈，找念頭，這些都是「他」，越找越遠，不行的。

「我今獨自往」，靈光獨耀，迥脱根塵時，處處都可以找得到他，「處處得逢渠」，這個渠是眞的我。

「渠今正是我」，等於我們現在看到這個身體，這個身體是「他」，不是眞的我，可是現在活著，渠今正是我。

眞正的我在那裡？「我今不是渠」，可不是他，他會改變，十歲跟廿歲不同，現在的我，頭髮都白了，已與年輕的我不同了，這個會改變的不是眞正的我。

「應須恁麼會，方得契如如」，要在這個地方去找，找到了，你才懂得眞如自性那個道理。

莊子齊物論有一則寓言，「罔兩問影」，我們在太陽下走路有幾個影子？影子外面還有個圈，稱罔兩。它問影子：你怎麼不規矩，一下坐著，一下躺著，怎麼這麼亂來？影子告訴罔兩：你不知道，我還有一個老闆，他坐著，我跟著坐；他躺下，我只好跟著睡。他又說：我的老闆也作不了主，他的背後還有一個大老闆，「渠今正是我，我今不是渠」。

禪宗不過把佛法用功的方法，歸納到文學境界，但與佛經的道理，還是一樣的。

第十四講

內容提要

不二法門與自然外道
真空頃空
真有假有
一切唯心和身心
說洞山
易卦和五位君臣
三種滲漏
說曹山
如來禪與祖師禪
五代的人才

座中李文同學提出一個問題，李文（比利時人）過去幾年，曾跟一位荷蘭籍的大師學過，他自己修證了好幾年，這位大師教他「不二法門」，認爲一切無我，一切唯心，把所有不是我的都看清楚，好好體會，所以對一切都不加理會。歐美的東西也要注意，歐美有些很高的哲學，也幾近於禪，我們不應輕視，不要閉門造車，只認爲東方第一。這位荷蘭籍老師教他，無論是生理的、心理的問題，當它們來時，都要冷眼觀察，不要拒絕它，看它自生自滅，這就是所謂的「不二法門」。

他的不二法門的修持方法，是什麼功夫都不作，只是保持一個平靜，將心慢慢的打開，等若干年後，這些情緒、思想不跑了，什麼都沒有了，只剩下一個本來在那裡觀看的那個東西，那個是不變的，此時，什麼都像閃電一樣，頓悟了。這位大師教的就是這個路線。

李同學認爲，大部分的修持者，一輩子一無所成，就是因爲沒有作到這一點。但是似乎一味不管也不對，逃避他也不對，調息的功夫是否也是一種逃避呢？又，這位大師教的方法是止而後觀呢？還是觀而後止？如果方法不對，他願意放棄錯誤的路線。

近年來的西方文化，在宗教哲學方面，進步得很多，有意到西方宏法者，要趁早打基礎。

這位荷蘭大師講的不離譜，但是也有問題。後來這位大師因病入院開刀，應該覺得很痛苦，可是他無所謂，換句話說，他把身體也看成不是我的，因此很安詳，醫生們也很奇怪。他不主張打坐，認爲打坐是人爲意識所造就的，違反「不二法門」的道理。

這一類的大師，世界各地都有。有位大師在德國很轟動，皈依他的科學家、大學教授等都有。這位大師的父母是開悟了的，有神通。這位大師三歲就曉得前生，也開悟了，二十幾歲就當大師，現在還不到卅五歲，長得如佛相。這些大師都有相當的修養功夫，反而我們中國人，無論在佛教方面，或作功夫上，儒釋道三教的修養，都不如人，所以決不要閉戶稱王。

那位荷蘭大師告訴李文的方法没有錯，但也許他講的不夠詳細，或許學的人没有搞得很清楚，所以這裡面忘記了一點：一切唯心没有錯，這個身體也是唯心的，如果只認爲心理狀況屬於一切唯心，這個身體還是轉不了，這是第一點。眞的認爲包括身心的一切唯心，此身没有轉不了的道理。

第二，中國的西藏，在唐朝以後的密宗，有大手印法門，相傳同於禪宗。又說大手印法門，是達摩祖師離開中國以後，轉到西藏所傳授的。大手印的修持要點：如「最初令心坦然住，不擒不縱離妄念」。開始入手時，如李文同學所說坦然而住，不作功夫，也不修定，坐在那裡就坐著，很坦然，妄念來，「不擒」，看住它，但也不放縱，當體空，離開了妄念。這是大手印最初步的方法，不要止觀，也不要參話頭、作功夫，這是密宗大手印最高的辦法之一。

宋朝理學家程明道作定性書，講如何修定：「不將迎、無內外」。「將」在這裡是「送」的意思，也就是「拒」的意思。一個念頭來，不歡迎、也不拒絕、既不在外、也不在內。這是佛法的高度修心方法，若說這就是「不二法門」，這是不對的。因爲不二法門是眞妄不二，眞的就是妄的，妄的也就是眞的。程明道所說的，只能算是進入不二法門的一個方法。而那位荷蘭大師的方法也是如此，接近禪，也接近大手印。

但是有一個問題，就是此身也是唯心中間的重要東西，此身既不能轉，這一種修養最後還是靠不住。因爲這一種境界縱然高，卻落於自然外道，由於它一切順其自然。順其自然的人，不能叫做「了」了生死。因任它生自來，任它死自去。生怎麼來，何必問！它已經來了嘛！將來怎麼死，何必問！到死的時候就死了嘛！這並沒有徹底的明心見性。

現在告訴大家，爲何需要打坐修定。打坐盤腿修定，與明心見性沒有多大關係，眞的明心見性，不一定是靠打坐的，但又有絕對的關係。若想回到本來清淨面目，進一步轉變這個色身，就非靠打坐不可。除此之外，無第二條路可走，而且非經修持功夫不可。爲什麼？明知那個是自然的東西，但是這個自然的東西，被無始以來的塵埃塗矇得太多，非清理不可。因此修各種功夫的目的，也就是先清理之後，才能見本來。禪宗、大手印，乃至這位大師所教的都對，先見本來，慢慢再談清理。但是這樣的人，會產生一種毛病，就是往往落於自然外道，只求自然，不作功夫了。

這個問題可參考楞嚴經卷六，文殊菩薩對二十五圓通說的偈子：

覺海性澄圓，圓澄覺元妙。元明照生所，所立照性亡。迷妄有虛空，依空立世界。想澄成國土，知覺乃衆生。

第一句話覺海性澄圓，是由形而上的本體，說到我們現在的人生，一切衆生覺海的本性，本來清淨圓明，這是不二法門。可是怎麼找到覺海呢？圓澄覺元妙，倒過來，先要把功夫作到圓滿、清淨，然後悟到了這個本來覺性，原是元明玄妙的。如何達到「圓澄」境界呢？那位荷蘭大師所教的方法有點近似，但要修正一下，把它擴大，一切妄念來不要管它，等於大人看小孩一樣，不理它，待小孩跑累了，就休息了。可是作不到，你越看住妄念，妄念越來，這是什麼道理？因爲元明照生所的原故。

我們這個元明的功能，有照的力量，照到一切妄念，但照久了以後，它也變成妄念了。這是陽極陰生的道理。這個電力太強了，照得很厲害，功能用完了以後，什麼都看不見了。有照有用，妄念就如此產生了。所以元明照生所，看住那個，就是照。照生所，就是能照的本身，生出妄念來。等妄念起來了，所立，就照性亡了。大的妄念一起，形成以後，那個能照的就給蓋住了，反過來蓋住了本覺。所以，我們有時候情緒來、煩惱來，或者是用功過度，妄念也越增加，都是元明照生所，所立照性亡的道理。

因此，第二重的世界形成了：迷妄有虛空，依空立世界，想澄成國土，知覺乃衆生。

採用楞嚴經中這段話的目的，是要李同學注意，走原來的功夫路線，往往產生一個偏差，就是元明照生所，所立照性亡。再看楞嚴經卷五：

眞性有爲空，緣生故如幻，無爲無起滅，不實如空華。言妄顯諸眞，妄眞同二妄，猶非眞非眞，云何見所見，中間無實性，是故若交蘆。

自性本空，既然本空，爲什麼叫作有爲空呢？性空緣起，因爲空才能緣生萬有。如果空不能緣生萬有，就是「頑空」了，但有爲萬法，緣生性空（強名叫它眞如）。「緣生」，一切萬有起來的時候，就是因緣所生，如夢幻，佛經上說如夢如幻，並不是說絕對沒有，有啊！不過這個有是偶然的、暫時的存在、是假有，一切「生」在過了這個「有」的階段就空了。緣生故如幻，我們一看到如夢如幻，就馬上把念頭放到空裡頭去了，如夢如幻是假有、妙有。小乘認爲是假有；菩薩認爲是妙有，「有」也是很妙的。

妄念起、情緒來，是緣起而幻有，因此不要管他，但無爲無起滅，不實如空華，本體自性本來無爲，爲而不爲。雖然起一個妄念，但它停留不住，因爲第二個妄念又起了。所以也不生、也不滅。我們的念頭，永遠如海浪般，一個浪潮，再接一個浪潮，那是不實在的，好比揉揉眼睛，眼前看到的一些亮光，當時不能說沒有，過後自然就沒有了。

言妄顯諸眞，現在我們講一切心理、情緒叫作妄想，爲什麼稱之爲妄想？這是一個對立的教育法，要我們認清非妄想那一面的那個是眞如。實際上，佛說的很明白：妄眞同二妄，這個妄念情緒固然是假的，那個眞如有個清靜、空的世界，也是假的。所以你照住它，看住它的那個，也是大妄念。由大妄念來管小妄念，小妄念睡覺了，那個大妄念坐在那裡，大妄念就是元明照生所，所立照性亡了。所以，妄也不取，眞也不立才行。

猶非眞非眞，功夫達到了空，你覺得這是自性，這是道，但是它並不是眞的自性，眞的道。所以佛經翻譯得非常好，叫眞如，意思是差不多像個眞的，姑且叫它眞如。

云何見所見，眞有個明心見性，可以用眼見到，或用心意識體會的，都錯了。那個見不是眼或意識可見，所以夾山禪師說：「目前無法，意在目前，不是目前法，非耳目之所到。」楞嚴經上也告訴我們：見見之時，見非是見，見猶離見，見不能及。

所以荷蘭大師指定的修持方法沒有大錯，只要擴大到無量無邊就對了。因爲你現在照他的方法，看住自己的妄念，在看的那個是大妄念，懂不懂？明白了這個理，修持的方法還是要從基礎來，轉回來先作止息的功夫。止息是我們心在造作，這個造作是爲了轉這個身體，肉體四大全部轉了以後，才能見到那個眞正的：覺海性澄圓，圓澄覺元妙。

所以後世一般禪宗，像剛才說的，用放任自然這個方法，以及密宗大手印的方法，最後充其量只轉心理狀況。眞到要死的時候，身體痛得唉喲、哎喲叫，鼻孔上了氧氣罩時，空不了啦，那個能照的東西，意識所造的沒有了，還是黑茫茫的過去了。

禪宗有個禪師叫天王悟，是馬祖的弟子，沒有悟道以前，修持功夫、定力都很好。有一次，一個節使看他號召力非常大，認爲他妖言惑衆，便把他丟到江裡去，結果江裡冒出一朵蓮花，天王悟禪師在蓮花上面打坐。節使一看，知道他有道，便把他救起，自己皈依作了弟子。這時天王悟還沒有悟道，本事就這麼大，等到後來悟道了，沒有蓮花來了，後來臨死時，痛得躺在那裡叫哎喲，苦啊！當家的和尚請求他說：師父，你輕聲點吧！當年你沒悟道時，被人丟到江裡，蓮花浮上來，那個名聲多大，現在都說你有道了，你臨死還那麼痛苦的叫喊，傳到外面去，我們不好作人啊！請你輕一點叫。天王悟一聽，有道理，便問他：你曉得我現在很痛苦，在這痛當中，有一個不痛的，你知不知道？徒弟說不知道，天王悟就對他說道：「啊喲啊喲，這個是不痛的，你懂不懂？」徒弟說不懂，不懂就算了，兩腿一盤，死了。說他有本事，他痛得叫不停；說他沒本事，請他不叫就不叫。這又是一個話頭。

嚴格地講，天王悟禪師只轉了第六識與第七識，前五識和第八識沒有轉。充其量得了法身，而報、化二身並沒有轉，所以學唯識要知道，六祖也講過：六七因上轉，五八果上圓。六、七識容易轉，念頭一空，三際托空，第六識轉成現量的清明境界；功夫再進步，第七識也可以空掉，這容易，是在因位上轉的。很多修持的人，充其量到了因位菩薩，果上就難了。前五識眼耳鼻舌身，包括了這個肉體；第八阿賴耶識除了包括肉體外，也抱括了整個物質世界。五八要果上圓，要證到了果位才能轉，談何容易！要修就修個全的，修一半只好來生再來，如果來得及，最好這一生完成了它。

上面答覆李文同學的問題，要特別注意。

上次講到洞山禪師的悟道偈子，再重複講一次：「切忌從他覓，迢迢與我疏。我今獨自往，處處得逢渠，渠今正是我，我今不是渠。應須恁麼會，方得契如如。」

一般修道的，都是從「他」找。他包括了心理、身體。尤其什麼任督二脈，什麼境界光明，都是他，清淨境界也是他，如果一直在「他」上面下功夫，一直在妄心上追求，越修就越遠了。

我們參究洞山祖師悟道的偈子時，不要忘記了一件事，那是當年，他因爲過溪水，太陽照著，溪水把他的影子照出來，他看了自己的影子因而悟了。這個境界要把握住，在這個時候「我今獨自往，處處得逢渠」，到處都碰見他，「渠今正是我」，他現在正是我，我們這個身體是他，他變成我了。「我今不是渠」，實際上，我們那個本性，雖然並不是這個身心，可也並沒有離開身心。要把賓主兩個合攏來，「應須恁麼會，方得契如如。」並不是說已見道了，是近於道了，可以入道了。

洞山如何參訪、行腳，因時間關係，這裡不講了，現在來看洞山說法。

指月錄卷十六：

洞山上堂問：「向時作麼生？奉時作麼生？功時作麼生？共功時作麼生？功功時作麼生？」

這個叫語錄，當時講話的記錄，是白話的。

「向」時，向這個道時，功夫快要到了。「奉」，等於捧著一個東西，抓到了，把握住了。什麼是「向」？將開悟未開悟時，等於拿楞嚴經的「色陰區宇」來作比方，色陰區宇快要打破時，天快要亮了，似光明非光明，似明白非明白。「奉」是指正式到了，但是悟了時還要用功，所以「功」時作麼生？共功、功功，都是修證的程序。

一共有五個程序，所以曹洞宗叫五位君臣，由用功、開悟、一直到成功，分五個步驟。

「僧問如何是向？師曰：吃飯時作麼生？」

這麼一說，這個和尚就懂了，不問第二句。接著問：「如何是奉？師曰：背時作麼生？」

意思是轉過來時怎麼樣？

「如何是功？師曰：放下钁頭時作麼生？」

做事情做得很累，一旦輕鬆下來時如何？那眞是一切放下了。

「如何是共功？師曰：不得色。」

這並非不好色，四大身體屬色，一片光明清淨也是色，等等。

「如何是功功？師曰：不共。」

不共法，洞山怕大家不懂，便作了詩偈，這些詩偈是曹洞宗告訴我們，心地法門一步一步的功夫，是用功的方法，如當文學看，就錯了。

向：

聖主由來法帝堯　御人以禮曲龍腰
有時鬧市頭邊過　到處文明賀聖朝

這是向，到達這一步，悟了道，動中也是，靜中也是，都在這個境界，始終不變，就差不多了，這是向。

奉：淨洗濃妝爲阿誰　子規聲裡勸人歸
百花落盡啼無盡　更向亂峰深處啼

功：枯木花開劫外春　倒騎玉象趁麒麟
而今高隱千峰外　月皎風清好日辰

共功：眾生諸佛不相侵　山自高兮水自深
萬別千差明底事　鷓鴣啼處百花新

功功：頭角纔生已不堪　擬心求佛好羞慚
迢迢空劫無人識　肯向南詢五十三

一步一步都是功夫，都是修行的程序。現代的年輕人看不懂這些談禪的詩，禪宗是該變個方法了。

曹洞宗的禪，在五代以後，影響宋代的道家、理學，尤其是易經的學問。道家所謂坎離交等等，都是曹洞宗來的。

「洞山因曹山辭，遂囑曰：吾在雲巖先師處，親印寶鏡三昧，事窮的要，今付於汝。詞曰：如是之法，佛祖密付，汝今得之，宜善保護。銀盌盛雪，明月藏鷺，類之弗齊。」

這是洞山對他最得意的弟子曹山講的，是很重要的傳法話。銀盤裝了雪，都是白的，明月中的鷺鷥也是白的，看來都是白，可是不一樣。學禪的要頂門上別具隻眼，看清楚啊！

「混則知處，意不在言，來機亦赴，動成窠臼，差落顧佇，背觸俱非。」

不一樣的東西，把它混合成一樣，才曉得一點入門的方法。文字言語不足以代表那個東西，機緣撞到了，就悟了。一有動作，稍稍表達一下，或者講一句「心即是佛」，反而就變成一個窠臼了。失之毫釐，差之千里，所以凡夫境界當然不是它，順著這個境界也不是它。

「如大火聚，但行文彩，即屬染污。」

如大火聚這句話，出自大般若經，經中大意說：大智慧的人，如大火聚，一盆大火在那裡燒，好的、壞的，一股腦丟進來。外道魔道越丟進來，火愈大，燃料愈多，智慧越高，所以大般若如大火聚。

但行文彩，即屬染污，一落言語文字，已經同本性不相干了。

「夜半正明，天曉不露。」

這是正式的功夫。黑夜時，這個東西更明白；天亮了，就看不見了。這是什麼道理？當年袁老師就是參這個話頭，懂了這個，學佛學道就差不多了。現在露一點祕密給你們：六根都不動，什麼都不知道，自性顯露了。像我們現在坐在這裡，眼睛等著看，耳朵等著聽祕密，六根多亮啊！被無明障住了。夜半正明，天曉不露。無夢無想時主人公何在？自己參參看。

「爲物作則，用拔諸苦。」

洞山囑曹山：你將來出去，要救世、救衆生，度一切在苦難中的人。

「雖非有爲，不是無語，如臨寶鏡，形影相睹，汝不是渠，渠正是汝，如世嬰兒，五相完具，不去不來，不起不住，婆婆和和，有句無句，終不得物，語未正故，重離六爻。」

用易經的方法講修持、作功夫，特別取用坎離二卦，以離卦爲主，這是曹洞宗的五位君臣。

「偏正回互，疊而爲三。」

易經講三爻之變，「變盡成五」。易經的六爻卦中，以第三爻、第五爻最重要。

「如荎草味，如金剛杵，正中妙挾，敲唱雙舉，通宗通塗。」

功夫到了，宗也通，一切經教都通達了。

「挾帶挾路，錯然則吉。」這也是用易經的理。

曹洞宗的五位君臣，是配和易經的理論，詮釋修持用功。

「不可犯忤，天眞而妙，不屬迷悟，因緣時節，寂然昭著，細入無間，大絶方所，毫忽之差，不應律呂，今有頓漸，緣立宗趣，宗趣分矣，即是規矩，宗通趣極，眞常流注，外寂中搖，係駒伏鼠，先聖悲之，爲法檀度，隨其顚倒，以緇爲素，顚倒想滅，肯心自許，要合古轍，請觀前古，佛道垂成，十劫觀樹，如虎之缺，如馬之馵，以有下劣，寶几珍御，以有驚異，貍奴白牯，羿以巧力，射中百步，箭鋒相直，巧力何預，木人方歌，石女起舞，非情識到，寧容思慮，臣奉於君，子順於父，不順非孝，不奉非輔，潛行密用，如愚若魯，但能相續，名主中主。」

這些都是功夫修持的步驟，以及見地。大家要注意研究。

「末法時代，人多乾慧。」

我們現在這個時代，正法沒有了，一般人沒有眞功夫，學理講得頭頭是道，自己沒有證到，是乾慧，沒有用。

「若要辨驗眞僞，有三種滲漏。」

如要辨別悟道與否？有三種毛病，一看就知。

「一曰見滲漏，機不離位，墮在毒海。」

見地不透徹的人，所得的範圍跳不出來，只在那個範圍中，中毒了，中了自己那一點學問、知識上的毒，以及自己那一點見地上的毒。

「二曰情滲漏，滯在向背，見處偏枯。」

換句話說，是主觀的情感，自己得一點境界，對那一點境界有感情：嗯！我坐起來很舒服嘛！嘿！這就是了。有些人想：老師恐怕還沒有到，我這個他都不知道。其實，早墮在情滲漏中了。

這個情不是普通所說的情感，而是指自己得到的那個程度，把自己陷住了。「滯在向背」，比如落空的人，一動念有，他就不幹了。叫他出來為人作事，他不幹，這也是情滲漏，有向背，有善、惡，也是見地上落在枯禪，偏枯了。

「三曰語滲漏，究妙失宗，機昧終始，濁智流轉。」

「語」包括一切佛學、學問。依文解義，在學問思想裡打轉，眞的佛法種子不懂，機用——修持方法的應用，如何成因？如何證果？這個終始竅門，他並不懂。末法時代五濁惡世中的修行人，就在這三種花樣中轉。洞山告訴徒弟們，應該知道這三種滲漏。

我們參究每一個祖師的悟道，以及他們的行徑，就是十念法中的念僧。看看歷代祖師們的行徑，自己加緊努力修行，這就是念僧法門。

「師不安，令沙彌傳語雲居。」

洞山快要走了，叫沙彌傳話給雲居膺。

「乃囑曰：他或問和尚安樂否？但道雲巖路相次絕也。」

雲巖是洞山禪師的得法師父。

「汝下此語須遠立，恐他打汝，沙彌領旨去。傳語聲未絕，早被雲居打一棒。」

這就是機鋒。他要教育這個小和尚，自己老了，看這個小和尚很有希望，所以到師兄那裡去指引，希望他教育。他們到了家的人，彼此也不需要通訊，曉得小和尚一到了那裡，一定會挨打，所以先教他怎麼講話。當然雲居也很清楚，一看這個小和尚很成器，不過笨裡笨氣的。雲居打小和尚是教育法，否則這麼打過來打過去，豈不是把人家的孩子不當孩子那麼玩。

「將圓寂，謂衆曰：吾有閑名在世，誰人爲吾除得？」

我活了幾十年，外面名氣滿大，這個名氣毫不相干，那個人爲我把它刷掉？這時，小和尚站出來説話了。

「時沙彌出曰：請和尚法號。師曰：吾閑名已謝。」

這小和尚不是隨便講的，他説：「請問你老和尚法名叫什麼？」師父名字叫洞山，他那裡會不知道？洞山高興了：「好！我閑名已謝。」這小和尚已悟道了，他有傳人了。

「僧問和尚違和，還有不病者也無？」

師父是悟了道的人，結果還是要生病，所以徒弟們有此一問。

「師曰：有。曰：不病者還看和尚否？師曰：老僧看他有分。」

洞山回答他：我看他跟我差不多，合夥的股東，你懂不懂？

「曰：未審和尚如何看他？」

爲什麼您在這裡頭還有分呢？這個和尚不懂。

「師曰：老僧看時，不見有病。」

我看的時候，並沒有病；換句話說，我痛苦得在叫，還有一個沒生病的在這裡。

洞山轉過來問他：

「離此殼漏子，向什麼處與吾相見？僧無對。」

離開了這個皮袋子，指我們身體，也叫漏斗。這個漏斗很大，西遊記叫無底洞，一天三餐裝下去，又漏掉了，第二天又裝，再漏掉，漏了幾十年，都裝不滿。離開了這個漏斗，我問你，我們在那裡見面？這個和尚沒有大徹大悟，答不出來。

師示頌曰：

學者恆沙無一悟　過在尋他舌頭路
欲得忘形泯蹤跡　努力殷勤空裡步

你想到達，只要向空的路上走就會到的。詩偈寫完，命徒弟們替自己剃髮、洗澡、披衣，聲鐘辭衆，儼然坐化。

「時大衆號慟，移晷不止，師忽開目謂衆曰：出家人，心不附物，是眞修行，勞生惜死，哀悲何益。」

然後又留了七天才走。說個笑話，這和尚叫別人不要情滲漏，不要有感情，自己給大家鼻涕眼淚一流，捨不得，又回來，陪大家玩了幾天，這一次再也不留了，大家不要哭啊！走了。這就是洞山。

洞山最重要的東西是五位君臣，等於臨濟的賓主四料簡。

現在再說曹山，指月錄卷十八：

「撫州曹山本寂禪師，泉州莆田黃氏子。少業儒，年十九，往福州靈石出家。廿五登戒，尋謁洞山，山問闍黎名什麼？師曰：本寂。山曰：那個聻！師曰：不名本寂。山深器之。」

眞正高明的人，兩下子就對了，實在聰明。我們現在的年輕同學，假如問他叫什麼名字？本寂！什麼？師父，我是本來的本，寂滅的寂。人家可不同的，文字就是道嘛！既然叫本寂，還講什麼呢？這就是伶俐、聰明，第一等人物。

師父也在找第一流的徒弟，這兩下，洞山器重他了，他便在洞山那裡住了下來，從此可以入室，在方丈房裡跑來跑去。

「自此入室，盤桓數載，乃辭去。山遂密授洞上宗旨。復問曰：子向什麼處去？師曰：不變異處去。山曰：不變異處，豈有去耶？師曰：去亦不變。」

這就是禪，等於永嘉禪師見六祖說：分別亦非意。分別也是空嘛，沒有錯。

「遂造曹溪禮祖塔，自螺川還，止臨川。有佳山水，因定居焉，以志慕六祖，乃名山爲曹。」後來曹山到了廣州拜六祖塔，再回到江西臨川，定居建寺院，因崇拜六祖，所以叫曹山。

曹山法統完全傳自洞山，其教育法見指月錄等書，他的說法、見地、修證、行願都在內。裡頭的小字是後世曹洞宗門徒加的，更要注意。

「僧問：學人通身是病，請師醫。師曰：不醫。爲什麼不醫？師曰：教汝求生不得，求死不得。」

這是教育法，禪的教育法決不替你解答問題，因爲你懂了，卻害了你，那是老師的，不是你的。有時你有問題，再給你加個問題，等你自己撞出來以後，才是眞對了。禪宗要你自肯自悟，若一念慈悲幫了你，就害了你。如果該替你解答，佛經三藏十二部中都已解答，我們看了佛經，也未成佛啊！

這個和尚不問經典，什麼大乘起信論，眞妄不二法門，那些學問都已學到他身上去了，可是他卻通身是病，醫不好，請師父醫。曹山說要他求生不得，求死不得。怎麼辦？要自己打出來。

「問：沙門豈不是具大慈悲底人？師曰：是。曰：忽遇六賊來時如何？師曰：亦須具大慈大悲。曰：如何具大慈悲？曰：一劍揮盡。曰：盡後如何？曰：始得和同。」

六賊是指自己的六根。始得和同就是天下太平。

最後，曹山臨走時，寫了一首偈子。唐宋時代大祖師們，開悟和臨走時的偈子都是寶貝，千萬注意。宋朝以後就要當心了，因爲後世有些語錄，是請抽鴉片的書生作的，靠不住。後世有些祖師們，希望自己死後，名字也能編進大藏經裡，所以僱人代寫語錄。我也親見這等事。天下好名之甚，有勝於此者幾希！

曹山示學人偈曰：「從緣薦得相應疾，就體消停得力遲，瞥起本來無處所，吾師暫說不思議。」

用功修定以後，參話頭也好，非等時間因緣到來才能開悟。比如虛雲老和尚，在禪堂裡打坐參話頭時，外面世界看得清清楚楚。到後來，突然端一杯茶，茶杯掉在地上，啪一聲，打破了，悟了。古人這些例子很多，靈雲看到桃花而悟道，一個緣來「從緣薦得相應疾」，來得快，所以修行只問耕耘，不問收穫，不要說我修了一年，怎麼還沒開悟？好像很划不來似的。

什麼叫「就體消停」？就是我們打坐用功，有些拿著楞嚴經，什麼經等，有些則作氣功，滿空的，過了一陣又變了，上午滿空，下午又掉啦，這些就是「就體消停得力遲」。尤其是懂了佛，懂了禪的理以後去用功的人，都是「就體消停得力遲」。因爲空的道理曉得了，所以念頭一來就想把它空掉；有時空得很好，有時卻空不掉。這也是元明照生所，所立照性亡，看住妄念這個法子，有時就是「就體消停得力遲」。

「從緣薦得相應疾」是緣覺，獨覺乘。「就體消停得力遲」是聲聞乘，羅漢乘，偏空。

如何是如來禪、祖師禪呢？「暫起本來無處所」，就是上次提過的「一念緣起無生，超出三乘權學」，那也就是「暫起本來無處所，吾師暫說不思議。」

曹山四禁偈：「莫行心處路，不挂本來衣，何須正恁麼，切忌未生時。」

拿一個能照的心，看住這些妄念，以心觀心，就是心處路，也就是前面李同學的那個問題。這個路是修行之路，但不是最高明的。

什麼是「本來衣」？本來面目清淨，覺海性澄圓，想守著清淨圓明，早掛上了。所以有一些老修行人，經常想保持一念，一念清淨圓明掉了，就拚命找，那還找得到！那一念都已經不對了，早掛上了，早就染污了。佛經上說：無住無著。你著在清淨上已經錯了。

「何須正恁麼」，這個時候怎麼辦？「切忌未生時」，任何一個境界，在一念未動以前該怎麼樣？是讓它動起來，還是不讓它動起來？自己去參，曹山沒講。如果守著未生以前，如中庸「喜怒哀樂之未發謂之中」，要保持這個，你早掛起本來衣了，錯了。「發而皆中節謂之和」，這已經行了心處路了。

這些都不著，然後才能談祖師禪。「何須正恁麼，切忌未生時」，一念未生之前，是什麼？既生以後，是什麼？要明白這個才行。

現在講這些資料，等於還在作準備工作，是講到修持之路前的資料。應該如何修持？要自己曉得把握，以後自己專修碰到問題時，我們這次研究過的，會使你想出點影子來，可找這些東西來參考。我的用心是如此。

現在講雲門宗。

雲門宗的興盛，也在唐末五代一百年間。後來當歐陽修奉命修五代史時，非常感慨五代沒有人才，認為整個世紀，在政治及其他各方面，都沒有人才。可是王安石等人的意見則相反，認為五代人才太多了，只可惜都出世了，不肯走入世的路子。溈仰、臨濟、曹洞、雲門，尤其是雲門，氣宇如王，一個個都有帝王才具，看不起世法。所以唐末到五代亂世時期，是禪宗鼎盛時期；南北朝最亂時，是清談鼎盛時期，也就是文化哲學最發達的時期。過去一般人研究中國哲學史，說是清談誤國，好像清談對那個時代的學術要負責任似的。其實，倒是時代歷史要對學術文化負責任。我在前面已經說過，清談並未誤國，倒是當國者誤了文化。

在五代時期的人才，認為當時是一個無可救藥的時代，所以靠邊站開了，既然他們都是大慈大悲救世之人，為什麼非剃了光頭，跑到禪宗裡面？難道不肯把這個時代弄好嗎？為什麼不幹？諸如此類的問題，在研究五代文化史的時候，應該另予估量，而不可人云亦云。

第十五講

內容提要

如何去身見
鳥飛式
再說修氣
睦州的草鞋
說雲門
三平偈
法身兩般病
陳尚書宴雲門

國內外一般講禪宗的，喜歡研究公案，然後作批評性的理論而已。我們學禪宗，學的是見地、修證、行願三者。聽了課以後，自己要作功夫去求證，否則與一般禪學的路線沒有兩樣。

我們修持之所以不能得定，是因爲身心沒有調整好，尤其是身體的障礙太多，身見是最難去掉的。我們一打坐修定，身見——身體的障礙就有了。因此，不能去掉身見，想進入定境，是絕對不可能的事。

如何去掉身見？在修持的方法上，修出入息是比較容易的。西藏密宗特別注重修氣、修脈、修明點、修拙火——這是一條固定程序的路，這個路子修持不好，無法求證菩提，密宗如此強調，是有他的理由的。

修出入息，至少可以祛病延年。雖然祛病延年及返老還童，并不是我們修道的目的，但能作到身心健康，求證道業就比較容易了。

前幾次講了煉氣的方法以後，很多人搞錯了，連煉氣也成了「水老鶴」，這是一個很嚴重的問題。

其次的問題，假如要求證佛法，修戒定慧是不二法門，求證果位，只有這一條路。

談守戒，第一個要戒淫念，包括性行爲、性的衝動、手淫、自慰、遺精等等。大乘與小乘戒律，在這方面有差別，小乘戒律爲求證果，第一條戒律是戒淫；大乘戒律第一條戒殺。小乘戒律以性行爲犯戒；次之，有性的欲望也是犯戒。佛在世時，有一個比丘尼被土匪強暴，佛說，這比丘尼在被強暴的過程中，念頭沒有動，所以不犯戒，這是小乘的戒律。其他如夢遺，夢中有對象的，也算犯戒。

學佛修道的人中，遺精的特別多。在大乘菩薩道中，漏失菩提即算犯戒，不管有念也好，無念也好，有夢也好，無夢也好，都算犯戒。所以要求得身心定力，這一點是非常困難的，而最難的是心理問題。沒有夢的遺精行爲，是阿賴耶識種性的習氣，很微細。要作到不漏，有一個「鳥飛式」的方法可煉，這是對治的一味藥，現在介紹給大家。

每天睡覺以前，站著，腳後跟分開，前八後二（兩腳後跟距離約二寸）。第一步，臀部肌肉挾緊，不是提縮肛門，肛門收縮久了會成便祕的，小腹收縮。第二步，兩手作鳥飛狀，自然地，慢慢地舉起來，動作要柔和，嘴巴輕輕地笑開，兩肩要鬆開，兩手各在身體左右側，不要向前，也不要向後，很自然地舉起來，越慢越好。與手上舉同時，把腳跟提起來，配合姿勢向上。

第三步，手放下來時，嘴巴輕輕閉起，同時腳跟配合慢慢放下。站著時用腳的大拇指用力，姿勢一定要美，要柔和，越柔和越好，重點在手指尖。手一起來，自然有一股氣到指尖，到手一轉，氣拉住了，會自然的下來，白鶴要起飛時，就是這個姿勢。

每晚睡覺以前作，開始時作十下，作時兩腿肌肉會發痛，以後慢慢就好了，慢慢增加次數。

作了這個姿勢以後，如要使身體健康，還精補腦，長生不老，還要加一個動作。每天作這些姿勢，近視眼、老花眼都會好的。加的另一個動作是：

一用大拇指中間骨節，按摩自己後腦的兩塊骨頭，轉圓圈，先順時針轉卅六次，再倒轉卅六次，不等。視覺神經就在這裡頭。

二用食指中間骨節揉兩眼間鼻側，這裡有兩個小窩窩，是兩個道穴。以前我曾經兩眼發紅腫痛，囑朋友針灸在這兩個穴道上，立刻痊癒。

三兩手不離開，同時揉兩眼眶，即眼睛邊緣骨節，順轉，越緊越好，再倒轉，轉數自定。

四手不離兩眼，然後移至太陽穴，壓揉。

五眼、牙齒閉著，手掌抱著腦子，道家則把兩耳用手倒轉來蒙住，兩手在腦後打鼓，在後腦心用手指彈，學武功者稱鳴天鼓。

如此腦子清爽了，頭也不會痛，然後慢慢地，可到達還精補腦，長生不老。

這是煉精化氣的動作。

鳥飛式對於遺精的毛病有大效果，心理部分則要自己慢慢作功夫去除。道家的「服氣」，如魚一樣，嘴巴一張一合，空氣就吃進去了。功夫作到了一個階段，可以辟穀時，便要服氣。

這些功夫都是助道品，有助於修道，也是對治法門。另外一個問題，我們打坐妄念不易停止，身體不容易健康，所以教大家修出入息。這方法天台宗特別重視，發展成數息、聽息、調息。西藏密宗各教派也特別重視，絕對有它的道理。

修氣的法門不是菩提道果，可是它可使我們易於證果。天台宗小止觀法門的六字：呵噓呼嘻吹呬，是調整身體的，許多人都搞錯了，現在重新示範一次：

站著，肩膀一掛，兩手隨便一擺，氣就到了，就好像作鳥飛式時，臀部肌肉一挾緊，氣就到了，這是個關鍵。以發「呵」字爲例，只要意識，聲音不必發出來，小肚子隨著氣呼出自然癟進去，待把氣呵光了，沒有氣可呵了，只要把聲音停止，嘴巴一閉，鼻子自然會將氣吸進來。要多作幾次，然後放下，聽聲音，聽至呼吸與心念專一，雜念沒有了，自然空了。

爲何教我們在打坐前調呼吸？因一般人調息不容易調得好，不如先作粗猛的呼吸。呼吸粗的叫風，細的叫氣。當氣到達好像不呼不吸時，微細最微細的那個叫息。天台宗的數息、聽息、調息是講息，不是講風，也不是煉氣。息爲何分三個階段？是科學上的問題，在此暫時不談。

上坐以後，先修風，手結亥母手印（密宗稱謂），也就是京戲的蘭花手。煉氣時肩膀要端起來，讓手臂伸直，手放在髂骨上（手過長、過短例外），手臂一伸直，肩膀自然端起，裡面的五臟也自然都張開了，氣就貫通，所以，非用這個姿勢不可。

下一步，鼻子吸氣時，小腹自然向內縮，氣吸滿了，不能再吸了，就吐氣。吸時細、長、慢。放出時粗、短、急。往復這樣作，到了氣滿時，自己會不想作了，此時就不大起妄念了，然後由氣轉成息，心境自然寧靜下來，感覺到鼻子細微的呼吸，意念與息不要分開，吸入知道吸入，呼出知道呼出，吸入暖知道暖，吸入冷知道冷，意念與氣息始終相合，不能離開，如果有一念沒有感覺到息時，就是已經在打妄念了。慢慢慢慢如此練習，眞到了一念之間，心息眞的合一了，密宗的修法叫心風合一，「心風合一者，即得神通自在」，至於袪病延年，返老還童，更是不在話下。

覺得心息相依時，慢慢地，到了後來，好像呼吸停止了，念頭也空了，縱然有一點游絲雜念，也不相干。此法最容易得定，最容易證果，除此以外，沒有第二條路，作有爲功夫的話，就是有這樣嚴重。

現在看雲門禪師悟道因緣，指月錄卷二十：

「韶州雲門山光奉院文偃禪師，嘉興人也，姓張氏。幼依空王寺志澄律師出家」，這位師父是律宗的，律宗嚴持戒律，雲門跟這麼一個老師出家，開始修持是非常嚴肅的，這一點須注意。說其個性：「敏質生知，慧辯天縱」，他特別的聰明，而且沒悟道以前，口才就非常好。

「及長落髮，稟具於毘陵壇」，稟受具足戒，就是持受三壇大戒，沙彌戒、比丘戒、菩薩戒。毘陵壇是在南京，受戒後，他二十幾歲了，回來跟隨本來皈依的師父好幾年。「探窮律部」，這時候，他已把律宗的道理、修行，研究得非常深刻。他不僅只在學理上深入，同時也隨時在作功夫。眞講律宗的人，並不是光在行住坐臥上守規矩，行住坐臥還是威儀律，眞講戒律就是隨時要在定中。爲什麼走路要規規矩矩？因要隨時在定中，不能有一念散亂。所以這時雲門已經在用功了，以一個絕頂聰明的人，隨時在作功夫，但「以己事未明，往參睦州」，他不以自己的功夫爲足，認爲自己沒有開悟，此事未了，此心不安，便去找睦州參訪。

睦州在當時很了不起。睦州和尚悟道以後，沒有住廟子，因爲他有個老母親需要奉養。戒律上規定，以出家人的身分，拿廟子上的錢，養自己俗家父母，是犯戒的。因此他不住廟子，也不接受供養，他自己作工，每天編草鞋，賣了，拿錢買米養母親。

黃巢作亂，到了睦州這個地方，城裡的人恐嚇萬分，大家只好找和尚了，因爲知道他有道。睦州和尚叫他們把自己編的草鞋掛在城門口，結果黃巢的部隊一到，看到四面城門關閉，城上很多天兵天將守衛，黃巢那信這一套？命令攻城，結果莫名其妙的被打敗了。後來一看城門口有兩隻草鞋，才知道陳睦州大法師住在這裡，他是個有名的大孝子，於是黃巢退兵而去。不過這段事正史上不記載，認爲這太神話了。所以睦州在禪宗裡頭是俗僧，就是佛經上所謂長者。

睦州一看到雲門來就關門，理都不理，「師乃扣門。州曰：誰？師曰：某甲。州曰：作什麼？師曰：己事未明，乞師指示。州開門一見便閉卻。」

這是睦州對雲門的教育法，很有意思的。

「如是連三日扣門。至第三日，州開門，師乃拶入，便擒住曰：道！道！師擬議，州便推出曰：秦時輾轢鑽。遂掩門。」

門一開時，雲門的腳便踩進去，睦州也不管，管他是腿也好，手也好，卡嚏一聲，雲門的腿被夾傷了。這是禪宗的教育法，眞吃不消，現在的人不到法院告他才怪。

「秦時輾轢鑽」，就是秦代的老古董，這麼一句話，他悟道了。「損師一足，師從此悟入」，這是雲門的悟緣。

不像靈雲見桃花而悟道，那多舒服啊！還有一個比丘尼，「歸來手把梅花嗅，春在枝頭已十分」，那更是幽雅，雲門可不然，傷了一隻腳，總算開悟了。

我們要注意，雖然上面的資料非常簡單，但雲門從小出家，作了十幾年的功夫，律宗的經論、教理都通達了。當然，佛學是佛學，唯識也好，般若也罷，講得再高明也沒有用，此心還是不能安。等到事情來了，用不上，所以己事不明，雲門在追求這個東西。

雲門這一段悟緣的記載比較簡化，如果把他十幾年來的修持經過記下來，足爲後人作一番參考，可是古人覺得記載自己的事情，有點像自我宣傳，所以不幹，今人就不同了。

雲門後來抵靈樹，這是一個江西的廟子。「冥符知聖接首座之記」，這個廟子前任的住持知聖，曾經預言：將來這裡的大方丈，是個得道的人。「初知聖在靈樹二十年，不請首座」，叢林的規矩，和尚下面領頭的叫首座，知聖下面始終未請首座，他的弟子們就問了：「師父，你請個首座嘛！」知聖說：「我的首座剛剛出世呢！」過幾年，又說：「我的首座長大了，現在牧牛。」再過幾年又說：「我的首座出家了，現在到處行腳參訪。」然後，「喔！悟道了。」有一天，吩咐徒弟們打鐘，大開山門：「我的首座弟子來了。」大家出來一看，雲門行腳剛到，到這個廟子來掛褡，老和尚一看到他就說：「奉遲久矣！」我等你很久了。馬上請雲門當首座。過去大叢林請首座，等於現在政府發表院長、部長一樣，極爲莊重。

這個廟子在江西南部，靠近廣東。唐末五代時，地方軍閥割據。「廣主」，就是兩廣的軍頭，是一個有名的暴虐軍閥。「廣主劉」不記載他的名字，因爲這些人雖然獨霸一方，但算不上是什麼人物。當時叢林的大和尚都是政府聘的，這個廣主劉準備造反，特地來看大和尚，「請樹決臧否」，來問知聖和尚造反好不好。在他未到以前，知聖已經知道了，等這位廣主一到，知聖兩腿一盤，涅槃了，等於答覆他，你如果造反，會同我一樣，要死的。

這位廣主問當家和尚：「和尚那一天有病的？」「不曾有病，剛剛大王還沒到前，有一封信，叫我送給你看。」廣主打開一看，上面寫著：「人天眼目，堂中上座。」推薦雲門接這個廟子。廣主完全懂了，「寢兵」不造反了，同時請雲門當大方丈。

現在不管這些熱鬧事，回轉來研究，如何在心地法門上用功。

雲門的教育法，開堂問衆人說：「汝諸人無端走來這裡覓什麼？老僧只管吃飯屙屎，別解作什麼？汝諸方行腳，參禪問道，我且問汝，諸方參得底事，作麼生試舉看。」

這都是當時的白話記錄，雲門下面有四、五百人。「於是不得已，自誦三平偈」。三平是大顚和尚的弟子，大顚在廣州，是馬祖的弟子，也是有名的大禪師。三平和尚是大顚和尚的首座，韓愈貶到潮州以後，韓愈跟大顚是好朋友，每天向大顚和尚問道，大顚始終不對韓愈講。有一次，韓愈問大顚和尚，「弟子軍州事繁，佛法省要處，乞師一語」，韓愈問大顚和尚請示佛法，「師良久，公罔措」，韓愈說：「師父，我還是不懂。」三平站在旁邊就在禪床上敲三下，大顚和尚說：作麼？三平說：「這個道理，先以定動，後以智拔」，韓愈說：我懂了，師父怎麼不告訴我，倒是小師兄的話我懂了。老和尚一聽，拿起棍子就打三平，爲什麼打他？因爲對韓愈講道理是害了他，接引韓愈須把一切道理都堵光。有學問、有思想的人不易入道，因爲自己很容易拿道理來下註解，三平告訴他這兩句話，韓愈自認爲懂了，其實還是不對。

三平後來是大祖師，寫了一首悟道偈，非常好，所以雲門祖師借用。他們兩個時代距離約有幾十年。

雲門祖師借用三平的偈子說：「即此見聞非見聞」，念了以後，看看大家都不懂，便接下去：「無餘聲色可呈君」，然後看看這班僧衆，又不懂，自己說：「唉！有什麼口頭聲色？」又念第三句：「個中若了全無事」，看看大家仍不懂，又說：「有什麼事嘛！」又唸三平的第四句：「體用何妨分不分」，大家還是不懂，他又下註解：「語是體，體是語。舉柱杖曰：拄杖是體，燈籠是用，是分不分？」停了一下，大家没有答覆他，又說：「你們難道不知道，一切智智清淨，懂不懂？」——這就是禪宗的教育法。

有一次，我與學生上街時，看到街上年輕男女情人摟著走，同學問我作何感想，我說：

即此見聞非見聞　無餘聲色可呈君
個中若了全無事　體用何妨分不分

同樣的道理，不是笑話，大家不易了解的。

「師云：光不透脫，有兩般病，一切處不明，面前有物，是一。」

我們打坐參禪，智慧的光、自性光明沒有來，是因爲有兩種毛病：一是在任何一切處，眼睛前面有個東西，把你障礙住了，而不自知，所以無法明心見性。

我們打起坐來，是不是面前有物？閉起眼睛，黑洞洞的，看不見，張開眼睛時，一切見聞「皆」見聞，「現前」聲色可呈君了。眼睛一張開，就被外界牽走了，作不到「個中若了全無事，體用何妨分不分」。

閉起眼睛來，眼皮就障礙住了，黑洞洞的，一片無明。禪宗祖師罵人：黑漆桶一個。我們身體像桶一樣，在桶裡頭黑洞洞的，這怎麼行啊！一切處不明，面前有物是第一毛病。

能把身體的觀念，眞空得了，般若的心光才能夠出來，那時才能談得上：「體用何妨分不分」。也可以說，內外何妨分不分。這是第一點，很確實，不像他上面說法的作風。

又：「透得一切法空，隱隱地似有個物相似，亦是光不透脫。」

注意這裡，有時道理上悟到一點，坐起來也比較空一點，當然還沒有完全透得法空，只有一點影子。但是，注意雲門的話，坐在那裡，空是空，可是隱隱地，好像還有一件事未了，說是妄念，又不是，但是就有個東西在那裡。不要認爲自己對了，生死不能了的。

雲門講得很清楚，透得一切法空，理也到，境界也有，但是定中隱隱地，好像有個東西障礙你一樣，這就是般若心光不透脫。透脫就是透出來解脫了。所謂透了，就是無內外、無障礙，解脫了。

雲門很確實地告訴我們見地、修證、行願，都要注意。又說：「法身亦有兩般病」，一念不起，清淨無生，這是法身，也有兩種病：「得到法身，爲法執不忘，己見猶存，坐在法身邊，是一。」得到空一點境界時，清淨了，這只能講相似於法身，近於法身。但離開這個清淨境界，你就沒有東西了，因此抓得牢牢的，這就是法執。法執一在，這裡頭就有我見，就是「己見猶存」。所以不必說「法無我」，連「人無我」也沒有達到。毛病是住在法身境，守這個清淨，以爲究竟，出了大毛病，這就是法身病之一。

第二個法身病，「直饒透得法身去，放過即不可，仔細檢點將來，有甚麼氣息，亦是病。」眞達到絕對的清淨、空的境界，眞作到了隨時隨地都在空境中，還犯了一個毛病，就是如果不守住空的境界，一念不定，就完了。沒有法身，那個空的境界就跑掉了。

在座有幾位老朋友，都有點心得，勉勉強強，打七用功，逼一下，有點清淨，覺得滿對，理也悟了。「放過即不可」，放鬆一點，入世一滾，事情一忙，什麼都沒了。自己仔細反省一下，有什麼用？有什麼氣息？這也是大毛病。

我們看禪宗語錄，常常把這些重要的地方，麻麻胡胡看過去了，其實這些都是寶貝。我們光看扭鼻子啦，看桃花啦，再看也悟不了道，剛才說的這些，才是重要的地方。

「垂語云：人人盡有光明在，看時不見暗昏昏。」你要找道，越找它越看不見，過一陣問大家：「作麼生是諸人光明？」大家都不明白，答不出來，自己代表大家答：「廚庫三門」，廚房、庫房、三門外。再看看大家仍不響，又說：「好事不如無」，下座，進去了。

這是禪宗、禪堂的教育法。

再談雲門對人的教育法，有一次，雲門到了江洲，陳尚書請雲門大師吃齋，尚書相當於現在的部長，官位很大。他要考考雲門，才見面便問：「儒書中即不問，三乘十二分教，自有座主，作麼生是衲僧行腳事？」

這位陳尚書佛學很通，禪也懂，一見雲門便問：儒家的書我不問你，世間的學問，佛經三藏十二分教我也不問，那些是研究佛學的大師們的事，讓講經法師去搞。我只問你，你們參禪的人，要明心見性，到處參學，你對這件事看法怎樣？

他是主人家，客人一來，才見面，很不禮貌的樣子，就考問起雲門來了。

雲門問他：你這個問題，問過多少人？陳尚書說：我現在請教你。

雲門曰：「即今且置，作麼生是教意？」

現在你問我這個問題我不答覆，我請問你，大藏經每個經典裡頭講些什麼？

這位部長答：「黃卷赤軸」，沒什麼，都是些裝潢得很好的書。

「這個是文字語言，作麼生是教意？」陳尚書給他一步步逼得內行話都出來了：

「口欲談而辭喪，心欲緣而慮忘。」

眞正的佛法沒有語言文字可談，聽起來，這位尚書大人好像開悟了似的。雲門一聽，便說：

「口欲談而辭喪，爲對有言；心欲緣而慮忘，爲對妄想，作麼生是教意？」

這是相對的話，研究過唯識的就知道，上一句是對語言文字而講，下一句對妄想來講，也是相對的話。雲門說：你還是沒有答覆我的問題，我問你，什麼是教意？佛經究竟講些什麼？「書無語。」這位尚書不講話了，這一頓素齋頗爲難吃的樣子。

雲門又問：我聽說你是研究法華經的是不是？是啊！經中道：一切治生產業，皆與實相不相違背。這是佛說的，在家出家一樣可以成道，在家行菩薩道的人，一切治生產業與道體沒有兩樣。

「且道非非想天有幾人退位？」雲門又接著問。

問題來了，佛法的宇宙觀，超過色界有個非非想天，非非想天的天人有幾個退位？既然一切世法與佛法不相違背，爲什麼死死的在那裡閉眉閉眼打坐？爲什麼要求自己不動心？非非想天有幾人肯下降人間？到了高位的有誰肯下臺來？

這位尚書給他逼得答不出來，雲門就訓話了：「尚書且莫草草」，佛法不是那麼簡單，你不要認爲自己很高明。

「三經五論，師僧拋卻，特入叢林，十年二十年尚不奈何，尚書又爭得會？」佛學講得刮刮叫的，和尚裡頭多的是，他們認爲自己沒有悟道，因此不研究佛學，把教理丟掉，跑到叢林禪堂裡參禪，參個十年、二十年，連一點影子都沒有的，多得很呢！尚書你別以爲已開悟了，還差得遠呢！

雲門老和尚很厲害，這一下罵得那位尚書跪下來，說：「某人罪過罪過」，這才服氣。

第十六講

內容提要

顧鑒咦
法眼宗
見桃花悟道
圍起來打
四禪四大和三大劫
身心健康的修道
性相二宗
五遍行及五陰
意識和餘力

禪宗講見地、修證、行願時，多半用的是隱語，所以不要被美妙的辭句瞞過去了。

雲門的宗法非常難，所以雲門宗出來的人才，都很了不起，但是很難教出幾個人來。雲門的眼界高，教育法也嚴。雲門的教育法是顧、鑒、咦，而不直接談見、修、行。

什麼叫顧、鑒、咦？比如學人來見他，他眼睛一瞪，說：你看清楚了嗎？學人不懂他是什麼意思，他便慨歎一聲：咦！

現代人研究禪學，有把顧、鑒、咦當話頭來參的，參它就會悟道嗎？不一定！

雲門的氣宇如王，教育法非常嚴肅，尤其因爲他是律宗出身，對弟子們戒律的要求非常森嚴，他隨時都在提醒學生們用功。也許學生們正在路上走著，碰到雲門，他叫：「你看！」學生一回頭，看著他，不懂，雲門曰：「咦！」歎一聲。咦，可不是小止觀中的六個字，別把它當氣功看，如果當氣功看，那就糟了。

現在來談法眼宗。法眼宗在南宋時代就衰落了，此宗與雲門的教育法不同，比較注重文學。這一宗的人才，文學修養都很高，比如永明壽禪師（宗鏡錄的作者），即屬法眼宗這一系。法眼注重文字、教理，才產生了永明壽的教理與修持並美。法眼禪師悟道的因緣，大家可以自己研究。

法眼禪師有名的詩：

理極忘情謂　如何有喻齊
到頭霜夜月　任運落前谿
果熟兼猿重　山長似路迷
舉頭殘照在　元是住居西

詩作得不算特別好，但卻是禪的境界。他主張見地、修證、行願並重。要窮理，理明到了極點，言語道斷，心行處滅，一切妄念都沒有了，就是「忘情」。用功的第一個道理是要理透，然後功夫才到。

到了言語道斷，心行處滅時，怎麼樣的比喻都講不出來了，怎麼比喻都是錯誤的，因爲無法相比。

「到頭霜夜月，任運落前谿」，這是現前的境界，住在山上的人，經常看到這景象，尤其冬天的月亮最好看，大雪封山，人影沒有半個，然後月亮圓圓的掛在天上，下面一片琉璃世界，這個時候，天上天下唯我獨尊，妙不可言。「到頭霜夜月」，就是這個境界，一片清明，忘身、忘念；人我世界都空了。第二句話要注意，「任運落前谿」，我們有時瞎貓撞到死老鼠，大境界沒有，只有一點點空，偶然有一點禪了，但等一下就掉了，這類人很多，就是不懂「到頭霜夜月，任運落前谿」，明極則暗生，這是當然的道理。什麼叫掉了？暗極又會生明嘛！這是理沒有透。

下面兩句「果熟兼猿重，山長似路迷」，好詩，實實在在的境界。果子熟了，猴子來摘水果，抱也抱不動。猴子偷水果很有意思，右手摘了一個，挾在左臂下，再用左手去摘，挾在右臂下，雙手不斷的摘，水果不斷的從臂下掉到地上，看到人來了，趕緊跑，這就是人生。這個錢抓來放銀行，那個錢抓來買股票，然後走時，兩手空空，什麼都沒有，同猴子抓水果一模一樣。有些猴子心平一點，抓一個兩手捧著就把它吃掉了；如果要偷的話，一定一個都沒有。

這一段完全講功夫，陰極陽生，陽極陰生的境界，隨時在變動，不要認爲清明境界一念不生能一直保持住，如果一念不變去，你就是妖怪了，妖怪就叫外道。我們守住一念，久了以後就落在枯禪，沒有生趣。事實上它一定會變的，中國道家稱爲「九轉還丹」，一層層的變化，眞到後來得了果位，「果熟兼猿重」，猿代表心意。但這一段功夫是「山長似路迷」，果熟要慢慢修得。我們打坐三天就想證果，沒有這回事。要慢慢地，有時連自己都懷疑，好像沒有希望了，就是山長似路迷，這些都是講功夫。

最後兩句：「舉頭殘照在，元是住居西」，現成的境界，抬頭一看，好像在黑暗境界中，光明掉了，不過還有一點殘照在，原來那個靈靈明明的還在，就在那個房子西面。「住居西」是雙關語，也可說是西方極樂世界，這極樂世界不一定代表西方淨土佛國，而是代表自性清淨。

法眼宗非常平實，但偏重於文學方面，比較著重於文字。指月錄記載了這一首，五燈會元卷十，則錄了另外一首。法眼禪師與李王賞牡丹花談天，五代的李王，就是唐太宗的後代末路王孫。李王很尊重法眼禪師，是法眼禪師的皈依弟子。有一天，這位小王請法眼禪師同賞牡丹，一方面問佛法。牡丹代表富貴，賞完花後，李王請他作首偈子，他當場就寫了一首詩：

擁毳對芳叢　由來趣不同
髮從今日白　花是去年紅
艷冶隨朝露　馨香逐晚風
何須待零落　然後始知空

天氣涼了，他們披著披風對著牡丹花叢。「由來趣不同」的趣字同趨，走的路不同。

「髮從今日白，花是去年紅」，這兩句眞好，但是襲自杜甫：「露從今夜白，月是故鄉明」，不過偷得很高明。

「艷冶隨朝露，馨香逐晚風」，描寫花，好詩。

「何須待零落，然後始知空。」他對這個末代的王孫說：你趕快去修道，時代已經結束，不是你的了，何必等到花掉下來，你才知道是空的呢？正此時，恰到好處，你趕快收場，這句子寫得多高明。又在指月錄卷廿二有：

師頌三界唯心曰：「三界唯心，萬法唯識。唯識唯心，眼聲耳色。色不到耳，聲何觸眼。眼色耳聲，萬法成辦。萬法匪緣，豈觀如幻。大地山河，誰堅誰變。」

這就是法眼這一系的禪宗，後來法眼一系發展下來，到了宋代，除了永明壽禪師以外，就是浮山遠禪師。

如果研究中國文化發展史，要特別注意溈仰宗的九十六圓相。溈山禪師乃百丈禪師的弟子，仰山禪師是溈山禪師這一系來的，跟著下來就是臨濟、曹洞，時代已到晚唐、五代。雲門、法眼則是五代了，浮山遠禪師、永明壽禪師已到了宋朝。這中間一差就兩三百年，我們幾句話就帶過去，幾百年一刹那而已。

時代愈向後發展，簡單的方法也越形繁複，同現在科學方法一樣，分工越來越精細。臨濟的四料簡、三玄三要，到了曹洞就是五位君臣，雲門的顧、鑒、咦也過去了。到了法眼，演變成「九帶」，這九帶成了東方文化，傳到日本，變成功夫方面的術語，黑帶、黃帶……等九條帶子。這就是從浮山遠禪師的九帶演變來的，九帶就是九個類別。

現在的禪宗很可憐，一般人以為打坐是禪，參話頭是禪，默照也是禪，還有一種把沉思冥想也當作是禪，這就很嚴重了，宋朝大慧杲禪師稱這個是「默照邪禪」。

還有一般講禪學的人，講得就更容易了，比如說：見桃花而悟道啦；見山不是山，見水不是水，見山又是山，見水又是水；這是大家最喜歡講的，搞禪學的書上常有。窮人上街，百貨店裡擺些什麼，經常没有看見，見百貨不是百貨，那不是禪了嗎？

還有靈雲禪師見桃花而悟道，這個故事很有名。靈雲禪師參禪參了二、三十年，參不通，這一段誰都不去注意，有一天，他在放鬆之間抬頭一看，看到桃花，噢！原來這個，悟了。他寫了一首偈子：

三十年來尋劍客　幾回落葉又抽枝
自從一見桃花後　直至如今更不疑

這也等於一個比丘尼悟道時所作：

竟日尋春不見春　芒鞋踏破嶺頭雲
歸來手把梅花嗅　春在枝頭已十分

靈雲禪師參禪參了三十年，「自從一見桃花後，直至如今更不疑」，同迦葉尊者一樣，釋迦拈花，他就微笑了，他究竟悟個什麼？爲什麼種桃花的人，一輩子也沒有悟道呢？這是問題——話頭。

如果講見桃花悟道，那麼達賴六世當然也悟了道，他的情詩便有：

美人不是母胎生　應是桃花樹長成
已恨桃花容易落　落花比你尚多情

如果在這些文字上湊，一輩子也搞不清楚，人都搞瘋了，變成一個瘋狂的人。

靈雲禪師見桃花而悟道，與釋迦牟尼佛睹明星而悟道，是同一個道理。同虛雲和尚打破茶杯，也是同一個道理。靈雲禪師用功三十年一直在找，找不到。至於三脈七輪、奇經八脈，在他則已經不在話下。有一天，忽然放鬆一下，站起來，要鬆弛鬆弛，一看花，花還是花，我還是我，眼睛看到花的時候，心念已經不在花上了，那個視力的功能回轉來，視而不見，眼裡沒有桃花，心裡也沒有桃花，這時正在用功吃緊之際，心裡很緊張，抬頭一看這個東西，眼睛對著它，馬上一返照，心念頓時一空，如此而已，沒什麼稀奇。豈止看桃花而悟道！看什麼都一樣。

我有個方法可以試驗，你去跑上幾圈，跑完了以後，剛剛站住，氣還沒有回轉來，只要有人拍你一下，對你說：好了，你已經到家了。那時你一定以爲你悟了，心裡覺得很踏實，有悟了的感覺。這是心理狀態，騙人的。

像這樣的「禪」，後世太多了，不能亂搞，這不是眞的禪。因此，雪竇禪師作了一首詩說：

> 江南江北競頭看　潦倒雲門泛鐵船
> 隨例茫茫失釣竿　可憐多少垂鉤者

這是指後世參禪的人，連我們在內，現在都在這個境界裡，隨例茫茫失釣竿。江南江北到處的人，都想上這隻船，等於我們到處求師，到處鑽。但是別說學的人沒有學成，連那些教的人，想釣釣看有沒有大魚，結果是「本欲度衆生，反被衆生度」，連自己的釣竿都弄掉了。

古代人學佛的路子和後世人有何不同？佛並沒有說明心見性就是禪。那些認爲了生死就是禪，以及明心見性就是禪的想法，是中國宋元以後的禪宗講的。佛在靈山會上拈花微笑，千古以來很少有人參透，我經常教人參這個公案，佛爲什麼拈花？迦葉尊者爲什麼微笑？這裡頭有見、修、行，三要都在內，不是那麼簡單。再說佛傳禪宗心法時說：**吾有正法眼藏，涅槃妙心，實相無相，微妙法門，教外別傳，不立文字，咐囑摩訶迦葉**。佛並不是說：我有直指人心，明心見性法門，咐囑摩訶迦葉。這是後世改的，雖然意義差不多，但是文字一改，觀念完全不一樣了。如果明心見性就是禪，那什麼是心呢？有問題，這是第一樁錯誤，很嚴重。

第二，自達摩祖師東來，一直到六祖以前，他們的直指人心，見性成佛，是怎麼指？決不是六祖以後這一套指法。以二祖那樣的學問，那樣的修持，最後還是心不能安，要求安心法門。難道他那麼沒出息？以他的學問、修養，應該早就安心，就像我們看空了人世間一切等等，怎麼他還沒安心呢？乃至他得法以後，再傳給三祖，自己又到花街柳巷去玩了，還說是在調心，這是什麼道理？難道他連我們都懂的道理都不懂嗎？

第三點，三祖來見二祖時，三祖一身是病，古代講「風病」，就是現代講的血壓高、神經痛、骨節發炎、渾身是病，求二祖替他懺罪。二祖對他講：「將罪來與汝懺」，要他把罪業找出來，然後爲他懺悔。二祖對三祖這麼說，過了好一會兒，

「良久，曰：覓罪了不可得。祖曰：與汝懺罪竟。」三祖由此悟了，病後來也好了。這個可不是普通心理上有個空的念頭而已。病由業生，業由心造。二祖等於告訴他，你心若空了就沒病，後來三祖的一身風病就好了。這悟個什麼？這是心物一元的心，如果只從意識心上講：噢！我心好清淨，我解脫了。解脫個什麼？解脫不了的。他的病從此好了，這裡值得注意。

四祖來見三祖時，和二祖見達摩祖師的公案類似。四祖當時年紀很小，才十四歲，「來禮祖曰：願和尚慈悲，乞與解脫法門。」三祖一聽，反過來問他：「誰縛汝？」到底誰綑住了你？四祖琢磨了一下說，沒有人綑住我呀！於是三祖就說：「何更求解脫乎？」那麼你又何必求什麼解脫呢？小小年紀的四祖，這樣就開悟了。

五祖見四祖的事更怪了。達摩祖師傳下來的，四祖交不下去。一天，長住山上一個栽松道長，來找四祖求道，四祖說你年紀太大了，如果能轉個身來，我等你。這老道人就投胎去了。如說他沒悟道，他要來就來了，轉個身就來了。雖有這個本事，卻還沒悟道。四祖還眞的等他來，這個公案也要注意。

後世自從一講心即是佛，處處都拿心來講，固然中國南方流行這種很普通的方法，但流弊大得很，後世人拚命弄個話頭在心裡塞，那就更錯了。

禪宗的一種教授法，叫做「圍起來打」，也就是無門爲法門。在學的人本身，八十八結使，隨處可以圍起來打。脾氣大的，把他挑大；貪心重的，就把他挑重。

有個大官來見藥山禪師，問：經典上說：黑風飄墮羅刹國土，這是什麼意思？這人學問很好，官位也高，問話時也規規矩矩的。老和尚卻一副鄙視相，說：憑你，也配問這一句話？這一下眞把他給氣死了，年紀那麼大，地位那麼高，規規矩矩問他，老和尚卻那麼無禮的回答，恨不得打他一巴掌。老和尚這時輕輕的點他：「這就是黑風飄墮羅刹國土」。他悟了，立刻跪下來。

禪宗的教育法就是這麼妙，曉得你脾氣大，就故意想個辦法逗你，等你脾氣很大的時候，就來拍馬屁了，不要生氣了，這就是無明，無明就是你這樣。於是這個人悟了，這個時候心是清淨的。

貪、瞋、癡、慢、疑等等，用各種方法，圍起來打，沒固定的方法，準要打得我們，如同靈雲見桃花而悟道一樣，然後說：對了，對了，這就是了。

但如果認爲這就是禪宗，那才是自欺欺人呢！這是第六意識偶然清淨的境界，等於用香板點人一樣，一下子空了，意識清淨了，只認識了這個。如果認爲這個是「心」的話，就大錯而特錯，不是的。

明心見性這個說法的流行，是六祖以後，一代一代演變下來的，越到後來就越沒有眞禪了。像現在這個情形，不需要搞佛法，任何人可以作到，只要把一念空了就好了。想把心念一下清淨下來，方法多得很，如眼睛平視前方，前面擺一個發亮的珠，或佛像、菩薩，眼盯著看，心念就會慢慢清淨下來，催眠術也是這樣。

密宗的修法，也是圍起來打，要發大脾氣時，有個清淨的房子，把你關起來，給你幾天，儘量發，發到累了，氣自然也沒有了。貪心的人，找個地方給你貪，貪夠了，你就沒有了，都空了。看光也是同樣的道理。

但這一切都離不開這個身體，離不開色陰區宇。不管學那一種宗教，覺得有個清淨境界時，身體還在，氣脈還調馴，四大還安適，心意識上偶然清淨，都會錯認它就是道，其實都離不開生理作用。

大家自已觀察一下，這時如果感冒了，或得重病了，還是會煩惱會痛苦，明知道心是空的，卻空不了。有些人本事好一點，躺在醫院時，問他：「你這個時候清楚嗎？」「清楚。」「痛不痛呢？」「難過。」再過幾天病重了，你問他：「你曉得嗎？」「不知道了。」「還有沒有功夫？」「沒有了。」可見一切都是生理作用，這個唯心悟了有什麼用？所謂功夫又何在呢？換句話説，你這個功夫沒有身體幫忙不能成功。

至於人人動輒講氣脈，氣脈是很自然的，一個人定下來，氣脈沒有不起反應的，連睡覺時都有氣脈，這是地水火風，身體上自然反應而來的。但是一般人靜坐時，有個很糟糕的心理，一邊在打坐，一邊想成佛成道，禪宗叫做「偷心不死」，貪便宜，偷巧。人有很多壞心理，玩聰明，這些就是偷心。

有偷心，就有一個目的在求。生理的種種自然現象，配合心理上的錯誤觀念，便認爲它就是清淨，這就是道，都是在這裡頭玩，究竟道是什麼？明心見性是什麼？也根本没有見到，所以大家學佛没有好好學。

現在看三界天人表：三界天人表的秩序，等於我們的身體，下面欲界，中間色界，上面無色界。按照中國道家的説法，下面煉精化氣，中間煉氣化神，上面煉神還虛，達到空的境界。

所謂氣脈是什麼呢？佛家講四大，即地水火風。作功夫有四禪，四種定境。不管般若也好，眞如也好，悟了道的人，不能不走禪定的路，道理再高明，没有定力也是不行。定力達到初禪，是離生喜樂，喜是心理的，樂是生理的。如何發樂？樂由精生。精不充滿，發不出樂，但凡夫衆生精充滿之後，男女淫欲之念——無明就跟著來了。如果解脱了無明欲念，轉化了它，昇華了它，才能煉精化氣，才能達到心理上喜的境界。

前天有個同學筆記上寫：「法喜充滿，喜也是妄念，是大妄念，大結使。既然是妄念，佛法爲什麼提倡喜呢？」因爲喜的另一面，是陰的一面，就是煩惱。喜是陽面，有喜則陽氣生。善能生陽，所以佛法的道理，取陽面的善念。總算有個同學提得出來這種問題。

喜樂也是妄念，不過喜樂是陽面，是善念之所生，善也是念，所以四禪八定的境界也是念。只有到達徹底的捨念清淨——四禪，才算擺脱了念。我們都想死後不再轉人身，而升入天道，但是沒有禪定就無法升天道。這裡特別提出一個問題，大家有沒有研究佛經，知不知道這個世界將怎麼毀滅？知不知道有三災八難，三個大劫？現在我們來研究一下這些問題：

瑜伽師地論卷二：

又此世間二十中劫壞，二十中劫壞已空，二十中劫成，二十中劫成已住。又此中劫復有三種小災出現。此時地球還在儉災、病災、刀災。這且不談，這只是人世間的劫，而宇宙卻有三大劫——火劫、水劫、風劫。

我們修十善業、修戒、定、慧，在沒有悟道前，因戒定慧的善果修得好，才能升天。但升了天道就沒事了嗎？等火劫來時，地球中心的火山爆炸，甚或連太陽也爆炸了，燒到二禪天下面。大梵天以下，整個都燒掉了，日、月都沒有了。火劫來時，初禪天包括三十三天，一直到二禪天邊上。

二禪天以上火劫燒不到，但水劫來時，整個銀河系統都毀了，那時二禪天的頂都淹沒了，達到三禪天邊上。

三禪天水災毀不掉，可是風劫一來，整個大氣層，物理世界崩潰時，三禪天也毀了。

只有到了四禪天以上，無念眞空的境界，三劫才達不到，這是佛經大小乘經論上，說得清清楚楚的。宇宙的成住壞空，佛經記載得很詳細，大家要好好的去參究。

一般人研究經典，特別愛搞學理上的哲學問題，這些實際的問題，卻都不去碰它，都把它丟掉了。

我們身體也是地水火風來的，一切妄念，尤其男女的愛欲，都在火、水兩個大災裡面。欲念滋盛了，就有笑、視、交、抱、觸，然後就有黏液，身上的液體就起變化，賀爾蒙起了變化，再整個發散，整個禪定也就跟著沒有了，垮了。

氣脈不調馴，風災到了，就是到了三禪都靠不住，什麼叫悟道？騙誰啊！所以古德言「參要眞參，證要實證。」，身與心是一個心，是心物一元那個心，要把那個功能見到拿住才行。當你修到妄念不起，只是第六意識一點點境界，那還沒跳出第一個火災的範圍，什麼妄念不起？逗你一下，瞋心就起來了。一念瞋心起，八萬障門開，這個人你不喜歡理他，瞋心就起了。儒家善惡是非太分明，屬於瞋心，所以善惡是非過分分明就是瞋念重。「不俗即仙骨，多情乃佛心」是貪念重，「落紅不是無情物，化作春泥更護花」，這也是貪念重的描寫。「唉！什麼都可以放得下，就是某一點我放不下」，這是癡念重。然後想：「我如果一放下，一修一定成功」，這個想法是慢念重。然後：「唉！可惜，當時我就是沒有幹好」，這是悔念重，人人都在悔。然後一邊修道，一邊又在懷疑，自己究竟有沒有希望，自己也茫茫然無把握，這是疑。總之，貪瞋癡慢疑，沒有一樣不重。

我們作自我檢查，第六意識縱然沒有起來，半天也沒動過，清清明明，那只是枯禪罷了。第六意識偶然的一個清明的現量呈現出來，也是不算的，因爲逗逗你就完了。而且這個清明面還要靠身體好，氣脈通。如果風災一來，來個病痛，氣脈堵住了，這一點禪早就跑掉了，這是身上的風災。所以氣脈之説有没有？絕對有。地水火風調和不好，不要談道。此身都不能轉，還轉個什麼心啊！轉不了的，絕對轉不了的。

火、水、風三大劫一來，初禪、二禪、三禪諸天都没有了，整個世界毀掉了，太陽、月亮都毀了，何況我們這裡。你説那個時候，你還在一念清淨，三際托空，看你那時空不空！因爲我們現在的三際托空，是靠身體四大偶然的調和而形成，不是眞到了明心見性，這點要特別注意。

因此，後世的禪，都把第六意識偶然一點清明的念頭，當成道法，現在很多人都認爲自己到了，卻忘記了這個清淨，是發生在身體最健康的時候。實際上，此時測量腦波，腦波還在動，心電波也還在動。腦波也可用心意識控制，我們的心念可以控制自己的思想，可以做到讓它停止。但是必須要身體絕對健康，如果身體不健康，再要硬性控制意念，腦神經就會錯亂，所以，氣脈就有如此重要。在身體尚未健康時打坐，觀念一錯誤就會導致神經問題。許多搞宗教的人，都遭遇這種情形，就是因爲生理、心理都不健康。絕對健康的人才能夠修道，才能夠談明心見性。至於那個心是怎樣明的呢？怎樣見的呢？教理與功夫，都要一樣樣配合，楞嚴經已露了一點消息，你們要用智慧去參啊！

關於瑜伽師地論，重要的部分將依次介紹，瑜伽師地論的內容，可說是美不勝收。

禪宗是用般若談法性。唯識則偏重於法相。般若這一派學問，根據一般後世佛學家的說法，是龍樹菩薩的系統，我們也順著這麼說。唯識與龍樹有關，也是這個系統來的。性相二宗，在這一兩千年以來，印度同中國一樣，都為這兩個問題互相爭得厲害。

性宗以般若為宗，認為畢竟空，徹底的空；相宗以唯識為宗，認為勝義有。所謂勝義有就是說：一切萬有的現象與作用，都是空的，無自性，但是「那個」東西，形而上的「那個」叫做勝義，是眞有的，不過不是世間法的有，而是有這個功能。世上一切萬有的功能，都是由它生的，不是沒有。勝義有及畢竟空，兩派爭得很厲害，是學術意見之爭。在我看來，般若都是講有，唯識恰恰講空，有些人拿著雞毛當令箭，爭來爭去，眞是無聊。

為什麼說般若談有？心經云：舍利子，是諸法空相。他沒有說：舍利子，是諸法空「性」。諸法空相，一切相空了。最後告訴我們：眞實不虛，可見是有。

唯識宗呢？以五經十三論為宗，解深密經上佛說：

阿陀那識甚深細　　一切種子如瀑流

我於凡愚不開演　恐彼分別執爲我

這明明是講空嘛！佛不是說得很清楚，還有什麼好爭的。不過沒有關係，讀書人不爭論還有什麼事情可作呢？讀了書就是要爭，爭名嘛！（衆笑）

這兩個系統後來有一點不同，所以達摩祖師要我們以楞伽經爲根本。楞伽經是性宗、相宗主要的經典，也是禪宗及唯識宗的主要經典。既然談到楞伽經，又非懂得唯識法相不可。再回轉來看禪宗，每個祖師，從臨濟、溈仰、曹洞、雲門、法眼沒有一個人不通教理，經教全通達了，最後擺脫經教而學禪。現在的人經教半點也沒研究，還動輒就說是禪宗。

我們先說明白這些道理，才能再談用功的方法。

玄奘法師所作的八識規矩頌中提到第八識的偈頌，**性唯無覆五遍行**，阿賴耶識無所不在，但如不因意等七個識起作用，非但不自造作善惡兩業，而且不與染法相應。所以說它「無覆無記」，把阿賴耶識轉爲白淨識，就可明心見性，也就是迴轉爲如來藏性。沒有迴轉過來之前，無明的這一面，都屬於阿賴耶識。

「五遍行」是作意、觸、受、想、思。這五遍行千萬要記得，打起坐來作功夫時才容易得力，才能夠窮理，就是法眼禪師所講：「理極忘情謂」。教理通了，這些瞭解了，作起功夫來才有用，理不通不行。這五遍行在前五識裡有，第六識也離不開它，第七識也有它，第八識也跑不掉，你看這五遍行多厲害，整個都是它，所以稱遍行。

大家作功夫時，有沒有把五遍行與五陰配合研究？兩者的關係要搞清楚，如果這個觀念弄不懂而想要參禪作功夫，乃至明心見性，你能見個什麼性？五陰：色、受、想、行、識。五遍行裡頭也有個想，這兩個想是否爲一個想？或是二想？也要分得清楚。

我們打坐坐不好，是因爲妄念空不掉，爲什麼空不掉呢？因爲五遍行到處都在，所以妄念如何空得掉呢！觸：身體是否舒服？氣脈通不通？一觸就受，感受一定知道。想：清淨一點時，覺得一點妄想都沒有，你自以爲沒有妄想，那正是思的境界。這波浪性的妄念起動謂之想，像心電圖慢慢的動，好像看不出有妄想，這就是思。這五遍行的五個東西，在八個識裡充滿著，從未間斷過。當你什麼都不知道的時候，正是五十一個心所裡頭的睡眠，好像人昏過去悶絕了，或累極睡著了。唯識講這種現象是無心睡眠與悶絕，第六意識不起現行，但那不叫做空，若叫做空的話，那是冥頑不靈的頑空。

我們今天學禪，要開創新方法，不能再用老法子。不一定見桃花而悟道，世界上什麼花都有，現在還有塑膠花呢！科學時代要科學禪，要把心理分析得清清楚楚，注意啊！今天科學愈發達，對我們學佛學道愈有幫助。這個時代的人修道，應該比過去的人容易才對，因爲有許多科學的理論，給予事實上的幫助。可是一般人還停留在落伍的過去，眞是「幾多鱗甲爲龍去，蝦蟆依然鼓眼睛。」鱗甲都變龍飛上天了，田裡的蝦蟆還在那裡呱呱叫，鼓著眼睛大發牢騷。科學在進步，所以學禪要改個方法了。

阿賴耶識等八個識，在未明心性以前，五遍行一定存在其中的。見道證果，五遍行便轉成妙用。八識規矩頌二：浩浩三藏不可窮，淵深七浪境爲風。下面兩句要注意：受熏持種根身器，去後來先作主公。人在臨死前，昏迷了，前五識逐漸散壞，阿賴耶識最後才走。投胎時，則是阿賴耶識最先來。

現在科學時代，佛學有些問題來了。請問剛剛死的人，眼睛馬上挖下來，放冰庫裡，可移植給別人，那麼這眼識死了沒有？

同理，腎臟移植時，腎臟的命根死了沒有？

還有，佛經上講投胎的成胎的過程，當然講心臟。請問：現在心臟可以換上化合物的、鐵的，而且人還都可以活著，這又是什麼道理？我們作佛弟子的，這些問題不能不補救，不能勉強維持原說。

現在我們來看瑜伽師地論卷一：

云何發起身業語業？謂由發身語業智前行故，次欲生故，次功用起故，次隨順功用爲先，身語業風轉故，從此發起身業語業。

此羯羅藍識最初託處，投胎的時候，入胎之時，即名肉心，也當然不離心臟的關係，如是識於此處最初託，即從此處最後捨，死時最後離開。這裡有個問題，那麼現在的醫學把心臟換了而可活，所以科學進步了，也發現與佛經有許多相衝突的地方，但對佛經的證明以及修行上，卻是有莫大的幫助。古人翻譯佛經，心與性界限分不清楚，有時把本體叫心，妄心，攀緣心，也是心。有時候性能叫性，明心見性也是性，性質也叫性，人性叫性，男女性欲也叫性，發了脾氣也叫急性，究竟此「心」此「性」是那個心？那個性？搞不清楚。所以連玄奘法師算在內，用肉心這兩個字，用得太武斷了，是有問題的。但古今字彙不同，他也沒法。

人死了，意識先離開身體，第七識也先沒有了，在全身還沒有完全冷卻之前，第八識仍沒有離開。趁著眼球這一點煖、壽、識的餘力還在時，如果趕快把眼球挖下來，仍可移植。這種餘力有個例子，就是把蚯蚓砍成兩頭，兩頭都在滾抖，請問它的「心」究竟在那一頭？又如一種靈蛇，把它砍成三段，三段都在跳，如果這條蛇是在山裡的話，那段蛇頭立即去找藥草，相傳雲南白藥就是這樣發現的，找到藥草回來，馬上自己把三截接起來，又變成一條蛇了。請問蛇被砍成三截時，心在那一截？

古人對這個問題有個答案，就是說當蚯蚓被砍成兩段時，不是心不心的問題，這叫「餘力未斷」，是心的業力所起的作用，稱爲餘力未斷。等於我們死了，身體還未完全冷卻時，眼睛馬上挖下來，這時眼識的餘力還在。但醫院處理卻馬上把它冷藏起來，這時不是又把餘識凍死了嗎？這又是什麼道理？

所以現在學佛的人要注意，不要自己關起門來，天上天下唯我獨尊，必須把佛學和科學配合起來。我們求道作功夫之所以不能進步，是因爲求證的方法都是茫茫然，外加自我陶醉，自欺欺人，這些都是問題。

所以我們這一次，特別要把物理同心理兩方面的資料，找出來討論，要大家特別注意。

第十七講

內容提要

說圓悟勤
聞思修是什麼
信之難
說定
昏沉定世間定
修定
修空與枯禪
修有與緊張
調整色身

我們的課程，照預計時間已過了一半以上，但對於修證課程的內容，似乎還不到皮毛的十分之一。所以深深體會到，佛說法四十九年，卻說沒有眞正說上一個字，就是這種感覺，很著急。

因此，心裡想變更一個方法，好讓大家得到利益，至於大家能不能受益，就不得而知了。這一兩天，想到了很多方法，直到上課前，才決定用禪宗公案。這個公案曾寫出來過，是爲了一個朋友寫的，當時他在醫院正處於緊急狀態，結果已來不及了。

這個公案，參禪的人要特別注意，乃至於學道家、密宗的人，都要特別注意。這個公案是南北宋時代最有名的禪宗大師圓悟勤（指月錄卷二十九）。

南北宋時代的圓悟勤禪師，可以說是劃時代的人物。嚴格研究起來，宋代理學家的思想發展，及修養的變化，都與圓悟勤禪師有關係。圓悟勤的大弟子，就是南宋鼎鼎有名的大慧杲禪師。大慧杲以後，禪宗就慢慢沒落。到了元明，就更加衰落了。

圓悟勤是一個了不起的禪師，也可以說是由唐以來，禪宗修證即將結束的一個階段。圓悟勤之好，在於學問好，修持好，樣樣好，足以作爲修證榜樣。他是四川人，以前有個朋友說：中國每一個朝代的末期，第一名狀元都是四川人。還有一個朋友說：武則天是四川人，王昭君、楊貴妃等美人，也都爲四川人；到了朝代更替，大禪師也都是四川人，這就很妙了。

圓悟勤家世儒宗，讀四書五經，以孔孟為教，世間的學問研究得很好。據傳記上說，他「日記千言」，記憶力之強如此。小時候有一天到了一個廟子去玩，廟裡有佛經，他拿起一本佛經看，就傻了，當時，「三復悵然，如獲舊物。」第一次看佛經，就自然被吸引住了；再看，捨不得馬上丟，看了一段，又回轉來看，如此三次。讀完了佛經以後，很難過，好像掉了東西一樣，非常惆悵。便想，我過去前生一定是個和尚，便要求家庭准許他出家了。

研究高僧傳記，發現其中十分之六、七，都是儒家的家世，開始完全是中國傳統的觀念，反對佛教，結果成就的，都是這一類的人。這也是個話頭，是個大話頭，自己去研究。

圓悟勤出家以後，就跟著一個法師學教理，以他的天資，佛學的道理通透極了。這時，有個機會來了，他生一場大病，病得快死了。據後來他成道得法後，上堂說法所講的情形是：我那時候的確死了，只覺得前路是黑茫茫的。總算給他一掙，我不能死，還沒有成道，給他又蹦回來了。

這裡頭是個問題，是不是人死了以後，有這個勇氣可以蹦回來？如果拿唯識學來研究，圓悟勤不一定是眞死了。比方說抗戰時軍中有位朋友，被砲彈打死了，後來又回生。事後說，死是很痛快的，子彈打過身上冰得無法形容，非常痛苦，痛苦以後，感覺非常舒服，那種舒服只有一剎那，一感覺舒服就完了，死過去了。剛死的時候，先是什麼都不知道，茫茫然，空空洞洞的，的確是中國人形容的「黃泉路上」，灰灰黃黃的一片。以後怎麼活過來也不知道，只感覺自己好像在跳板上一樣，就是那麼一翻，就回來了。這不是全死，阿賴耶識還沒有離開，這一種現象在中國禮記上稱作假死。

圓悟勤禪師所講的死究竟如何，也是一個問題。我們學佛修道是科學的，不是隨便講，該怎麼信就怎麼信，並不是不信，而是對自己修道應該負責，不能盲目的自欺。

圓悟勤活過來以後，覺得佛學到此時什麼用都沒有，深深感覺研究學理，不能了脱此事，必須要修持。他對師父表示，要另投明師，走修證的路子。金剛經上說：若以色見我，以音聲求我，是人行邪道，不能見如來。而他認爲當時唸經是聲色中求，於是他走了，到當時禪宗很有名的眞覺勝禪師那裡去求法。眞覺勝禪師是悟了道的，名望、道德、修持功夫都很高，圓悟勤去看他時，他正在生病，膀子上生瘡，很痛苦，瘡爛了，流出血來。圓悟勤一到，向他跪下求道，眞覺勝指著瘡上流出來的血說：「此曹溪一滴法乳。」圓悟勤一聽，得了道應該了生死，結果生大瘡。這且不說，流出來的膿血，髒兮兮的，還說是曹溪法乳，怎麼不懷疑呢？這就是話頭。圓悟勤給他說得愣住了，師父！佛法是這樣的嗎？這個老和尚一句話都不答，這是最高的教育法，禪宗的教育法，決不答覆你，把你圍起來打。老師的答案，對你沒有用，修道學佛，要自己找答案求證。

圓悟勤找不出道理，只好走了。離開四川之後，他參訪的都是宋朝第一流的大禪師，那個時候不像現在，眞修持眞悟道的人很多，圓悟勤參遍了各處，後來找到晦堂禪師。晦堂一看到圓悟勤，就告訴大家，將來臨濟一派的道法，就在這年輕人身上，等於預先給他授記了。有時候鼓勵人也不是好事，這句話使圓悟勤中了毒，他想老前輩都說我了不起，結果就狂傲了起來。後來到了五祖廟，住持是有名的五祖演，比起其他禪師，算是較年輕的一個。圓悟勤把自己平生所學的佛學，用功的境界，統統與五祖演討論。但五祖演卻從未許可過他一句。他氣極了，不但大吵，連三字經都罵出來了。五祖演說：克勤，你罵也沒用，你必須要再生一場大病，寒熱交侵，前路黑茫茫的那個時候，你才會想到我這個老頭子的話沒錯，你去吧！

圓悟勤走了以後，到了江浙一帶，至金山寺，大病來了，他把平常的佛法，金剛經、楞伽經、楞嚴經的道理都拿出來；然後把平常用功的境界，氣脈、玄關等等也都搬上來，但是抵不住病，更抵不住生死。這一下他哭了起來，才發了願：假如我不死，立刻要回五祖演那裡去。總算後來病也好了，立刻回去對五祖演說：師父，我銷假回來了。五祖演很高興，也不問他是否生過病，只叫他去禪堂，一方面當他的侍者，正式用功以外，一方面也可以出入方丈室，侍候五祖演。

這裡有個問題：傳記記載得相當清楚，他很用功，也有許多境界，平常打坐也放光，也動地，儼然得道的樣子。但這是不算數的，一到了死關，六親不可靠，父母兒女也不能替代你，什麼鈔票、地位也救不了你，黑茫茫的，阿彌陀佛也救不了你，想唸佛都沒力氣了。當你鼻孔加上了氧氣罩，那時，你抵不抵得住？平常佛法講得天花亂墜，這時卻沒有用了，這個事實是眞的，他到了這時才回轉來。圓悟勤一生得力處，就是幾場大病。不要以爲我們現在還年輕，體力、精神還好，有一點境界，有一點功夫，又會搞佛學，又有一點思想，但這些都沒有用的，到了那個時候來不及了，只有哎喲哎喲叫的分。

那時的圓悟勤，起碼已有十幾年的用功，佛學也通，功夫也不錯，自己也認爲悟了，結果大病一場，差一點過不去了。還有一個問題，眞覺勝老和尚的曹溪法乳，這個話頭一直掛在圓悟勤心裡，沒有解決。再說這個道究竟是唯物的？還是唯心的？說氣脈通了你就得定，那是唯物的；沒有這個身體的時候，氣脈依何而來呢？如果氣脈通了就是道，那修個什麼道？那是唯物的。如果說一切唯心造，那我們坐在這裡，要它任督二脈通就通，結果想它通，它還是不通，這又怎麼叫唯心呢？若說功夫要慢慢等待，等生理自然的轉化，那不是唯物嗎？如果是唯物，那還叫修道？這些都是問題，如果你認爲氣脈搞通了就是道，那是玩弄生理感覺，與道毫不相干。

有一天，圓悟勤的機會來了，有個提刑（官名，等於現在最高法院的首席檢察官）是位居士，來看五祖演，問佛法心要，五祖演禪師對他說，你曾讀過香艷體的詩吧？我問你，唐人有兩句香艷詩：

頻呼小玉原無事　只要檀郎認得聲

這詩出自唐人筆記霍小玉傳，古時候小姐想通知情郎，沒有機會，故意在房裡叫丫頭的名字，實際上是叫給心上人聽的，表示我在這裡。和尚講禪，講到這裡去了，而且只提這兩句，那位提刑就悟了。

我們念金剛經也是呼小玉，念華嚴經也是呼小玉，頻呼小玉原無事，通過經典我們要認識這個，現在講課也是「頻呼小玉原無事」。

這位提刑悟了，當然，悟有深淺，五祖演對他說：「達到這裡，還要仔細參。」講這段話時，圓悟勤剛進來，看到師父在接引人，便抓住機會，在旁邊聽。這時便接上問：「這位提刑就這樣悟了嗎？」五祖演說：「他也不過只認得聲而已。」換句話說，懂是懂了，不過只有一點，沒有徹底。圓悟勤再問：「師父，既然只要檀郎認得聲，他已認得聲了，還有什麼不對呢？」

說到這裡，插進一段話，關於楞嚴經觀世音菩薩圓通法門，文殊菩薩讚嘆說：

此方眞教體，清淨在音聞，欲取三摩提，實以聞中入。娑婆世界的教體，修道成佛的最好方法，就是以觀世音菩薩音聲而入道。所以修觀世音法門的人，都在聽聲音，如唸南無阿彌陀佛，自己回轉來聽聲音，還有些人放錄音帶來聽，然後再找動靜二相了然不生，結果越找越不了然，因爲這不是眞正的觀音法門。

翻開楞嚴經來看看，觀世音菩薩講自己從聞、思、修入三摩地。什麼是聞？佛說法，我們懂了，因聲而得入，聽到、聽懂這個理就是觀音，理還要研究就是參，就是思。把理參透了，加以修持，才進入觀音法門。誰說光是聽聲音啊？佛學也告訴你，聲是無常，聲音本來是生滅法，抓住聲音當成道，怎麼能證果呢？觀世音菩薩的法門，都被我們蹧蹋了，他明明告訴我們：從聞、思、修入三摩地，結果大家都不用正思惟，光去聽，等於圓悟勤這時要懷疑的問題。

五祖演眼睛一瞪，問他：「如何是祖師西來意？庭前柏樹子。聻！」圓悟勤給他這一喝，魂都掉了，然後回轉身就跑。這個時候很妙了，用功沒有得到這個經驗，是不知道的。這時候，眞是茫茫然，自己的身體也忘掉了，他回身就跑，一路跑出來，跑到山門外面，看到山門外面一群野雞停在欄杆上。這個小和尚咚咚咚大步跑出來，野雞一聽到聲音，就展翅飛了起來，聽到野雞的鼓翅聲，圓悟勤眞悟了便說：這豈不是聲嗎？不過悟了以後，還有一大段功夫路子要走，悟了以後還是要修的。

圓悟勤寫了一首悟道偈子，呈給五祖演，也是香艷體的。這也是個話頭，他們師徒本來都是戒律森嚴的，現在都在作香艷體的詩，豈不是犯綺語戒嗎？

金鴨香銷錦繡幃　笙歌叢裡醉扶歸

少年一段風流事　只許佳人獨自知

五祖演這一下高興了，說：克勤啊！成佛作祖是一件大事，不是小根器所能談的，你今天如此，我都替你高興。從此老和尚遇人便說，我那個小侍者已經參得禪了。到處宣傳，圓悟勤的名聲從此傳出去了。

上面是圓悟勤的悟緣，處處都是話頭。

人世間的事，有它的理，一定有這件事；有這件事一定也有這個理。比如說，鬼、神究竟有沒有？這是一件事，一定有它的理。有時候有這件事，但我們不明其理，因爲學識、智慧不夠；有時候我們懂這個理，而沒有辦法達到這件事，那是因爲經驗不夠，實驗不到。比如大家學佛，懂了很多佛的理，最後功夫一點都沒有做到，不能證到，所以修證事理不能配合是不行的。第三是行願，更重要。要眞正的認識，一切都由於行願，行願之所以不到，又是因爲見地不夠，也就是認識不夠。

平常一般走學佛路線的人，一種是宗教性的，認爲只要有信仰就行了。這個信仰就是把我們所有懷疑的問題，生命怎麼來？怎麼去？宇宙的問題等，一概交給一個超越於我們以外的力量，這個力量的名稱或形狀，都不去管它。但是，這一部分的人，我們想想看，以我們自己來推己及人，我們學佛修道的，自己檢查自己，眞信了佛嗎？不見得！眞相信有六道輪迴、三世因果嗎？不見得！不要自欺了。所謂眞相信佛，生起病來，病由業造，業從心生，心即是佛，我就相信佛，要死就死嘛！連醫生都不去看，試問你幹不幹？

比如三祖找二祖，四祖找三祖，如出一轍。三祖一身是病，求二祖懺罪，二祖說：「把罪拿來替你懺。」三祖良久說：「覓罪了不可得。」二祖就說：「好了，已經替你懺罪了。」三祖當下就悟了。

再說四祖向三祖求解脫法門，三祖就問道：「誰綑著你了？」四祖回答說：「沒有人綑我。」三祖則說：「那又求個什麼解脫？」四祖言下也悟了。

再說我們行不行？不要說一身是病，就是感冒流鼻水，頭又痛，問：「誰綑你啊？」「感冒綑我」，你說一切唯心造，你怎麼不解脫呢？如果說這是病，解脫不了，要求懺罪，那就不是唯心了，這是問題，不要自欺啊！當然也有眞正信仰非常強的人，他可以把病減輕，甚至可以沒有，這是一個方法，但非常難。所以華嚴經第一個提「信」，信爲道源功德母。不過，信是非常不容易的，所以菩薩五十五位，第一個講信，皆由於實信非常之難。當然這個信是超一層的，不是迷信的信，要確實的信。老實講，我們做不到，當然做不到也就是功夫不能到，也就是行願不能到。

我們之所以做不到，是因爲有兩個心理毛病，一個是癡，愚癡，沒有眞正的智慧；一個是我慢，人們不大肯相信他人，還是相信自己，不但對佛菩薩如此，對師長也如此。

另一類的人，就是我們這一類，又打坐、又參禪，個個都有道理，不是這裡通了，就是那裡通了。不管參禪也好，淨土也好，觀空也罷，止觀、守竅也好，總不外乎兩個東西，就是知覺和感覺。在五陰來講，知覺就是想陰，感覺就是受陰，想陰的後面是識陰，知覺的後面也是唯識所變，這個道理以後會談。

學佛的人，首先遇到的一個困難，就是覺得思想、妄念不能斷。其次覺得自己沒有辦法眞正入定。因此用各種方法，參話頭啦、觀心啦、守竅啦、調氣啦、守得緊緊的，想把妄念澄清下去，一般人都是在這個境界上轉。不管怎麼轉，有一點，只要肯休息，當然氣色會好一點，身體也健康起來，然後就認爲自己有道。其實錯了，這與道不相干，這只是休息狀態。生病也是一樣的道理，只要能休息，病一定會好的。睡眠、打坐都是不花錢的維他命，這沒什麼稀奇，與道不可混爲一談。

在這種情況下，許多人學佛學了很久，打坐也很用功，但始終無法入定，原因之一就是對定沒有認識。大家以爲什麼都不知道叫定，覺得自己還清醒，就不是定，什麼叫定？有些人學佛學久了，會答覆：既不散亂，又不昏沈叫定。那是講道理，既不散亂又不昏沈到底是什麼樣子？講講看！若說沒有樣子，那你正昏沈；若說有樣子，那你正散亂。若你說覺得自己坐在這兒，像藍天一樣的清明，那是幻想境界。要眞作到沒有身心的存在，而與天空一樣清，無量無邊，既不散亂，又不昏沈，若能如此，則可以叫做眞如，差不多相像了。

一般人總以爲稍微入定，就是什麼都不知道。當你疲勞時打坐，而成眞正不知道，那個是睡眠，是在昏沈，並不是入定。但是要注意眞昏沈、眞睡眠也是定，是昏沈定。眞的，這不是說笑，爲什麼？你眞知道它是昏沈，這個就是定，那就不叫做昏沈；你不知道這是昏沈，所以它就是昏沈，這裡頭大有差別。在疲勞時入昏沈定並没有錯，何以說呢？佛說百千三昧，有很多定的境界，這個是不是定的境界，問題在於你知不知道。不過這叫做世間定，世間定就是休息，普通的休息狀況不能不算。差不多一般人打坐，都是在這種休息狀況，眞正的定没有。

大家打坐都在那裡玩知覺狀態，不然就是玩感覺狀態，自己在玩弄這兩樣東西，以爲是道。其實都不是，因爲這兩樣東西隨時會變走的，是道就不變了。隨著環境、時間、晝夜、體能、情緒、營養、種種的不同，而非變不可，這不是道，是一種境界。境界不是道，是妄念的一種型態。

那麼如何是眞正的定呢？這是需要知道的。所以趕著抽印現觀莊嚴論，及瑜伽師地論。

現在先說修定。

修的定，不是悟的定，這中間有差別。其次，我們剛才提到的妄念不能斷，只因爲我們在顚倒因果，把佛說的話，拿來當成自己的，然後想求證佛的境界。卻忘了釋迦牟尼佛出家以後，苦修了十二年，各種經驗都經過了，然後認爲那些都不是，最後才找出一個東西來。猶如同圓悟勤一樣，生大病，死都死過了，才曉得不是，再找出一個東西來。

佛曾說：妄念本空，緣起無生，所以我們上座後，都想把妄念空掉，多笨！如果妄念空得掉就不叫妄念了。因爲它本來空，佛已經告訴你那是妄、是假的。既然是假的，還理它幹嘛！爲什麼在那裡空妄念？縱然你把妄念空了，那個空的境界，也是一個大妄念，那是想陰區宇。況且你那個空的境界，如果不作功夫，不打坐，也就沒有了，又變走了，可見它也是妄念。所以曉得妄念本空，上坐以後很輕鬆的，不要設法去除妄念。每一個妄念來時，如果它眞不空的話，別的妄念也被它擋住了，不會來了，所以這個妄念本來是會跑走的，佛經形容它像水上泡沫一樣，一個個起來就沒有了，要空它幹嘛！它本來是空的，不用我們去空它。所以我們在那裡作功夫，都是作了一輩子的冤枉事，在那裡空妄念。結果等於小孩子在水中玩皮球一樣，把皮球往水中一按，球就從另一邊冒出來，一天到晚在那裡按皮球，你說我們那裡是在修道啊！只是在按妄念玩遊戲罷了。

如果眞不去按它，我們就這樣坐著就很好了。如果你說妄念還是源源不斷的來，對，它沒有斷，可是也沒有停留在那裡，你想留也留不住。在這中間，有一個知道妄念來去的，它并沒有跟妄念跑。曉得這個，就讓妄念隨便，不理，只曉得自己「清明在躬」，知道這個就好了，多輕鬆！不過爲什麼不能完全清淨下來？爲什麼還是有妄念呢？上次提過了，庵提遮女問文殊：明知生是不生之理，爲何卻被生死之所流轉，文殊菩薩答：其力未充，同樣道理，爲什麼不能清淨呢？其力未充之故。

又一層問題來了，那麼請問這是什麼「力」？我們白天坐得好，妄念來了可以不理，清清明明的，但睡著以後，依然糊塗去也，那又怎麼說？一個學佛的人是眞正學科學的人，任何一點問題都要解決，不能茫然。

那麼我們再檢查，妄念之所以沒有清淨下來，有兩個原因：一個是生理的影響，身體越不健康，病痛越多，煩惱妄念越大。於是一切唯不了心了，非要調整四大不可。所以氣脈之說是大有道理的，而且佛經上面都有，不過一般佛經把這方面的事隱瞞起來，我們看不出來罷了，並不是佛不承認。

比如唯識講二十四種心不相應行法，像時間，屬於心不相應行法之一。有人打坐，坐得好，一彈指間過了三個鐘頭，但是外界還是一分一秒的過去，你沒有辦法改變宇宙的時間；空間、勢速（如行星的行速）亦然，心改變不了，這是一。

其次，色法不屬於心法的範圍，色法單獨的成立。而且在色法裡頭，第六意識有法處所攝色，又另當別論。

這樣一來，不能說是整個唯心了，心不相應行，它永遠還是在行，佛的神通也拿他沒辦法。我們還學佛成道幹什麼？其實這只是唯識這麼分析，不要害怕，二十四種心不相應行法，是講意識心所的力量所不能到達之處。色法單獨成立，與意識的分類，及心所的分類單獨成立；但是它整個的功能，都包括在如來藏裡面，所以是一切唯心，心物一元，這個理大家要弄清楚。

因此大家學佛修持，如果拿自己所懂得的一點佛經學理來講修持，變成盲目的唯心了，對於心物一元有關物的方面，一點都不能轉。

現在回轉來檢討自己，坐起來煩惱思想之所以不能斷，一部分是生理影響，而且其影響幾乎是絕對的。等到有一天坐得很好，清清淨淨的時候，氣色也好看，精神也愉快，身體也沒有病，諸位是不是有這個經驗？（衆答是）好，問題來了，這個時候爲什麼不能永遠保持下去呢？爲什麼疲勞時，或者有其他原因時，情緒就會隨之低落，煩惱也會來了呢？所以平常縱然得一點清明的境界，好像是空了，是沒有念頭的境界，那也只是意識的一個狀態而已，是第六意識一個清明面而已。縱然是三際托空，也不過是第六意識的清明現量境而已。生理上可一點都沒有轉，第七識也沒有轉，第八阿賴耶識的習性種子，就更別談了，四大一點都轉變不了。乃至清明境界住久以後，很容易變成枯槁，情緒上沒得喜歡也不會快樂，但也不是悶，就是會沒有生機，沒有生趣，走入枯禪的境界。而且脾氣非常大，一點小事情都受不了，當然理性上會把自己壓下去，可是那個境界容易發脾氣，等於一點灰塵都沾不得，這也是個大妄念，是意識境界，這是修空的人容易得到的病狀。

修有的人更嚴重，或念咒、或念佛號、或守竅等等，如果身體那一部分有病，爆發了，一發則不可收拾。同時神經慢慢的變成緊張了，因爲它裡頭有一個東西在忙，忙著守住一個念頭，實際上那個念頭又守不住，拚命守，忙得很。所以莊子叫它是「坐馳」，外表看起來他在打坐，實際上裡頭在開運動會，忙得很。這種修行人，比社會上的人還要忙，眞正放下的能有幾個！都不要自欺了，如果身體不絕對的健康，神經一緊張錯亂，就走入精神病的狀態去了。有這種現象的人，反應境界就很多，如耳內聽到有人講話的聲音等。

佛經記載佛的很多弟子，修到了空的境界時，很多都自殺了。他們都是羅漢，他們覺得沒有意思，早走遲走都一樣，不如早走了吧！所以空也不是究竟，都是心理的變態。修有的變態境界特別多，放光啦！動地啦！當年大陸上有位頗有名氣的居士，講金剛經，而且還標榜禪宗，他的本事很大，在大衆面前表演神通，大指頭一伸出，一道光就出現，一個韋陀菩薩站在上面，嘿！你們看到這種狀態不磕頭才怪。後來我去看看，對他說：哦！你那個東西也叫禪宗呀！你還是省省吧！你不拿這一套，我還想跟你討教，況且你還講金剛經，若以色見我，以音聲求我，是人行邪道，不能見如來。這個東西你若爲了吃飯，你儘管去，爲了弘揚佛法就免談了。

修有的路，容易發生這些毛病，但是不要光聽這是毛病，我現在問你們，這是什麼理由？你說他是魔道，是毛病，可是你試試看，你辦得到嗎？這其中當然有理由。

不管修空、修有，都是意識境界，並不是道，這些在瑜伽師地論意識地中都說了，而且楞嚴經說得更明白。五十種陰魔一定要先研究，五十種陰魔還只是說大原則，没有説差別性，這些與明心見性都不相干，與道果更不相干。

眞正想求道，第一先要把學理搞通，尤其是這次講課所摘錄的經典，不管楞嚴經也好，法華經也好，乃至現在所摘錄的瑜伽師地論，都要弄清楚。瑜伽師地論是講修持程序最重要的一本書，這是彌勒菩薩告訴我們的，很懇切的告訴我們一步一步的功夫，及修證方法。另外配合現觀莊嚴論研究，講四加行。這個重點是一句話：心物一元。它的重點以調整四大爲第一要務，四大没有調好，而想求得定境，求得性空的境界，都只是第六意識的幻想而已，事實上就有這麼嚴重。

四大調整好了，才能夠作到忘身，轉化第六意識，初步可證得人我空。拿禪宗來講，才是破初參，破初關。如果你念頭上偶然出現一點清淨，那只是意識狀態，並未證空，這一點千萬要注意。

要調整色身，第一個是戒律的問題，而且偏重於小乘戒律，就是如何去淫欲之念、愛欲之念。要去淫欲之念，首先要不漏丹，這些修證程序是散置在佛經裡，不構成一個完整的系統。

這條戒律並不易作到，眞作到了，又要了解如何煉精化氣、煉氣化神、煉神還虛。唐末五代以後，中國道家的丹經特別多，就是這個原因。學佛的斥之爲外道，看都不看，如以華嚴經的偉大境界來説，你就不會不看。爲什麼道家的丹經特別多，因爲修禪定的經驗，而偏向於講氣脈。你懂得了以後，看道家的東西也都没有錯。

不過有一點，密宗講的三脈七輪，道家講的奇經八脈，都是在定境中自然起來的現象。古人把這個經驗、現象告訴我們以後，後世人又倒因為果，打坐時，拚命在那裡搞氣脈，這就完了，精神會分裂的，古人傳述是對的，你卻錯了。

第十八講

內容提要

水火風三劫
三界天人
宇宙的災難
人類自身的災難
心法與色法
人體的三界
無住無著無願
心體及其作用
心、意、識
變化氣質

同學問：根據佛經的記載，三界天人還受火劫、水劫、風劫這三劫的威脅，那麼，水火風三劫與修證的過程上，一定有非常密切的關係，這與唐宋以後道家的煉精化氣、煉氣化神、煉神還虛，在層次上有無必然的過程和關係？

這位同學所提的問題非常重要，我們一般研究佛學的，往往把與修證的關係分開，因此佛學走佛學的路，佛法走佛法的路，佛教走佛教的路。實際上，三位是一體的。

佛教講天人宇宙的關係，至少到今天爲止，比世上所有其他的宗教、科學、哲學都來得高明。佛教的宇宙觀，尤其講得非常好。今天科學的求證，等於在給佛教的宇宙觀下註解。不過，其中尚有一些小毛病，比如拿世界觀來講，所謂東勝神洲、西牛賀洲、南瞻部洲、北俱盧洲四大洲，小乘的說法是以喜馬拉雅山爲中心，須彌山就是喜馬拉雅山，這個說法就有問題。如果以大乘華嚴世界觀來講，須彌山是個代名詞，可以說是銀河系統的代名詞，這個說法就擴大了。這一點討論起來很麻煩，但是眞要談佛法見地的話，就一定需要了解。

按照佛學的系統來說，宇宙間太陽系統中的世界無數，地球是太陽系統中很小的一個世界。色界天已超出了我們這個太陽系統的範圍。無色界更遠，更大了。至於欲界天，他的下層是畜生道，畜生道也包括這個世界上的生物。再下層是餓鬼道，有一類細菌也屬於餓鬼道，鬼不一定是中陰身，有些是餓鬼道中的。人以上又有四天王天等等。

欲界的中心是忉利天，又稱三十三天。爲什麼叫三十三天？因爲它有三十三個單位，等於聯邦組織。有些天則有天主，統率一切天人，有些是民主的，大家平等存在。人死後如要往生天界，非修功德善行不可；嚴格來講，善行與禪定有關係。道家的觀念認爲善能生陽，惡能生陰。單以禪定來說，四禪八定就是由人升到天道的必經之路，三界天人表上已列得很清楚了。修定修到初禪，再配合十善業，可以升到某種天道，二禪以上亦然。

但是，這個宇宙是會毀滅的，地球上有三災八難，除了水、火、風三劫外，尚有刀兵、瘟疫、儉災等。

瑜伽師地論卷二：

儉災者，所謂人壽三十歲時，方始建立。當爾之時，精妙飲食，不可復得。唯煎煮朽骨，共爲讌會，若遇得一粒稻麥粟稗等子，重若末尼，藏置箱篋而守護之。彼諸有情，多無氣勢，蹎僵在地，不復能起。由此飢儉，有情之類亡沒殆盡。此之儉災，經七年七月七日七夜，方乃得過，彼諸有情，復共聚集，起下厭離，由此因緣，壽不退減，儉災遂息。

又若人壽二十歲時，本起厭患，今乃退捨，爾時多有疫氣障癘，災橫熱惱，相續而生。彼諸有情，遇此諸病，多悉殞沒，如是病災，經七月七日七夜，方乃得過。

彼諸有情，復共聚集，起中厭離，由此因緣，壽量無減，病災乃息。

又人壽十歲時，本起厭患，今還退捨。爾時有情輾轉相見，各起猛利殺害之心，由此因緣，隨執草木及以瓦石，皆成最極銳利刀劍，更相殘害，死喪略盡，如是刀災，極經七日，方乃得過。

這個世間到了刀兵劫末期時，地球上的人類，隨時在戰爭中，整個大地，草木皆可殺人，中子彈一來，輻射線的力量，草木自然可以殺人。爾時有情，輾轉聚集，起上厭離，不復退減，又能棄捨損減壽量惡不善法，受行增長壽量善法，由此因緣，壽量色力富樂自在，皆漸增長，乃至壽量經八萬歲。此劫過後，人類又懺悔，又做好事。

火劫來時，地球，以及太陽、月亮都毀了，太陽的熱能整個爆炸，直到初禪天上層的大梵天。

火劫後，水災起來，瑜伽師地論卷二云：云何水災，謂過七火災已，於第二靜慮中，有俱生水界起，壞器世間，如水消鹽，此之水界，與器世間一時俱沒。第二個劫來時，宇宙變成冰河，重新變成液體，直到二禪天的最高一層光音天。佛曾比喻由色界天到我們人間世，若丟一顆石頭下來，經十二萬億年才到達，距離就有這麼遠。如果禪定功夫修到三禪天時，不會受水火劫的影響，但卻怕最後一大劫——風劫。這時整個宇宙的功能，自然氣化了，直到三禪天的最高一層——遍淨天。只有四禪天不受影響。四禪天是捨念清淨，以天人境界講，是色界中的人。

以人類本身來説，人的火災，就是欲，男女的愛欲，貪、瞋、癡都是火。你禪定功夫再好，欲的壓迫力量一來，就垮了。所以佛經上説：欲念重的人沒有禪定，不得解脱，最後自己被欲火燒身，整個毀了。佛在世的時候，也有些弟子結果走上這條路。譬如某些人，血壓高或者精神分裂，崩潰了，乃至身體整個發炎，就是禪定不能轉欲的後遺症，也就是人身火災的現象。

功夫煉得越好，修養越高的人，脾氣越大。譬如當年的師父老和尚，不發脾氣則已，一發就要命。徒弟犯了一點錯，曹溪那麼大的廟子，前院罵到後院，一路在罵，聲音又大。固然這也是他的教育法，可是平時愈講究修養的人，往往脾氣發起來就越大。這也就是「水太清則無魚」，不能容渣子，也是火災之一吧！

水災呢？就是貪愛。愛和欲程度不同，愛水滋生，很嚴重，非常的嚴重，二禪都抵不住。換句話説，你禪定功夫再好，那點情絲不能斷，災劫一來，照樣垮掉。災劫怎麼來？並不是有個固定的時間，而是外緣一碰，依他起，就爆炸了。很多修持功夫很好的人，一個因緣一來就完了。這也是一個重要的話頭，好好參去。

風災是什麼？氣。所以道家密宗主張修氣，你氣脈不能歸元，呼吸還有一點往來的話，三禪是靠不住的。有位同學曾問：呼吸停止，身上氣脈走動的感覺還在，這是什麼道理？而且動到幾時才停呢？對，他講的對，一般人只曉得講氣脈，不知氣是氣，脈是脈，到氣住脈停，身上的氣都充滿了，才叫氣住。所以身上感覺在流動，這是脈，要修到脈住，才能作到徹底的不漏丹。但還只能說是煉精化氣，至於是否是四禪的捨念清淨，還是個問題。

如果心理方面到達捨念清淨，是否已進入般若實相的空性呢？這又是一個問題。不能認爲捨念清淨就是空，這裡面層次的差別很大。意識清淨並不是空，好比螞蟻由蟻洞所見的空，並不是整個天空的空。就像我們站在台北所看的天空，與觀音山項所看的天空是不同的，當然到了太空看太空，那就更加不同了。

我們學佛，理念上知道四大皆空，但你修證上作到了空沒有？作不到，對不對？肚子餓了要吃飯，口渴了要喝水，你說口乾了，不要喝水，因爲四大皆空嘛！這時候你空空看！空不了的。所以講四大皆空是原理，眞要修持到四大皆空，非把四大一步一步修持轉化了不可。有些人心念一清淨，生理的壓迫就來了，再不然就漏丹了，功夫越作得好越如此，因爲靜屬「陰」，靜久了，陰極陽生。當陽能生起，生理機能回轉，雖是回轉，如不能把地水火風都化掉，它就只有順著自然的力量走。你能夠把它轉化，你的修持功夫差不多了。如果眞要作這方面的修持，佛已在經典裡都說了，只是我們看不出來罷了。

在唯識學中，心法與色法對立，物質跟心理對立。實際上，心與物都是阿賴耶識的功能；阿賴耶識不是本性，受熏持種根身器，四大色法都是阿賴耶識裡同根的，在心所來講，是把它分開的。比如我們意識上想飛上天去，第六意識可以，可是身體就不可以，所以說在心所是對立的。如果眞修持到了，確實是可以轉化的。

其次，色法又分三種：極微色、極迥色、法處所攝色。如果我們站在佛法唯識的立場來看，物質文明還在極微色階段；光波可以說是極迥色；法處所攝色則是物質，但它是由精神所變的，這三個是三位一體，屬阿賴耶識，就是心的功能所發出來的。

什麼叫法處所攝色？就是法處所包含的色法，法的對立是意，精神的境界就是法，也就是說，精神的境界是法的範圍。譬如我們作夢時，有一個身體，這個身體也是四大，作夢夢到被人打時，照樣會痛，那就是法處所生的色。另有中陰身的色法，也就是法處所攝色，眞講起來，這個法處所攝色，是阿賴耶識的帶質境，帶質境又分眞帶質與假帶質的差別，修行不可以不知道。所以我們修行打坐，四大色身一點都沒有轉變，叫什麼定力！那是不兌現的定力，那是意境上的幻相。所以作一步功夫，有一步的徵驗，也有一步的徵候。因此，佛告訴他的公子作調息功夫，如果心風得自在者，即得神通自在，眞的能得定，眞是無比的快樂。

有些人打坐得一點清淨的境界，就算是空吧！但身體的感覺還是沒有去掉，而且有一點點在黑洞洞的桶裡，離不開這個黑漆桶，忘記了楞嚴經一開始就告訴我們：不知色身，外洎山河虛空大地，咸是妙明眞心中物。爲何守這個空洞的，不相干的四大的身體呢？這裡又有個問題，你越能夠空得了，那股力量越會回轉來，守在自己身體上。什麼理由？爲什麼坐得越好時，身體感受越強？反而一些不修道的人，倒不會有什麼身體的感覺。就是因爲離心力越大，則向心力越大，物極必反的道理。

修道就是科學，隨時都有問題，能解答了一層，修持功夫就進步一層，解答不了，就不能進步。所以佛經不要麻胡的看過去，佛法都告訴我們了，只是我們沒搞通而已。

三界天人表發給大家，等於點了大家，可是沒有人注意；三界天人表重要得很，而且欲界、色界、無色界，每一層境界的修持，與我們現在的修持，都有絕對的關係。再拿我們人體來講，人身就是一個小宇宙，身體也可分成三部：欲界、色界、無色界。人身的下段是欲界，欲界的樂由精生，精不下降則樂不生，氣脈不會通。但是精一下降，非漏不可，如何下降而不漏，這就是看功夫了，你們可不要聽了就自作聰明的亂搞，什麼忍精、採陰補陽的，瞎搞一通，果報是很嚴重的。

人體的中部是色界，氣修到充滿了，氣滿不思食，光明一定來，眼睛閉著都是光明；但是魔境也跟著來了，就是光明中的幻相，這時如果認爲自己發了眼通，那就完了，如果守住光明，還是落在色界。

眉間以上是無色界範圍，整個色身空了，絕對的無妄念。沒有一點妄念是無色界，守住無色界，像無念一樣，落在無色界，還是不對。

守無念墮無色界，守光明境墮色界，守快樂則墮欲界。所以密宗提出樂、明、無念，均衡、平等、平等。

眞正要學佛證道是專修的事，是絕對的出世法，行願可以入世與出世，這是屬於心行上的事。如果要專求修證，非有一段絕對放下外緣，而去專修的時間不可。一個普通人，只談變化氣質一事，在生理方面，也非要有十幾年專修不可，而且在十幾年中，還不能碰到一點障礙。唐宋以後道家云：百日築基，十月懷胎，三年哺乳，九年面壁。對付色身氣質的變化，起碼三年的專修是絕對需要的，而且中間還不要碰到逆境。但是據我的經驗，幾十年來，幾乎連打好百日基礎的人都沒有，可見修行之難。

大家共同的問題是，明知四大皆空，但空不了，碰到了緣，處處都在愚癡中。如同我的袁老師講的：「五蘊明明幻，諸緣處處癡」，人人都犯這個毛病，口口談空，步步行有。打坐時，氣脈一來，馬上被感覺牽走了，清淨固然清淨，實際上都在玩弄這個感覺。王陽明到底高明，他說：這些都在玩弄精神。佛經上說這是「戲弄精魂」，沒有眞正空得掉，感覺一來，平常的佛學都忘記了。

大乘佛學告訴我們三大原則：無住、無著、無願。我們一坐起來，統統住在自己的境界，執著於空，想成道，想證果，以有所得之心，求無所得的果，當然都不成功。

楞嚴經告訴我們：性風眞空，性空眞風。身上的氣脈是風，你一執著它就完了。後世的知識越來越多，什麼奇經八脈，什麼陰神、陽神，這些追求玄妙的想法，都是有毒的，這些毒藥吃下去，又住、又著，搞了半天，一點用都沒有。眞正氣脈是無住無著，完全空以後才能到。

說到這裡，給大家看一封信，是一位中國老太太由美國寄來的：

老師：

奉事敬悉。所有知覺感覺都屬心理狀態，楞伽大義說得很清楚了。不過我覺得無論任何情況下，只能沒有感覺，如何能做到無知覺呢？我現在已找到了「他」，他高高在上，無形無相，只能在意境上有那麼一點，甚至於一點都不是，但我信得過。

我在讀楞伽大義，幾個問題尚祈老師開示：意生身是否道家所謂的身內身？身外身是否性命雙修？功成之後，破頂而出，身內身是所謂眞人，不必破頂而出，可以隱顯隨心，所謂散則成氣，聚則成形，意生身是不是這樣？

在坐中三際托空時，並沒有空的境界，只覺得心寬得和天地一樣，甚至能包括天地，這種情形並不能維持下去，念頭來時馬上破壞了。念起雖然不住，可是不能再恢復平靜如初。以此餘年作爲廢物利用，只問耕耘，不問收穫，成敗聽之而已，說實在的，我並不想成仙作佛，只是很怕再入輪迴，我正在研究八識規矩頌。

專此敬請

道安

這位老太太不講氣脈，有時好像要出問題了，她都能自己曉得解答。她的得力處，就是死死抱住一部楞嚴經。我曾告訴她，因路途遙遠，無法適時指導她，有問題向楞嚴經上面找。我們作功夫往往被氣脈、境界困住了。楞嚴經上說：性風眞空，性空眞風，大家都沒有去體會。

總之，要逃過水火風三災，必須轉變色身，要進入禪定的境界，也非要把身上的四大整個轉化不可。

一幢房子蓋好後，到頭來是什麼東西毀了它？風吹雨打日曬，人體內部也是一樣，四大不調整好，就不能平安，更不能得定，由四大所發生的病態，可眞多了，要特別注意。

現在我們來看瑜伽師地論卷一：

本地分中意地第二之一，本地就是眞如本體，唯識把整個心體分成八個部分表達，所以叫做八識。其實是講一個心體，所以叫本地分中的意地。分，就是這一部分。爲何說「第二」？前面五識是第一個範圍，意識是屬第二個範圍。

已說五識身相應地，五識身就是眼耳鼻舌身五識，與心地相應。

云何意地？此亦五相應知，這中間有五個現象應該知道。

謂自性故，彼所依故，彼所緣故，彼助伴故，彼作業故。唯識學是科學的，我們要把它作為自己求證用功之用。

云何意自性。唯識經常用「自性」兩字。至於我們常看到的「無自性」，是說沒有獨自永恆存在的性質。一般人看到無自性，就以為唯識是反對有一個永恆不變的本體。錯了，因為中國文字辭彙不夠，這個性是性質、性能的性，不是明心見性的性。所以，云何意自性的「自性」，是指意的本身的性質。而這句話的意思就是說，第六意識自己的性能如何。彌勒菩薩說：心、意、識三樣，嚴格講起來，這三者都屬於意識作用，就是意識自己的性能、性質。

什麼叫「心」呢？心，謂一切種子所隨依止性，比如一個母親生下十個子女，每人個性、思想、脾氣、健康各不相同。遺傳增上緣是因素之一，另外是自己前生的種子帶來的。如有人天生特別聰明，是前生這一部分的種性重，一切種子都跟隨著在輪迴中，始終不斷，互相關聯，這個功能在唯識中叫心的作用。

所隨依附依止性，體能執受，異熟所攝，阿賴耶識。這還是講心的作用，第一句，這個功能所依止的，跟著發揮了作用。所以有些人天生愛讀書，有些人不愛，硬逼也沒用，因為他的種性不向這裡發展。有人說過：「書到今生讀已遲」有點道理。不過這一生還是應該讀書，留給來生用，帶點種性來。心的體用能夠執受，永遠抓住這個功能。異熟就是果報，異地而熟，異時而熟。為什麼我變成了我，他變成了他，各人種性不同，因果輪迴叫異熟。

我們推開彌勒菩薩的話不論，只說什麼叫心？這裡所謂的心，就是子思在中庸所講的：「天命之謂性，率性之謂道」，就是與生俱來的本性，每人不同，這個就是心，應該歸到第八阿賴耶識的種子作用。

什麼是「意」呢？謂恆行意及六識身無間滅意，這個屬於意，意是心意識。禪宗祖師說參話頭時，離心意識參，參出來的才是般若的道理。所謂意識狀態，就是一個人的思想，所構成習慣性的現象。意識形態可構成職業病，作官作慣的人動輒打官腔，他的意識已構成了心理行為。又比如學佛的人動不動就阿彌陀佛，這也是意識形態構成的習慣性。

這裡講恆行，心理行為經常有依止性，就是意識的作用。六識身就是前五識起意識分別，它無間滅，像流水一樣。

什麼叫「識」？謂現前了別所緣境界，任何事一到你面前，不須用心判別，你就很清楚知道了，這是識的作用，彌勒菩薩分析得非常精詳。當我們一打坐，腿剛盤起來的一剎那，心念很清淨，不久就不安詳了，在自己裡頭作起功夫來，這個作功夫就是心的作用，是阿賴耶識種性的功能，要認清楚。

什麼是意的作用呢？覺得妄念清淨了，曉得那一念清淨的那一點作用，就是意的作用，它是無間滅的，一個個波浪很密切的接上來，自己並不知道，所以作不到能斷金剛般若。此時我們的識在那裡呢？腿一盤，一刹那間很清淨，心的作用來了，心自然而然會接受這個境界，會認可這個境界，去設法保持著。心和意都來了，然後還有個作用，識也就在這兒；這一下很清淨——這就是識。學禪不通教理，「心」、「意」、「識」分不清楚，認爲靜坐好就是功夫，實際上，教理通了以後就知道，靜坐得再好，也還是在意識狀態。這三點要認清楚，佛經裡頭寶貝實在太多了。

次隨順功用爲先，身語業風轉故，我們講話，我們的身體作用，就是這股氣的作用。這股氣是根據道家的説法講的，以佛家來説叫「業風」。這是業力所生，是四大風力的關係，所以身業、語業就是這個風。儒家講：學問之道在變化氣質，氣質是實際的東西，不是空洞的理論。換句話説，學問修養高了，生理都會轉變的，一步有一步的效驗，一步有一步的徵候，這是無法自欺的。

第十九講

內容提要

第一障礙——身見
色身轉變
不是絕對的時間
三災與修持
四大種與色法
相續心
四禪八定和精氣神
善人的凡夫禪
輕安、定、非定

我們的課程現在已進行到第二個綱目：修證的法門，現在還在繼續。看了大家的筆記後，發覺大家仍沒有把握到重點。要想以心地法門修證，進而求得菩提正覺的話，最大的障礙是身見。

佛教儘管講四大皆空，那是對於小乘不了義教而言；在了義教來講，是心物一元的。我們整個的色身四大，是由一念的業力所構成。首先，修證之所以達不到功效，是因爲轉不了業力所構成的色身，因此作不到無妄念。縱然有一點點清淨，不過是第六意識偶然的，暫時的一種固執所造成的現象，不是究竟。大概到目前爲止，重點還在這裡轉。

圓覺經的幾句話，對於修持非常重要，是走大乘最好的路線，也是最難的：

居一切時，不起妄念；於諸妄心，亦不息滅；住妄想境，不加了知；於無了知，不辨眞實。

在任何時間常不起妄念，如果你能狂性頓歇，歇即菩提就成功了。但是怎麼叫作不起妄念？如果一個人沒有妄念，什麼念都不起，完全像木頭一樣，也並不是佛道。於諸妄心，亦不息滅，對於自然來的妄想，並不勉強用個方法加以息滅，如果對於自然來的思想，想個方法加以滅除，這個加以滅除的方法，也是妄念；如果不加息滅的話，自然就清淨了。

所以再進一步告訴你，住妄想境，不加了知，我們作功夫最易犯的錯誤，就是對妄想境加以了知，尤其是學佛有一點基礎的人，妄念一起就怕，然後拚命想辦法除妄念，統統在了知的階段。其實那個明明了了知道的，也是個大妄念，所以佛告訴我們：住妄想境不加了知，自然而來的，會自然而去。

最後一句話，佛告訴我們：於無了知，不辨眞實，假定我們到了無了知，明明了了都沒有了，寂滅了，於無了知，不辨眞實，到了這樣境界，就不必要自尋煩惱，不要再自問這個對不對？或怕大概是頑空吧！最好不要再起分別。

還有一個重點：知幻即離，不作方便，一切妄念都是幻想，當你知道是幻想，那個幻想已走了，不要另外用個方法，如觀想啦、煉氣啦等等，去除那個幻想，那些方法也是幻。爲什麼？因爲作功夫才有，不作就沒有，所以是靠不住的。離幻即覺，亦無漸次，知道是妄念，妄念早跑了，這中間再不必加一點，不增不減，那個寂滅清淨就同覺性。這裡頭沒有初地、二地、初禪、二禪之分，把這個認識清楚就好辦了。

眞的認識清楚了這個，或者稍稍有點見地的人，悟後正好起修，才算是眞正在修行。所以五祖對六祖說：不見本性，修法無益。

大家作功夫修持不能得定，第一個障礙就是身見；第二個障礙是見地不清楚。四大色身也就是一念，色身不能轉化，自然不能成就，這就是討論的問題。

現在來看瑜伽師地論卷二，本地分中意地第二之二：

又羯羅藍漸增長時，名之與色，平等增長，俱漸廣大。如是增長乃至依止圓滿。應知此中，由地界故，依止造色，漸漸增廣。由水界故，攝持不散。由火界故，成熟堅鞕。由無潤故，由風界故，分別肢節各安其所。

羯羅藍就是胎兒入胎，在十二因緣就是「名」——胎兒，「色」呢？指地水火風所構成。平等增長，俱漸廣大，胎兒由地水火風的成分，平衡成長。

如是增長，乃至依止圓滿，依靠母體的胎兒，九個多月後，圓滿了，生下來。

應知此中，由地界故，依止造色，漸漸增廣。由水界故，攝持不散，由火界故，成熟堅鞕。由無潤故，由風界故，分別肢節，各安其所。這是講四大的構成。

楞嚴經最後有一句話：生因識有，滅從色除，生命最初的來源，是一念無明，一有生命以後，就分陰陽，就是心與身。現在要「滅」，要回轉來成道，要得寂滅之果，先要除掉四大色身的障礙，才能談得上。

要如何除色呢？先認識色的成長，從嬰兒在胎中的成長說起。物理世界整個都是地大，人的細胞、筋骨等是地大的作用；津液、口水、賀爾蒙等是水大。比如我們靠血液的循環而維持生命，這就是水大。平衡就沒病，不平衡就有病。由火界故，由於火力、熱力維繫著、長養著我們的生命功能，成熟堅鞕，講胎兒堅固起來，構成了形體。

生命中最重要的是風大，我們能否得定，第一要件是先得輕安，輕安的相反就是粗重。我們作功夫感覺氣脈在流動，就是在粗重中，真正氣脈通了，就達到全體輕安，也自然忘身了。雖然有四大身體存在，卻一點障礙感都沒有。關鍵就在風大，風大最重要。

若有情數，時無決定，時間沒有絕對的，比如顯教說凡夫要想成佛，須經三大阿僧祇劫的修行，決不承認有即身成佛之說。而密宗和禪宗，並不管劫數的問題。楞伽經說：劫數無定，十地的程序也無定；瑜伽師地論則說：時無決定。劫數不是固定的，比如我們在受苦受難時，一秒鐘覺得像一百年一樣；在快樂安詳中，一天像一秒鐘般過去了。所以者何？由彼造作種種業故，時間是唯心的，三千大千世界，每一個地區，每一個星球，每一類衆生，根據業力，對時間長短的感受，都是不相同的。

我們學佛修道，都是以世法的心態來處理出世法。首先，打坐離不開時間觀念，規定時間打坐，被時間限制得死死的。如果功夫作得好一點，晚上卻睡不著，就想：唉！失眠了。脫離不了世間的時間、空間、生活觀念，這怎麼能修道呢？這些都是業力，業力把我們困死了。

或過一劫，或復減少，乃至一歲，這是講時間的相對性。

又彼壞劫，由三種災，一者火災，能壞世間，從無間獄，乃至梵世。火災來時，從無間地獄起，一直燒到二禪天的邊緣。所以，佛爲什麼要我們斷欲念、去淫心？

就是因爲這個沒有轉化，火劫一來，就都毀了。

至於第二個水災，威力就更強了，直到第二禪天。我們人在有形的精滿了以後，欲火發動，隨後水災的障礙來了，乃至得糖尿病，這些都屬於人體的水災。

第三個風災，能毀到三禪天頂，至四禪天邊緣。

佛所講的三災，同我們現在地水火風的修持，有密切的關係。這一節因時間關係，只能簡單講述。

自此以後，有大風輪，量等三千大千世界，從下而起，這是講世界的形成，這一段可以同現在的地質學配合研究，非常有趣。佛說由空劫（沒有這個世界以前）以來，有二十個空劫。空並不是沒有，空也是個東西，尤其講器世界的空。比如太空也是物理世界的一部分，所以佛說物理世界有七大：地、水、火、風、空、覺、識。空劫時，地水火風四大形相還沒有構成，那時四大的功能蘊涵在空大裡。實際上，空大本身也是在動，但因動得太大，我們反覺得是靜態。易經講「天行健」，宇宙永遠在動，若有一剎那時間不動，乾坤息矣！整個宇宙就毀掉了。

空大經二十劫之久，然後轉成氣流動起來，這是風大的形成——風輪。大風輪轉若干億年以後，慢慢自然發生液體了，像濃漿一樣，風輪與液體慢慢磨盪，就產生了熱能。泥漿再聚攏來，突起來的就是高山，陷下去的就是溪谷、江河、海洋等，產生了第三層的地水火風，就是這個世界。修密宗法門的，有些上座後，觀想空大，再觀想風輪，就是大氣層，大氣層上觀想火輪，火輪上觀想水輪，水輪上觀想地輪，然後再由地輪涌出一朵大蓮花，蓮花上坐一個菩薩，這個菩薩就是我，要一刹那間觀想成功，這就是密法，觀想成功後，可修止觀了。

又彼有色，從意所生，一切有色，地水火風是如何造成的？是意識所生。當然，物理世界爲什麼是唯心所造的，自己要去研究、去發揮。四大是唯心所造的，第六意識的功能最大。玄奘法師八識規矩頌云：三性三量通三境，三界輪時易可知。第六意識貫通了三界：欲、色、無色界。三界的輪轉，其中心柱子就是第六意識，妄想的力量有這樣大，三界輪迴整個包括在第六意識的範圍。瑜伽師地論把三界、九地、二十五有，都包括進去，都屬於第六意識地。我們修持，如果這個理見不透，隨時想把意識空了，是很不容易的。它的功能大得很，三界都爲它所造，所以說：又彼有色，從意所生。

懂了這個道理，配合修持見到了空性，轉過來修意生身，就成功了，原理就在這裡。所以那位在美國的老太太，自己摸到了身內身與身外身，證明了佛所說的，沒有明師在時，正法一樣的存在。

就佛學的分類，衆生吃飯分四種：段食、觸食、意思食、識食。段食是分段吃飯，像人間分早餐、中餐、晚餐。有些經典翻譯爲摶食，如外國人用刀叉，印度人用手抓，動物用爪，就是摶食。天人看我們吃飯，就像我們看動物吃東西一樣的髒。

觸食，比如我們除了吃東西以外，還吸收空氣與光能，這也是維持生命的重點，很重要。思食是精神的，識食是色界、無色界天人的境界。眞得定時並不需要吃東西，但功夫沒到達不能亂搞，否則會出毛病。

本地分中意地第二之三：

云何說諸大種能生所造色耶？四大各有各的種性，風大有風大的種性，地大有地大的種性。四大種性如何造成了色法？這裡的色法就是我們的生理。

云何造色依彼，彼所建立，彼所任持，彼所長養耶？玄奘法師的文章翻譯得很好，達到信與達的標準，很合邏輯。四大種是造色，爲什麼我們這個生命，乃至物理世界，生成了以後，還是靠物理的功能使它永遠存在，不但存在，又使它發揮，這個道理在那裡呢？

答：由一切內外大種，及所造色種子，皆悉依附內相續心。心物一元的重點在這裡，理論的原則也在這裡。是由於一切內外大種。

什麼是內的四大種？我們身體內部，不斷新陳代謝的地水火風，爲內四大。打坐修道是發揮內四大種的功能，再把它轉換。還有外四大種的地水火風，譬如陽光、空氣等，這兩個是一體，可是當它形成現象時，界限分開，功能一樣，現象卻不同。

內外四大種的元素，以及他們所蘊涵的造色種子，都必須依附著內相續心，才能發揮一切的功能。心理學家作過試驗，假使一個普通人，不管年紀多大，如果絕對灰心了，灰心到了極點，硬想死，大概半個鐘頭左右，人就虛脱了。因爲內相續心没有了，接不上了。換句話説，生命力强的人，生命力絶對堅固，信得過，心力堅强的人，即使斷氣以後，還是可以回轉，一切要看內在這個相續心堅不堅固。

乃至諸大種子未生諸大以來，造色種子終不能生造色。要由彼生，造色方從自種子生，是故説彼能生造色。這個地方很嚴重，不要看金剛經裡頭空呀空的，無人相、無我相，那容易懂，這裡也是無人相、無我相，不過是分析給我們聽，乃至擴而充之，甚至到達諸大種子，也就是物理的元素，當它没有構成四大的形態時，造色種子終不能造色。比方麵粉、水，摻合起來，才變成饅頭，只擺在那裡，不加水摻合，就造不出來。

玄奘法師翻譯這些時，一定頭痛極了，科學的東西没有辦法文學化，可是不文學化實在看不下去。很多人一看唯識就頭痛，對不住，是你們的心不夠細，也就是你没有得定，所以種子始終不能造色，要由彼生。什麼是彼？好比臨濟祖師的賓主句一樣。彼就是靠心力，內、外各種物理因素，再配合精神作用，才造出這個生命。

我們懂了這個原理，現在回轉來，把我們這個業力，現有這個生命打破了，回到那個原來的地方去，就成佛了。生因識有，滅從色除就是這樣，所以修持不是一件簡單的事。

我們的身體像一個小宇宙，這是唐宋以後道家的説法，有其道理。我們前面説過，身體可分成三部分，由心窩以下為欲界，心窩至眼為色界，由眉以上為無色界。與此配合，就是所謂的煉精化氣、煉氣化神、煉神還虛。

有人問：精與氣已講過，至於神的煉法及其情形如何？與四禪八定如何配合？

精氣神三樣是中國道家的分類，這三位是一體的。有一點要注意，唐宋以後的道家，偏重於修證經驗，同密宗一樣，所以氣脈、明點確有其事。但後世學道學密犯一個毛病，就是倒因為果。為什麼呢？因為奇經八脈、三脈七輪是禪定到了以後，自然的轉化，他們把轉化的經過記錄下來，才變成丹經、道書，變成密法。可是後世人拿著這個當令箭，拚命在那裡製造精氣神，搞奇經八脈，那就完了。所以祖師爺們沒有錯，錯在我們。如同禪宗講明心見性，大家就在那裡找心找性，都搞錯了，也都是同樣的道理。

所以，煉精氣神是經驗談，人的生命究竟怎麼來的？精氣神是什麼東西？拿現在名稱來比方，就是光、熱、力。精就是熱，神就是光，氣就是力，缺一不可。假如宇宙沒有太陽能就完了，神等於太陽光，神能生「氣」，太陽光照射到地球，地球有吸力，自然吸到地心，重新衝上來，化成雲氣，這些同煉神化氣是一樣的道理，氣再化精。

普通人是神化氣，氣化精，精就漏。漏也沒有錯，是順其自然，不過卻永陷輪迴了。

反其道而行之，就是使精不漏，回轉來，再配合氣，再配合神，就成功了，原理如此。

說到「拈花微笑」，可以公開一點奧秘。我們看看花，看看植物，花是怎麼開的？花開了又會結果，怎麼成長的？幾乎同人體一樣，植物吸收養分，也有它精氣神的層面。然後慢慢生長，生長以後開花，花一開，到了一個生命的巔峰狀態，另一個生命來了——結果。另一個生命又蘊涵了它的諸大種，這些種性又要配合其他的因緣，然後又開花、結果，永遠生生不已。

我們的生命，道家張三丰比喻爲「無根樹」。可是事實上，我們的生命是有根的，虛空就是我們的土，頭部是我們的根。凡夫腦部賀爾蒙分泌，下來影響性腺，性腺賀爾蒙分泌了，精力就旺得很，就要放射，一放射就完了。

所以不但道家，一般走修行路子的人，也都知道還精補腦，長生不老。密宗稱頭腦這一部脈輪爲大樂輪，丹田部分叫變化輪，心窩部分叫法輪，喉嚨部分叫受用輪。腦部的脈輪不打開，得不到輕安，不會發樂，打坐永遠在愁眉苦臉中，根本空不了。當脈輪要打開時，會無比的痛苦。我曾親自經歷過，到了眼睛，眼睛開刀；到了牙齒，牙齒也拔了；到了耳朵，耳朵出毛病。二祖當年見達摩祖師以前，頭痛欲裂，受不了，也想死，空中有個聲音告訴他：「你忍一下，正在換頭骨。」過後，頭不痛了，卻長出五個包包，像五嶽一樣。

頭部脈輪要打開時痛苦極了，走火入磨（魔）還是有的。到眼睛，眼睛瞎了；到耳朵，耳朵聾了；到那裡，那裡出毛病。如果再加上一點點妄念作功夫，非完蛋不可。只要心理不受影響，任運自然的用功下去，氣脈通過，一切都好了。

當一個人眞打開了頭腦脈輪以後，才曉得何謂大樂輪，才可以談煉氣化神。這時意生身也出來了，身外有身，身內有身都作到了，一念動就出去，神通妙用也自然有了。但是與圓滿菩提有關嗎？沒有，這只是業報身的一種，但也有關係。這是業報身的一部分，這裡頭確有陰神、陽神之分。陰神是自己的境界裡頭有，外人看不見。陽神修成了，要變兩三個我給別人看，別人就看見了，也可以談話，也可以接觸，這就是化身成就。

達到這種成就時，是不是證得了菩提呢？還是沒有。不過，隨念一動，有百千萬億化身；不動時，清淨圓明，了無一物。當然，見地方面，很可能也大徹大悟了。但是煉精化氣這些講的是功夫，和見地是兩回事。

學佛修持，要修就要修成三身圓滿，講課的目的也是爲了這個，並不是一般人口中的禪，學佛學道要講實證、證據，理論講得好是沒有用的。

煉氣化神這個氣，不是呼吸的氣，密宗的分類很對，先修氣，再修脈。開始時叫息，十念中念出入息的息，是後天呼吸之氣停止後，可是血液還在循環，脈還沒停止。到脈都止了，才是「精化氣」的階段，這個時候才可以修身外有身。

至於怎麼配合四禪八定這個問題，四禪是四個禪定程序，八定則並不一定是四禪以後的次序，初禪也可以到達「空無邊處定」。比如，靈雲禪師忽然看到一朵桃花，以及洞山的「迢迢與我疏」，忘掉我了。都是空無邊處境界。大家都有這個經驗，有時瞎貓撞到死耗子，碰到過。這時想把這個境界定住，還是定不住，空的境界有，可是初禪的定力沒有，所以定不住。

「空無邊處定」是空的境界，可以達到無量無邊，如果沒有初禪的基礎，還是定不住。八定與四禪沒有程序關係，如八卦一樣，互相穿梭，說不定一個得了初禪的人，一下證到「非想非非想定」。所以雲門禪師說：「你想非非想天有幾個人退位？」這是眞話。悟了的人，有時上坐後是在凡夫定的境界，有時是在「非想非非想定」的境界，有時也可能在「空無邊處定」，反正是到處穿梭，是不一定的。

關於四禪同煉精化氣、煉氣化神、煉神還虛如何配合？重點是：初禪一定要作到不漏丹，才能煉精化氣，二禪一定要作到煉氣化神，三禪要作到煉神還虛，四禪捨念清淨，一切皆空。原則大概如此，中間的修持細節和過程，不知道要經過多少苦頭。比如氣到眼睛，眼睛看不見了，要能作到不理它，充其量讓它瞎，一念空，氣脈自然通過了。如果一害怕，唉呀！不得了，眼睛看不見了，配合了這個妄念，那就麻煩了。所以修行不是那麼簡單的。總之，搞這件事非專修不可，要把修道變成生活的全部。而大家學佛，是把它當成生活的花邊，點綴點綴而已，那還能成功嗎?世上沒有這麼便宜的事。

凡夫及外道，除了眞正禪天的中心無法進去以外，嚴格講起來，三界之中凡夫都能去得，都能往生。升天不一定靠禪定，升到天界的外圍邊區，是靠善心與德行。所以善人必定升天，不過很可能升在天的外圍，外道也一樣。因爲一切外道與正道，都有一個共同點，就是勸人向善，如果勸人爲惡，那叫魔道，就不談了。

這裡講四禪，爲何只拿禪定來標榜，不拿善事作標榜呢?因爲凡是人眞心爲善的，多半就有凡夫禪，心境上一定是比較清淨。照中國文化來講，善心生陽；邪念是陰的，所以煩惱就來了。天人境界只拿禪定來比方，包括了善，而有些經典講善道升天時，就不提禪定。

這裡頭附帶有一個問題要注意，修到四禪八定境界，拿大乘佛法來講，還是一個「大凡夫」，不過很偉大而已。同樣的道理，有些阿羅漢，雖修到四禪八定，但是並沒有證得阿耨多羅三藐三菩提。在修法上，關於這方面，密法講得很好：精不降，樂不生，氣脈不通，妄念也不會斷，身體也不會好；如果精一降，凡夫非漏不可。精降不漏而生樂，那眞是舒服無比。但如貪圖樂的境界，就墮落在欲界。如果貪圖身上陰陽交合之樂，久了以後，墮落在鴛鴦、猴子、鹿等這一類欲念特別重的畜牲道中去了，修了半天，還向畜牲道那邊跑。

氣不轉，光明不起；氣定了以後，光明才生起，就是內在四大的自性光。神由無念而清明，但是偏重於無念，空的境界，落在無色界，等到無色界天的福報受完了，依舊再重入輪迴。當然，無色界天的時間很長，世上一百多萬年，在那裡不過是幾天而已。不過這也是比較的，在他們自身感受來說，也不覺得長。

偏在樂的境界上，就墮欲界；偏在光明境上，就墮色界；偏於空境，則墮無色界。要跳出三界外，不在五行中，三界都不能偏，非證得阿耨多羅三藐三菩提不可，否則跳不出來。四禪八定九次第定是佛法及一切內道、外道的修持基本，不走這條路不能證果。但是達到四禪八定而不得菩提，且般若不通透，不悟徹底，則依然是一個「大凡夫」。阿羅漢也不過是一個偉大的凡夫而已。大阿羅漢就不同了，可以跳出三界外。

欲界中的男女，廣義的欲是色、聲、香、味、觸，狹義的欲是笑、視、交、抱、觸。這五欲在四大中偏重於水火。拿中國文化配合來說，水、火就是心、腎兩經，心是火，腎是水。五行這一套都要懂，因此道家教人坎離交，是有道理的。研究人的生理就會知道，當欲念一來時，四大都在動，四大都受損害，佛經上以災難稱之，是指那個作用而言。實際上任何一念一動，四大都會動，都不歸位。人的身體為什麼不能得定？因為都不歸位，都不均衡的原故。

瑜伽師地論卷第三，本地分中意地第二之三：

復次，於諸色聚中，略有十四種事，謂地水火風色聲香味觸及眼等五根，除唯

意所行色。

色法就是地水火風，包括了生理。彌勒菩薩說，簡單的講，有十四種現象，換句話說，就是有十四種功用。像地水火風、色聲香味觸及眼等五根，都屬於色法的聚，凝結起來構成物質的形狀叫色聚。（大種、四大、色聚，每個名詞都有它的範圍，研究唯識是非常邏輯的，一點都不能錯。）但是意所行色除外。譬如法處所攝色，也就是意所行色。我們夢中的身體，夢到自己被火燙了，也會覺得燙；吃了冰淇淋，也覺得很冰。地水火風、色聲香味觸照樣有，那個是法觸意境上所呈現的色。懂了這個，才曉得人死了以後，靈魂一樣有世界，下地獄一樣也覺得痛苦，地獄是假的，可是照樣會痛苦。還有一個試驗，把你的眼睛蒙起來，拿個假火假裝燙你，你一定會叫：燙呀！皮膚都紅了，這就是意所行色，是屬於心所的一種。

卷第十三本地分中，非三摩呬多地第七：

禪宗常說的一句話，本地風光。眞如自性就是本地。這些都是從本性起用方面來講，懂了用，就曉得體。「第七」就是瑜伽師地論的第七部分，「三摩呬多」就是等引的意思。過去古老的翻譯稱三昧，也就是正受。但玄奘法師覺得不可翻譯，因此用譯音。就是到達我們所要達到的那個境界，簡單的講，就是得定。這裡告訴我們，什麼叫作不是定，這個很重要。

彌勒菩薩把不是定的境界歸納出來，有十二種：或有自性不定故，名非定地，謂五識身。這裡講自性不定，不是指明心見性的自性，是說它的性質不定，是在變動，所以不叫作得定。五識身，眼耳鼻舌身五根後面的功能，就是五識。五識所呈現的狀態，我們錯認爲是得定，那個狀態不是定，不要搞錯了。比如有人念咒子，以爲得定了，事實上，一句接一句的念，一直在變動不定中，並不是定，這是其一。

再有就是我們聽聲音，覺得得定了，那是耳識身不定性，那是偶然的清淨，不是定。如果認爲自己得定了，「非魔即狂」。爲什麼？因爲五識的自性不定故。

又比如眼睛看光，有一種覺受境界，好像得定了，不是眞的，因爲它本身是生滅法，當然不得定，以生滅法來修它，這是一種非定，要認清楚。

或有闕輕安故，名非定地，謂欲界繫諸心心法。彼心心法，雖復亦有心一境性，然無輕安含潤轉故，不名爲定。

定有一個條件：就是輕安。如果還覺得有腿在，有腦袋，還覺肩膀發酸，就是不輕安、不安樂，整個身體粗重，就不是得定。眞得定了，坐著覺似騰空，就是那麼輕安，這只是比方。三脈七輪都通透了，身體才會發生輕安。我們搞了半天，還跟著感受在那邊開運動會，哦！氣到了這裡，想把氣弄過來，越弄越閉住了。若能眞的放空，把感覺一忘，它就過去，就通了。拚命在那裡管它，就是一萬年也通不了。彌勒菩薩說，這是被欲界的習慣困住了。欲界的習慣很多：色聲香味觸法，貪瞋癡慢疑，財色名食睡都是。

諸心法是整體的，八個識都在這裡頭。下面的心法是講心所，意識的部分。什麼是欲界的心法？你覺得氣脈通了，就可以成道，這就是利害觀念，這些也把我們困死了。「心」所有的心理狀態，包括第八識，都是「心法」的範圍，乃至於第六意識中，心所起的狀態。有時我們雖然可以達到很定的樣子，但卻不是眞的定。

「心一境性」是基本的定境界，但是不一定達到輕安。比如喜歡聽音樂的人，一曲好的音樂都聽醉了就是定；又喜歡掏耳朶的人，掏的那個時候也是定；甚至喜歡捻腳的，搔到癢處時，也絕沒有妄念，那也是一種定，就是心一境性。假如你造五百羅漢塑像，有一個就是脫了鞋子，歪著嘴在揑香港腳，表示在那個境界入定了。

所以，欲界中，心一境性可以作得到，可是沒有輕安來滋潤它的話，身體僵硬在那裡。彌勒菩薩說，這不是眞正的定境。

第二十講

內容提要

什麼不是定境

專一作意

世間定及非世間定

有心地無心地

生起和圓滿

六位無心地

有餘依及無餘依涅槃

今天接著上次講的，瑜伽師地論非三摩呬多地。

先認識什麼不是定境，然後我們才曉得什麼是定境。上次講到無輕安含潤轉故，不名爲定。什麼境界得輕安呢？宗喀巴大師說：頭項上發清涼是輕安的前奏。自頭項一直灌下來，到全身，都屬於輕安的前奏。不管修那一宗派，這個是必然的現象。不過，由上而下的輕安容易退失，有時候會全垮了。如果是由腳心發起的一股力量，由下至上，也就是道家所謂通任督二脈，或者密宗所謂左右脈通了，就不易退失。

如何是輕安呢？身體的粗重障礙沒有了，沒有身體的感受，隨時隨地都沒有身體的障礙，輕靈到極點。好似嬰兒躺在那裡，自己不曉得有身體。輕安的境界，包括了道家、密宗所有的氣脈之學。

或有不發趣故，名非定地。謂愛欲者，於諸欲中，深生染著，而常受用。

還有，不得定的原因，是因爲根本没有發起眞正想修道證果的決心，没有這趨向的人，不會到達定的境界。因爲我們只把修道當作生活的一小部分來玩玩而已。眞修行人是把修行當生活的全部，所有平常生活，不過是修行的一點點調劑。但是我們正好相反，人世間的功名富貴一概都要，最後也要成佛，貪心非常大，放下來專修都做不到。

爲什麼没有發起成道的決心就不會證道？有個理由：謂愛欲者，於諸欲中深生染著，而常受用。就是愛欲心没有擺脱，没有出離心。愛欲狹義指男女之愛欲，廣義包括好名、好利、好恭維，一切都愛好。我們平常的生活習慣，一點都解脫不了，放不下來，轉不了。愛清淨、愛乾淨等等也都是，多得很。我們作功夫修行要自己反省檢查，才會發現深生染著不是普通的染著，那是很不容易查出來的。一個人如隨時隨地把自己的毛病檢查得出來，就是第一等人。什麼叫修行人？就是一輩子在找自己；管理自己，檢查自己的人。人是不肯檢查自己的，而且，談何容易啊！人容易原諒自己，不會嚴格要求自己。

於諸愛欲中，深生二字要注意，深深的生起染著，而且認爲這是對的。大乘境界中，貪愛清淨，好乾淨也是欲，好道亦然，「好」字即是愛欲之一種。

或有極散亂故，名非定地。謂初修定者，於妙五欲，心隨流散。

還有一種，絕對落於散亂當中。初修定者是指初禪的功夫沒有到達者。妙五欲分二種：一種是世間的妙五欲，色、聲、香、味、觸的染著，引起了貪瞋癡慢疑等等。也就是眼睛要看好的，耳朵要聽好的等等。另一種是內在的，就是你功夫到達了，在功夫的境界上自然有好玩的，好看的。只要心貪著了任何一種，就跟著流轉，那不是得定。等於有些人打坐，坐好一點時，看到光了，或看到什麼，就開始貪圖那個東西，玩那個東西，而不能得定。

或有太略聚故，名非定地。謂初修定者，於內略心，惛睡所蔽。

還有一種人喜歡簡單，尤其中國人的個性，喜歡簡化，所以唯識學在中國，始終不大流行得開，因爲看了就頭大。唯識是科學的、邏輯的，分析的很精詳，所以我們不大喜歡。我們最喜歡的是禪宗，什麼文字語言都不要，看到桃花而悟道，中國人最喜歡簡略，不喜歡複雜。這一種人不肯分析、研究，易入昏沉的路子，喜歡睡眠。換句話説，我們打坐時，往往把細昏沉當成定境，這也是很糟糕的事。

或有未證得故，名非定地。謂初修定者，雖無散亂，及以略聚，嬈惱其心，然猶未得諸作意故，諸心心所，不名爲定。

這個要注意了，還有一種人，没有實際證到定境，什麼是定，他一點都没有實驗到，所以他不能得定，見地，也没有搞清楚。這怎麼説呢？開始修定的人，雖然坐起來不散亂，也没有昏沉，也不簡略，也不打麻胡眼，不大而略之，不昏頭昏腦的，但是作意方面没有一點成就。

什麼是「作意」呢？先講普通的作意，那是「五遍行」之一，它普遍存在於八個識裡。除非阿賴耶識轉成清淨光明大圓鏡智，否則總是存在著作意。前面七個識就是第八識的作意。換句話説，八個識都是心在作意。所以眞正的意，除了第六意識的範圍以外，這個「意」字，也包括了前面五識、第六識、第七識，乃至包括了第八識，都在「意」的範圍裡，這是普通的作意。

第二個作意，就是悟道以後的「意生身」作意。所以達摩祖師以楞伽經印心，並再三交代，眞悟了以後，必得意生身方能證果。

什麼叫意生身呢？瑜伽師地論裡頭都講過。首先，凡夫的這個身體也是意生身，前面講過，我們心理一灰心，一崩潰，這一條命就自然乾癟了。現在活著的一個主要因素，是有精神生命在支持，這個精神生命就是意生身，是凡夫的意生身。懂了這個道理，再進而言之，悟了道的人，可以造成聖人的意生身，身外有身，甚至於成就了百千萬億的化身，這些都是意的作用。

修定的人第一步要作意，比如念「南無阿彌陀佛」這一句，就是我們的意去造作出來的，這個意不是單指第六意識。即使第六意識沒有雜念，禪宗所講的三際托空，當前那個空掉的境界，就是作意出來的。但是，那個空的境界是不是能夠永遠存在呢？不會，因爲馬上就玩起那個空來了。再不然，後面幾個遍行馬上來了，觸、受、想、思。覺得身上氣動了，那正是「想」，所以五遍行俱在，那裡談得上空呢！唯識的道理分析得非常清楚，光以爲空了，過於儱侗，將來生死到來，或者想求證果時，一點也不得力。

現在的年輕人，玩得最厲害的就是密宗啊，氣脈啊，這套玩了半天，都在玩弄精神，玩弄大妄想，眞氣脈不是那麼一回事。佛早已預言，末法時代，兩個法門最流行——淨土與密宗。聰明的人一聽到佛這幾句話，就馬上會警覺到這個不是玩笑，確實是有它的道理，可是並不是現在一般人玩的這個道理。

比如我們打起坐來，只能坐半個鐘頭，硬是作意坐上三個鐘頭，行不行？作不到，因為作意不能堅固。

我們看了上面非三摩呬多地的時候，自己檢查一下，不落在散亂，即落在昏沉，再不然落在簡略，作不到作意的專一。比方不管是學道家、淨土或密宗，要觀想一個白衣觀音，在前面永遠不動，這個作意作得到作不到？不行就是心在散亂。可是，一個學催眠術的，或一個畫家，他們卻都能作到。作意就是注意，修止修定的初步，非要作意不可。因此有人主張禪淨雙修，把一念專注在阿彌陀佛這一念上，心心念念不亂，作不作得到？

禪宗過去用參話頭，把沒有道理的問題參透，也就是把五遍行的「想」與「思」綑起來。然後，話頭又打不開，要抱住這個話頭，不能忘記它，這就是自然修止嘛！觸與受也綑起來了，一邊懷疑，一邊在定境中，等於是定慧雙修的法門。所以古代教人用話頭參，就是作意，把所有的色受想行識都捆攏來，作意堅定了才能得止。不過現代人要放下來，現代生活太緊張了，放下，蠻舒服的，認為這個舒服是道，非也。這也不過是作意的一種方法，對付現在這個時代蠻好用，如此而已。但永遠保持那個空靈、輕鬆，是不是有作意在呢？沒有的話，就不算定。

「諸心心所」就是你所有的心——妄想、五十一種心所、貪瞋癡等心理行為。如果它們一點都沒有轉化了，怎麼會得定呢？換句話說，打起坐來，表面看來儼然修道的樣子，實際上心裡頭的貪瞋癡等心所牢固得很，根本煩惱、隨煩惱，都來了。

修定的第一步，要作意才能得止。道家的守竅，密宗的觀想，淨土的念佛，禪宗的參禪等，都是作意的道理。第六意識沒有堅固形成某一個境界以前，是不能得止的。

這一節很重要，現觀莊嚴論講，修四加行作意，心境沒有專一，不能得定。如果你是修空定，一切妄念不管，能看住這個妄念，把這個作意畢竟專一，也算是得定。可是它會變去的，這是專講定的修持，見地又是另外一回事。

或有未圓滿故，名非定地。謂雖有作意，然未證得加行究竟及彼果故，不名為定。

再進一步，更加嚴重。雖然作意了，比如念佛，差不多到達一心不亂，但還沒有證得四加行。換句話說，色身氣脈統統沒有改變，一切都沒有轉化，四加行的功效一點都不能達到，病也照常病。當然這同你的心地法門沒有關係，但是此身四大也是心的一部分，既然能轉心，為何不能轉四大呢？楞嚴經上說：**不知色身，外洎山河虛空大地，咸是妙明眞心中物。**連身都沒轉，你說得了定，那不是自欺之談嗎？加行的究竟：煖、頂、忍、世第一法，沒有證得，氣脈四大沒轉變到究竟位，所以不名為定。

很多悟了的大禪師，在最後臨走時，都死在很痛苦的病症上。元朝大禪師高峰妙，最後還是胃病難過而死。當然，病痛、生來死去、坐脫立亡，對他來說都沒有關係，很多大師們都是如此。以教理來講，就是他們**未證得加行究竟及彼果故**，所以不算究竟得定，不是證得圓滿之法，只是悟得法身而已，這些人，只好等到中陰身時再去成就。但中陰身的悟成就，理論上是有，事實上如何，我們無法看到。

或有雜染汚故，名非定地。謂雖證得加行究竟果作意，然爲種種愛味等惑染汚其心。

這些都是批駁不是定境的道理。這裡再進一步告訴我們，雖然證得加行究竟，氣脈轉變了，功夫可放光、動地，加行究竟果作意也到了，陰神、乃至陽神也成就了，這樣的人一定被普通人視爲活佛。這時還有一部分的愛欲，染汚本心的清淨光明，比如愛染清淨，愛染有道者，到這種程度還是非究竟的，雜染善法也非究竟。

或有不自在故，名非定地。謂雖已得加行究竟果作意，其心亦無煩惱染汚，然於入住出諸定相中未得自在，未隨所欲，梗澀艱難。

雖然已經得了加行究竟果作意，乃至身心可以出離，可以分化，心裡也沒什麼煩惱，但功夫境界與煩惱完全是兩回事，心理的煩惱染汚太不容易解脫了，不要以爲打打坐，有點功夫，懂一點佛法道理就是學佛了，那是自我陶醉，不行的。

但是於入定、住定、出定諸究竟的定相中，不能自己作主，有時是瞎貓撞到死老鼠，那種入定並不算究竟。究竟定相是自己完全能夠作主，操縱自如，要入定就入定，要出定就出定。如果未得自在，不能隨心所欲，有時候功夫對了，有時候又不對了，梗澀艱難，也是不算數的。活著健康的時候還不能作主，到生死來臨時，一點作主的辦法都沒有。這點隨時要留意，尤其是年紀大的修行人。

或有不清淨故，名非定地。謂雖自在隨其所欲，無澀無難，然唯修得世間定故，未能永害煩惱隨眠，諸心心法，未名為定。

還有一種，因為定境不清淨，所以不叫作定。雖然可以作到自由自在，隨心所欲，可是有些人作的是世間定，不是出世間定。這裡要特別注意，大家作功夫修氣脈、觀明點，這些都是世間定，即使修到祛病延年，也是世間定。世間定包括文學家、藝術家、練武功者等的定境。出世間定的差別在般若、在見地。世間定是功夫，不包括見地在內。

這一章講什麼是「非定」，其實雖然是非定境界，我們仍然作不到。如果能作到了一點，死後起碼能生到六欲天，比我們活在這世界，可舒服得多了。能到達這樣的功夫已經很不錯了，因為我們現在是講非正三昧而說的，關鍵要搞清楚。能作到這十二種非定境當中的任何一種，已經很了不起了，到今天還沒有看到一個人能作到。這裡所講的非定境界，並不是說它錯，而是說它不是佛法的正受，不是菩提的正定，區別就在這裡。

因為修的是世間定，所以永遠沒有辦法除去根本煩惱。有一點修養功夫的世間人，可以到達一個煩惱比較少的程度，而煩惱之根並沒有拔掉，只是不大起作用而已，隨眠煩惱照樣還有。隨眠的意思就是這些煩惱跟隨著你，跟著迷糊你，讓你走入莫名其妙的糊塗境中。五十一種心所裡，有二十種隨眠煩惱，修行是檢查這些心所，不是打坐作功夫。大家動輒談功夫，功夫有什麼稀奇！心裡的檢查作不好，隨眠煩惱都找不出來，過後方知，我說：「事於過後方知夢，浪在波心翻覺平。」事情過去了，才曉得那件事像夢一樣過去了，心裡頭明明像波浪在滾，根本煩惱仍在，自己還覺得清淨得很呢！覺得只有自己在道中，只看到別人的煩惱，以爲自己是沒有煩惱的；只看到別人不對，覺得自己很對。我們要把五十一種心所好好的搞清楚，修行是在這裡著手，然後再把五蘊解脫，（五蘊就是一念。）一步一步搞清楚，那才談得到修定。

隨眠煩惱沒有除掉的定，就叫世間定。「諸心心法」，還有一切心所所生的這些煩惱，如果通通沒有斷，就不叫作定。

或有起故，名非定地。謂所得定雖不退失，然出定故，不名爲定。

什麼叫做「起」呢？所得的定固然感覺沒有退，事實上已出了定位；換句話說，雖然覺得自己待人接物，都還能夠應付自如，心境空空的，但那不是得定，那只是第六意識一點點作意的清淨而已。諸心心所的隨眠煩惱、根本煩惱，一概都「起」來了，都在輪迴。

或有退故，名非定地。謂退失所得三摩地故，不名爲定。

最後的一個，連最根本的三摩地都退失了。所以修大乘菩薩道，到了第八不動地菩薩時，才不會退轉。換句話說，四禪八定，你都修成功了，還是有退轉的時候，可以退到六道輪迴。如何才到第八不動地呢？般若、見地、行願。福德圓滿則智慧圓滿，最重要的還是福德圓滿。

福德這件事情，眞不敢講，因爲講了以後，可能門前草深八丈，沒人來了。

以上是強調非佛法的三摩地。

下面講有心無心地的問題。這個「心」是指八識心王，整個的心識。心意識這個心，第八阿賴耶識都包括在內，因爲第八識也是心所造的。

學禪的人經常說無心，隨時作到無心。同安察禪師有一句偈頌「莫道無心便是道，無心猶隔一重關。」無心還差得遠，況且我們還作不到無心。但什麼叫作眞正的無心？比如我們走路，把別人碰了一下，會說：「對不起，我無心的。」那個無心，可不是道的無心，而是無記，大昏頭。健忘的人也是無記，有些人作功夫，一天到晚心裡頭空空洞洞的，很舒服、很清淨。小心！不要認爲這個是無念、無心，往往這是大昏沉，昏沉久了以後，所得的果報是下墮——落入畜類。宗喀巴大師在菩提道次第廣論中，講得很清楚，他大大的批駁那些認爲無念就是道者，更叫人千萬不要落入無念定，以免來生墮入畜牲道。所以這一點關於有心、無心，一定要認識清楚。

瑜伽師地論是一部大論，學唯識的人，如對這一部論著沒有搞通是不行的。

現在講瑜伽師地論卷第十三，本地分中有心無心二地第八第九：

云何有心地，云何無心地。謂此二地俱由五門，應知其相。有心地及無心地有五種分類法，要知道其界限、定義，才能開始學佛。

一、地施設建立門，二、心亂不亂建立門，三、生不生建立門，四、分位建立門，五、第一義建立門。

現在介紹第一種區分「有心」「無心」的分類法則：

地施設建立者，謂五識身相應地、意地、有尋有伺地、無尋唯伺地，此四一向是有心地。

什麼叫有心地？包括了五識身相應地。例如普通人眼睛看東西，耳朵聽聲音，這五根的後面有五識。根與識很難分別，玄奘法師在八識規矩頌中，說了一句很重要的話：愚者難分識與根。沒有大智慧的人，分別不出來，什麼是眼睛的生理官能，什麼是眼識等等。

又比如上次講過，人剛斷了氣，眼睛還沒有壞，馬上挖出來時，眼睛的餘命未斷，眼識是不是失去了作用？眼識已退回到阿賴耶識去了，第六意識也退回去了，可是這個眼睛移植給別人還是有用。五識身已不是五識身了，這是第八阿賴耶識的眼根，眼根的的餘命未斷，不是識的問題。眼識已經走了，醫生把這隻眼睛接上去，神經接起來，給另外一個人，神經沒有障礙了，接受這一隻眼睛的人，他自己的眼識起作用，配上別人給他的眼根，眼睛可以看了。

再比如我們的眼睛（眼球是官能，佛學稱眼根），眼睛看前面，我們的眼識配合第六意識注意前面，我們所看到的是黑板，是茶杯，這是第六意識。如果這時眼睛注意看著前面，但旁邊的人、物，同時映入眼簾，那是眼識的作用，不是意識，因爲意識正全心配合著眼睛，注意著。旁邊隨時來的一切也是知道的，那就是眼識。但一曉得旁邊有人過來，當一曉得時，馬上起了分辨的作用，眼識已經交給第六識了。在最初剎那之間起明了作用的，就是眼識。

至於身識，就很難體會了。大家學道作功夫，如果能把身識認得清，就可以起步了。修證，乃至修報身、修化身，要先認得身識，才能談得上起步。

怎麼樣是身識？十來歲的時候，春天睡覺，早上醒來無事，懶洋洋的，那正是曾子說快要死的那個味道：「啓予足，啓予手。」手腳在那裡都不知道，睡得甜得很，醒是醒了，身子可以動，也動得了，可是不想動，那個時候才可以體會到什麼是身識。但並不是這個身體，等於這個身體還是外殼，這個身體內在還有一層朦朧的內胎，那才是身識的作用，抓到那個來修，就快了。如果再一動念，第六意識一配上，身識就交給第六意識了。第六意識這個分別一來就壞了，一切煩惱就來了：要起床了，應該去上班了……這些都是第六意識的事。

所以說，什麼是有心地？第一種就是五識身相應地，是前面五識配合意識妄心而起的境界。第二種是意地，單單第六意識妄心所起的作用。

第三是有尋有伺地，就是羅睺羅尊者修出入息，到達初禪有覺有觀的境界。有覺有觀是舊的翻譯，玄奘法師不同意這樣翻譯，他用尋、伺二字。打坐找道，找定境就是有尋，再高明一點就不找了，只守住在那裡，就是伺。一般人常把伺境當成定境，呆呆定的在那裡，也知道，有等待、裁定的味道，這都屬於有心地的範圍。

再進一步第四，無尋唯伺地。等於二、三禪的境界，上坐心裡頭沒有雜念，不去尋找功夫，也不去找一個境界，只有伺，就是一味呆住，清淨在那裡。若把那個境界當成定就錯了，那正是意識狀態、妄心狀態。這四個方向都叫做有心地，有心地就是普通人，我們的心理狀況就屬於這個範圍。

無尋無伺地中，除無想定，幷無想生，及滅盡定，所餘一向是有心地。瑜伽師地論講，從第二靜慮到無色界，全名無尋無伺地。這裡所論的，除了這三個定境以外，其餘的都是有心地。

至於無尋無伺地中，又有程度之別了。唯識分析得很清楚，一步一步，詳盡得很。無尋，坐起來清淨得很，念頭沒有亂跑，也沒有亂找時，只有一個很平穩的境界擺在那裡，就是無尋唯伺。這裡頭有沒有東西呢？還是有。知道這麼一個境界，是在五遍行的想與思中。至於無尋無伺的境界，則超越了想的心理狀態，乃至於到達了「無想生」，又進一層，無想而能夠生作用，起作用的功能。

嚴格來講，無想生的最初步，也只能摸到金剛經的應無所住而生其心的邊緣。所以儱侗來説，般若很容易講，本來無所住而生其心嘛！這仍非究竟，太儱侗了。

若無想定，若無想生，及滅盡定，是無心地。

這三個定境到達了，才可以説定境達到了無心地。這一段都是講修證作功夫，不講見地。不過這卻是修證功夫的見地，如果這點認識不清，功夫就作得迷迷糊糊的，像土包子進城，那是不行的，所以一定要搞清楚才行。

下面要介紹第二種「有心、無心」的分類標準。

心亂不亂建立者，謂四顛倒，顛倒其心，名爲亂心，若四顛倒不顛倒心，名不亂心。此中亂心，亦名無心，性失壞故。

普通人的散亂心也叫作無心，因爲把心掉了，自性散壞了。所以我們應該注意，作功夫修持時，覺得自已隨時隨地都在空空洞洞裡頭，好像清淨得很，就以爲到達了無心地。實際上這正是掉了心，是這個無心正在顚倒中，自己不知道罷了，很可怕。以我幾十年經驗看來，作修養功夫的人，最後走上這條路的人太多太多了，都是這樣糊里糊塗去了。正如雪竇禪師的詩句：「可憐多少垂鈎者，隨例茫茫失釣竿」幾位老同學要特別注意，釣魚竿子已經被我收回來了，你們已經無心了，因爲你們迷失了修持的本心。

如世間見心狂亂者，便言此人是無心人，由狂亂心失本性故。

等於看到一個瘋子，我們也叫他是無心人，因爲他錯亂了，迷失了本性。有人修到後來，很容易走上這條路，一定要注意。所以有位禪師說：「萬古碧潭空界月，再三撈摝始應知。」不是那麼簡單的，福德不夠，所以慧不能到。

於此門中，諸倒亂心，名無心地。若不亂心，名有心地。

無心地的反面，就是有心地。在佛法而言，一般凡夫成道以前，煩惱錯亂心都算是無心地，沒有證得本性的緣故。眞正修證佛法，得了定、慧的，叫做有心地。這是第二門解釋。

生不生建立者，八因緣故。其心或生，或復不生，謂根破壞故。

第三門，就心「生」或「不生」來區別「有心」「無心」。比如我們學佛最難的一項，就是慈悲心很難生起，也就是說眞正發起行願心很難。我們口口聲聲要想幫助人家，慈悲人家，度人家，嘴裡雖這麼講，實際上，很難辦到。所以我們修行，單說一個功德心，在行願上根本就很難建立，也可以說，根本沒有建立過。行門很難講，歷代祖師都只講見地，行門不敢多談，眞正談了行門，徒弟都跑光了，因爲要求太嚴了。但教不嚴，師之過，寧可要求嚴格，門前草長三尺，豈止三尺，十丈都無所謂，沒有人都可以，一個人在裡頭蠻舒服的。老實說，行門很難，太難了。

有些心不生是因根，是因爲生理機能破壞了，比如腦神經壞了，這個心理生不起來。儘管佛法講四大皆空，四大還是很重要。佛說暇滿之身難得，生爲人，閒暇的時間難得，四肢體健，五根具全也很難得的。尤其是這個工商業時代，空閒的時間談何容易，能有閒暇坐在那裡高談闊論，妄言修道，這是多大的福報。

境不現前故，有時候你拚命用功，那個境界就是不來。從前有一個修道的老先生，有一些功力，既不吃飯，也不睡覺，不過到夜裡十二點時，再跟他說話，他也不理，靠在椅子上，閉著眼，大約有半個鐘頭。然後眼睛睜開，再談話，可以談到第二天晚上十二點。到了十二點他又不說話了，閉眼休息了。問他爲什麼？他說是功夫來找他了，這就是境現前。孟子盡心下篇說：「有諸己之謂信」。消息來就要定去了，這就是境現前。有些人功夫作了半天，境界不現前，這就要嚴格檢查自己了：心理的障礙，或是生理的障礙呢？若問另外有個方法沒有？這是愛欲之心，貪求之念，這些結使在作怪。連這個都不能檢查出來，還怎麼能夠修證菩提呢！

闕作意故，作意沒有造成，至於是什麼根器，該如何作意，也是大有關係的。

未得故，相違故，已斷故，已滅故，已生故，心不得生。

以上種種緣故，所以心不能生起。密宗的修法生起次第，就是由這裡來的。密宗所有的理論，都是唯識法相的基本理論，所以修法要修到生起次第，沒有的要建立，等於從平地上建立生起十二層高樓。所以密宗是無中把它生有，生有了以後，把它打空，又回到清淨光明，把建立起來的空掉，那就叫圓滿次第。

由此相違諸因緣故，心乃得生。不受上面八種現象範圍所限制，道心才可能生起。此中若具生因緣故，心便得生，名有心地。若遇不生心因緣故，心則不生，名無心地。

若具備了生的境緣而生心，是有心地。相反的因緣而心不生，則是無心地。

第四門：分位建立者，謂除六位，當知所餘名有心地。什麼是分位建立呢？又包括了六位，除了這六位外，都是有心地。

何等爲六，謂無心睡眠位、無心悶絶位、無想定位、無想生位、滅盡定位及無餘依涅槃界位，如是六位，名無心地。

這六個部分，有些是凡夫果，有些是大乘極果。這些分位建立，同樣的達到無心地，程度還有差別。金剛經云：一切賢聖皆以無爲法而有差別，所得的道是不錯的，但程度、造詣、層次上卻是有差別的。六位中，無心睡眠位是凡夫的無心，睡著了，什麼都忘記了，這也是一種無心。修道人犯了這個毛病，不能原諒自己，功夫不夠，因爲大昏沉之故。

無心悶絶位，是好似昏過去了，或者跌倒、打傷了，或者受了腦震盪失去記憶了，這都屬於悶絶位，是病態的，不對的。以佛法來講，如果一個人受了腦震盪，過去的都忘了，熟人也認不得了，這時，他本性在那裡？是不是治好了又回轉來？不能治好，但他的本性又怎麽恢復呢？這是科學的大問題，學佛要追究這些地方，佛法是絶對的科學，不是那麼簡單的。不要貿然的相信，貿然的搞，嚴格講，這裡頭都是問題。

無想定位，也屬於無心地，無想定位不是證道。釋迦牟尼佛學無想定三年，然後認爲不是道，知非即捨，不幹了。無想定是外道位，但是無想定有無想天，雖是外道位，比我們的位置卻高得多了，雖然還是在色界中，卻超過了欲界天。一個人能到了無想，雖不行善，也絶對不作惡事，既然不作惡事，依善果也可以生天。何況無想還是一種定的境界。不要看不起它，我們還作不到呢！

有些人打坐怕落頑空，其實，若能眞正到了頑空也要恭喜你了，恐怕只是在玩弄那個空而已，頑空作不到的。無想生位生到無想天。滅盡定位不同，是羅漢果位，超過四禪八定。九次第定的滅盡定，身、心皆滅，等於向輪迴請了長假，但是，最後還是要來的，非迴心向大不可。滅盡定可以躲在偏空的境界裡頭，空的功能滅了身心的作用。無餘依涅槃位是大菩薩位、獨覺菩薩位。這六位叫無心地。

第五門，也就是最後一種區分法：

第一義建立者，謂唯無餘依涅槃界中，是無心地。

禪宗所講明心見性，直透牢關，在破三關之後，就要破這個有餘依，證無餘依涅槃。什麼是有餘依？就是大阿羅漢，同獨覺佛達到涅槃的果位，但是煩惱的根還是沒有斷，就是維摩經上所形容的餘習未斷。維摩居士的房間裡，諸大菩薩，諸大阿羅漢都進了他的方丈，（寺廟中稱方丈就是根據維摩經，維摩房間一丈見方，可是百萬天龍，天人進來都坐得下。）結果天女散花的時候，羅漢們閉眉閉眼的，因爲要作到不動心，可是天花沾在阿羅漢的身上，掉不下去；菩薩身就沾不上，都掉了。因爲羅漢餘習未斷，所以天花著身。羅漢們對聲色是不要了，可是有時候對聲色還瞄一眼，這一瞄並不動心，可是天花卻著身了，就是餘習未斷的緣故。所以他們雖然也得了涅槃，可是那叫有餘依涅槃。因爲只要把根一挑，就又挑起來了。

到達無餘依涅槃才是佛境界，眞正的第一義心，即禪宗洛浦禪師說的：「末後一句，始到牢關，鎖斷要津，不通凡聖。」這是第一義。

何以故，於此界中，阿賴耶識亦永滅故。

到達了透末後牢關，得第一義，才把阿賴耶識轉成大圓鏡智，阿賴耶識才永滅，才是無餘依涅槃，達到自性清淨。

所餘諸位，轉識滅故，名無心地。前五識轉成成所作智，第六識轉成妙觀察智，第七識轉成平等性智，第八識轉成大圓鏡智。轉八識成爲四智，修證到達三身，法身、報身、化身的成就，三身四智平等平等。四智圓淨，不著不住，六通妙用，不住無著，達到無餘依涅槃，這才眞正到達無心地，佛的境界。

阿賴耶識未永滅盡，於第一義非無心地。

第八識又譯爲藏識，阿賴耶識是梵音。如果單單譯成一個藏字，所表達的不夠完整，因爲它包括有①能藏②所藏③執藏的作用。它能藏過去、現在、未來一切的種子；執藏抓得很牢，所以它起的作用是異熟——各種因緣，異時、異地而熟。這是指輪迴果報，這個異熟的帳，電腦都算不清，它實在太錯綜複雜了。

第廿一講

內容提要

佛法在世間
禪宗直指——大事因緣
雪巖欽公案
高峰妙公案
修定的善巧

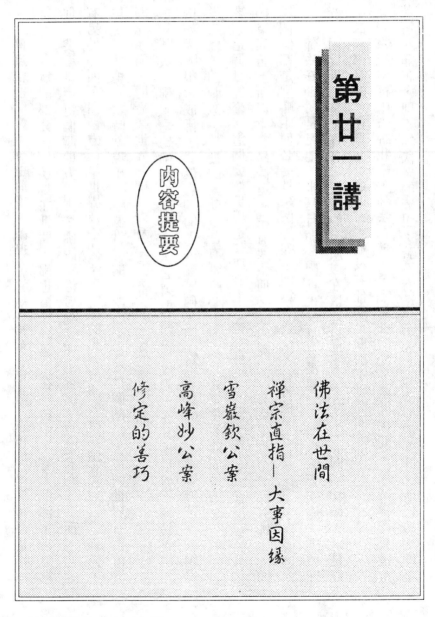

佛法在世間，不離世間覺，離世覓菩提，恰如求兔角。六祖的這幾句話是指「行」，行爲的部分。佛法就在世間，佛也這樣說過。在經典中，有人問佛，世尊爲何在娑婆世界這個髒地方成佛？佛說：你看到娑婆世界髒，只是看到了一面，它還有另外一面，與西方極樂世界及一切淨土一樣的光明清淨。所以佛立刻就現了神通，以足指按地，當時就現出了這個世界的光明面。這裡是個話頭，這個世界有很清淨的光明面，同極樂世界一樣，以及其他佛世界一樣的清淨光明。

其次，佛說一切佛在成佛以前，必須要到這裡成佛，在其他世界不容易成佛。例如天人很難成佛，北俱盧洲的人很難成佛，因爲福報太好了，純樂無苦。就因爲沒有痛苦的刺激，那裡的人就不會有厭離心，所以一切衆生要想成佛的話，就必須要到這個世界來。這個娑婆世界是善惡參半，苦樂參半，一切參半，而且痛苦的多。因爲痛苦，所以才容易修道，沒有衆生何必成佛呢？沒有衆生也不需要有佛了，因爲個個都是佛嘛！何必另外來個佛呢！因爲有衆生，有苦惱，才有菩提，才能成佛。

佛法在世間是見地，也是行願。因爲世間是五濁惡世，所以需要布施，需要守戒；因爲世間是很痛苦，很壞的，所以在這裡自度、度人，才能圓滿功德。這是以第二義來講的，在形而上道而言，並沒有什麼世間與不世間的分別。

六祖壇經中告訴我們，佛法在世間，不離世間覺，離開世間，無法求得覺悟；若沒有痛苦，則不知快樂的舒服；若沒有煩惱，亦不知清淨的安詳。所以煩惱即是菩提，也可以從這個層面來發揮。離世覓菩提，眞跳出世界、三界外，本身就是佛了，已經在菩提中，不須再求菩提，沒有成兩個佛的道理。所以大乘佛法說佛法在世間，是指「行門」而言。

打坐修道不過是行門的萬分之一而已，其他作人作事，通通是佛法的行門，所以講佛法不離世間，就是這個道理。千萬不要以爲佛法不離世間，你一方面修道，一方面就想，一切功名富貴，酒色財氣樣樣都要，如這樣想，那就錯了。

維摩經上講，蓮花在乾淨的泥巴上，以及高山頂上清淨的地方是不會長成的，要在最髒、最濁、最低下的地方，蓮花才會生長得越茂盛、越清香、越純淨，花也越大，而且纖塵不染。蓮花就是學佛的精神，所以以蓮花代表佛教，是在五濁惡世中，最髒、最難的地方成就，佛法在世間就是這個道理。不要認爲佛法既然在世間，不一定要出世，沒有這回事，還是要出世。不過出世與出家是有分別的，世俗上出家只是離開了此家，而到了彼家。出世是離開了這一世，而到了另一世。沒有到達跳出三界外，仍然還在此世間之內。跳出三界外，不在五行中，才是眞正的出世，這個基本的道理要搞清楚。

有一本書叫「禪宗直指——大事因緣」，作者石成金，是清朝的進士，他曾作官，晚年學禪。這本書的前面，是他個人學佛的心得與見地，是理學家的學禪路線，也很好，依此修行，人天之果，決不墮落。下面的「大事因緣」一節，關係太大，太好了。李文同學說，歐美的學者，認為中國的禪宗根本反對佛學，這個觀念錯得太厲害，而現在歐美搞禪學就是走上這個路線。其實正好相反，禪宗處處談佛法。禪宗是在元朝開始衰落的，這本書有些公案收錄的資料太好了，別的書沒有收錄得如此完全。在這幾則大事因緣中，搜羅了圓悟勤、大慧杲、高峰妙、雪巖欽等公案，都是頂好的公案。關於這本書，有幾點要認識：

一中國大陸上眞正的禪堂，正如書中那個樣子。

二看那些人如何修行用功，就是眞正禪堂的榜樣。

三也看到了禪宗的衰落。

四我們可以參考，作為個人用功的借鏡。

五有許多人修不倒褡，不睡覺，以為這個是學禪，自己看看這本書就明白了。

現在我們先研究一下雪巖欽禪師公案。

雪巖欽的名字，在續指月錄上是仰山欽。雪巖、仰山都是廟子的名字。

這段文字很淺顯，有些人從淺顯的文字得到好處，有些人從高深的文字得到好處，因為程度不同之故。普通講時，不能單為某人講，已看懂的人不妨在這裡學學耐心，也是行門之一。由高明回到謙下是功德，不過，高明的人離不開淺顯，千萬不要有一個觀念，認為自己高明，要把這個觀念拿掉了，才好成道。

「師普說云，山僧五歲出家，在上人侍下（上人指師父），聽與賓客交談，便知有遮（這）事，便信得及。」書中的小字乃石成金批語。

「便學坐禪。一生愚鈍，吃盡萬千辛苦，十六歲爲僧。」受戒以後才正式爲僧。受戒是指受了比丘戒。

「十八歲行腳，銳志要出來究明此事，在雙林鐵橛遠和尚會下，打十方（嚴格的打七），從朝至暮，只在僧堂中（一天到晚，只有打坐、行香。），不出戶庭，縱入衆寮至後架（即廁所），袖手當胸，徐來徐往，更不左右顧（隨時都守戒），目前所視，不過三尺，洞下尊宿（曹洞宗下面的老前輩），要教人看狗子無佛性話（元朝當時的曹洞宗），只於雜識雜念起時，向鼻尖上輕輕舉一個無字，才見念息，又卻一時放下著，只麼默默而坐，待他純熟，久久自契。」

曹洞宗到了元朝時候，參這個話頭爲法門。當時早在七、八十年前，大慧杲就罵這是默照邪禪，後世走這種錯誤路子的很多。

「洞下門戶功夫綿密困人，動是十年、二十年不得到手，所以難於嗣續。」

曹洞宗就是這樣作的，門下功夫綿綿密密，只要有妄念來，用話頭給他一裏，裏到沒有話頭時，一下放下，空的境界，一定就定很久。學曹洞宗的人往往十年、二十年，一點影子都沒有，功夫是有，但沒有開悟，所以後來曹洞宗的法門就斷了，眞的懂曹洞修法的人很少。

「我當時忽於念頭起處，打一個返觀，於返觀處遮一念子，當下冰冷，直是澄澄湛湛，不動不搖。」

雪巖欽當時用功的方法是，念頭一起，馬上回轉來找念頭，一返觀，當下這一念就空了，沒有念頭了，心境中清清楚楚，乾乾淨淨，一點雜念也不動，也不搖。「坐一日只如彈指頃，都不聞鐘鼓之聲，過了午齋放參，都不知得。」以前的人都是這樣用功，現在人難了。

「長老聞我坐得好，下僧堂來看，曾在法座上贊揚。」這時只十八歲。「十九去靈隱掛褡」，到杭州靈隱寺去掛褡。「見善妙峰，妙峰死，石田繼席。」石田繼承當方丈。「穎東叟在客司」很有名的禪宗穎東叟和尚，當時他在作知客「我在知客寮，見處州來書記。」處州來了一個和尚當書記，就是現在的祕書長。「說：道欽兄，你遮功夫是死水，不濟得事，動靜二相未免打作兩橛。」光是盤腿打坐叫作禪，動就不行，那動與靜就分成兩頭了。

古人經同參道友這麼一提，一身是汗。我當年參禪，也認爲自己了不起。有一回道友問：人家都說你悟了，你是不是作到醒夢一如？我不作聲，自己心裡有數，不一樣的，於是自己再來，等醒與夢一如時，又碰到一個年輕和尚問我：無夢無想時，主人公何在，你知道嗎？又被問住了，又重新來過。所以人家一提，良馬見鞭影而馳，那像大家被善知識打一棒都不知道。雪巖欽這時被善知識打了一棒，他知道嚴重。

「我被他說得著，眞個是才於坐處便有遮境界現前，才下地行與拈匙放筋處又都不見了。」

他說，對呀！我打坐就很清淨，這個境界才有，只要兩腿一放下來，或者拿著湯匙喝湯，拿著筷子吃飯的時候，這個境界就沒了。不對呀！處州年輕和尚是比他高明，又接著對他說了：

「參禪須是起疑情，大疑大悟，小疑小悟，不疑不悟，須是疑公案始得，他雖不甚作功夫，他自不庵會下來（不庵和尚），不庵是松源之子，（不庵和尚是禪宗中很有名的，又是臨濟宗松源老和尚的子孫。）說話終是端正。」他說的一定是正路，不會錯。他就信了。照現在的人，一定想，我打坐比你好，你還不打坐，算老幾！「我當下便改話頭，提個乾屎橛，一味東疑西疑，橫看豎看，因改遮話頭，前面生涯都打亂了也。」這些都是元、明的口語、白話，「雖是封了被，脇不沾席，從朝至暮，行處坐處，只是昏沈散亂，膠膠擾擾，要一霎時淨潔也不能得。」

有些人以爲不倒褡，光打坐不睡覺就是道了。元明開始，這些怪花樣多得很，一天到晚都在打坐、參話頭、用功夫，可是人搞得昏頭昏腦的，要不然就是散亂、煩惱得很。

「聞天目和尚久侍松源，是松源嫡子，必得松源說話，移單過淨慈掛褡。」天目和尚是有名的大禪師，正好住持淨慈寺，於是雪巖欽就跑到淨慈去掛褡。「懷香詣方丈請益」，禪宗規矩，拿三根香請侍者通報見老和尚。「大展九拜」，這裡頭有規矩的，話聽得對了，點撚三根香叩頭；聽得不合意，光拿著香，不叩頭，表示不同意。「他問我：如何作功夫。遂與從頭直說一遍。他道：你豈不見臨濟三度問黃檗佛法的大意，三遭痛棒，末後向大愚肋下築三拳。道：元來黃檗佛法無多子。汝但恁麼看。」他向天目老和尚報告了自己作功夫經過，老和尚說了臨濟求道、悟道經過。又云：「混源住此山時，我做暫到，入室他舉話云，現成公案，未入門來，與你三十棒了也。但恁麼看。」他說混源老和尚到這裡作住持時，我剛剛到，有人進他房間問佛法時，他說：現成公案，你來問什麼？該打，還沒進門來，就該給你三十棒，你要在這些地方看。

「天目和尚遮個說話，自是向上提持」第一等的方法，「我之病痛，自在昏沈散亂處，他發藥不投，我不歡喜。」天目講的是第一等法，可是我的毛病是打起坐來，不是昏沈，就是散亂。「心中未免道，你不曾作功夫，只是伶俐禪。」他心裡的想法，也同我們去看善知識一樣，如果人家的答覆不對我的胃口，就覺得人家沒有功夫，沒有道，如要都合我的胃口，那也不叫道。「尋常請益，末上有一炷香，禮三拜，謂之謝因緣，我遮一炷香不燒了也。」禪堂規矩，一般人來請教，手中拿三支香，如果對了，點三支香，跪下來三拜，謝和尚接引，這是出家人的規矩。雪巖欽光拿著香，又光拿了香回來。「依舊自依我每常坐禪」，他照樣的打坐參禪，不睡覺，蓆子都不靠一下。「是時漳泉二州有七個兄弟與我結甲坐禪，兩年在淨慈，不展被，脇不沾蓆。」這七個人都不倒褡，當然，大家賭了咒的，你看我，我看你，大家都不敢躺下來。

「外有個脩上座，也是漳州人，不在此數，只是獨行獨坐，他每日在蒲團上，如一個鐵橛子相似，在地上行時，挺起脊梁，垂兩隻臂，開了兩眼，如個鐵橛子相似，朝朝如是，日日一般。我每日要去親近他，與他說話些子，才見我東邊來，他便西邊去；才見我西邊來，他便東邊去。如是兩年間要親近些子，更不可得。我二年間因不到頭，捱得昏了困了，日裡也似夜裡，夜裡也似日裡，行時也似坐時，坐時也似行時，只是一個昏沈散亂輥作一團，如一塊爛泥相似，要一須臾淨潔不可得。」可憐得很，這一般人，不得高血壓，還算好呢！整天昏天黑地的，想得一點清淨境界都作不到。表面上看起來，不曉得讓人多恭敬，他自己心裡有數，像一團爛泥一樣。「一日忽自思量，我辦道又不得入手（修道沒有修成），衣裳又破碎也（專在禪堂用功，沒人供養。）皮肉又消爍也，不覺淚流，頓起鄉念，且請假歸鄉，自此一放，都放了也。（這一下回家舒服了，把所有功夫都丟開了。）兩月後再來參假（後世叫銷假），又卻從頭整頓，又卻到得遮一放，十倍精神。」

這是個關鍵，回家媽媽給他好吃的東西了，這一次回來，打起坐來精神百倍，舒服了。所以要注意營養。「元來欲究明此事，不睡也不得，你須到中夜爛睡一覺，方有精神。」學道要營養好，休息得夠，才能用功，人家問我閉關作啥？睡覺。一進關房先睡七、八天，以後不要睡了，一坐就用功了。尤其是夜裡十一點以後一定要睡覺，爛睡一臥，那才會有精神。

「一日我自在廊廡中東行西行，忽然撞著脩兄，遠看他但覺閒閒地，怡怡然有自得之貌，我方近前去，他卻與我說話，就知其有所得，我卻問他去年要與你說話些個，你只管迴避我，如何？他道：尊兄，眞正辦道人無剪爪之工，更與你說話在。（眞修行，連剪指甲的時間都不肯浪費，那有時間與你說話。所以你找我，我就躲開了。）他遂問我做處如何？與他從頭說一遍了，末後道：我如今只是被個昏沈散亂打併不去（向他訴苦），他云：有什麼難！自是你不猛烈，須是高著蒲團，豎起脊梁，教他節節相拄，盡三百六十骨節，八萬四千毛竅，併作一個無字，與麼提起，更討什麼昏沈散亂來。」他罵我一頓，是我不下決心，下了決心，把蒲團弄好，挺起背骨，渾身三百六十個骨節，拚了這一條命算了，充其量死掉嘛！要求道，以身殉道嘛！一身上下坐好了以後，萬緣放下，只提一個無字，這樣下去，管它什麼昏沈，什麼散亂，都不管，你一直這樣下去。

「我便依他說，尋一個厚蒲團，放在單位上，豎起脊梁，教他節節相拄，透頂透底，盡三百六十骨節，一提提起，正是一人與萬人敵相似，提得轉力，轉見又散，到此盡命一提，忽見身心俱忘（來了，身心都不知道了），但見目前如一片銀山鐵壁相似。（眼睛前面一片空，解開了，就是達摩祖師云：「心如牆壁」，空空洞洞，一片白。）自此行也如是，坐也如是，清清三晝夜，兩眼不交睫（三天夜不睡覺）。到第三日午後，自在三門下，如坐而行，忽然又撞見脩兄，他問我：在遮裡作什麼？對他道：辦道。他云：你喚什麼作道？遂不能對，（這一問，答不出來了）轉加迷悶，即欲歸堂坐禪，到後門了，又不覺至後堂寮中（這個福建同鄉的這一棒，把他打得很慘），首座問我云：欽兄，你辦道如何？與他說道，我不合問人多了，剗地做不得。（糟糕，我越聽得多，功夫越用不上路，懂得太多了。）他又云：你但大開了眼，看是什麼道理？（這裡說眼睛，當然不是指他的兩隻眼睛，他的眼睛已經可以三天三夜不交睫。）我被提遮一句，又便抽身只要歸堂中坐，方才翻上蒲團，面前豁然一開，如地陷一般，當時呈似人不得，說似人不得，非世間一切相可以喻之。」

這一下，東一棒，西一棒，兩個給他一打，發了狠，跑上禪堂，兩腿一盤，一上座，一剎那間空了，前面如大地平沈，虛空大地都沒有了，那個境界，不是世間任何現象可以比喻的。

參禪修道，沒有經過這些苦頭，功夫是靠不住的。

「我當時無著歡喜處，便下地來尋脩兄，他在經案上（在讀經，不是在打坐），才見我來，便合掌道：且喜，且喜（內行人一到了那個境界就知道，沒有到時，自然言不壓衆，貌不驚人，一到時，氣象都變了。）我便與他握手，到門前柳堤上行一轉，俯仰天地間，森羅萬象，眼見耳聞，向來所厭所棄之物，與無明煩惱昏沈散亂，元來盡是自妙明眞性中流出。」

這時就知道楞嚴經上所說：不知色身，外洎山河虛空大地，咸是妙明眞心中物。一切都是妙明眞心中自然所流出。菩提、煩惱平等平等，一定要到這時，才談得上「煩惱即菩提」，平常煩惱就是煩惱，說煩惱是菩提是騙人的。

這是雪巖欽禪師自己向弟子所說，當年的修行經過。這一段老老實實地，太好了，所以趕印出來，以法供養大衆，這就是行願，大家自應珍惜。

「自此目前露倮倮地，靜悄悄地，半月餘日動相不生。」半個月都在這個境界中不動。等於明朝憨山大師因參肇論中所言的不遷論，旋嵐偃嶽之旨，然後開悟的。一天夜裡自己小便急了，起來屙尿，一屙小便，凄一聲，那當兒，他悟了，悟到什麼呢？肇論中肇法師講：旋嵐偃嶽而常靜，江河競注而不流。旋嵐即是颱風，同這個道理一樣，這就是已經到達動相不生的境界。注意要在這裡參，動相不生，難道是靜相嗎？這中間還有問題的。

「可惜許不遇大眼目大手段尊宿爲我打併。（眞可惜，當時沒有遇到大善知識，在這個境界上給我「ㄆㄧㄚ」一下，打破了，就大悟了，只好說自己運氣不好。）不合向遮裡一坐坐住。（不應該在這境界上，一定就定下去了。）謂之見地不脫，（

到了這裡是有點消息，善知識在這當兒一點就透了，誰叫他逃避善知識，善知識對他又奈何？自以爲這時是道，把死老鼠當寶貝用，那有什麼辦法呢！自已把自已害了，一坐坐住了，見地不脫。）礙正知見（這裡要注意，以後沒有善知識在旁邊，這本書就是善知識，這個時候，只守著靜相，就是法華經上說的：大通智勝佛，十劫坐道場，佛法不現前，不能成佛道。就是這個道理。學密宗、學道家、學禪的，很多人到達這個境界，活活在這裡埋掉，況且我們還達不到這裡。道欽禪師這時候才後悔，可是他到底是一代大師，了不起。）每於中夜睡著，無夢無想無聞無見之地，又卻打作兩橛，（這個境界是好，睡著了就沒有了，醒來一用功，又有了，這不是兩橛嗎？無夢無想主人公又何在？這個境界怎麼沒有了呢？）古人有寤寐一如之語，又卻透不得，（他說古人醒與睡都一樣，我卻作不到，睡是睡，醒來就有這境界。）眼若不睡，諸夢自除，心若不異，萬法一如之說（這是禪宗三祖信心銘上的四句話），又都錯會了也。（他說，我把這四句話的道理，拿來作功夫，硬撐著不睡覺，又把古人祖師的話解釋錯了。）凡古人公案有義路可以咬嚼者，則理會得下，（對於古人公案，有道理解釋得通的，我統統懂。）無義路如銀山鐵壁者，又卻都會不得。（指月錄、景德傳燈錄等翻開來看，沒有道理的那些公案話，一點都不懂，怎麼叫作悟道呢！他這是大智慧，所以自已先警覺到了。他說：悟了道應該無所不通，怎麼這些又不懂呢？」雖在無準先師會下許多年，每遇他開示，舉主人公，便可以打個踍跳，莫教舉起衲僧巴鼻，佛祖爪牙，更無你下口處。有時在法座，東說西說，又並無一語打著我心下事。（他說，我當時在無準會下參禪很多年，每遇到他舉主人公公案時，好像懂得。老和尚說：你懂得這個便是越進一步——打個踍跳。你雖然懂了這個理，可是祖師（衲僧）們，佛祖的眞正厲害處，你還是懂不了，悟不了。有時老和尚在法座上東說西說，沒有一句話可以打到我的心裡頭去。）又將佛經與古語從頭檢尋，（沒有辦法，只好來找法本、佛經。）亦無一句可以解我此病，（都解決不了自己的問題，無夢無想時主人公何在？現在有些人很會答，無夢無想那個時候就在無夢無想中，那有那麼簡單！那時主人公找不到就不行，不算悟。）如是礙在胸中者僅十年。」這一個問題參在心中，解決不了，人家還是專修的，專在那裡參這個事，又過了十年，一直哽在心中。

「後來因與忠石梁過浙東，天目兩山作住（兩人在天目山住下來）。一日佛殿前行閒，自東思西忖，忽然擡眸見一株古柏，觸著向來所得境界，和底一時颺下，礙膺之物，撲然而散，如闇室中出在白日之下，走一轉相似。」這一下，他是悟了。這個問題參了十年，跟一個同參道友到天目山掛褡，一天，在佛殿前走著，忽然眼睛抬起一看，看到一株柏樹，一下悟了，從前在心中解決不了的，一時放下，胸口中悶悶的突然打開了，好像在黑暗的房間中悶了十年，忽然開了門，看到天空一樣，這個就是他的悟境。

「自此不疑生，不疑死，不疑佛不疑祖，方始得見徑山老人立地處。（才看到杭州徑山的這位師父，眞悟了道的，回轉來看徑山老人才知道。）正好三十拄杖何也，若是大力量大根器底人，那裡有許多曲折。（他說，他太笨了，參了三十年才悟道，假如是大根器的人，那有這樣的苦頭吃！）德山見龍潭於吹滅紙燭處，（德山和尚見龍潭，龍潭和尚晚上拿一根蠟燭，口一吹，他就悟了，多快！）便道：窮諸玄辯，若一毫置於太虛；竭世樞機，似一滴投於巨壑（德山悟道講的話）。自此拈一條白棒，掀天掀地，那裡有你近傍處！（德山悟了以後，拿一根棒子打人，那裡有你近身處！）水潦和尚被馬祖一踏，便道：百千法門，無量妙義，盡向一毛頭上識得根源。高亭見德山招手，便乃橫趨，你輩後生晚進若欲咨參個事，步趨個事，須是有遮個標格，具遮個氣槩始得。」

這些都是古人的公案，高亭和尚來見德山問道，德山正站在山門口，快要天黑了，看到老遠一個和尚走過來，便用手一招，高亭和尚回頭就跑了，德山一招手之間，他就悟了，就走了。古人伶俐如此，你們這些後輩年輕人，要想學道，要有古人這樣的氣派，這樣的根器才行。

「若是我說底都不得記一個元字腳，記著則誤你平生。（我說的話，如果聽了再記住會中毒的，會誤你們一輩子的，不過我把我的出家修道經過，整個講給你們聽聽。）所以諸大尊宿，多不說做處與悟門見地，謂之以實法繫綴人土也消不得。（

爲什麼古人聖賢不願講自己的修行經過呢？像我今天對你們講了，以後你們都照我那個方法來修就不對了，我只報告我的笨路子給你們聽，你們不要照著走哇！）是則固是，也有大力量有宿種，不從做處來，無蹊徑可以說者。也有全不曾下功夫說不得者，也有半青半黃，開口自信不及者。（人的根器不同，有人上上根器，平時沒有學佛，一聽就悟了；也有人完全沒作功夫，但懂是懂得，不能夠宏揚；也有半弔子的，開口自己還信不過的。）誠謂刁刀相似，魚魯參差。若論履踐個事，如人行路一般，行得一里二里，只說得一里二里話，行得千里萬里，方說得千里萬里話。汝等須是各具明眼，揀擇青黃始得，若或不然，便從佛祖肚裡過來，也是無益。」

從這一段可以看到元明以後，禪宗作功夫的公案，石成金所選的公案很値得看，不算高明，但很平實。

下一段講高峰妙禪師公案，那時是元朝了，喇嘛教進入中國，禪宗的時代結束了。高峰妙曉得元朝皇帝會請他出來，他早溜了，到杭州天目山，宣布「閉死關」，除了死，不下山。他也學不倒褡，儘管不倒褡，最後死時還是因胃的毛病而死。禪宗的最高處是認識了法身，但報、化二身是否成就，大有問題。可是不經過法身成就，見地就不清，亦不能談修持。所以五祖對六祖說：不見本性，修法無益。因爲他們都是見了本性之故。雪巖欽的一段，是見法身的道理，透透徹徹，下死功夫的用功道理，也講得徹徹底底，但報、化二身，則不包括在內。

高峰妙禪師公案：

「師二十更衣入淨慈立三年死限學禪，一日父兄尋訪，巍然不顧。（二十歲出家學禪努力，父兄來了都不顧。）二十二請益斷橋倫，令參生從何來，死從何去話。於是脇不至席，口體俱忘，或如廁惟中單而出，或發函忘扃鐍而去。（二十二歲參訪斷橋倫禪師，叫他參話頭，即日夜不懈，不眠不休。）時同參僧顯慨然曰：吾已事弗克辦，曷若輔之有成，朝夕護持惟謹。（時同參道友被他精進用功的精神所感動，志願對他護持。）時雪巖欽寓北磵塔，欣然懷香往扣之，方問訊即打出閉卻門，一再往始得親近，令看無字話，自此參扣無虛日。（參訪雪巖欽，一開口就被打出去，好幾次以後，才教他看無字話頭。）欽忽問阿誰與你拖個死屍來？聲未絕即打，如是者不知其幾，師扣愈虔。（欽禪師忽問他拖死屍的是誰，未及回答就打他，每每如此，他卻更誠心。）值欽赴處之南明，師即上雙徑參堂半月。（到禪堂坐禪半月。）偶夢中忽憶斷橋室中所舉：萬法歸一，一歸何處話。疑情頓發，三晝夜目不交睫。一日少林忌（達摩祖師誕辰），隨眾詣三塔諷經次，抬頭忽覩五祖演和尚眞讚云：百年三萬六千朝，反覆元來是遮漢（反反覆覆原來是這個傢伙）。驀然打破拖死屍之疑。（悟了！）其年廿四矣！解夏詣南明（去見雪巖欽和尚）。欽一見便問：阿誰與你拖個死屍到遮裡？師便喝，欽拈棒（老和尚見他一喝，手裡抓住棒子，要打過去了。）師把住云：今日打某甲不得。（今天可不能打我，你會打錯人哦！）

欽曰：為什麼打不得？師拂袖便出。（就是這樣答覆雪巖欽，換句話說，表示他悟了。）翌日，欽問：萬法歸一，一歸何處？師云：狗舐熱油鐺。（這個問題等於狗舐熱油鐺一般，舌頭伸出來，口水在滴，舐嘛，太燙！不舐嘛，實在香！捨不得走。）欽曰：你那裡學這虛頭來？師云：正要和尚疑著（罵師父，我正要你對我起疑情）。欽休去（老和尚不理他了），自是機鋒不讓。」

「次年，江心度夏（到江心寺）。一日，欽問：日間浩浩時，還作得主麼？師云：作得主。又問：睡夢中作得主麼？師云：作得主。又問：正睡著時，無夢無想無見無聞，主在什麼處？師無語。（完了，悶住了，是作不了主。白天清醒時，曉得起心動念處。該發脾氣時，唉！不對，瞋心，去掉。雖然壓得很痛苦，總算作得了主。作夢時，也作得了主，了不起了。但是無夢無想時如何？師父這一問問住了。高峰妙自認為悟了的，所以師父拿棒子打他，他抓著師父的棒子，翹頭翹腦的，那麼有自信，現在無話可說了。）欽囑曰：從今日去，也不要汝學佛學法，也不要汝窮古窮今，但只飢來吃飯，睏來眠，才眠覺來卻抖擻精神，我這一覺，主人公畢竟在什麼處安身立命。（老和尚慈悲，曉得以前對他那一套沒有用，現在換個輕言細語對他講。）丙寅冬遂奮志，入臨安龍鬚，自誓曰：拚一生作個癡獃漢，決要這一著子明白。」

這地方你沒有悟到，好了，當你到了榮民總醫院，氧氣一拿掉，最後一口氣不上來時，你在哪裡安身立命？還有你沒有？這個地方沒有悟到，白學！白天唸阿彌陀佛，碰你一下，阿彌陀佛，還好；推你一下，也阿彌陀佛，還沒發脾氣；到了夜裡作夢時，討厭！沒有阿彌陀佛了，夢裡照樣發脾氣，貪瞋癡都來。就算夢裡作得了主，無夢無想時，你在那裡？作不了主了，佛白學了。老和尚的一段話，輕言細語，何等的慈悲，他自己也是過來人。我們要研究：我怎麼睡著的？怎麼醒來的？你說：我曉得怎麼睡著，那時你一定沒有睡。你說你曉得怎麼醒來的，那時你早醒了嘛！這是科學的問題。這一段搞清楚了，才可以了「生從何處來，死向何處去」，然後六道輪迴可隨意來往自如，三界六道任意出入，地獄也可以去玩玩，沒有關係，只要你有這個本事。因此，高峰妙發了志，狠下心來，決定要明白此事。

「因同宿友推枕墮地作聲，廓然大徹。」枕頭掉到地上，碰！一聲，他大徹大悟了，才曉得無夢無想時主人公何在。主人公在枕頭裡頭嗎？你們回去參參看。

「自謂如泗州見大聖，遠客還故鄉，原來只是舊時人，不是舊時行履處。（我還是我，可是不是從前的我，完全不同，起心動念，作人處事，都不同了。）在龍鬚九年，縛柴為龕，（搭個茅蓬）風穿日炙，冬夏一衲，不扇不爐，日擣松和糜，延息而已。嘗積雪沒龕，旬餘路梗絕煙火，咸謂死矣，及霽可入，師正宴坐㑚伽。」宴坐㑚伽就是入定了。

這是高峰妙禪師的幾段公案。學禪作功夫的人，注意前面所提五個重點，與學禪作功夫都有關係，是很重要的。尤其現在很多人喜歡談禪，禪宗不是談的，禪是講修的，個個都從這裡過來的。馬祖固然於言下頓悟，但還是從他南嶽衡山打坐多年的基礎而來的。現在的人兩條腿都降伏不了，還談什麼降伏其心呢！這就是參禪、作功夫修定的眞正榜樣。但我坦白的下結論：就算能了法身，報、化二身還有問題。所以，中國有些學者講，禪宗容易走入小乘的路線，這個小乘並不是說「行」上之小，連見地、修證、行門，都容易走上小乘路子。報、化二身要想圓滿成就，可不容易。像高峰妙這種苦行、這種堅貞，尤其了不起的是同明朝許多高僧一樣，都是在國破家亡之後，替中華民族保留了正氣。他曉得以他當時的名氣，元朝一定會來請他的，他趕快就跑。他的徒弟，很有名的中峰禪師，也聽他的命令，不准出來作元朝的國師，皇帝來請都不去，連中峰禪師也躲掉了。到了明朝以後，這個系統的大師才出來。這又是歷史、文化、佛教史上的另一段公案。但看其精神，視其品格，都是不得了的人，我們現在望塵莫及。他們住破茅蓬，平日搗點糜粉，能不死就算了。乃至大雪天，被雪封龕，十來天，路既不通，也不能舉炊，人人以爲他死了，結果過了十多天，雪停了，跑去一看，他還在入定，坐得正好呢！所以說，言下頓悟，那是古人，不是我們。

現在讓我們繼續瑜伽師地論卷第十三，本地分中三摩呬多地第六之三。

講修定：復次，如世尊言，修靜慮者，或有等持善巧，非等至善巧。這是彌勒菩薩說的話，當然是無著菩薩的記錄。

修定的人，定慧等持雙修，以現在人的修法來講，如禪密雙修，或禪淨雙修，或止觀、唸佛雙修等，是等持善巧。非等至善巧，是走專門一點的路子。

廣說如經，嗢柁南頌：云何等持善巧？謂於空等三三摩地，得善巧故。所謂等持，就是眞正證到空，證到眞正的性空境界。有些是眞空，有些是假空。如道欽禪師所云，硬把念頭壓下去，看起來也覺得空，但那是假空，第六意識硬壓下去，不是眞的。

云何非等至善巧？謂於勝處，遍處，滅盡等至不善巧故。勝處，指最好的境界；遍處，空的境界有偏，不圓滿；善巧是方便的意思。這裡說，要進入那個境界就立刻進入，不似我們瞎貓撞到死老鼠，是碰上的。

云何等至善巧？非等持善巧？謂於十種遍處等至，及無想等至。

云何爲住？謂善取能入諸三摩地，諸行狀相，善取彼故，隨其所欲，能住於定。於三摩地無復退失，如是若住於定，若不退失，二俱名住。

什麼叫住的境界？什麼叫入定、住定、出定？前一段講如何進入定的境界，進入定境後，如何能住在定的境界中。這要靠我們在知識理論上認識清楚，進入定的行（心理行爲）狀（定境的現狀）。

善取彼故，入定、住定不是不著相，硬是有點著相，可是不是凡夫的著相，是住在那個定上的著相。你一定，當然是住相了。這個住相要善取彼故，隨其所欲，能住於定。看你對那一種定境喜歡，就住在那個定境上，這個喜歡不是煩惱妄想的喜歡，是看我們現在的需要。

比方，如果今天上座，妄想雜念特別多，像道欽禪師講的，又散亂，又昏沈，這個時候就要懂得用什麼善巧，用什麼方法，才能去掉散亂、昏沈。這裡頭，以中國文化講，就有三種了，精、氣、神三樣不同，要檢查出來，曉得今天散亂多、煩惱大，是否由生理來的？比如女人都有週期性的現象，要用什麼方法才能使自己除去煩惱，進入安詳的境界。其實男人同樣有週期，可是不容易知道。

又比如腸胃吃了某一種東西，吃壞了，或是今天氣脈引導不好，會煩燥得不得了，火大得很，恨不得連自己都殺掉。所以有人打坐會走火入魔，像這種情形也差不多了。

用一種方法善巧調治，使能住進定境，就叫做對治法門。所以修行不是一味藥，不是像八卦丹、萬金油之類，樣樣毛病都可以用的，這是講生理部分。有時候，是「精」的問題，也包括生理上的營養過多、或不足所引發的毛病。有時候是「氣」的問題，所謂氣脈對與不對，中行氣、上行氣、下行氣、左右行氣，種種等等，因調節不好，影響到心肝脾肺腎，發生了問題。有時候是心理問題，就是「神」，因爲受了打擊，心境非常低沈，低沈是大煩惱。這一切都要曉得調劑，如果不知道調劑，每天作功夫，步步都是荊棘，都沒有用，都是開倒車。

第廿二講

內容提要

明心見性與三身
呂純陽與黃龍南
重要的資糧
不能得定與出定
定境中的退位
現觀與聖教量

答覆同學問題：

明心見性是見到法身；修至六通具足，三身四智，三十二相，八十種好，是報身圓滿。至於千百萬億化身，就是化身成就。

許多禪宗的師父們，見到了法身，不見得有報身成就。在印度過去的二十八位祖師，及在中國的五、六祖以前，三身成就者有之，六祖以後，三身成就的非常少。以前提到窺基法師的前生，那個與法、報、化三身都沒有關係。普通得定的人都可以出陰神，陰神不是法身，那還是在妄念境界中，還是業力境界。四禪可以作得到出陰神，初禪定也可以作得到。

阿羅漢可以從鑰匙孔裡出入，這是神通，與法、報、化身沒有關係。密勒日巴尊者得三身成就否？（師不予置答。）比如濟公活佛，還是大阿羅漢境界，是獨覺乘，還不是大菩薩境界。

明心見性而悟道的人，所得的是根本智，但不一定有差別智。能夠見到自性，自性又能夠起用，能夠圓滿了一切功德而成就，那才眞不容易。

欲得健康長壽，要留意研究呂純陽的百字銘。

呂純陽是由禪宗開悟的，以後奉黃龍南祖師之命，生生世世永遠爲佛教的外護。呂純陽因考不取功名，後來作了黃粱一夢，醒來以後就出家去了。他修的是道家，在唐末到五代之間非常有名。他煉就很高的氣功，可以在空中飛行，他有名的兩句詩：「丹田有寶休尋道，對境無心莫問禪。」一般人能作到這樣，健康長壽已不在話下，袪病延年，長生不老也可以作到。當然這兩句詩當中的修持方法，是有很多意義的。

有一次，他御著寶劍飛行，經過江西廬山，當地有個大廟子，就是禪宗的黃龍寺。呂純陽在高空飛過時，看到此山氣象不同，必有高人。他降下來一看是黃龍寺，有人正在講經，就是臨濟宗大德黃龍南禪師。他站在旁邊看了半天，覺得很奇怪，這禪師又沒放光，又沒動地，更沒有像他一樣的本事，是個普通和尚嘛！怎麼那麼多人聽他的呢？越看越奇怪，就站在那邊。黃龍南禪師不説法了，云：「座中有人竊法」，認爲有人在偷聽。呂純陽不吃這一套，就站起來了，黃龍南問他是誰，他報了自己名字，黃龍南説：哦！原來是你啊，我以爲你了不起，原來只是個守屍鬼。（這個身體可以長生不老，把它守得牢牢的。）呂純陽一聽，生氣了，眞人能有長生不老之藥，你這凡夫肉胎算什麼！黃龍南説：「饒君八萬劫，終是落空亡。」呂純陽惱了，袖子一揚，飛劍擊出去了，故意嚇嚇老和尚，豈知飛劍到了老和尚面前停住了，反而倒轉向自己這邊殺過來。他奇怪了，這老和尚是普通人嘛，又沒有功夫，怎麼我的劍不聽我的指揮呢？後來有人專參這個話頭，是韋陀護法呢？還是黃龍南般若之力？或是其他原因？到底是什麼道理呢？黃龍南笑道：你不要擺這一套，你剛才説你有眞本事，我問你，你見個什麼道理？呂純陽説：「一粒粟中藏世界，半鐺鍋內煮山川。」這是道上的話，也是講自己見道的道理。黃龍南說：我不問你怎麼煮山川，請問一粒粟中如何藏世界？就這樣，東搞幾下，西搞幾下，呂純陽開悟了，作了一首詩：

棄卻瓢囊摵碎琴　如今不戀汞中金
自從一見黃龍後　始覺從前錯用心

那個時候，道家出了呂純陽，等於禪宗出了一個六祖。如何煉得健康長壽，可參考呂純陽的百字銘，這是釋、道、儒三家最好的東西，也是學佛最好的東西。

百字銘：養氣忘言守，降心爲不爲，動靜知宗祖，無事更尋誰，眞常須應物，應物要不迷，不迷性自住，性住氣自回，氣回丹自結，壺中配坎離，陰陽生反復，普化一聲雷，白雲朝頂上，甘露灑須彌，自飲長生酒，逍遙誰得知，坐聽無弦曲，明通造化機，都來二十句，端的上天梯。

養氣也是十念法中，修出入息的眞正功夫。降心出自金剛經：降伏其心，爲而不爲，有意降心就著相了，自性本空，所以爲而不爲，見地、功夫都告訴我們了。動靜二句，把觀世音菩薩圓通法門放進去了，動靜二相，了然不生，可是不昏沉，也不散亂，自己能夠作得了主，空得了，不要另外找個方法。對人處事，自己要能不違背本性，這裡都是講功夫。不要作什麼功夫，心氣合一，心物是一元的，眞正念頭空了，「氣自回」，自然會氣住脈停，達到二、三禪。

這裡講丹，並非肚子裡眞有個東西，古代道家形容，丹就是像月亮一樣，圓圈中間一點，代表圓滿自覺靈明的一點覺性。壺代表身體，自己的氣脈起變化作用。只要作到氣住脈停，它自然會起變化，自然的定久了以後，「普化一聲雷」，轟的一下，身體所有氣脈都打開了。這時候，正如莊子所講的「與天地精神相往來」，與宇宙一體，這時中脈眞正打開了。「白雲朝頂上」，這才是密宗眞正的灌頂，諸佛菩薩智慧光明灌頂。須彌是講頭部，頭部的大樂輪震開了。這時候，長生不老絕對有，此乃世第一法。「無弦曲」就是觀世音菩薩以聞、思、修入三摩地。

這二十句話，一句五個字，共有一百字，所以叫百字銘。這二十句由普通人開始，修到長生不老，乃至超凡入聖，都說完了。每一句都是功夫，都是見地。

比如開始大家都想得定，爲什麼作不到呢？就是第一句話作不到：「養氣忘言守」，養氣功夫作到一點都沒有妄念，誰作到了？念頭多得很，守也守不住。「降心爲不爲」更作不到，這個作不到，下面的話更談不上了。靜中打打坐還有一點影子，下了坐什麼都沒有，根本不能知宗祖。動靜知宗祖很重要，心中一天到晚都在靜中，沒有事，誰作到了？靈明覺性經常在，氣自然回，並不是叫我們作功夫。丹「自」結，那是自然的，是我們生命中本來就有的。

大家不要用宗教界限觀念來看這首百字銘，他本來也是禪宗的大護法，是黃龍南眞正得法弟子之一。如想健康長壽，照他的話去做，絕對夠了。

現在繼續講瑜伽師地論，有關修定部分，上次講到：

云何為住？謂善取能入諸三摩地，諸行狀相，善取彼故，隨其所欲，能住於定。於三摩地，無復退失。如是若住於定，若不退失，二俱名住。

什麼叫住？先要選擇一個方法，是自己根器所適用的。同樣的方法，因根器業力不同，適應力也不同。換句話說，選擇自己身心所適合的方法，容易進入定的境界。因善取彼故，善於抓到一個法子，隨其所欲，自己要入那一種境界，就入那一種境界。而且可以保持不退，這才叫作入定。入於定的境界不退轉了，叫住定。

云何為出？謂如有一於能入定諸行狀相，不復思惟。於不定地分別體相，所攝定地不同類法，作意思惟，出三摩地。或隨所作因故，或定所作因故，或期所作因故，而出於定。隨所作者，謂修治衣鉢等諸所作業。定所作者，謂飲食便利，承事師長等諸所作業。期所作者，謂如有一先立期契，或許為他當有所作。或復為欲轉入餘定，由此因緣，出三摩地。

什麼叫作出定呢？到了住定的狀況裡，不起任何分別思想，可是，忽然一念來了，這一念那裡來？自己都找不出來，突然起一念，同定的境界相反。換句話說，這一念來了，把定破壞了，這一念就是作意思惟。這力量很大，在五遍行中就叫作意，就引發了你的思想。

為什麼念頭會來？這裡面包括了幾個原因：或隨所作因故。這點要注意，眞正修行是注重行門，就是心理的行為，平常待人做事、講話，種種的行為。因為種的因不同，不一定能得定的果；種的因不同，定都定不下。有時我們身心有煩惱，所以定不下去。業力沒有消除，也不能夠得定。這就是隨所作因故。

或定所作因故，定的方法、目的不對。比如今天感冒了，剛開始坐時，想把感冒去掉，這個動機觀念，就是定的因，雖然是這麼微細的一點差別，但是它在效果上差別卻很大。

或期所作因故，期就是希望。比如有些人打坐，下意識裡希望，我只要打坐，身體就可以健康了。還有些人想得眼通；又有些人盤起腿來故作打坐狀，在幻想裡頭舒服一下。所以因地不同，果就不同。

而出於定，這些任何一個因素，都能夠使你出定。

修治衣鉢等諸所作業，就是彌勒菩薩舉的例子。有些人在定中，好好的，忽然一個念頭來了，有一件衣服破了，下坐縫兩針吧！或忘了某件事情，突然想起來了，然後又後悔不對，坐在那裡思想亂搞起來了，這是出定相，破壞了那個境界。彌勒菩薩的這句修治衣鉢等諸所作業，包括了一切。下面飲食便利，承事師長，也是使你不能得定、或出定的原因。

先立期契，等於有些人睡覺不需要鬧鐘，明天有事情，自己會在幾點鐘醒來，這是心念業力的作用。

何等為行？謂如所緣，作種種行，而入於定。所緣如念佛號，道家的守竅，密宗的觀想等等皆是。以唯識觀點來講，所緣就是作意，意識上所特別造成的。個人所緣的方法不同，而入於定。

謂麤行，如感覺在世上的負擔太重，挑不下這個擔子，很想離開。靜行，尤其在工商業時代，生活一天到晚忙碌，很想靜一靜，休息休息。病行，生老病死等。癰行，看到世上一切都是髒的，好似生了毒瘡一般。箭行，像毒箭一樣無情。無常行，感覺一切無常等。

因為這一些觀念，促使我們努力去修道。

若於彼彼三摩地中所有諸行，何等為狀。謂於諸定臨欲入時，便有此定相狀先起。由此狀故，彼自了知，我於如是如是相定，不久當入，或復正入。

由前面的種種心理觀念而修定。彼彼三摩地，所有定的境界個個不同。這些定的情形如何，要認清楚。

這就是所謂教理。教下與宗下不同，宗取一法，一門深入，進去了再說。教下等於從小學、中學而大學，學科學一樣，先把理論研究清楚，然後再到實驗室作實驗。教下告訴我們：於彼彼三摩地中所有諸行，何等為狀，理論上先要搞通，什麼叫現狀？理論清楚了，一放下來，修行作功夫就可以清清楚楚，曉得自己現在這個情況可以進入三昧。有時覺得今天的身心情況，與念佛法門不相應，就要知時知量，境。或作觀想等等。所以學佛要學八萬四千法門。有時覺得身心不對，用十念法中念息，就對了。我平常也教了很多法門給大家，要曉得適時而用之。理論研究透了，自己要曉得什麼時候可以進入那一種定境，就可以用自己知道的方法。彼自了知，理研究透了的人，兩腿一盤，或不盤腿，只要一站，就曉得自己這時可以進入某一種定境。

所以並非光作功夫就對，光作功夫往往是盲修瞎煉，自己到了哪一種定境也不曉得，這叫啥名堂！有些人光學佛學也不對，沒有配合功夫，那變成思想學術有什麼用！

彼教授師，由此狀故，亦了知彼不久當入如是如是相定。

因爲有明師指導，有時候只要他一看你的情況，就知道可以進入那種定境，便教導你修那種法門，可以馬上進入。所以教授師接引人，除了要有他心通，知道別人的根器以外，還要看個人的身心狀況，而教授他最適當的方法。

這一段，彌勒菩薩告訴我們怎麼入定、住定、出定。

何等爲相？什麼叫相？現代觀念叫現象、狀況，也可以說是境界。

謂二種相：一所緣相，二因緣相。比如念佛、止觀、觀想、修氣、修脈等等，是所緣相。第二因緣相，比如雪巖欽禪師，那麼用功，還是開悟不了，有次忽然到了一棵松樹下，一看前面松樹，悟了，這是因緣相。

所緣相者，謂分別體，由緣此故，能入諸定。開始修法時，是用分別心，但都是用意識，不用意識怎麼修呢！你說：我什麼念頭都不要，修無念。那也是意識在修無念啊！所以呂純陽說「降心爲不爲」，由有爲證到無爲，就是這個道理。

因緣相者，謂定資糧，由此因緣，能入諸定。修定作功夫是要資本的，佛法叫資糧。學佛要具備兩種資糧：智慧資糧、福德資糧。尤其學密宗，資糧特別重要。菩薩五十五位、十信十住十迴向等等，都屬資糧。資本糧食不具備，你拿什麼去修啊！

沒有智慧，教理沒有搞通，智慧資糧就不夠。福德資糧就是福報，福報不夠，等你剛剛要打坐，電話來了，家裡什麼人病了，你連打坐休息的福報都沒有。剛剛想上軌道，空下時間來用功，東邊冒火，西邊冒煙，屢試屢驗。不作功夫，什麼事都沒有；一作功夫，什麼事都來，修行是要大福報的。

世間功名富貴是很難得的，可是另有個福報更難求，就是清福，非多生累劫好好修行是不能得來的。我一天能享有一秒鐘的清福，心裡就覺得無限的恭敬，也有無限的恐懼，因爲這是諸佛菩薩的保佑。

修定先要求得資糧，在座中就有幾個人，學佛修道也很多年，講理論都是第一等；講功夫，有一點點；講福德資糧嘛！一點都沒有，沒有時間打坐，自己想想看，是不是福德資糧不夠？

謂隨順定教誡教授，積集諸定所行資糧，修俱行欲厭患有心，於亂不亂審諦了知。

彌勒菩薩說定的資糧——福德與智慧，學佛第一步先求圓滿這個，這個不具備，你別想修道成功，連打坐都沒資格。爲什麼說沒有資格呢？第一個，想修清淨於亂不亂，自己很清楚，可是福報不夠，你不擾亂人，人家可來擾亂你修行。

及不爲他之所逼惱，你的功德不夠，他就來惱亂你。或人所作，或非人所作，或音聲所作，或功用所作。其實外魔也好，內魔也好，都是唯心所造。功夫求得太切了，自己造成魔境，這是功用所作。換句話說，沒有魔，一切都是自己的心魔所造。

云何調善？謂若三摩地，猶爲有行之所拘執，如水被持，或爲法性之所拘執，不靜不妙，非安隱道，亦非證得心一趣性，此三摩地，不名調善。

這一段要注意，什麼叫善？就是曾子在大學中所講：「大學之道，在明明德，在親民，在止於至善。」這是對至善下的一個最好的註解。在定的境界裡，心裡頭仍有有行之所拘執，比如心裡頭還有修道的一念，這個念已經把你心理栓起來了，心理的狀況，已經沾在某一個境界上，已經執著了，被這個觀念拘束起來了。等於如水被持，水倒在一個茶杯裡，它的範圍境界，就是只有茶杯那麼一點點大，假如我們把一杯水倒在大海裡頭，你看看這個水性的境界有多大！

什麼叫法性之所拘執？禪宗的書，密宗的書，這些佛學的書看多了，那些理論就把你抓住了，滿腦子佛學，滿口佛話，一身的佛油氣，佛魔，就是彌勒菩薩的這句話，法性之所拘執。結果心念專一作不到，靜不下來，根本達不到心一境性，這些不屬於善，不能調和心境。諸如此類等等，必須自己作研究。

講義發了那麼多，爲什麼講解東一下，西一下呢？爲的是不讓你們有依賴心，只能挑重點講，其餘的要自己去看，繼續研究才行。

復次，如分別靜慮經言，有靜慮者，即於興等謂之爲衰，乃至廣說，此中四轉，當知二時顛倒。初禪到四禪的境界，有兩種顚倒會發生。佛也作過這個比方：有人問佛，爲什麼初學的時候反而有效果，後來越來越難了？佛說：你沒有看過人家挖井？開始挖的時候，很容易看到效果，泥巴一挖出來就挑走了，好快，等到挖了十丈深時，兩三天還挖不上一簍泥巴來，效果就顯得很慢了，實際上效果是一樣的，只是它深了。許多人作功夫，也有這種感覺，作到後來反而覺得沒有進步了，這只能說自己沒有智慧，觀察不清楚，教理沒有研究清楚。事實上你在進步，進步轉到另一個狀態中，自己觀察不到，所以學佛修道，隨處都要智慧。

什麼叫學佛修道？一輩子研究自己，檢察自己，就是這麼簡單。英雄可以征服天下，不能征服自己；聖人只要征服自己，不想去征服天下。征服天下容易，征服自己難，所以說聖人難學。聖人是一輩子檢查自己，反省自己，研究自己的人。如果有人學聖人，卻一天到晚研究他人，觀察他人，那就免學了，那是「剩人」。修行就要在這些地方檢查自己。

由初禪定達到二禪定之間，雖是也在進步，但在進步之間，好像有一種退化現象，等於天亮之前，有一段更黑暗的時刻。同樣的，當你要轉清明的時候，可能有一段細昏沈要來，事實上絕對會來。當你過了這個昏沈階段後，清明就出來了。在理論上來講，清明是它，昏沈也是它，因爲認不清楚理，只取清明，不取昏沈，自己認爲退步了，落在魔障。你認爲落在魔障，魔就來了。

現在所要講的，是定境中的退位。普通講功夫退步了，實際上是沒有什麼退步的，尤其是照中國文化的說法，學了易經就懂這個道理，感覺退步只是爻變而已。天下事沒有不變的，一定變。人與事、宇宙萬物、物理與心理，都隨時在變，隨地在變，不變就不叫宇宙現象了。所以沒有一個境界是會永存而不變的。一般人不明白這個理，想把一個境界守住不變，那就叫作愚癡。中國易經叫「變」，佛法叫作「無常」，意思是一樣的。無常是對它的結論現狀而言，世界上一切現狀沒有永恆存在的，所以叫無常。中國的易經不走這個路線，而稱其爲「變」，變不是指現象，是原則，天下事有個原則，那就是非變不可。懂得這個道理，第一等人領導了變，曉得下一步怎麼變，因天下事有必變之理在，所以作功夫修持，也要把這個認清楚。換句話說，作功夫修持的人，曉得這個境界非變不可，一個智慧般若高明的人，就會先知道下一步怎麼變。

瑜伽師地論大概摘要到這裡為止，現在我們來說現觀莊嚴論。

現觀莊嚴論這本書，也在彌勒菩薩的學問系統裡面，是彌勒菩薩的五大論之一。學法相、唯識，尤其學密宗、禪宗的人，非研究不可。早期這本經典沒有翻譯過來，玄奘法師去印度取經時，帶回了梵文本，還來不及翻譯就圓寂了，梵文本也失落了，只有西藏還有此書，民國初年由法尊法師翻譯成中文。

在作功夫方面來說，「現觀」就是現量境的止觀法門。現量境是唯識學的名詞，唯識分現量、比量、非量。現是呈現出來；量是境界，是現狀。這個量字譯得實在高明，我們整個宇宙山河大地，都是阿賴耶識的現量。現量就是呈現出來，中間沒有加分別作用，是直接的呈現那個現量。比如說，我們意識的現量，就是禪宗六祖經常講的「無念」境界，也就是第六意識現量最重要的一個初步現象。所以三際托空，是意識現量的明了意識清明的這一念，沒有雜念，也沒有妄想。比如當我們早晨睡醒，眼睛還沒有張開時，心裡頭也沒有思想，既沒有生氣，也沒有高興，剛剛睡醒的那一刹那，那個就是意識的現量。一下子，我醒了，現在幾點？要上班了等等，意識分別就起來了，這分別意識叫作比量。凡是妄想、思考、分別都是比量。非量則是幻想境界，精神狀態境界。

另外還有一個聖教量，就是大家學佛修道，在腦子裡想的。比如怎麼樣達到三味啊！怎麼開悟、明心見性啊！般若啊！這些觀念都是聖教量。是聖人教化下來的，你接受了，就有這個思想。所以你懂得佛學，理論講得再好，也不過是聖教量。這個理是佛的理，不是你的，你不是佛。

現觀呢？禪宗的一句話：前念不生，後念不起，當念即空，這是「現觀」。現觀般若，現觀清淨，但這現觀只是觀空的一面，眞空所起的妙有，又另當別論。眞空妙有的道理，在現觀莊嚴論的修法中，都包括進去了，不過它非常注重四加行。

第廿三講

內容提要

幻相和眼通
四加行位
聲聞乘的四加行
獨覺乘的四加行
八萬四千對治
習氣次第斷過
大般若大火炬
大乘的三有和涅槃
把握行蘊

有同學問關於吃肉的事。

每逢有虔誠的信仰，又眞誠懇切的用功時，稍稍一上路，自然就有這個現象，就是一吃到肉馬上受不了；或一聞到肉味，一看到肉也會受不了。照佛教的道理，這是善根發起，功德的成就。久而久之，如果修持一鬆懈下來，就又想吃肉了，這是心不堅、不用功的關係。

宜蘭山上有一首神仙題的詩：

三十三天天重天　白雲裡面有神仙
神仙本是凡人做　只怕凡人心不堅

修仙修道能否成功，只看用心堅固不堅固，這是基本問題。

又有人問，眼睛一閉，前面有許多幻境，久久不能超越這個境界，如何解決？

當氣脈通過後腦玉枕關時，有些人因爲營養不良，就會發生種種問題。有人眼睛發紅，有人產生類似白內障的情形，只要有信心，一通過了就好了，而且眼睛比以前還要好。氣脈到了玉枕關，將通未通之際，就發生很多現象，只看到幻境還算是普通的，有些人連牆壁都看透了，發起天眼通。在這種情形之下，神通跟神經是兩兄弟，當各種幻境都來時，不是去不掉，而是我們在玩弄它，連自己也不知道。如有很想去掉它的這個心，不是被它轉了嗎？執著了嘛！只要一切不理，慢慢連腦袋都忘掉，就好了。然後又轉入另一個新境界，不會再看到幻相，而是看到身體內外一片亮光。久而久之，自己心臟血液流動的情形，也都看得很清楚，不用去照X光了。可是不要把它當成眼通，當眼通就著魔，不當眼通就差不多要通了。所以不要想辦法去除掉它，如果道理不清楚，還要執著這個境界，幻境就會越來越多。主要原因是眼睛機能衰退或疲勞，這時吃點補眼的藥物會有好處的。

現在繼續上次所講的。

「現觀莊嚴論」與「瑜伽師地論」有密切關係，尤其它偏重於修持和四加行方面。密宗黃教宗喀巴大師的「菩提道次第廣論」及略論，也都是根據這個系統而來的修持方法。所以修密宗黃教，乃至其他密宗各教派，不論是基本的理，或者修證，都是依此。事實上，這幾部論都是顯密各派修證的寶典，都非要搞通不可。

現觀莊嚴論卷一，一切相智品第二六（對四加行的方法加以解釋）：

如是四加行道中，由是見道智火之前相，故名曰煖。

四加行的修法，由於先要求見道，就是禪宗所說見地，眞見到性空。但這個見不是眼睛看見的見，是見見之時，見非是見，見猶離見，見不能及。楞嚴經告訴我們，「能見」見到「所見」時，見道的那個時候，那個見道的「見」，不是眼睛看到的那個見。能見、所見的都離開了，不是我們現在想像的眼睛看到了道，或者是理上所能了解的情況。

見道智火之前相，就是快要見道以前，將要見道那一刹那間，發起了煖地。這也是作學術教理的解釋，換句話說，眞見道時，如禪宗一些大德們的自述，在剎那之間，轟的一悟！出了一身大汗，這就是四加行的初步煖相來了。

由諸善根不被邪見所動，故曰頂。

這時再進一步，配合行。禪宗百丈禪師有一句話：見道的人「不異舊時人，只異舊時行履處。」表面上看起來，悟了道的人還是原來那個人，可是他的心理思想行爲，做人處事的道德標準，跟過去完全不一樣了。他們變得不刻意求善，而自然合於善。爲求善而行善是痛苦的行爲，那是「戒行」，是難行而且是勉爲其難的行，所以守戒有功德，値得讚嘆！見道的人不談守戒，但是一切自然在戒行之中，諸善根不被邪見所動，這是頂相。

由滅惡業所感生之惡趣，及於眞空性遠離怖畏，故曰忍。

自然的滅掉一切惡業所感應而生的惡趣。這句話嚴格的講起來，問題大得很。換句話說，由於過去惡業所造、所感應，在這一生會有惡趣現象。這個「趣」，就是向六道輪迴的趣向，仔細觀察可以發現，許多人因惡業所感，他的現生，或衰老時，或臨死前，已呈現了將去那一道的現象。還有些人的惡趣向，在夢中呈現，各種各樣多得很，佛經裡頭都會講到。

見道到煖地、頂地的人，定力仍是不夠。因爲定力不夠之故，有時正在定中，惡趣現前，會產生恐懼。比如大魔境現前，平常你們不會怕，但在那個時候會怕起來。忍就是定力很堅固，有堅忍、截斷的意思。第二句話講眞空性的恐怖，我們學道就是想見空，爲什麼見空又恐怖呢？很多人會這樣，所以金剛經教你福德要夠，如果福德不夠，你見到自己的空性會害怕。大家天天想修道，修道人第一個要守得住寂寞。人生的最高修養是守得住寂寞，能欣賞得了淒涼，修道人面對淒涼的境界，會覺得很舒服。如果忍不住寂寞，守不住淒涼，什麼事都做得出來。尤其修道，根本就是修寂滅，寂滅來了，你守不住了，這不是背道而馳嗎？這個地方非要「忍」，遠離空的恐怖，這是眞「忍」。

由是見道之親因，一切世間法中最爲第一，故名世第一法也。

這才是眞正的見道，彌勒菩薩用文字，從學術性的觀點告訴我們。事相上，煖是眞得煖，而且煖壽識三個是一體的。所以轉識成智，如果意識眞轉了，轉成妙觀察智時，沒有不發煖的。密宗的修氣、修脈、修明點、修拙火，不過是煖相的初步，並沒什麼了不起。可是念頭、妄念、意識不能轉，就不能發起煖相。一得煖相就是得三昧眞火，這時道家的祛病延年一定辦得到，因爲煖、壽、識連著，物理世界也是如此。我們這個欲界的物理世界，凡是死亡的東西，一定是會冷卻的，活的東西一定是煖的。所謂煖、頂、忍，不光是道理，還有事實。

此處別說三寶教授中之僧寶，謂如第二品所說，道相智所攝大乘見道十六剎那中。

第二品裡頭介紹過道相智。什麼叫見道？彌勒菩薩都對我們說了。不過，見道的道相中間，有十六剎那的情況變化出來，這時候，安住八忍之聖位菩薩，進入菩薩境界。聖位菩薩也叫作預流向，同小乘的果位相等，是預備菩薩的後補者，不過有鈍根隨信行，利根隨法行之二。

鈍根的人只是有信仰，由信仰慢慢培養功夫和見地。利根的人因信就進入了，證進去，馬上起用。這兩種是不同的。因此說，四加行法也有兩種人，他們的修持境界、經過與成就，也各自不同。

鈍根者名信解，利根者名見至。鈍根的人就是學理上相信，見地上沒有開發。利根的人理到了，功夫、行願都隨著一起來。

現觀莊嚴論略釋卷二，道相智品第三：

了知聖聲聞道之道相智因，有四順決擇分，謂色等勝義空故，通達空性與色等無分別慧所攝持之加行道即煖位。

這是四加行道，功夫與事都包括在內。這裡講的是聲聞的四加行道。大、小乘、羅漢、菩薩各有各的四加行，乃至外道修定作功夫，也有四加行，成就則有深淺之別。

現在講聲聞道的加行道相。這句話是說，聲聞乘證了聖果的人，他的道相智，就是見道以後的智慧境界，有四個條件可以測驗出來。

首先，悟了道的人一定證到色即是空，這不是理論，要到這個色等勝義空的境界，是色的第一義空，不是色的現象，這是聲聞乘的境界。

若說把山河大地看空了，一切色隨意而轉，是菩薩境界。學過唯識就知道，菩薩境界的前五識也轉了，五八果上圓。前五識眞轉了的人，要變年輕就變年輕，身體不好便轉好。前五根都轉不了，算見個什麼呢！

這裡告訴我們的是勝義空，形而上的，透徹證到了色即是空。慢慢進一步智慧到了，曉得空即是色。通達了色與空無分別，才算到達聲聞果的煖位。

通達色等勝義無所得慧，所攝持之加行道即頂位。再進一步了解了色法，即物質世界的四大是無所得，畢竟了無所得，本空，也就是色不異空。這個所得的智慧，所包含的境界都作到了，才是聲聞乘的頂位。到達了頂位，一定是三脈七輪通了，完全打開了，項相即可達到與宇宙合一。

通達色等於勝義中，破除安住常無常等理，此慧所攝持之加行道即忍位。

再進一步，在見地上通達色等四大在第一義上已經破除了那個境界。是什麼境界呢？即安住(即任運、保持)以及諸行是常或者無常等道理。

佛學勸導人了解諸行無常，一切是空。大乘佛學中，佛說涅槃經，不說無常，也不說空，說的是常、樂、我、淨，與佛原始說法恰好相反。當佛涅槃時，告訴我們說，無常、苦、空、無我是方便，眞正的是常、樂、我、淨。不管是無常、苦、空、無我也好，常、樂、我、淨也好，都是兩頭的話，中道第一義諦，兩頭都不著。空與有是兩頭的話，是相對的，修與不修，打坐與不打坐，都是兩頭，所以都不要執著。

這裡很嚴重了，色法，物質世界都是無常，但成、住、壞、空，一直重新反復，可見它也不是無常，但決不是唯物思想家的「常見」。你要通達了這個，才到達聲聞地的忍地成就。

我們可以看到一個一個境界不同，所以修密也好，天台也好，禪宗、淨土、道家也好，這些理不透，所有功夫都白作了，自己困了自己多少年都不知道，那個境界破不了，你就没有辦法再昇華上去。

比如現代人很喜歡講氣脈，氣脈眞到了身心內外光明充滿以後，下一步怎麼辦？你説不知道，你就在千生萬劫中慢慢滾吧！我常問人：你説轉河車，究竟轉到幾時爲止？這話不是玩笑，可是没有一個人答得出來。所以下一步應該如何，教理非通不可。其實佛在三藏十二部，顯教裡頭都説了，因爲佛經難讀，有些問題在這一本，有些問題在那一本，讀書不留意就忽略過去了。

依於十地者，謂通達極喜地等勝義無所住，如經廣説，此慧所攝持之加行道即世第一法。

更進而到菩薩的初地歡喜地，即勝義無所住，形而上道的境界。這個境界是般若智慧之所攝持，才叫作世第一法，不過是初地菩薩的境界而已。

言自覺者，指獨覺阿羅漢，此於最後有時，不須依仗他師教授，自能證得菩提，其亦字者表於彼時，自亦不用言語爲他說法。

有時候，找不到眞正證道而修持的明師，自己也可以求自悟之道。佛也告訴我們，要皈依佛、法、僧三寶，佛法僧三寶都還在，大藏經全部都在，你只在佛經上找，等於佛親身在這兒一樣，這樣去努力，也可以求得自覺之果。所以講自覺，就是獨覺、聲聞、緣覺。中乘道獨覺阿羅漢，在最後頓悟那一刹那，也並不一定要靠善知識，他自能證得菩提，這叫獨覺佛、辟支佛。這一段很重要。

注意，剛才所講的聲聞道中，在這本書裡總是拿色、空二義來講。色就是地水火風四大，身體、物質世界都屬色。證悟到了就是見空性。見空性後沒有一法不轉的，一定轉，所以叫頓悟。換句話說，色法也跟著頓轉，這是一定的。等於修持次第講「煖、頂、忍、世第一法」四加行法一樣，到某一步，某一步的境界一定呈現，這不是教宗規定的，而是身心走修持路線必然的變化。功夫到了那一步，就是那個現象，如果沒有那個現象，就不是那個境界，功夫就沒有到那一步。

當知麟喻道，由三法差別所攝，謂遠離色等外境所取分別，未能遠離內識能取實執分別，就所依差別，是依獨覺乘所攝法之法性爲所依種性故。

這裡特別提出來說，有些修持多年的人，也許偶然到達這個境界一下，是瞎貓撞到死耗子，撞到麟喻道的境界（麟喻道比喻獨覺乘）。緣覺乘自悟自肯的境界有三種情形：可以達到對世上一切都淡泊了，對外境不大喜歡，分別心也比較輕微。如果可以作得到這樣，有這個修養，但爲什麼不能永遠保持呢？那是因爲未能遠離內識能取實執分別之故。也就是說，內心阿賴耶識壞的種性之根，還沒有拔掉，還在那裡的原故。「野火燒不盡，春風吹又生」，我們的妄想習氣就是這樣，你覺得自己沒有執著，事實上，無意中已在執著，連自己都不知道，能夠曉得這習氣的話，就能得解脫了。

這個「分別」兩字，不要搞錯了，以爲分別總可以看得見，其實，有時候自己的分別心自己是看不見的。比如剛才同學問的：用功幾天，不想吃肉了。這時候你以爲吃葷的分別心要離開了，不然！也許夢中看到那盤肉還香呢！當年我從峨嵋山閉關後下山，與一個出家朋友結伴同行，快到成都，離城五、六里時，一股人臭味就逼上來了。那時才信西遊記中，妖怪找人肉吃很容易，一聞到那裡有生人味，妖怪就來了。待進了城門，這位出家朋友聞到四川的回鍋肉，還香得很呢！於是忙催我趕緊離開，這個就是實執分別，在阿賴耶識中，我們自己不知道。能夠找得出來這個，就差不多了。

所以，有時候自己覺得這幾天用功得很好，心地蠻乾淨的，卻不曉得自己那個實執分別，一下就把自己掛上了。修道學佛，搞得心中很清淨的時候，有一個分別很可怕，稍稍看到別人講錯了話，做錯了事情，或者不合規矩，馬上覺得很討厭，那就是瞋心，分別實執。你以爲分別實執那麼容易去啊！如果眞的那麼容易，你早就成道了。

前面講過關於由修持而達到健康，以及作功夫進入定境的問題，因此採用了增壹阿含經修出入息的方法，結果發現了很嚴重的問題。有許多人把這道理搞錯了，尤其是女性方面。女性作調息，收小腹時，注意力不可以在小腹，舉凡任何修法，都不可注意下丹田。凡是注意丹田，沒有不出毛病的，男性也是一樣。守下丹田會把肚子守大、腸子結厚、胃下垂，這叫什麼功夫？隋唐以後塑的佛像，都挺著大肚子，這完全是錯誤的塑法，這種塑法是很害人的，實際上不是這樣。

調息煉氣，這個氣不是從鼻孔裡出入的氣，只不過是藉這股氣，加以運用。如同借用火柴一樣，點燃以後，就不要火柴了。每個人身體生命都是有煖的，身體本身也有氣，要把這個體會出來，才作安那般那。眞把氣的道理體會出來，七天以內一定證果，這話不是開玩笑，佛法是不欺人的。

大家修氣修脈，連什麼是氣，什麼是脈都沒有搞清楚，專門在呼吸上搞。以前講過，呼吸、聲音這些都是生滅法，以生滅法求不生不滅之果，合邏輯嗎？當然錯了。至於煉氣，我們身體內部本來就有氣，只要把自己本來有的引發，你眞做到了，身體內部一定起變化了，那有什麼困難呢！

比如你疲勞了，想睡覺，這時只要吸入一口氣，停止呼吸，把氣閉住，身體內部本來有元炁的，那個元炁的功能就發起來了。等於乾電池用完，放在地上吸收電力，又可以重新用它。佛法修持的道理，同物理的道理是一樣的，實際上你懂了那個道理，本身的氣就會體認到，因此用本身的氣，就可以達到祛病延年，返老還童，容易得很，可說是易如反掌，就是因見地不到，所以才認不清。

不過認得了氣也很不容易，氣認得了，要煉到「精滿不思淫，氣滿不思食，神滿不思睡」，最多三天以內就可以做到，打坐想入定多少天也都可以辦到，身體要怎麼輕靈就怎麼輕靈。所以佛告訴他的公子去修這個方法，很快就成就了。

爲什麼羅睺羅容易修這個方法？童眞入道，修這個方法幾天以內就證果。女孩子在第一次月經來以前，知識還沒開以前，以及男孩子性知識都不懂以前，都叫童眞。要證果，不管男女老幼，無論年紀多大，修持第一步，非修到童眞不可。如何修到童眞？心念無分別，生理色法轉了，整個六根不漏，那才轉成童眞之身，立刻入道，絕對不假，佛法是不欺人的。

了知獨覺道之道相智因，順決擇分有四，謂開闡色等勝義中，無名言中假有，不違法性，是爲煖位。

獨覺道同聲聞果又不同了，等於佛法的中乘道。無名言中假有，眞空起妙有的作用，儘管執著有，並不違背空的法性。換言之，空了能夠起有的作用，才是獨覺道的煖位。

頂位是由通達色等勝義無減等所顯。

什麼是獨覺道的頂位？了解物質世界的色法，在第一義中沒有減少。比方抽一支煙，把煙抽完，用科學方法，把這些煙收集起來，可以再把它造成一支煙，一點分量都沒有少。所以進入空的境界，要它起妙有的作用也一樣不少。修成功的人，另外的生命再不要經過六道輪迴的投胎，自己意生身，意念一動，就可以造成另一個身體。

心法是了不起的，色法同樣的不可思議。佛法偏重於心法方面的開展，了了心，才能了色，了物質這一面。佛法不曾向物質這一面開展，其實心物兩個是一元的，物也是同樣的不可思議。道家是向色法這方面走，先把它破掉，破掉後再修成功，這是了身。後世密宗也走這個路子，科學現在正在研究階段，也是向這一條路走。

我們學佛的人，不要輕視了現在的科學，隨時要接觸它，要看現代科學資料。爲什麼美國人老是放人造衛星或太空梭到太空？他們在探討宇宙的奧祕。不過有一點很可憐，他們也只是摸到生命的最後面，光向外找，找了半天，就算找出來了，但是那個發動找的又看不見。所以學佛法修道的人，是回轉來在自己這裡找，把「這個」找出來，「那個」就容易了，這就是要自己求證。

所以一個學佛修道的人非常自私，爲什麼？因爲隨時要照顧自己，隨時要把自己的問題解決，有一點沒有解決，而認爲自己對了，那是自欺之談。生老病死一切都要解決，學佛是要解決這些基本的問題。什麼是學佛的人？一輩子來檢查自己，反省自己，隨時隨地都能做到的人，就是修行人。所謂自覺者，自己隨時找出自己的錯誤，解決自己的問題，就是這個道理。

獨覺道的忍位是什麼呢？忍位由通達內空等故，了知色等勝義不可執。獨覺乘的人，內在證到空的境界，因此對於物質世界不執著。這還是中乘道，不是菩薩道。換句話說，學佛的人說空，你說你的，物質世界還是照樣存在。你打坐可以一坐一萬年，地球還是在轉，獨覺乘是這樣，地球是四大，它還是沒有被你空掉。那麼色與心兩個是絕對分開了嗎？如果是，就不是如來境界，楞嚴經說：心能轉物，即同如來。心物是一元的，這個原理要抓住，眞正的大成就，非作到心物一元不可，只偏向一面是不行的。

所以，緣覺的世第一法，了知色等勝義無生等相。曉得生而不生。這本經典到處都講色，色法地水火風。唯識分析色法有三種：極微色、極迥色、法處所攝色。法處就是意識境界，自我可以生出地水火風，包含物質變化出來的作用，這些我們都要知道。

現證空性慧所攝持之大乘諦現觀，即是大乘見道之相，界限唯在大乘見道。

現證空性即禪宗所講頓悟，「蹦」的一下，在教理就是現證空性。性空的境界一下呈現出來，這個時候智慧開悟，般若成就，現證空性所包含大乘道的所有現觀莊嚴，都出來了。所以淨土境界一下現前，立地成佛，這個在理論上就是大乘見道的境界。見道以後才好修道。等於看到米再作飯，見道等於看到米了，修道等於米下鍋了。至於大乘見道的這個界限，現在不講禪宗頓悟，只講功夫見地道理來說明，教下與宗下是不同的。比如淨土宗，你念一句南無阿彌陀佛就到家了，如果講教理，爲什麼要念南無阿彌陀佛，念它是什麼道理，南無阿彌陀佛又怎麼念法等等，這些是教理。所以宗和教有差別，但是通宗的人沒有不通教的，通教的並不一定通宗，因爲沒有作功夫的緣故。一定要作功夫求證，這裡所以說，界限唯在大乘見道，教理是這麼講。

此說，大乘見道人身中，具大功德勝利之見道。

彌勒菩薩說，我這本現觀莊嚴論裡頭所說，這個身內的功德成就了，才能談到見道，見道還要靠這個肉身的。

道相智所攝之見道中，有十六剎那。

剎那之間就見道了，這是彌勒菩薩給我們分別的。

佛清淨爲最清淨者，由於能治所治次第斷過門中，許大乘修道由能量之智與所量實空平等性故，是能盡清淨三界諸障之眞對治故。談到對治法門，學佛修道不是一個藥方就可治百病的，八萬四千法門都是對治法。當你修持時，忽然一下空了，空久了就昏沉，睡著了，這時就需要對治，就要不空，提起「有」來。「有」久了，就又散亂了。所以打坐作功夫要曉得對治法門。

有人問：有時候念佛、念咒子或作觀想，作得很好時，怎麼後來不行了呢？因爲你覺得好，你心中想，這一下好啊！很定啊！事實上已經在散亂了。越搞越被散亂拉走，當然就不好了，又不曉得對治。修行人對各種方法，不論外道內道都要知道才行。在某一種境界，應該趕緊要修某一個法門，不能再搞原來那個方法，再搞就要出毛病。尤其我們的心理，多少的業障，很難把它調整過來，所以有八萬四千不同的對治方法。所謂「法門無量誓願學」，不是只限於一門，認爲自己這個對，其他都不對，那就錯了。

現在彌勒菩薩告訴我們，一切清淨對治法的重要。唯有佛的清淨境界是總對治法。能對治的與所對治的，要恰如其分才行。比如我們散亂要修止，昏沉要修觀，落昏沉要煉氣，氣煉多了也會出毛病，所以要恰到好處。能治、所治各種法門都要學。

對治法門學了作什麼？次第斷過，把我們的習氣漸漸轉變過來。這次課程講見地、修證、行願，但行願沒有談，因爲很難作到的。習氣過錯是不可能斷的，但心理行爲及習氣不能斷，是作不到身內的功德成就，所以功夫不會進步。等到你身內功德成就了以後，身體方面自然是一秒秒、一天天在變化，向勝義方向轉變，這個道理是呆板的，這本經典已經交代得很清楚了。

可是這裡又告訴我們，習氣是次第慢慢斷的。比如剛才講，得了定，意念清淨時，別人的一點錯處都看不慣，是什麼道理？等於自己把鏡子擦得太亮了，太乾淨了，一點灰塵都不能落，落下來就看得清清楚楚，看了就討厭，就要擦掉，不能容納塵垢，起了瞋心。因此只喜歡清淨，不喜歡塵垢，這是功德不圓滿，也是過錯，趕快要斷，非斷不可。這些佛經上都講了，修持不是那麼簡單的。

所以能治所治次第斷過，這個法門當中，是大乘的修道，由能量之智與所量實空平等性故。大乘的修道境界，妄念空了，清淨本性出來了，是自性「能」清淨，只得「能」，而去妄念亡「所」不行。「能所雙亡」又還不行，要「能所雙融」。所以能量之智與所量實空，平等平等無分，這才叫大無分別心。這樣才能夠盡清淨三界一切障礙。這也就是一切障礙的眞正對治，既不落空，又不著有。

這些都是講理論，如果懂了，曉得既不落空，又不著有，那麼平常所學的外道也好，那些著有的都可以修了，爲什麼？因爲對治的時候需要用，調心的時候要用。所以知識學多了以後是個大障礙，但是成道了以後，反而怕你懂得不夠多，你越懂得多，教人度人的方便越大。所以大般若經上講：大般若如大火炬，什麼東西都不怕丟進來，好的、壞的，越丟智慧光明越大。具大般若智慧的人，不怕你是外道，或染污什麼，你儘管來，來的越多，他的般若光芒放出越大。

第二個比方，大般若如孔雀鳥，所以密宗有個修法叫孔雀明王。爲什麼如孔雀呢？孔雀專吃有毒的東西，蜈蚣、蠍子，越毒的東西對他越好。毒品吃多了以後，羽毛越漂亮，沒有毒品吃，它的營養就糟了。所以大菩薩能夠下地獄，能在六道中度衆生，吃了毒藥，羽毛更光彩，智慧更大，就是這個道理。所以說，一切法門皆是對治。

此處之諍者，謂下下等九種修道，斷除上上等九種實執不應道理。

古代的大祖師們已經發生爭論，說用外道的法門來修無上道法做不到，不可能。這裡的爭執是說：下下等九種修道，斷除上上等九種實執，沒有這個道理，不合邏輯。

譬如羸劣士夫不能摧伏强力怨敵，於劣怨敵不須强力士夫。比如身體衰弱的人，怎能摧伏強敵呢？

如是下品修道不能斷除上品實執；斷下品實執不須上品修道故。

下品修道方法的人，如果路走錯了，決不能成就上品佛道，而且斷下品習氣，深生染著，也不需要般若那麼高的修法，這些都是人的意見之爭，千古皆然。

答云無過。譬如浣衣，洗除粗垢不待勤勞；洗除細垢，須大劬勞。如是能治所治亦應理故。彌勒菩薩說，這個不是問題。等於我們洗衣服一樣，衣服太髒，就用力一點；不太髒的，輕洗一下就好了。下品修道的毛病大，作功夫要勤勞一點；功夫毛病淺一點，就少修一點，這並不是問題。

非此岸彼岸，不住其中間，知三世平等，故名般若度。

一切智品第四：

大乘修道，般若成就，即禪宗所講的頓悟法門。

現證無我慧所攝持，復是小乘現觀種類，即一切智相，界遍一切聖者皆有。觀待世俗事是破有邊，現觀種類大乘聖智，即智不住三有之道相智相。界從大乘見道乃至佛地。觀待世俗事是破寂滅邊，現觀種類大乘聖智，即悲不住寂滅之道相智相。界從大乘見道乃至佛地。

現在講大乘，就是禪宗所謂立地頓悟。你天天求悟，悟了幹嘛！不悟多好，不悟這個世界很好玩，悟了以後世界如夢，那還有什麼好玩的。不好玩何必學呢？學佛修道有兩個目標：智不住三有，悲不入涅槃。是入世的，不是出世的。大乘佛菩薩的境界是，智不住世間，悲不入涅槃。簡單一句話：悲智雙運就是菩薩道，再換句話說，就是智悲雙修之道。到了智慧圓滿、福德圓滿，就是佛的果位，智悲雙運也就是這個道理。

修道的人，第一步功夫先證到「無我」。這個智慧境界所包含的，有小乘現觀種類，即小乘境界見到空一切智相，見到空的境界。這個範圍，凡是聖人界遍一切聖者皆有——凡是聖人都見到空的這一面。這句話講得多痛快，也最偉大。凡是聖人，不管儒家、道家，乃至其他宗教，一定見到空的一面，才能夠稱聖。觀待世俗事是破有邊，現觀種類大乘聖智，看世俗很厭煩，要出世修道叫觀待。待是相對，對待的意思。

世俗的事情拿空來破它，是有邊。現觀種類大乘聖智，即智不住三有之道相智相，理論上達到智不住三有，見地上見到空，如落在空的一邊也是小乘，更何況你那個空的境界還不究竟。見到空的人就是憨山大師所講：「荊棘叢中下足易，月明簾下轉身難。」大乘見到空的人，就是觀自在菩薩說的：色即是空，空即是色，色不異空，空不異色。色空不二，是智不住三有的道相智相。這個界限從大乘見道乃至於佛的果位。悲不住涅槃的道理也是一樣。

菩薩一切智道般若波羅密多，由慧故不住生死此岸，由悲故不住涅槃彼岸，於彼二岸中間亦勝義不住，以是雙破二邊，現證空性智所攝持之現觀故。

證道的人，就是禪宗講悟道，悟個什麼？就是般若波羅密多。悟道了以後，智不住生死，悲不入涅槃，「涅槃生死等空花」。船子誠接引夾山的話：「藏身處沒蹤跡，沒蹤跡處莫藏身。」就是智不住三有，悲不入涅槃。

中國禪宗眞正證道、見道的那些人，不是只有一點清淨，或一點意念偏空的境界而已。所以我們應多注意臨濟、曹洞等創宗立教的修持與見地。石成金錄的「禪宗直指大事因緣」，也要仔細看過。他所引證的例子都是非常好的，都是講實際修持，實際證到與經典相合的境界。那才算是開悟、證道，不是一點小因緣、小境界、小清淨、或一點小空，就認爲自己是悟了。

色蘊等空性，三世所繫法，施等菩提分，行想所治品。

大家雖然在修持，但都還沒有把色法這一面搞清楚，如果四大所構成的物質世界破不了，要說成道，那是自欺之談。物質世界怎麼去空它？吃飯也是色法，這個吃飯的色法不裝下去不行，不然人就會斷氣的，有這樣嚴重。你怎麼去空它呢？色受想行識五蘊，爲什麼色法擺在第一位？就因爲這一蘊很難破，蘊者蘊藏在那裡，牢牢的，又譯成陰，看不見，翻譯得很有意思。

色蘊等空性，我們大家學佛，偶然把第六識一念清淨，叫它空一下也還容易，但是色法就是空不了，怎麼樣去空它？非修證不可。

三世所繫法，過去、現在、未來三世一切衆生，這個三世眞把我們困住了。色蘊，物質的力量都把我們掛在那裡，不但是今生所繫法，連過去、未來都把我們弔著。說某人有神通，你只要問他一句，什麼是這世界上沒有的東西，保證他講不出來，因爲人不管在夢中也好，神通也好，神經也好，他講得出來的，都是人想得出來的東西。那個想不出來的，就是沒有看過的。從各宗教的立場就可以看得出來，外國的神，外國的天堂，都是外國樣子；中國的神，是中國的樣子。每個地區文化思想不同，天堂都跟著變。從這方面來研究眞是有趣，我們的玉皇大帝就是我們人格化的神，而且還可以指揮地下。還有城隍，同我們的行政組織一樣，西方的上帝是西方的人格化，天堂同西方的組織也是一樣的。最後歸結到書中的偈子：色蘊等空性，三世所繫法。

我們的思想和學問，都跳不出物理世界的範圍，那要怎麼跳出三界外呢？

施等菩提分，行想所治品。布施、持戒、忍辱、精進、禪定、般若六度的修法，三十七道品，七覺支等這些菩提分，都是行蘊、想蘊的對治法門。

不要說我們離不開思想，就算你離得了思想，那個行蘊，生命的功能，就更難講了。比如我們睡著時，思想可以不想，但我們的血液循環，只要我們活著，它都在流動，一切的生命細胞，也是在新陳代謝，這就是蘊的功能。行蘊就是第七識與第八識之間的東西。所以大家有時候談空，你空掉了什麼？行蘊都空不了，即使你作到呼吸停止還不算數，連身體內也要達到氣住脈停。所以你修持能達到要心臟、脈搏停掉就停掉，要活動就活動，那你才對行蘊有把握。能對行蘊有把握，才可以勉強不跟著業力走，這才叫修行。

不作到這樣，免談功夫了。你說你丹田發燙，鼻子會冒白煙，那都是想蘊可以作得到的事，只要多練習就可以作得到，那是妄念問題，不是這個功夫。

第廿四講

內容提要

往生兜率天
第一義
四正斷
未生令不生的不善
菩薩道的加行
頓根菩薩
四十六種魔
六度菩薩行
四種魔境

有位同學在筆記中提了一個非常好的問題，他說聽了課後，覺得學佛是一件非常非常困難的事。他因爲多看佛經，知道了一個方法，他自己稱爲「偷懶法」。怎麼偷懶呢？他也不想往生西方，路太遠了，也不想往生東方藥師如來世界，那也是不容易，乾脆上生兜率天，到彌勒菩薩的國土去。兜率天是欲界天的中心，一切準佛們，在下生成佛以前，即十地菩薩，等、妙二覺最後身，都是在兜率天爲天主。兜率天還屬欲界，有飲食男女之欲，同人世間一樣，只是境界不同。

但兜率天有彌勒內院，彌勒內院裡是絕對清淨的，我們剛聽過的「瑜伽師地論」，就是彌勒菩薩在彌勒內院所講的經典，是無著菩薩以定力上昇到那裡，夜裡聽課，白天再下來記錄，據說這部書是如此完成的。現代一般學者，尤其是歐美學者，都不相信這類事，認爲這本書是無著菩薩的。這問題我們不去討論。

很多大菩薩們，都發願往生彌勒菩薩兜率天，等到下一劫開始時，再跟彌勒菩薩下生，到這個人世間度人。

這位同學看到了這本經論，不錯，是有這條捷路。往生西方淨土，念佛要唸到一心不亂，生兜率天只要你信願堅定，只要你作善事，發願往生就行了。發願往生，跟隨彌勒菩薩，將來一塊再下生到這個世界，就像阿難和舍利弗跟著釋迦牟尼佛一樣。古代如無著菩薩，近代如太虛法師，還有幾年前在汐止肉身不壞的慈航法師，乃至過去大陸上的許多在家、出家人，都是發願往生兜率天，下生跟著彌勒菩薩聽課學道。

這個方法很對，而且這位同學能發現大正藏裡頭佛說：觀彌勒菩薩上升兜率天經，可見他蠻用功的。禪宗祖師有兩句話：螞蝗叮上鷺鷥腳，你上天來我上天。等彌勒菩薩下來度人的時候，跟著他下來，作他的弟子，這個辦法很對。

現在繼續上次的現觀莊嚴論，一切智品第四：

於佛等境起微細實執繫縛，修禮拜等，雖是福德資糧之因，而能對治不信等，然是菩薩道之所治品，以是彼歧誤處故。

這就是說我們修持的人，對於佛境界不能起執著，起一點微細的執著，就會障道了。

拜佛很重要，尤其學密宗，第一個條件要先拜佛，先叩十萬個大頭再來。我當年學佛，說信就信，說拜就拜，地上什麼也不鋪，早晚必定叩一百個頭，規規矩矩，如孔子說「祭神如神在」。拜佛時，覺得佛就在前面一樣，如果說還發不起這個心，連拜佛都懷疑，這是你罪業深重傲慢。學佛的人不能不拜佛，「君子有三畏：畏大人，畏天命，畏聖賢之言。」人要找一個怕的，如果沒有一個東西在心中令你起恭敬心，就是敬心生不起來，心也當然不會專一。

尤其是學佛學道，自己檢查自己，如果恭敬心沒有發起，想上路是很難的。所以學大乘佛法，先要學普賢菩薩行願品，十大願一一要去作，敬「他」就是敬自己，這些理由很深。不過修到最後，要一切放下，佛的境界也不能執著。

說勝義諦難通達者，以唯是究竟內智所證，遮遣見色等之名言量所能知故。又勝義諦說為不可思議，以名言量不能了知從色等，乃至佛不共法，是世俗法性，其究竟實性唯是聖根本智所見故。

勝義諦就是第一義諦，也就是形而上的那個本體。這個道很難了解，不是言語表達得出來的，只能說「如人飲水，冷暖自知」。內在智慧脫離了物理世界，更在名詞學理的範圍以外，將這些都破除以後，才是第一義諦，所以禪宗不立文字，就是這個道理。

為什麼佛說不可思議？這一句話是對那個見道的本體而講，因為那個本身是無言語文字可以形容的，也不是從物質世界的知識可以了解的，這個是佛說的不共法，超過了一切事實的法性。如果你見到了這個本體實性，你就是聖人了，有成聖人的根本智。但對於凡夫來講，這個是不可思議的。形而下的東西則是可以思議的。

謂諸有漏緣起，皆非實有，唯由執著習氣所變現故，譬如夢事。

世間一切的事情，都是有漏的因緣和合，有漏之因的緣起法都是假的，如夢如幻，都是由於第八阿賴耶識的習氣所變現出來的。比如大家打坐，所有的境界，不管你感覺到空也好，光明也好，清淨也好，乃至千奇百怪的現象也好，都是阿賴耶識種子所生。所以金剛經說：凡所有相，皆是虛妄，若見諸相非相，即見如來。一切相都要空完，爲什麽呢？因爲任何一種現象，都是阿賴耶識執著的種子習氣所變，都是假相，不是眞實。

許多人問打坐的各種現象，實際上是多餘的，若把教理研究通了，曉得這些都是過程，那怕成了大阿羅漢，六種神通都發起了，也只是阿賴耶識習氣種子的發現而已，不是究竟，也不是道。這個道理要搞通。若搞通了，有許多境界過程，用不著懷疑，並且曉得下一步又要變化了，都會變去的。

上次有同學問，打坐一閉起眼睛來，前面有許多幻境，這些幻境那裡來？是阿賴耶識的種子引發的。本來是眼神經疲勞所變化出來的，再配合下意識，就以爲這個是鬼神，那個是魔。其實那裡有魔！魔也是你自己造的，都是自己習氣所變化，這個道理要認清楚。

圓滿一切相現觀品第五之一：

此中分三，隨順聲聞弟子所有一切智相，隨順菩薩所有道相智相，一切相智不共相。初者謂以慧觀察有漏身不淨，受是苦，心無常，法無我之別相，及觀察無常苦空無我皆眞實空之共相，安住正念，即四念住，其自性謂緣身受心法四事，各修別共二相。念慧隨一之入道現觀，爲入四諦之取捨而修也。不善已生令斷，未生令不生；善已生令增長，未生令生之四正斷。

這段告訴我們修行初步，第一要觀空，觀無常、苦、空、無我。先從小乘的四諦上修，但是任何修行皆離不開四念住（見三十七道品）。

這裡最重要的地方在這一段最後：不善已生令斷，未生令不生。不善就是惡業，我們要仔細檢查自己，假如平常思想習氣裡有壞的念頭，必須自己能截得斷，這是修行的初步，這也就是行願。還沒有生起的壞念頭，要防止它生出來，這句話要注意，眞是修行人，看到這句話都會發抖，爲什麼？你覺得自己平常沒有壞心眼，那是因爲它還沒有發出來。即使最善、最好的人，在好極了的時候，也會起很壞的壞心眼，自己都檢查不出來，這是非常、非常嚴重的事情。看過去宋、明理學家的資料，在作善事的時候，同時也作了很大的壞事，自己作了都不知道。所以行善培養功德，要最高的般若智慧，不是那麼簡單。有時你覺得自己很嚴肅、很端正，實際上天天在作壞事。行願就有這樣難！任何人一點主觀的知識，一點點學問，自認爲是對的，但以根本智一照，往往有最大的壞念。所以，不善已生令斷，未生令不生，是最難的。

善已生令增長，未生令生。我們以心理學的立場檢查自己，一天二十四小時當中，自己的心行中，有那一個念頭是眞正的善？假如是一個眞正嚴格檢查自己心性的修行人，可以查查看，在一天之中，又有那一個念頭是眞正的至善，多數不過是糊里糊塗過日子而已。不要說行爲中有善事，連至善的念頭都沒有起來過。你說，我在念佛啊！那是無心念，一邊念佛，一邊六根還到處亂動。即使你能念佛念到專一，那只能說是修持法門而已，並沒有眞正升起善的福德資糧，有這樣嚴格。所以大家隨便講禪宗，什麼宗，一分功德沒有升起，你想進步一分，作不到的，不可能！如果心理上轉了一分，升起一分善境界，智慧就會跳進一步，這是很呆板的。所以一些老年朋友，用功用了這麼多年，都不上路，你不要光想以打坐修定求進步，善根沒有起來，善功德根本沒有培養過，如何進步呢？所以善已生令增長，自己檢查出來自己眞有某一點善業，已經生根發芽了，要使它增長；至於還沒有生起的，未生令生。上面所說的這些是四正斷，三十七道品中稱四正勤，也就是我們必須努力去修持的行爲。

這一段通通講三十七道品，來不及多講，自己要仔細研究。

初聚立於資糧道，次四聚立於煖等四加行位，聖道支立爲見道，菩提分立爲修道。

彌勒菩薩告訴我們，要修行，顯教所講三十七菩提道品缺一不可。這就是行門，自己要隨時嚴格地檢查自己，反省自己，這個具備了，才是學佛的基本。初步聚立於資糧道，你的修行本錢才算有了。如果自己的思想、行爲，麻麻胡胡過去了，沒有配合自己眞正的善行在作，資糧道就不夠。換句話說，你要修行，要證道，你的資本也就沒有！這與作生意一樣，沒本錢談什麼？再說，你修行離不開善行這個資糧道，立了資糧道以後，才談得到作功夫。打坐修證那是四加行，所以由打坐作四加行的修持，進一步就會悟道——聖道支立爲見道，見性根本之道，所謂明心見性是見道，見道以後修道——菩提分立爲修道，最後大徹大悟。這是彌勒菩薩告訴我們的一個程序。

修行的心行基本沒有建立，一來就想走高的路子，走上上道。認爲自己已悟道，何必再要參禪打坐，這樣枉然浪費一輩子的人太多了。自己並不檢查自己，有沒有發起善心？資糧道有沒有充沛？

學大乘道要注意，這是講菩薩道的四加行道——煖、頂、忍、世第一法，同打坐作功夫配合的。

現觀莊嚴論略釋卷三，圓滿一切相現觀品第五之二：

大乘加行道根本智，於所緣境破除實執，名於勝義不住色等。於能緣心破實執，名於色等勝義不加行而於眞實義加行，色等實空之眞如甚深，諸道之法性難測度，諸行相之法性無量。通達此五之加行是就加行自體而分。

學大乘道的四加行，功夫與見地配合起來更難。彌勒菩薩怎麼說呢？大乘道的根本智——明心見性，見到空性是根本智。小乘的根本智偏空，中乘道的根本智偏空起一點幻有，大乘的根本智即空即有。所以心經上的四句話：色即是空——小乘羅漢法門，空即是色——緣覺法門，色不異空，空不異色——菩薩法門，所以修持作功夫的程序不同，所達的程度就不同。因時間來不及詳講，只能大概提一下。

現在要講大乘道的根本智。於所緣境破除實執，我們這個物質世界就是我們所緣的境界。乃至你打起坐來，觀想有菩薩出現，或光明出現，乃至身上三脈七輪通了，都是所緣境。要破除實執，不住色法的境界，離開物理的世界，乃至於心理的境界，要空掉一切。

這段中間一句要注意：色等實空之眞如甚深。諸道之法性難測度，諸行相之法性無量。

色法就是地水火風，包括物理世界的一切。物理世界本來是空的，但它是即空即有。所以色等實空之眞如本體，與心物一元這個本體的道理，是非常深的。你證到空性，悟了道，不一定能夠轉這個「物」啊！所以心能轉物，談起來容易，功夫眞正證到，是很難的。所謂諸道之法性難測度，是說一切法的自性本體，是不可思議的，無法用思想來揣度的。

諸行相之法性無量，注意，一切菩薩行，心裡頭所起的慈悲喜捨的行相法性無量無邊，有各種法門。孔孟之道也是如此，都是叫你對人起恭敬心，所以對於任何人不要輕易下斷語。很多高深的菩薩化身，他有「祕密行」，外表看起來是這樣，他內心不是這樣，你搞不清楚，隨便下斷語，早就犯了口過，那個口過犯得很重啊！有時候招來地獄果報，你不要以爲自己看清楚了，看清楚，談何容易！任何一點小過都是有因果的。

通達此五之加行是就加行自體而分。

通達上面這五種加行，還是依加行作功夫本體來分別的。

又資糧道鈍根菩薩智，於眞空性多起驚恐。

有些人天天想打坐求空，功夫到了，眞的空境界來時，反而害怕了，這就是鈍根菩薩，也是因位上的菩薩，還沒有證到果位。我們沒有眞正修行經驗的人不知道，有人用功眞正達到空的境界，眞會害怕。武俠小說中所謂的走火入魔，就是鈍根菩薩。

由是初業菩薩之加行故，須大劬勞，要經長時乃能成佛，名劬勞長久之加行。

這一類鈍根的菩薩，只好不走頓悟的路子，一定要走漸修的路子，慢慢來，一下給他來個空，他會害怕，如果福德資糧又不夠，有時候就發瘋了。一發瘋了以後，馬上就走入阿修羅道、鬼道裡去了。將來諸位在座的菩薩接引人時，雖有本事使人證入空性，但都不能隨便作。接引人是很難的，你要觀察他的福德資糧，前生業報功德，想辦法使他妄念澄清一下就行了。如果很快讓他見到空性，馬上出問題。等於窮小子不能一下使他發財，一有了錢，他的煩惱、痛苦就來了一樣。所以接引人要觀察根器。這種初級的菩薩，需要比較長時間的努力才能成就，這種菩薩的加行，就叫劬勞長久之加行。

大乘加行道煖位，由於空性成就無畏，名得授記之加行。

到了大菩薩的煖位，什麼氣脈、明點，這些都不必談了，因爲這些只是達到煖位的初步而已，眞到了煖位，這些已經不在話下了。菩薩道的煖位，已經超越了這些。這個時候，由於證到空性成就，得無畏智。所以這種地步的加行，就叫授記之加行。

大乘加行道頂位，勝出於煖，聽聞受持般若等，故名不退轉加行。

由於般若證空性，般若包括五個範圍，第一個「實相般若」，實相就是本體、眞如、見道。第二個「境界般若」，般若有般若的境界，得了般若智的人，悟了道能夠通達一切境界。第三個「文字般若」，文字自然通達，高明了。第四個「眷屬般若」，眞正大智慧成就的人，布施、持戒、忍辱、精進、禪定等善行都會起來。第五個「方便般若」，一切教化的方法都懂了，而且自利利他，都有他的方便，這就叫作般若。心經與金剛經的重點，是講實相般若，彌勒菩薩說的道相智及根本智，都包括在實相般若中。

大乘菩薩的頂位，超過了煖位，已經得般若成就，所以叫不退轉加行。

大乘加行道忍位，由遠離二乘作意等障礙法，故名出離加行。

大乘道到了忍位，已經跳過了小乘聲聞緣覺境界，所以這個階段的加行，叫出離加行。

大乘加行道世第一法，爲見道正因常修法門，故名無間加行。

大乘道的世第一法，爲眞正成佛的見道正因。常常修這個法，所以叫無間加行。不斷的努力，「苟日新、日日新、又日新」，超過了不退轉地。

大乘見道，是大乘道無漏法所依，故名近大菩提加行。從二地至七地智，速能成辦法身果，故名速疾證大菩提加行。第八地智，是普於三種種性轉法輪之淨地智，故名利他加行。

八地菩薩以前，所有的見地、修證，還只是自利。八地以後，才能包括利他之行，還沒有到成佛之果。如此等等，彌勒菩薩把修行的次序功夫，統統告訴我們了。自已要多作研究。

修定的時候，楞嚴經中談到五十種魔的境界。現觀莊嚴論中告訴我們，有四十六種魔境界。

當知諸過失，有四十六種。

若於加行生住圓滿隨一留難之魔事，是加行過失相界。從未入道乃至七地，修加行之過失有四十六種魔事，依自違緣有二十種。

修行有時會碰到障礙，這些障礙就叫魔境界。比如你打坐坐得好，突然家裡有事，或者感冒生病了，障礙多得很。不修行的時候，什麼事都沒有，越修行，事情越多。因爲福德資糧不圓滿，所以障礙重重。在四十六種魔境界中，其中有二十種是依自違緣而來，要特別注意檢點。

所以佛法是要我們隨時檢查自己，隨時提高自己的警覺，差一點都不行。所謂正與邪，佛與魔，有時候連一線都不隔。彌勒菩薩在這裡，分析得清清楚楚。這四十六種魔道的境界，主要是就見解而言，並不是像一般所講的有個魔，或有個鬼的那種魔的觀念。

由於色等轉，盡疑惑無暇，自安住善法，亦令他安住。

這一句偈子非常重要。學佛的人有一個重大的測驗，就是我們這個色身轉了多少，自己有數。如果色身的業力還在粗重的範圍，輕安沒有發起，縱然你的境界再好、見地再高，你的什麼無念清淨啦，見到空啦，都是假的，靠不住。而且大家的功夫多半是瞎貓撞到死老鼠，如隔日發寒熱病一樣。今天發寒，明天發熱；今天好一點，明天又掉了；過兩天又撿一點回來，忽然又不對了。像打擺子一樣，一陣冷，一陣熱。都靠不住，因爲色身的業力沒有轉。但是，由於色身轉化的原故，沒有了疑惑，這個時候，安住善法，才得自利利他，才足以爲人師。

於他行施等，深義無猶豫，身等修慈行，不共五蓋住。

修行人要自我測驗，自利利他。一切善行，都由布施、持戒、忍辱、精進、禪定、般若等六度萬行做起。其實這當中，任何一點都很難作到，都不是那麼簡單的事。你有十塊錢，布施兩塊錢容易；你只有一塊錢，布施一塊半才難。佛經說：富貴發心難，貧窮布施難。不過眞布施的人多半是窮人，因爲世界上只有窮人比較同情窮人，自己不窮就不了解窮人的痛苦，所以眞正的菩薩心腸，是在這種地方。

行、施等都是很難的，這些道理很深，不是一般隨便說說而已。見義就要勇爲，毫不猶豫的做去，要修最慈悲的行爲。學佛基本要學慈悲，可是沒有人眞發起慈悲行。不要說行爲，心理轉變都很難，這個功德不圓滿，空性不會見得透徹，這也是呆板的道理。

不共五蓋住，貪瞋癡慢疑爲大五蓋，眞修行的人，決不能與五蓋並存。你是佛，就不是魔；你是魔，就不是佛。兩者不能通融的。

摧伏諸隨眠，具正念正知，衣等恆潔淨，身不生諸蟲。

隨眠煩惱跟著你，纏著你，使你一天到晚昏昏沉沉，好像在睡眠中一樣。要把這一切心理煩惱摧伏，五十一位心所發出來的作用還很多，都要一一摧伏。

食、衣、住、行等日常生活，要注意衛生，像菩薩們，都打扮得很漂亮，除了頭陀以外，在家菩薩都是莊嚴其身。

心無曲杜多，及無慳悋等，成就法性行，利他求地獄。

心裡無邪曲，要行頭陀行。並且要有利他之心，同地藏王菩薩一樣，犧牲自己，專門利益他人，敢向地獄去度衆生，地獄衆生不度完，寧可不成佛。要有這個精神才可以學佛。

非他能牽引，魔開顯似道，了知彼是魔，諸佛歡喜行。

瑜伽師地論講四十六種魔境界。實際上魔對我們那有辦法！魔絕對魔不了人，是我們自己把魔騙了來。我最近作了一首詩：

一燈丈室念初平　夢裡江山倍有情
八萬龍天齊問訊　大千世界步虛聲
欲堅道力憑魔力　自笑逃名翻近名
去住無由歸不得　舉頭朗月又三更

眞想考驗自己的道力，要憑魔力。所以彌勒菩薩也說，魔開顯似道。眞正的魔道很厲害，幾乎完全同佛法正道一模一樣，有時候假的往往比眞的還眞，所以往往魔道與佛道很難分別，這個要靠智慧。

由此二十相，諸住煖頂忍，世第一法衆，不退大菩提。

把這二十種不同的路子搞清楚了，你才可以開始打坐修行，才能作到安住於煖、頂、忍、世第一法裡。再進一步，四加行修成了，才能夠到達不退轉，大徹大悟的境界，證得大菩提。

下面這一節，仍在盡量的簡別魔境，魔智與道智的差別：

此處之四魔體性，五蘊魔謂五取蘊。煩惱魔謂三界一切煩惱。死魔謂不自在而命斷。天魔謂障礙修善之他化自在天衆。

魔境的性質有四種。

第一種自己本身的魔最厲害，就是我們生命帶來的「五蘊魔」——色受想行識。今天感冒，明天發燒，這裡痛、那裡癢，這就是色蘊魔隨時在障礙你。色蘊不轉，感覺上的不舒服，都是魔境界。這五蘊魔是五取蘊。

什麼是五取？就是十二因緣當中的取，是你在執著自己，我們有這個生命，把這個身體執著得很厲害，原因是由我見、身見來的，都是要自己活得長久，五取蘊就是魔。

第二個是「煩惱魔」，就是一切心理狀況，一切心理、思想都是魔。

第三個是最可怕的「死魔」，隨時威脅你，他要你的命，你就隨時會死。學佛的人能脫離了生老病死的有幾個？這是什麼道理？這裡頭是個大問題。要跳出生死，來去自如，自己絕對可以作主，除非有道有功夫的人才可以作到。比如曹山祖師，徒弟要他多留幾天，他就多留幾天。再如儒者羅近溪也是一樣，都有破除死魔的本事。所以說死魔不自在而命斷，你自己作不了主，它幾時來，那個功能就幾時到，你立刻就要走。當你能作得了主時，始知我命不由天。這不是吹牛的，要定力，要功夫才辦得到，自己這條命，才的確可以不由死魔所支配。

第四個是「天魔」，這是外來的，障礙你修善行，今天這個世界都是魔境界的世界。換句話說，被物質文明迷惑的，也是魔境界，這些都是他化自在天天魔的變化。

這些魔境，如果以禪宗的一句話來表達，更簡單明瞭：「起心動念是天魔，不起心動念是陰魔，倒起不起是煩惱魔。」任何一個念頭，自己作不了主，就是天魔。整天腦子昏昏沉沉的，則是陰魔。

由彼等能障不死涅槃故名曰魔。佛法所說的魔，就是一切能障礙你證得涅槃之道的境界。

小乘證見道位，於三寶所獲得證信，即降伏粗分天魔。

注意，修行打坐，作四加行功夫，只要證到小乘果的見道位——念空，念頭眞正到達空的人，就是於三寶所獲得證信，的確見到眞空了。以這小乘偏空之果，也能降伏了粗分的天魔，不一定要證到羅漢境界才降伏天魔。只要念頭一空、一定，證到這一點，就可以降伏天魔。

得有餘依涅槃時，永斷一切煩惱，故降伏煩惱魔。

達到有餘依涅槃，身心皆空，完全清淨，雖然是有餘依涅槃，阿賴耶識根本也沒有斷，但是，已經可以降伏一切的煩惱魔。一切妄念不起作用，就是煩惱魔斷了。

若證俱解脫阿羅漢，能加持壽行，得自在故降伏死魔。

道家經常講長生不老，有沒有這回事？學佛的人一聽就斥爲外道。亂批評！佛經上也告訴你有這回事。證到大阿羅漢果，壽命可以自己作主。比如佛經裡頭有句留形住世，佛吩咐四大弟子，迦葉尊者、羅睺羅尊者、賓頭盧尊者、君屠鉢歎尊者等，受佛授記留形住世，等待下一劫彌勒佛到來。

有一種方法可以請賓頭盧尊者來。從前在普陀山、九華山、峨嵋山的叢林下常會有這種事，有錢的施主們來打千僧齋，供養一千個和尚吃一餐素齋，再送每人一塊銀洋。和尚一聽打千僧齋，老遠都趕了來，吃一餐好的素齋，又可拿紅包。這時候，我們這位大師兄賓頭盧尊者會來，他來時没人知道，不過他走後會告訴你，證明佛法是眞的，只是過後才讓你知道。

你只要好好修行，證到了解脫阿羅漢果，能加持自己的壽命，可以得自在，你愛走就走，不走就留下，降伏了死魔。這個魔最難降伏，眞不容易，要得到阿羅漢果才行。

所以大家問我：怎麼樣叫報身成就？作到能降伏死魔，當然報身就成就了，作到這樣才能祛病延年，任何疾病都能去得了。

證得無餘依涅槃時，盡滅惑業所感有漏取蘊，降伏粗分五蘊魔。

達到無餘依涅槃的時候，粗分的五蘊魔降伏了。

方才我們介紹的是小乘的修證次第，現在讓我們看看大乘的情況。

大乘證得不退轉相，於三寶所獲得證信，即降伏粗分天魔。

達到不退轉地，就是得到眞空生妙有不退轉智時，那些粗分的天魔境界，可以降伏了。

得八地，已於無分別智得自在故，降餘粗分三魔。一直修到了八地，得到了無分別智，才能降伏粗分的另外三種魔境。

微細四魔者，謂依無明習氣地及無漏業所起之意生身，即微細蘊魔。到了大乘境界，除了降伏那些粗分的四種魔境之外，還要注意檢查、降伏那些細微的魔境。

什麼是微細的魔境呢？無始以來，我們思想生命的無明習氣的根，得了道以後，配合生起了意生身，可以出陽神、出陰神。如果這些陰神、陽神不是大徹大悟後生起的，而只是夾帶了一種欲望，由一種希求心而生的，這個意生身，就是微細的蘊魔。

大乘菩薩道的魔境，微細得讓你分辨不出來。當然大家修持還不到這個境界，不懂得眞正的意生身，那是菩提道的成果，法報化三身成就。重點在：依無明習氣地及無漏業所起之意生身，這個意生身就是微細的五蘊魔，換句話說，也是由我見我執來的。人捨不得自己，空了不幹，總要抓住一個幻化之身。

無明習氣地，即微細煩惱魔。

人的根本無明，連自己都不知道，只要最後一品無明習氣還在，就有「微細煩惱」。隨便講頓悟，什麼見山不是山，見水不是水，如果拿教理來講，這正是無明習氣的煩惱魔。注意，所以說「通宗不通教，開口便亂道」，見山不是山，見水不是水，別說你作不到，即使你作到了，你還見不見？說不見，你在昏沉中——煩惱魔；說見，你早有一個見了；你說我兩樣都不是，那你是什麼？向上一路請你道來，道不來，按下水去，這是船子德誠禪師的教育法。

所以古代的大禪師們，通宗的，一定是通教理，自己對自己檢查得非常深入。既然你通宗，悟了，悟了你就懂，佛境界無所不知，你還有不知的，那就不算悟。儒家都講了，「一事不知，儒者之恥。」何況出世法學佛呢！

不可思議變化生死，即微細死魔。

剛才講大阿羅漢才能了脫生死，破了死魔。什麼是死魔？即使你活上五百年或一千年，還沒有破了死魔，還在變易生死中，只是把分段生死拉長，仍要受變易生死所左右，屬於微細死魔之中。

微細兩字要注意，你自己都不知道，檢查不出來，假定這個檢查得出來，你的般若智慧就成功了。佛者覺也，能夠自覺覺他，覺行圓滿才是。自覺很不容易，自己的心理煩惱等等，起了一點點都要能夠知道。

欲超彼三魔凡能作障之法，即微細天魔。

在修行的過程裡，凡是使我們不能跳出前面這三種魔——五蘊魔、煩惱魔、死魔的所有障礙，就是微細天魔。比方說時代的變化障礙了你，不能修了，這些就屬於天魔引起的。乃至自己造作出來的環境，障礙了自己修道，也是天魔的關係。這些境況，無形中把你拉到另外一面去。

降伏微細四魔，是法身功德。故降伏微細四魔與成佛同時也。

這裡要特別注意，降伏自己內在非常微細的四種魔，是靠法身的功德，在成佛的同時，才能徹底降伏微細四魔。說到這裡，我要問大家一句，禪宗的破三關、大徹大悟又是什麼情形呢？對這些經典沒有研究，不要隨便講悟，眞正的悟與這裡所講的情形是相同的。

現觀莊嚴論略釋卷四，頂現觀品第六之二：

是對治修所斷種子之能治種類大乘隨現觀，即修道頂加行相，界唯在修道。此說修道菩薩，由加行與根本二門入超越等持，謂俱滅盡定等次第定。

大乘修定的方法：先修往上順行與下還逆行二相之獅奮迅三摩地爲加行。順行，由凡夫而到達聲聞、緣覺。由人道而修天道，天道而修聲聞道，由修聲聞道而修緣覺道、菩薩道，節節向上。

什麼叫獅子奮迅三昧？獅子要吃動物時，兩腿一蹦，出了最大的力量，最快速的動作，形容成道頓悟。獅子奮迅三昧，是大乘頓悟的路子。

次乃進修超越等持之根本故。頓悟了，見道以後才開始修道，修道是超越等持定慧的力量。

其修根本時，先從初靜慮直往滅盡定。

修根本的時候，先從初禪開始，連貫的四禪八定都不能缺少，都要修到，直至滅盡定。

全無超越修一返，在這當中，修大乘道的，由初禪到四禪八定，最後修滅盡定。理是頓悟，功夫是漸修的，一步一步不超越等持，老老實實，規規矩矩的走。說自己悟了，結果功夫沒有到，你騙誰？欺天乎！

次於八定間雜滅盡定而修一返。謂從滅定起入初靜慮，從初靜慮起仍入滅定。

其次，修成功以後的人，見道以後修道，功夫也到了四禪八定，九次第定的功夫隨便你玩耍，或者兩腿一盤，馬上進入滅盡定，等一下境界又進入初禪去了。下面就告訴我們隨便玩耍。

楞伽經也說，大乘菩薩悟道以後修道，到家了以後，十地菩薩有時也到初地菩薩境界隨便玩玩。因此我們可以了解一件事，經典上講，佛入定無所不知，三千大千世界，一切時，一切色，一切音聲，如掌中觀菴摩羅果，看得很清楚，佛都知道。但是有一回，佛在恆河邊打坐，一大隊馬車經過，聲音吵得弟子們都坐不住了，結果他老人家還在那裏打坐入定，等他出定的時候，張開眼睛一看，咦？怎麼旁邊路上都是泥巴、馬蹄印？佛是不是入昏沉定去了？當人入初禪定的時候，螞蟻叫都聽得見，怎麼佛聽不見呢？這個道理說明了什麼？在佛就不是昏沉，不是無明；在凡夫絕對是昏沉，絕對是無明。悟了道的人，由初禪到九次第定隨便挑，一切得自在；沒有見道，沒有修道成就的時候，縱然入定，但是自己不能作主，都叫做打妄想、造業。

第廿五講

內容提要

李長者的合論
安念和情
性與情
濟顛和林酒仙
色蘊
受蘊
想蘊
行蘊

這次關於顯密圓通修證的課程，到上一次爲止，我們仍在找資料，檢查資料，尚未檢查完全，幾乎每一部分資料都很重要。因時間不夠，没法詳細的講，當然主要的是三個綱要：見地、修證與行願。

見地介紹了一點點，修證功用也介紹了一部分，行願根本還没有談，現在暫時把行願擺著。

大家如果能把這些參考書作一番研究，則這一生用來修持作功夫都夠了，也可以説成佛有餘。再不然縮小範圍，只看這一次發的講義資料，雖然零星片段，但也夠用了。

首先我們提出來，見地方面是非常重要的。

世界上的人學佛也好，學道也好，不管顯教、密教，乃至瑜珈術等等各種各樣，不下千百萬億之多。不過，目的是共同的，都想求個人的超越現實，跳出這個現實的世界，找一個形而上，超出物質世界的歸宿及成就。因此而產生了許多的方法，許多的理論。不管這些方法，這些理論，到底那個高？那個低？那個正？那個邪？我們必須先了解一個原則，那就是這些方法，這些修證功夫，最重要的是在見地，見地就是智慧的成就。

拿現代的文化來講，學科學的人、就是先要把學術與理論搞清楚，學術與理論一偏差，下面的研究就差了。

見地是中國的佛學觀念，尤其是禪宗提出來一個具體名稱「具見」，就是具備見解。一個人具見要高，不只學佛修道，世法也是一樣。我們作事業首先要有遠大的眼光和見解，見解不高，什麼都低了。從修證功夫著手是不會高的，見地很重要。

在儒家中國傳統文化，見地叫作「器識」，士君子重器識，沒有器識就是沒有見地，不論你怎麼努力，如果沒有見地，成就都不會高，學佛更是如此。

世界上的人都很滑稽，大家都想學一種方法，求一種超現實的成就，而結果呢？如仔細研究我們人類的心理，發覺人們都不肯去參研見地。換句話說，喜歡東拜個老師，西拜個老師；喜歡求祕訣，求功夫，好像得了一個祕訣，馬上就可以跳出去了似的。沒有這回事的，絕對不可能。尤其是學佛，是學大般若、大智慧的成就，並不是學技術。作功夫百千萬種花樣，就算有一點效果，可也不能超越。事實上，很多人學這一套，卻是反其道而求。這是我們在快要作結論以前，提出來關於見地的重要。

關於見地方面，可參考所發的講義——華嚴經的合論。爲什麼講華嚴經採用李長者的合論？以華嚴經來講，有關它本宗的見地、修證、行願共有四個著作：華嚴經、唐代清涼國師華嚴疏鈔，以及後世佛果禪師華嚴經五十三參贊詞，加上華嚴經的合論，這是華嚴宗四部最偉大的著作。

李長者，法名李通玄，本名不知，可能是晚唐時代某一位皇帝的世子，把本名去掉不講。他在極富貴的家庭裡，受極高的教育，然後決心去修道。到了深山，有一隻老虎出來，要是我們早就嚇死了，他卻不怕，對老虎說：你來接我是不是？如果是，就趴下來給我騎。老虎果眞乖乖地趴下來讓他騎上去，然後把他揹到深山一個洞裡，他就在這個洞裡住了下來寫合論。到了晚上，天女送食，給他點上燈，他晝夜就寫這部書。他把書寫好之後，天女的任務也完了，也不來了，他也下山去了，這就是華嚴經合論的來源。

此後，各宗各派各種見地上的理論，都引用了合論的話。除了以華嚴經爲主外，他也介紹了大般若經、法華經、維摩經、楞伽經、涅槃經以及小乘的戒律等等，每一本經的要點，他都整個作了一個批判。過去的中國佛學名詞叫「分科判教」，他對佛學整個系統，作了一個批判。

這種批判，在李長者之前，有天台宗智者大師的分科判教，以及唐代澄觀國師的分科判教。所謂分科，就是作科學化的整理，把佛法加以歸類。判教就是加以客觀的選擇與評論。現在日本很多學者所講的佛學觀點，內行人一看就知道，他們不過是將天台、華嚴宗的分科判教，加以現代化，並加一點考證而已，這就是現在所謂的學者。

佛法到了中國，發展到了晚唐，有李長者這樣偉大的人物，他們對佛依然非常恭敬，但是作學問又非常客觀，批判就是批判，歸類就是歸類，毫不客氣。

合論中有一句話：無邊剎境，自他不隔於毫端，十世古今，始終不移於當念。這是李長者的名言。他說證道的人，沒有空間的阻礙。剎就是剎土，西方極樂世界是阿彌陀佛的剎土，我們這個娑婆世界是釋迦牟尼佛的剎土，東方琉璃世界是藥師如來的剎土。剎有時是代表佛的境界，有時代表國土。「自」，是我們自己；「他」，是藥師如來、阿彌陀佛、十方三世諸佛等，都是「他」。有沒有另外一個佛世界的存在呢？有，還是在你自己這裡。自他不隔，無礙。也就是說：根據佛學，他提出了一個觀念，空間是相對的，但空間是沒有阻礙，沒有方位、無大小、無來去的。這些道理都是見地。

肇法師講過一句話：「今至越者，猶昔至也。」就是講時空的沒有阻礙。但是，我們打坐學佛修道，對於時間、空間觀念，並沒有搞清楚。爲什麼我們打坐沒有進步，就是執著在時、空的觀念裡，有人執著在子午卯酉時辰，有人打坐一定要對著東方。聽說有人在美國教學生，早晨起來爬到樹上，對著東方太陽打坐，這都是見地不通。還有人坐著時，認爲沒有面對著佛像打坐不對。這些觀念的執著，都要拿掉，須知：無邊剎境，自他不隔於毫端。

時間也是相對的，沒有絕對的，十世古今，始終不離於當念，沒有過去、現在、未來。所以每一本佛經都是這樣寫，一時佛在那裡、那裡……這有兩種道理，一是印度人的習慣，不喜歡有數字及時間觀念。印度一講起數字，就是八萬四千，所以，佛經上的八萬四千特別多，是形容數目的多，這是拿學理來看佛學。

以修道來看佛經，最高明的就是「一時」，萬古只有一時，十世古今始終不移於當念，億萬年以前也就是現在，未來的億萬年後也就是現在，就只有這一個，沒有第二個，這個「一時」用得妙極了。

所以時間與空間的觀念不丟開，不要談修道，時間與空間觀念搞不清楚，也不要談修道。

我們學佛先要把幾十年累積下來的時、空意識觀念，完全丟開，恢復到嬰兒那個狀態，可是，作不作得到啊？

很簡單！我們看佛經裡說的無念、無想、不起分別等種種理論，拿老子來講，一句話，「專氣致柔，能嬰兒乎！」我們打坐作功夫，也就是要做到這樣。

這些關於人的來源及人生的現象，有許多許多的問題，我們怎麼去解決呢？佛告訴我們，我們現有的生命，是我們原始生命的第三重投影。我們原始的眞生命，哲學性的稱呼叫作眞如；邏輯性、科學性的稱呼叫作第一義諦、勝義諦；宗教性的稱呼叫作如來、佛；拿教育性師道來稱呼叫作世尊。我們中國後來翻譯為本性，這個東西本來是清淨圓明的，本來是不生不滅的，本來是無煩惱，無成住壞空，無生老病死的。但它眞沒有，完全沒有嗎？不是的，它能生起一切的萬有。所謂沒有是原本清淨，所以說它沒有。它能夠起萬有，它是有的。

楞嚴經第四卷裡，佛的弟子富樓那尊者問佛：既然我們生命的自性本來清淨，爲什麼要起第一念無明呢？爲什麼要生出這個世界來呢？

其實這個世界生得非常不妙，因爲創造了這個世界，這些人一天到晚你爭我奪，你罵我打，你恨我，我恨你等等，鬧得一塌糊塗。楞嚴經第四卷的要點，就是談這個。佛的答覆有一句話與見地、行願都有關係，他說覺明爲咎。這一句話很値得注意，我們學佛求悟道求覺，悟道那一悟就是一覺，但是那一覺悟也是大毛病。

我們打坐不是在求空嗎？根據楞嚴經這一句話，你要注意，如果你達到清淨，則清淨爲病。你說：我打坐，本來很清淨，後來怎麼不清淨？不空了呢？因爲空所以不空嘛！道理很簡單，也是這麼深奧。所有的經典，你把它研究透了，看一看，原始的這個生命，怎麼變成現在這個世界？怎麼變成這個人生呢？覺明爲咎，只有這句話，答得最明白。

所以舉凡世上一切宗教，一切哲學，對於人生的看法，都犯了一個最大的毛病，對人生都是悲觀的看法。看這個世界是缺陷的、不圓滿的，佛教也是如此。只有兩部經例外，一部是華嚴經，它看這個世界，永遠是至眞至善至美的，沒有缺陷、沒有悲哀的。其次是涅槃經，認爲這個世界沒有缺陷、沒有悲哀，是常樂我淨，永恆的存在。

我們把這些經教的道理先搞清楚了，慢慢再說到結論上去，再談修證的功夫。

今天我們打坐，心性的修養，只要能作到如嬰兒的狀態，一定成功。不要說嬰兒，五、六歲的小孩也可愛，愛哭就哭，要鬧就鬧，他一邊在哭，逗他笑時，馬上就笑了，然後又哭，他是天眞的。我們做不到，我們有很多虛假，明明是恨你，還要敷衍你，皮笑肉不笑，多麼罪惡啊！這就同行願有關了。佛經說：直心是道場。我們做不到直，有多少假！每分每秒都假，連內心念頭都假，都在造惡業，所以行願談何容易啊！行願作不到的。行願作到了，可以立地成佛。

其次，你看嬰兒沒有知識，沒有分別心，那個狀態就是意識的根本作用。比如我們求空的這一個妄念，也正是意識的根。所以我們打坐用功除妄念，都是用功錯了，知道嗎？拚命在那裡想把思想壓下去，想把它空了，想把它停掉，叫作去妄念，完全錯了。所以用功用了幾十年都白用了，那個眞正妄念的根還在。縱然我們坐在那裡，而且曉得自己功夫作得很好，很清淨，那個正是妄念。那個接近於嬰兒境界，可是那還是妄念。

在中國文化裡，那個東西叫「情」。孔子在禮記上分類爲性與情，在禮記的第一篇，開頭就是關於修道：「毋不敬，儼若思」。這是中國文化，定慧都在內，宗教也在內，人生隨時嚴謹、恭敬以行，做到不昏沉、不散亂的修養。這個「思」並非思想的思，而等於佛法說的：既不散亂，又不昏沉，清清明明在那裡，這正是禮之本也。

所以「東方有聖人，西方有聖人，此心同，此理同。」不過這些都是在上古時代傳下來的，同一個來源。「性」，人的本性，不談先天後天之別，善惡之別。比如有人天生愛說話，有人半句話都不說，這個性是怎麼帶來的？中國文化告訴我們，是「天命之謂性」帶來的。第二個，「情」，這裡有一個問題：中庸爲何只提喜怒哀樂四樣？本來是七情六欲，爲什麼只提四情呢？而且還說：「喜怒哀樂之未發謂之中，發而皆中節謂之和。」又說：「致中和，天地位焉，萬物育焉。」爲什麼只講四樣呢？喜怒哀樂是情不是性，情也是阿賴耶識種子帶來的，有些人天性是喜的，有些人天性是怒的，有些人天性則是哀的或樂的。

情是根據什麼來的？它與心理、四大、五行——心肝脾肺腎等生理稟賦，都有關係。大家打坐沒有弄清楚，以爲把第六意識思想空了就是，那是不相干的，那還不算妄念，那只是妄念上面的浮念。那個容易去，念頭把它空了很容易。你覺得我還坐在這裡，眼睛閉著，裡頭清清淨淨的，就正是楞嚴經上所說的：內守幽閒，猶爲法塵分別影事。大家打坐作功夫，那個不在內守幽閒？不然就是宋朝大慧杲禪師所講，後世曹洞宗參禪的毛病：默照邪禪。那個學佛學道作功夫不是在這裡頭搞？我們這些情都沒有去掉，還是充滿了喜怒哀樂。佛說情這個東西，就是業力的一種，業根。後來理學家講氣質，你的氣質不變化，怎麼成道呢？所以一定先要把這些認識清楚，大家應該先檢查出來，盤起腿來在那裡幹什麼？多數只是心理狀況的自我玩弄而已，與修道毫不相干，多少人在其中玩了幾十年。所以我們自己不能不檢討，以爲自己正在作好人、作好事、修德性，實際上都是在性情中玩弄自己而已。

那麼我們該怎麼辦呢？第一步就要認得什麼是妄念。

楞嚴經卷四裡頭的那句話：覺明爲咎，就是妄念。一個妄念就包括了五蘊、八識、八十八結使。所以大家千萬不要以爲盤起腿來，自己偶然把思想排除，清淨了一下，好像沒有浮面的思想，以爲這個叫作無妄念，那是大錯而特錯。你那個浮面的思想排除開了，覺得自己坐在那裡，好像很清淨，那個正是大妄念的根本。所以如果這個沒有空掉的話，什麼都不要談。如果把這一念打空了，身心打破了以後，那就可以證到眞如，所謂明心見性，立刻到達，頓悟就是悟那一個。這點要注意。

我們再看修法，在禪宗直指一書中，宋元時期的高峰妙禪師，就是後世修禪的一個眞正榜樣。但我們可以很坦白地說，高峰妙禪師把自我已經訓練到，意念解開，達到一種意識境界超越現實的狀況。可是有一個事實擺在那裡，他的身體仍然很不好。要知道，色法也是心法的一部分，應該使它轉過來才對，爲什麼不能轉？這是一個很大的問題。如果說色法轉不過來，則華嚴經所講的，應觀法界性，一切唯心造的佛教基本定律，是否被推翻了？假定這個理論是對的，那麼應該能夠去掉生老病死，應該能夠轉得了五蘊四大。理論和事實是不應該矛盾的，這點要特別注意。我們現代人對修行觀念要搞清楚，其實，佛經已經講得很清楚了。

禪宗的修法，走高峰妙禪師路子的人很多，除了少數的高僧，如濟顛和尚等外。宋朝幾個禪宗大德，悟了以後都同濟顛一樣，裝瘋裝癲的。比如林酒仙，悟道以後專門喝酒，他的歌都是喝醉了亂唱的，同濟顛一樣，都是說得很明白、很清楚。

宋朝以後，爲什麼這般人悟道後，都變成這個樣子呢？這其中有個道理。佛教由唐朝四百年，到宋代理學以來，五、六百年間，整個中國文化界，人人都是嚴肅的面孔，儒家孔子之徒也好，道家也好，佛家也好，所有的細胞都僵化了，尤其是笑的細胞，最爲僵化。包公傳上說，包公從來沒有笑過，清官，嚴肅嘛！親戚朋友都不來往，這樣的人生有什麼味道！可是像包青天的面孔多的是，在宗教圈子裡更是如此，這些悟了道的高僧們，裝瘋裝癲，故意把你搞得一塌糊塗。如果修道修成一副死面孔，還修什麼道？那種的道貌岸然，是一副癌症的面孔。

道不是這樣的，天機是活潑潑的，了解了這個以後，你守著空的這麼一個境界，最後搞成了道貌岸然，正如禪宗講的枯木禪。枯木不能開花，決不能在靈山會上花開見佛。你看，釋迦牟尼佛那個境界多輕鬆，他沒有道貌岸然的面孔。這個觀念先認識清楚了，再研究佛經的五蘊論。

再其次，我們講五蘊都是妄念，我們現在來看五蘊和見地。見地就是功夫；五蘊是色受想行識。

色包括了四大——地水火風，不只是包括身體全部，也包括了物理世界。比如我們揉揉眼睛，就可以看到眼前有亮光，如閃電一樣，這是眼神經受摩擦發光所致，是反映出來的現象，佛經叫眼睛的空花。如果認爲這個電光是道，不是神經是什麼！那個光是神經起的變化，怎麼會不懂，那麼笨呢！耳朵聽到聲音，鼻子聞到香味，也是一樣的道理，這些都屬於色蘊。心經上說：色即是空，空即是色，請問你怎麼沒有空？打起坐來腿子還麻得很，色法還是沒有空嘛！爲什麼發麻呢？身體內部有濕氣，氣脈走不通。爲什麼頭發脹？裡頭有病就有反應，有反應怎麼空呢！色即是空，空即是色，你說：我心裡不去管它，那又何必修道呢？睡覺的時候也是沒有感覺，那不是色即是空，空即是色了嗎？這是不能自欺的。

密宗的氣脈之說，道家的奇經八脈之說等等，都是由禪定的功夫，根據實際的經驗說出來的。古人不過把這些經驗記錄下來，後世人學到這些，就拿雞毛當令箭了，什麼大周天、小周天啦！把傳這些法當成傳道，那就完全搞錯了。其實不管什麼氣脈，什麼周天，修了半天都是加行裡頭的功夫。加工的目的就是先能夠達到色法空，眞把氣脈打通了，色身才能夠空，這是色即是空階段，可是還沒有作到空即是色。

先把生理這一部分都打開了，才能色即是空。再轉過來達到空即是色，這是眞空起妙有的作用，神通智慧都來了。等於說色即是空是把一座山，或一幢建築物打散了，消毀了，變成了平地。空即是色就是在這個平地上，重新建立起堅固的建築物，這是佛法的眞空起妙有，作到了才能夠認識妄念是什麼。這是第一點。

第二點，色即是空，空即是色，色不異空，空不異色，這四句話包括大乘、小乘作功夫的幾個階段在內。這還不算，接下去說，受想行識亦復如是，八個字簡簡單單帶過去了。

色即是空，大家沒有作到，色不異空，空不異色，更難了。大乘的境界，見地、修證、行願都要到，色法不異於空，色與空沒有兩樣，不二法門。

色不異空，色法就是空。我們在文字上想想看，色不異空同色即是空有什麼兩樣？在邏輯上大有差別，這就是中國文字之難。

空不異色，眞正到空的人，當然一定作到了。如李長者所說的，無邊刹境，自他不隔於毫端，佛經上說的三明六通，諸佛神通也一定作得到，並不困難。空與色本來是一體，作用也是一個。等於說我們房子裡電源的插座，可以插電燈，也可以插錄音機、電扇。因爲都是電，本來是一體。

色還沒講完，暫時擺著。

現在第二個講到「受」，就是感覺，這個感覺多半是生理的反應，比如冷、熱、呼、吸、飽、餓等，除生理反應外，還有情緒上的感覺，這個情緒上的受，就屬於中國文化性情的情，色法反倒是屬於性情的性。爲什麼色法反屬於性？這個是大問題，不是那麼簡單。

好了，我們學密宗、學淨土，不管學什麼都一樣，大家打起坐來，搞了半天都在那裡玩弄感覺。每個人問老師的問題，都是這裡痛，那裡痛的，一百個人有五十雙，都是問這些無聊的問題，問得連當老師的都不想活了，一天到晚跟一群瘋子在一起，不瘋也半死了。實際上，我們佛經都沒有搞清楚，都在玩弄感覺。你把心經多念一念——受即是空，空即是受。你覺得腿麻，感覺來了，你怎麼空不掉呢？你既然空不掉，你還空個什麼啊？有本事你把這「受」空了。

所以要注意，你們轉這個，轉那個。老實講，你那個第六意識妄念，已經困在那裡轉圈子了。你想一個人轉河車、轉氣脈、三脈七輪等，越轉得好，那個輪迴越嚴重。

不要說輪迴，你打坐坐在那裡，你的思想、感情統統困在那裡轉，什麼事也不去做，看看外面的人多忙碌，你卻一天到晚在那裡打坐偷閒，玩弄精神轉河車，所以，百無一用是修道者。

受即是空，為什麼不在這個地方求解脫呢？學佛為求解脫，結果我們就是解脫不了，都在感受的境界上搞。

第三個，「想」蘊。這個想更好辦了，每人都說：我打坐什麼都好，就是妄想不斷。想即是空，空即是想，想既是空的，何必去空它！它本來空，不是我們去空它的。換句話說，是它來空我們的。這個「它」是什麼？本心，自他不二之他。是它來空你的，我們的妄念根本不能存在嘛！每個念頭，每個思想都這麼過去了，所以，想即是空，空即是想，但是我們作不到想即是空，作到了就得定，得果位了。

至於想不異空，空不異想，那眞是眞功夫，能夠作到這樣，就是李長者講的「自他不二」。

第四個，「行」陰，這更嚴重了。這個行就是生命的運動，就是生命本有的運動功能。懂得了行陰，才懂得什麼叫明心，什麼叫妄念，當然，見性還談不上。

所以我們打坐坐得好，也沒有妄想，怎麼它又來了呢？——行陰來的。它不聽你的，如果行陰不能空，你想空妄念，休想！

行陰空了以後，上面的色、受、想才有辦法空。注意！自己去參參行陰，這是很重要的。至於行陰怎麼空，且聽下回分解。

第廿六講

內容提要

困在感覺境界
變成習慣的思
再說行陰
心不相應行法
說識陰
融通妄想與顛倒妄想
心行五陰解說
打坐的前三秒

這次講如何證得果位，這個果位包括小乘與大乘。

見地最重要，所謂眞正的見地，並不是普通所講的見解，而是見到了「道諦」，也稱「眞諦」。眞見到了道諦的話，後面的修證、行願就會成功。這是禪宗所提倡的頓悟，不是學術，更不是普通的見解。

我們因爲沒有辦法見道，才產生許多修證，就是漸修的方法。比如釋迦牟尼佛十二年的修行，最後覩明星而悟道，這個也是「見」。見的方面最重要，也就是般若同唯識的道理。見就是理，這個「理」包括了一切事，一切修證功夫。

上次引用到心經：色即是空，空即是色，色不異空，空不異色。這個道理也包括了修證功夫。上次是以作功夫來配合見地講，現在來研究，受即是空，空即是受，受不異空，空不異受。受就是感覺方面，我們對生理、心理的感覺。

許多人作功夫，老實說，不管學道家、學密宗、學顯教的，多半在受陰境界裡頭打轉，所有的人都被這個所困。所以，執著在作功夫方面的人，越來越驕慢。因爲功夫是累積來的，有一點功夫的確感受就不同，功夫越來越特別，驕慢心自然越大。功夫不是偶然到的，而是時間的累積所形成，因此是「有所得」，並不是無所得。佛法的究竟是無爲法，大家變成以有所得之心，求無所得之果，結果當然都是背道而馳。

由此可以瞭解，一般人學佛學道有功夫有見地，那個見地也是在受陰裡頭打轉。

尤其搞有爲法的功夫，什麼氣脈，什麼境界，自己因爲見地不夠，般若沒有成就，都執著於這個範圍在搞。換句話說，所謂打坐作功夫，都是跟著身體的感覺在跑。覺得：唔！氣到了背上了，夾脊通不過啦！什麼脈輪通不過啦！這些學道的書越看得多，道理越懂得多，功夫越困得厲害，都在受陰境界中，從來不曉得在般若方面著力，受即是空，空即是受，受不異空，空不異受。因此，身上有點氣動了，心跟著動，因爲般若不通，感覺境界越來越嚴重，永遠不得解脫，即使死了以後，這口氣不來時，中陰身還是困在另一個感受的境界中。

氣脈的道理有沒有？絕對有，那是自然的，沒啥了不起，你越感受它，障礙越大，所以一旦不作功夫，就受不了了。比如現在一般人打坐，都搞成一個通病，一打坐，都想清淨一點，這種清淨的感受慢慢就成習慣了。其實，自己的意識狀態感覺清淨，那個清淨只是意識狀態的心理感受而已，再配合生理上悶悶的感覺，所以一打坐當然覺得舒服得多了，因爲打坐也是休息嘛！舒服以後，慢慢又悶起來了，悶起來就覺得「功夫在找我」，趕緊閉眼悶在那裡，實際上那個悶都是昏擾擾相，還達不到內守幽閒。以爲這個是功夫，以爲這個是道，其實這些都在受陰區宇，感覺的狀態裡。在這裡頭搞久了的人，腦子呆板，雖比無記、無念好一點點，但是永遠在昏沉中，昏頭昏腦，一點般若都沒有。

假定在這個狀況下，透過般若智慧的解脫，曉得受即是空，空即是受，受不異空，空不異受。把這個感覺狀態一丟，才可以談解脫，談超越。可是一般人在現有的境界裡，無法超越。感受的狀態困人，有如此之深。

上次講到思想問題，我們這個想，就是意識思想。如果要嚴格研究，問題很大。佛學上想與思分開，粗的叫想，腦波跳動得快。至於思，將睡未睡，好似沒有想，其實還有一點點思想的作用，很微細的。

又比如有人講話，我們在聽，同時也分別對與不對；或懂得多少，這些都是想的作用。思則沒有這個妄想，有個禪師作過比方，等於欠人家錢，明天就要還，可是沒錢還，今天儘管在這裡打坐，聽佛學，研究什麼，可是這件事情拿不開，這就是思的作用，一股力量永遠在那裡弔住。

「想」實際就是「思」，一個粗一個細而已，這是意識境界的分別心。在我們未成道以前的衆生，思想分別是與生俱來的。嬰兒沒有第六意識的分別心，可不能說他沒有思想，思想不是分別心，昏擾擾相還是有的。隨著年齡增長，分別也漸漸增長，所以小孩思想比較天眞，也比較純淨。人很可憐，越長大越不可愛，越老越討厭，因爲第六意識增強了，染污慢慢加多，並且增加得很厲害，生活習慣，是非善惡等等，總覺得自已的對。

這個慢慢形成的，變成習慣的就是思。思變成業力，變成種子，帶到來生。所以，許多先天的意識習慣，就是前生帶來的習氣，使得每個人個性不同，有人愛笑，有人愛生氣，都是前生帶來的。

因此，叫我們萬緣放下，一切皆空，可是思這個東西是否空得了？假定這個空不了，而認爲意識清淨境界就是空，那就自欺了，抵不住事的。到最後上了氧氣時，你的功夫、佛法一點都沒有用，千萬不要搞錯了。可是許多用功的人，都在這上面轉，這是般若智慧不夠，見地智慧不清，行願不夠。眞正的善根沒有發起，般若是不會來的。所以金剛經只講兩件事：一個講般若，一個講功德。爲什麼？大功德的成就才有大智慧，你光在打坐裡頭求智慧，這是小乘法門，由戒、定而生慧。大乘法門不談這個，大乘法門談的是六度，布施、持戒、忍辱、精進、禪定，五種以後才是般若。

一般人用起功來，最大的困惑是妄想不能斷。誰叫你斷妄想？妄想本來非斷非常，斷不了的，「抽刀斷水水更流，打坐解愁愁更愁」，所以有些人打坐眉頭越皺越緊。

妄想本空嘛！不要你去斷它，想即是空，空即是想，想不異空，空不異想。再說，我們都研究過唯識，唯識有個名稱叫「五遍行」——作意、觸、受、想、思。在八個識裡頭都有這些作用，所以它自然會起這些作用。

換句話說，我們生命的本能分爲兩部分，一個是感覺狀態，一個是知覺狀態。感覺狀態一半是物理的，一半是心理的。思想的狀態也是這樣，主要是心理的，附帶的是生理的。唯識告訴我們，這是「五遍行」，也就是說，它普遍於八個識的作用裡。怎麼斷得了它呢？所以用不著努力去斷思想。六祖也告訴我們：「惠能没伎倆，不斷百思想。對境心數起，菩提作麼長。」本空的嘛！斷它幹嘛？你那個知道自己在思想的，不是仍在嘛？結果大家相反，打起坐來，自己那個本來清淨的東西，隨時在壓制思想，在那裡妄用功夫，坐一萬年也没有效果。

再進一步，能把五遍行轉了以後，就立地成佛了，這個非要般若智慧成就不可。所以唯識並没有告訴我們，斷了妄想就成佛，而是要轉識成智，只要那麼一轉就成功了，就看你轉不轉得了。這「轉」字用得好極了，我們凡夫之所以不能成佛，就是心理轉不過來，這是業力，把我們牽得牢牢的。轉識就成智，成智就解脫了。所以大家打坐很簡單，空即是想，想即是空，想不異空，空不異想。

但是下一個難了，行陰——一股推動生滅的力量，想斷都斷不了。爲什麼？這個行陰同宇宙的運行一樣，永遠在動。我們可以借用金剛經所說的：無所從來，亦無所去。來時，不知來源就來了，去時，不知去處就跑掉了。過去、現在、未來，永遠這麼走。這個就是行陰、動源，一路在動，最難了。

行陰没有停止以前，没有得靜態以前，永遠没有辦法截斷前面的色、受、想，它永遠會來。心理部分也是一樣，永遠不斷在流轉。我們打坐，爲什麼感覺不能空掉？因爲行陰没有空之故。

原則上來講，如能作到行即是空，空即是行，行不異空，空不異行，那就修持成功了。但我們第一句話，行即是空，作到了沒有？行不異空，就是行與空沒有兩樣，作到了沒有？一坐起來妄念清淨，這樣行陰是沒有空的。換句話說，虛空也有行陰，所以這個宇宙永遠在轉，轉動就是它的行陰。

我們普通一個人，行陰是否能止，關係了證道，這要靠四禪八定的功夫，做到氣住脈停。氣住了，不但呼吸停止，連身上所有的生命氣息，也在休止狀態，這時，帶動身心流轉的行陰，才算停止了。

行陰不停，所以生理部分不會停止運轉，心理部分也不會停止運轉。那要如何才能還本返源，歸到本來自性中去呢？有個最快的道路──智慧的解脫、般若、頓悟。一般作不到頓悟的人，只好漸修，一步一步來。所以楞嚴經中，佛把五陰解脫的程序，清清楚楚的告訴我們，要特別去留意它。

我們之所以不能眞得成就，是行陰解脫不了，想陰解脫不了，受陰、色陰也解脫不了。如果說有一點清淨境界，那只是想像的，是第六意識的想像境界而已，並沒有證得眞空。想證得眞空，在摘錄的楞嚴經講義中，都告訴我們了，一切禪宗、天台、密宗、淨土，想修得成就，都不離這個原則。

再進一步，行陰解脫了以後，才談識陰解脫。這個識不只是第六意識，唯識所講的八個識，都包括在內，也就是楞伽經所講的心意識。

我們所知道的精神狀態，是識的一種變相而已，所以用精神解釋這個識，是個顚倒的解釋。嚴格講，它代表了八個識全部的體、相、用；也代表了精神世界、物理世界全部的功能。

我們應該研究百法明門論，其中將色法與心法分開對立，還有一種「二十四種心不相應行法」。但是注意，若眞把色法與心法對立分開，那可不要學佛了。換句話說，魔鬼與上帝對立，上帝對魔鬼永遠沒有辦法。其實它只是表達的方法而已，是把它分開分析，容易使我們了解。實際上色法與心法是一元的。

講心不相應行法這個心，是說宇宙間有二十四種東西，不受第六意識左右，人的心理沒有辦法控制它。比如第一，宇宙的時間，你無法控制。你說你睡著了，可以把時間空了，對不起，那個時間還是在走，你轉變不了。第二，勢。比方水流下來的力量多大，即使你說天上天下唯我獨尊，站在激流中，還是會被水衝走。所以大勢至菩薩一來，觀世音菩薩只得站在一邊。這兩個菩薩是表法的（這裡是用表法來說）。大勢來時，請觀世音菩薩來帶路，這個勢來時，任何人控制不了它。

所以你功夫作得再好，老了還是老了，四大變去了，時間到了就是時間到了。比如我們打坐，坐上半個鐘頭或一個鐘頭，坐不下去了，腿發麻了，想坐還是坐不下去，因爲行陰的勢到了。你說，我還要定，心不相應行法，心還是轉不了，連這一點都轉不了，還說什麼轉識成智、轉業力，乃至轉煩惱爲菩提呢？

在這種地方，我們就要提起警覺，平常道理都講得很好，事情來到時，卻過不去。你說我還在修道打坐，談起法來頭頭是道，但是爲什麼打坐作功夫欲了生死時，卻前路茫茫，後路暗暗？所以說，這個道理要先搞通。

「識」最難懂了，所以楞嚴經中講到，第五層解脫才是識陰。

有個同學研究了楞嚴經後提出問題：爲什麼想陰叫作融通妄想，識陰叫顚倒妄想？應該想陰叫顚倒妄想，識陰叫融通妄想才對呀！

想陰境界產生十種魔境，實際上不止十種，變化起來有幾百、幾千、甚至幾萬種。比如有人有神通啦，未卜先知啦，都是五蘊中思想的作用。這種功能，現在人叫第六感、心靈感應、特異功能等等，鬼名堂多啦！這些都是思想妄想變的花樣，這是融通妄想。把妄想的功能變化，好像能夠通達，知道萬緣，因此形容它爲「融通妄想」。

爲什麼識陰境界叫顚倒妄想呢？因爲它不叫魔境，而叫作外道，包括了聲聞、緣覺。得了四果羅漢的人還叫作外道，爲什麼？因爲見地不究竟，所以叫「顚倒妄想」。

這五陰都叫作妄想，因此我們知道，學禪宗的人，一上坐就是去除妄想，以爲是去了第六意識，其實，那只是第六意識分別心的一點點浮面上的油而已。眞正的妄想由地底到浮面都是。所以，要除妄想一定要把五陰妄想都去掉，才談得到空。

大家不要以爲：噢！我打坐一直空空的，好舒服。那是第六意識的想像境界。我們兩隻眼睛看過的虛空，只有一點點大，所以打起坐來，眼睛一閉，想像起來的虛空，也只有一點點大。人的思想範圍，往往只跟著生命力所發揮到的範圍走。所以你看，我們的思想多好玩，在迷糊的境界裡，是非善惡都是顚倒的，我們認識的範圍又是多麼狹窄。可是在這個意識思想裡，卻自覺非常崇高！非常偉大！都是自己欺騙了自己，不是眞正的空。

這都是屬於見地方面。

五陰解脱的見地要特別注意，不管有所得的，或剛入門的，切忌不要走錯了路。

其次的問題，在色受想行識中，我們生命最重要的，第一是思想，想陰，也叫作妄想。這個思想是識陰所變，識就是心，即瑜伽師地論所説的心意識，不是本體的心。第二是受陰，人生來就是有感覺的，感覺是受陰來的。

若把色歸類成生理部分，想與受應屬精神部分。包括了生理與精神部分的是行陰、識陰。

我們聽了這些，思想不要向外面去想，要回轉來在自己裡面找，分類試著去找，眞正的佛法不是叫我們不用思想。「禪定」，教理稱正思惟，後來禪宗稱參究，「禪定」不是叫你跟著身體轉。氣脈在動，你不要理那個受陰的動，要在正思惟上去找才對。漢朝以前的中國道家稱「精思」，所謂精思入神，也就是禪宗稱的參究。

大家打坐時，都被生理感受境界迷糊住了，沒有眞正證入正思惟，那就不算眞禪定。

佛法的重點在見地。剛才的討論有個主題——用摩訶般若波羅密多心經的綱要，五蘊皆空，配合楞嚴經五蘊的解脱，就是這次課程重點所在。這個就是見地，要把這個理搞通，才可以作功夫，才可以眞談修持，不然功夫縱然作得好死了，抵不住事的，沒有用。即使功夫作到身體會發光、動地，也沒有用，否則不叫佛法。所以每一部佛經都找不出作功夫方面的內容，佛經只談見地的理，因爲眞正的見地到了，功夫一定到。換句話説，你見解上到了，功夫沒有到，那個見解不是眞的見解。

比如一個人手中拿著一個名貴的杯子，鑲著珠寶，突然打破了，解脱的人看都不看，知道打破了；不解脱的人，看著破碎的杯子，就在那裡哭、叫。他明知道打破了，可是抱著那個破杯子還在哭，還在叫。曉得了空，結果還抱著那個沒有用的東西，來悲痛這個空，有用嗎？

不要看它是小事情，同樣的道理，懂了就是道。所以禪宗祖師在某一小點上一悟，整個都清楚了，就是這樣。

不要認爲這是一句閒話，古時禪宗大德們的嘻笑怒罵，你把它當嘻笑怒罵就浪費了他的話。他處處點你，因爲有時候不好正面罵你，只對你弔兒郎當的幽默一下。你説東，他説西，實際上他在打你，打擊你是愛護你。

比如第一次發給大家講課通知，告訴大家個個沒有例外，不要麻胡，眞做得到規定才來登記上課。大家都登記了，可是幾個人眞做到？寫筆記也好，任何其他一項也好，沒有人眞做到。這是「行」門，大丈夫承諾了，說做就做，既然要來聽課就應守這些規矩，對不對？誰做得到？爲什麼要這麼作？你們懂嗎？是故意拿棒子到處在打，打得醒，你們自己受益；打不醒，算了。

這就是行。我還只講筆記部分，其他的部分多啦，不討論了。這都是心行的關係，所謂「萬行門中不捨一法」，這個佛法的修持怎麼談！儘管私交如何好，眞正的行門無法談，一談就非罵人不可，只好在心裡頭說：唉！如來說至可憐憫者也。

行門同見地是不可分的，見地到了一步，你的心行非變不可。大善知識們，大禪師們，一看，這個人有沒有進步，一看就知道了。別以爲氣色好了，氣脈通了是道，那是逗你玩的。

氣脈通了，不相干，大智慧的人不受這一套騙。等於禪宗好多祖師，老師一獎勵他，把耳朵一摀，聽都不聽，還受這個恭維！當然不！悟與不悟一樣。世上最害人的是高帽子，騙死人不犯法，而且把他騙死了，他還感謝你。講眞話沒有人聽的，所以沒得辦法。

見地到了的人，他的心行馬上就轉，自己有數，立刻就轉，善知識一看，就知道，他的心行已經轉了。

行包括很多，比如愛偷懶，也是行不對。又比如佛法第一點講慈悲，自己想想看，那一點慈悲做到了？我們是做到了一點——要求別人來慈悲自己。什麼「要度衆生」！那個做到了？你省省吧！對自己最親切的人都沒有辦法度，還度衆生？

在這些漂亮的名詞下，隱藏了多少罪惡，都要隨時反省到。越是漂亮的言辭，越掩蓋了自己的過錯，假如學佛不檢查到這個程度，免談了吧！沒有人搞這個事的，作不到的，而且都是以計較心——商業交易的行爲來做這件事，尤其是這個時代。

以上講見地部分，大概如此。一句話，見地非常重要，不是幾句話所能夠講完的。

華嚴經李長者的合論要看，一切經典要注意看。有很多人學佛沒有研究經典，依照唐代佛教制度，出家要考試，通一部經論才發文憑（度牒）的。

現在許多人研究佛學，老實說，拿佛學的嚴格標準來講，并不是研究佛學，這個問題非常嚴重。我是不敢講而已，講了又有什麼用？大家說：老師，你應該講。佛法又不是我一個人的，爲什麼我應該？又說：老師，你有責任。其實大家都有責任。這些心行，一開口，一發言，就不對。假如心行對，爲什麼不發心呢？我慚愧，我自己要努力，我要度衆生，我就要努力下去，要修持，修證好了，再來度人。我們爲什麼不肯修持呢？所以學佛很難。

見地方面，要自己去研究經論才是。

現在轉來談修證。拿見地來講修證，修證只是等而下之的事情而已，不足一談。

可是眞談修證，還並不容易。修證就是作功夫，不分宗派，不分方法，不管念佛、參禪、煉氣，不管作什麼功夫，都是修證法門。修證法門只有一個主要原則，就是修「止觀」而已。

在因位上叫止觀，在果位上叫定慧。止就是定，觀就是慧。換言之，止就是功夫，觀就是見地，所以非修止觀不可。

我們不管學那一宗，那一派，開始學靜坐，千萬不要分別宗派。各宗各派只是方法不同而已，或者是方法所偏重不同而已。自己可選擇一個方法修，當然最好有善知識的指導，可以看出來那個方法比較適合你，憑他的指導，去選用一個方法。成就了的人，對任何方法都可自然通達。

不要把盤腿打坐當作修定，修定姿勢是無限制的，坐、站、睡、行、食，皆可定，無處無時而不定。不過我們初步不能作到止，因此必須要打坐。打坐一共有幾十種姿勢，不過對生理、心理最有利的，就是盤起腿來打坐。盤腿的作用大得很，如寫這方面的文章，可以大發其財。不過，我有個原則，一篇文章下來，對世道人心無益處者，誓死不幹，這是我的行門。

我們盤起腿來打坐，氣機眞正通了，那豈止身心發樂而已！我們後天的身體，不可思議的功能，都發出來了。比如老年人的氣脈整個通了，就會同嬰兒一樣。不過，兩腿氣脈通了的人有沒有？沒有，至少我沒見過。

有同學注意到佛經上說的兩足尊，這不光是理論，非常對。理論上兩足尊是福德圓滿至尊，智慧圓滿至尊。福德、智慧兩皆具足，所以叫兩足尊。實際上，五通裡有神足通，神氣充滿了，直至兩足。人的根在頭部，虛空就是土壤，手足是枝椏，枝椏一萎縮，這個「無根樹」就完了，所以有很多理由要盤腿。

把腿一盤好，眞正找到路子的人，用一個很徹底的辦法，懂了理，修持很快就上路了。

過去釋迦牟尼佛在時，弟子們七天、五天就證羅漢果，不是假的。爲什麼呢？古人物質欲望不發達，思想、心境非常純樸，容易證果；現代人越有學問越難弄，越不會成功，因爲自己太複雜了。古人是聞一言而必行，佛經上經常有四個字：信受奉行。每一本經典結束時，差不多都是這四個字，這不是例行公事，而是眞實如此。從如是我聞開始，到最後信受奉行，任何佛經都是這八個字，眞做到就成功了。古人一信就信到底，信老師，信佛，一信馬上就有感受，身心感應就變了，非常恭敬地奉爲金科玉律去做，就成功了。

現代人不然，你把寶貝教他，他當面對你說：好啊，好啊！非常感謝。心裡頭則想：該不要上當吧？不曉得老師到那個程度沒有？然後回去，找兩三個人研究那個老師去了。現代的人與古人的心理，相差到如此程度，我幾十年來看得清清楚楚。所以古人幾天就可以成功，現代人不會成功，就是自己的心行道德，把自己擋住了。

然而，古人今人的生命功能，則是一樣的。

雖然講見地與行願，但是行是不敢詳細説的，如果詳細説行的話，可以把任何人駁得體無完膚。能作到如是我聞，信受奉行就成功了，但是沒有人做到。

那麼我們打起坐來怎麼辦？只要信、受、奉、行，信你自己，信佛説的話，自性本空。所以禪宗四祖、五祖提倡金剛經是有道理的，你曉得空就好了嘛！不過不是我們去空它，它本來空——我們把腿一盤，一上坐，已經空掉了，不要另外去求個空，這是捷徑。

第一步，腿一盤，既不求空，也不求有，眼睛閉起來。這個時代的人，眼睛耳朵都用得太多了，閉起眼來，無所謂看，無所謂不看，記住：本空！這時眼睛一閉，覺得蠻好，一刹那間，馬上又覺得自己思想好多，好討厭。不要討厭它！如果沒有思想，也不叫作人了，你不理這個思想就是了。這時我們不是知道這個思想來來往往嗎？你那個知道思想來來往往的那個，沒有被思想擾亂，那個是清淨的，沒有被思想、煩惱騙走，還求個什麼呢？佛者覺也，你已經知道了自己有思想，這不是覺嗎？

楞嚴經上説，我們的思想煩惱是客塵煩惱，如過客一樣來來去去，你這個主人家，知道客人來來往往，不過當主人的不去殷勤招待，客人來了，不歡迎；客人走了，也不送。他愛來就來，愛走就走，讓它自然，思想慢慢的會疲勞，懶得動了，你這主人家的那個正覺不要睡覺，看住它，如果你睡著了，客人就在裡頭翻天覆地了。這是第二秒鐘。

第一秒鐘腿一盤很清淨，第二秒鐘就曉得思想來了，現在告訴我們，用正覺看住它。

第三秒鐘，麻煩來了，本來你是看住它，後來思想來跟你搗蛋，在那裡「剪不斷，理還亂」，但是你不要去剪，不要去理，它自然就疏了下來。第三秒鐘的麻煩就是感覺來了，那裡發脹，這裡發痛，酸痛脹麻癢冷熱都會發生，只要我們一靜，這些現象都會來的。你打起坐來有這些現象，就是氣脈初步的動。換言之，當你靜下來時，不管好的或壞的感覺出現，都是因為心裡比較靜，氣機的反應來了的緣故。

這個第三步的感受來了，怎麼辦呢？還是第一個道理，只要看住它，這個地方就要忍了。我年輕時，初學打坐，盤著腿也是熬不住，袁老師告訴我：忍耐一點，多熬一下，多受一分罪，多消一分業力。既然可以消業，我便熬下去了。下坐以後，再盤腿就吃不消了，可是因為好勝，怕難為情，就硬熬。後來為了降伏這兩條腿，住在一個廟子裡，一個人關在藏經樓閣上練腿，那也是煉心，盤起腿來硬熬，心裡求菩薩幫忙，大概熬了五、六天，那真痛苦！連這個腿都降伏不了，還降伏其心？幾天以後，本來痛苦得身子都彎下去了，忽然，卡嗒一聲，腿軟了下來，兩腿貼得平平的，不想下坐了，舒服得很。我的和尚朋友在下面想到，閣樓上那人，整天都沒聽見他敲引磬差人送飯，該不會出問題了吧？就在下面喊，我因舒服極了，根本不想回答，這下可把和尚嚇著了，趕緊叫人爬上去，一看我坐在那裡好端端地，只是不答話，原來在打坐。

這說明了什麼？酸痛脹麻冷熱，也是生命本能發動的一種，有一點反應就有一點影子，不管好反應或壞反應，你那個正覺看住它，千萬不要加上現在的知識，密宗啊，道家啊的功夫，引導氣脈向命根走啦，什麼督脈通啦，一引導就完了，不但達不到氣脈通，甚而引出各種毛病來（尤其是女性，千萬不要注意胃部以下），你一引導反而不能成功。

有沒有氣脈這回事呢？如果弄得好，七天基礎就打好了，是有氣脈這回事。不過要無心於氣脈，無心於四大，四大皆空了，氣脈就成功了。成功以後，袪病延年是尋常事，不算稀奇，返老還童大概也不難吧！。

第廿七講

內容提要

一知與色身
一知與思
修持的初步
作意、假觀、所緣
假想產生的魔境
守著靈明清淨
不守靈明清淨
漏
任脈的變化

今天推開資料來作實際的結論。

上次提到我們剛上坐時，兩條腿一盤好，第一念之間，沒有特別刻意去作功夫，比較清淨的這個階段。我們把它分成兩個部分來講：一部分是知覺的，一部分是感覺的。

知覺的狀態偏向於精神、思想；感覺的狀態則偏向於身體。

上次在五蘊方面，已經作了一個大概的說明。後來有位同學提出異議，他說，老師，您平常不是講，知道的這一個「知」是毛病，是無明嗎？現在在定中，假定還有這一知，這一知不也是最大的毛病嗎？

上次我曾說過，知道自己在散亂、在昏沈的那一知，不屬於散亂，也不屬於昏沈，要保持著那一知。現在這位同學提出來：知道自己散亂、知道自己清淨的那一知，應該屬於不究竟，比如心經上不是說無智亦無得嗎？

這個問題問得非常對，這一知的確是一個問題。拿現實來研究，比如我們不管有修持或無修持，我們現在這一知很清爽，或坐在那裡得定。但是，有一個先決條件：就是這個生命還存在，肉體還沒有毀壞，腦神經還健康，所以才可能有清楚的這一知。假定我們的腦神經毀壞了，這一知還存不存在呢？如果說我們死亡了，或者腦神經毀壞了，這一知跟著腦神經的死亡而死亡，那麼我們說了一輩子的佛法，不是自欺了一輩子嗎？那又何必去作這麼一個功夫呢？把一生的時間、精力都投資進去，結果是沒有用的。

假如說，我們的腦神經或身體死亡以後，這一知另有超脫的境界，那麼可以討論這個問題了。這是一個非常現實的問題，不需要拿佛學、禪學的道理作解釋，那些解釋太虛玄。你說，你死後一定到那裡，別人可以不接受你這句話，因爲你現在是活著講的。死後究竟如何解脫呢？那麼你說，到時候你證明給我們看，但是你給我們證明，我們又看不見，你已經死了，我們又無法找你，那麼這個證明如何辦呢？這是値得注意的。

我們現在活著的這一知，靈明淸淨的這一知，就是靠我們這個色身、四大、五蘊在絕對健康狀態裡頭形成的。

問題來了，比如道家修氣脈的人，密宗專注於氣脈修持的人，氣脈修持好了，就是保持現有的生命絕對的健康、絕對的淸淨，甚至於超乎平常的健康、淸淨。所以，你有這麼一個淸淨的境界，是由於你的色身，也就是說，這個境界是由生理來的，靠這個生命——四大、五蘊存在來的。如果四大、五蘊毀壞了以後，這一淸淨、靈明也都沒有了，那麼這就不是唯心了。

如說那個時候我淸淨靈明，而且離開這個生理，離開這個物理世界後，仍會另外的存在。對於這個說法，如何拿出證明，是個重大的問題。

目前在我們活著的時候，初步只好保持這一知。當然這一知是第六意識淸淨面，這一知也是第六意識，而非究竟的。換句話說，這一知在唯識中屬於「思」的方面。這一知，我們在靜定中，有個清淨靈明的這一知，昏沈來，知昏沈；散亂來，知散亂；煩惱來，知煩惱。這一知在楞嚴經上說：知見立知，即無明本；知見無見，斯即涅槃，無漏眞淨。

過去有一位禪師，因看楞嚴經而悟道，他就是看到這一句話。他看到這裡時，突然有個靈感來，把標點另外點過：「知見立，知即無明本；知見無，見斯即涅槃。」這標點一改，就變成了：有一個知見存在，有一個清淨的境界存在，這一個知這個清淨的，就是無明妄想；知見無，這個所知的境界都空了，連這一知也空掉了，有人見到這樣，就叫悟道。他自己因此悟了，所以後來他的法號就叫「破楞嚴」。

現在來講修證的功夫。前面提到過，分兩面處理，一個是知覺方面，一個是感覺方面。

已經證到的人，或任何一個完全沒有入門，甚至連靜坐都沒有經驗的人，應該從那一方面開始修持才好呢？答案是從知覺部分。悟了道的人，還必須要經過這個修持，再來求證；沒有悟道的人，更需要經過這個修持，以求眞修實證。

問題是怎麼樣去修證呢？首先就要把我們第六意識這一知，自己假造一個所緣境界，先假造一個能把握住、能抓得住的事物或境界。爲什麼叫它是假造呢？拿佛學唯識的名詞就叫作意。（換名詞就好聽了，所以我們學佛學道，不要被名詞所騙。

）先要作意，比如念佛，這一句佛號是作意來的，因爲釋迦牟尼佛告訴我們這個方法，我們聽過以後，接受了這個方法，自己在意識上建立一個佛號，這是作意。學密宗的人念咒子也好，（差不多所有的咒子有三個基本音：唵、阿、吽。唵（音嗡）現在大家都念成唵。阿字都唸成ㄜ。爲什麼演變成這樣？有個原因，我們現在不管它。）觀想也好，這都是作意，造一個所緣。乃至學禪人的參話頭也好，甚而完全達到三際托空的境界，統統都是第六意識在作意。在第六意識中，自己認爲這是清淨，這是空。連天台宗的止觀聽息，或觀音耳根法門等等，這些所有的方法，綜合起來，都是唯識學五遍行的「作意」。

天台宗所謂「假立」，就是空、假、中三觀的「假觀」。假觀是建立一個所緣，本來没有，由無中生有。意識中原本没有，而去假立的一個東西，這種假立的方法，就產生了佛說的八萬四千法門。比如道家修上丹田、中丹田、下丹田，（女人決不可守下丹田，稍作意下丹田，會出毛病，很嚴重的。假定女人要作意身體上，只能夠守中丹田，也就是胸部以上。）及守竅、守光、煉氣、存想，統統是作意，眞是八萬四千法門。但不管如何，都是先找一個作意。

尤其在座一些老修行們，稍有所得，半途打了退票。學佛法最初的就是最後的；最基本的就是最高深的；最初的一念也是最後的一念。我們没去注意這一點，往往得一點境界，得一點道理上的體會後，反而把最初的丟掉了，不會回頭來，從基本上踏實作起。所以佛家有一句話：「出家如初，成佛有餘。」第一念發心：我要出家，如果出家幾十年，都像第一念那麼誠懇的話，早就成功了。修行也是這個道理，基本在於作意，要先找一個所緣作意。

我常勸大家走念佛法門的路子，照十六觀經的修法去修，不管你修禪宗、淨土、密宗，或其他任何宗派，都是一樣的，只有一個法門——止觀，也就是定慧。先求止，把第六意識先栓在一個緣上，求到止。所以，有許多人覺得自己悟了這個理，認爲對了。老實講，你檢查一下看，你的思想沒有停止過，都在散亂中，你必須要把第六意識這一「知」，栓在一個緣上，自己假立這個緣，看你能不能作到「一念萬年，萬年一念」。

假如你觀想阿彌陀佛，或者觀音菩薩，任選一尊，如果觀不起來，可觀想佛印堂前面這一點亮光，或者頂上一個圓光，或胸口的卍字，先抓住一點，這是假立。

我們修持怎麼修呢？三個步驟。

第一照靜坐的姿勢，把身體坐好。

第二訓練自己把自己的意識，所有的思想習慣都排除了，排除得一乾二淨。（這句話講起來很簡單，做起來很難。）排除了也好，排除不了也好。

第三意識構想一個東西，當然最好是想佛像，想光明點，想像一個東西擺在前面或者上頭，永遠不動。

比如你觀想一個球在前面，忘記了身體，意識上只有這一緣。假如想到這個佛像時，唉呀！佛對我笑了，或者佛摸我的頭了，那是第二個念頭了。你只要想一個佛，或者觀想一個日輪，或觀想一個星光，只有這一緣，一念萬年，萬年一念，這才叫作得止，得定。沒有經過這樣的修持，你佛法講得如同釋迦牟尼佛一模一樣，也是沒有用的。抵不住生死，也脫不了輪迴，不能超凡入聖。

觀想下方也有道理的。你說觀想下面不恭敬，十方三世都有佛，下方也有佛，怎麼叫不恭敬？

笑禪錄裡有一則笑話：一個小孩尿急了，跑進大殿，當著佛，把褲子一拉，撒尿。和尚氣得罵，他卻一本正經地說：十方三世都有佛，你叫我向那裡屙？這笑話裡頭含有眞理，可也不是笑話。

我當年學道時，有一個年輕的和尚朋友，教我一個外道法子——頑空修法。一邊念佛號，一邊觀想自己的身子往下沈，一直向下沈。這個雖然是外道法，但這個方法救了很多高血壓的人，以及神經快要爆炸的人。我們打坐尤其是中年以上的人，血壓反而弄高了，因爲在用心，都向上走，可用這個法子對治。

我當年什麼都去學，不管有道無道，都要向他們摸索一下。另外有一個方法，對於高血壓、老年人、有病的人或失眠的人都有好處。上座，心裡頭什麼都不想，只念一個「空」字，一路空下去，把神經都放鬆了，腦子也放鬆了，有人就用這個法子治好了緊張的毛病。

總之，不管走那個路子，先要建立所緣。唯識叫「作意」，天台宗叫「假觀」。換句話說，你眞把假觀修成功了，同楞伽經的意生身有關。學禪宗的人悟道後，如果不懂意生身，是沒有用的。悟了那個空的境界，不知道功夫修持，不證意生身，你那個悟到的空性，一點用也沒有。所以必須要找個所緣。

現在一般人學禪，盤起腿來，坐上半個鐘頭也好，一個鐘頭也好，都在內守幽閒，也就是大慧杲罵的默照邪禪；再不然就是空心靜坐，連頑空都不如。所以修持要有成就，必須要有所緣。這個有所緣，就是知覺部分，就是把第六意識知覺部分，緣在一點上面。假定有大根器、大氣魄的人，就這麼一路下去就成了。因爲這一所緣當中，就包括了三止三觀。

先是這一念無中生有，觀起來是假觀，就是作意。把它觀成了以後，身心忘了以後，再把自己造作的所緣空掉，就是「空觀」。那個空就不是我們現在意識所想像的空，因爲我們現在意識想像的空，離不開腦子心理所造作的空。到空觀現前，放下萬緣的空，才是眞正的空。然後要空就空，要有就有，再把它翻過來，空有雙融。在學理上叫作「中觀」；在道理上叫作能眞空，能妙有；在修證上就是法、報、化三身成就，變化無量。總之，非經過這個修持不可。

但是，話又說回來了，那個同學說：初步這一知，是第六意識造的，非究竟。

我們也可以換句話說，知道這一知，而不執著這一知，就是究竟。講這一知非究竟是對小乘而言；講這一知是究竟，是對大乘菩薩而言。講這一知即是無明，是對凡夫而言；講知與不知都無所謂在，是對大覺、大正菩提而言。理論到此爲止。

現在再回頭來講，我們修止，必須要修所緣，意識假造一個東西。比如緣呼吸，爲什麼要心息相依呢？就是把呼吸變成一個所緣的對象。

但是，不管你緣在那裡，馬上有個現實問題會來，就是你的知覺始終被一個東西拉住，也就是感受，被那個受陰所發起的感覺拉住了。我們盤起腿來，都在搞身體的感覺，腰發痠，腿發麻；再高明一點，覺得這時清清淨淨；這清淨也是感覺上發出來的。我們多半被感覺拉著走，再加上看過道書，學過密宗，唔，要通夾脊了；嗯，命門這關通了；都是第六意識後天加進來的知識配合，在那裡製造境界。打坐坐在那裡忙得很，開道家的研究會，開密宗氣脈的研究會，然後自己還要加上註解，加上自己的幻想，把自己的幻想又加上註解，而且把這個當成功夫。眞講修持，要嚴格檢查自己的這種心念，大家要注意。

你必須堅定於所緣，不被氣脈的感覺牽走，身上有一點感覺反應，要統統不理，這個地方就要靠智慧解脫了。眞達到不受感受的牽制，眞能不理這個感受時，眞氣脈就來了。這時候，道家所謂煉精化氣、煉氣化神的道理，同彌勒菩薩現觀莊嚴論一樣，凡夫有凡夫的四加行，聲聞有聲聞的四加行，緣覺菩薩有緣覺菩薩的四加行。

所以道家有個名稱叫「九轉還丹」，等於化學提煉一樣，要經過九次的提煉。「九」並非是呆板的數字，根據易經的觀念，九就是最高數，提煉了又提煉，精煉了又精煉的意思。一次又一次的反反覆覆，這是說明了這個再三精煉的道理。我們生理上的感覺境界是眞的，不是假的，可是人們因爲這些書看多了，思想上受這些觀念影響，因此，想專一於意識境界的所緣境，都做不到。

比如很多人坐著，一念求空，靜靜坐下去，靜坐在那裡這一知，知道自己妄念來了，知道自己散亂，知道自己昏沈。散亂、昏沈來了就知道；沒有散亂，沒有昏沈也需要知道，永遠保持這個，就是我們的所緣境界，但是我們做不到。

坐在那裡走空心靜坐的路子，往往知也知道，清淨呢？好像也清淨，昏沈也在昏沈，頭昏昏的，裡頭的妄想也在打，雖沒有大妄想，小小的妄想來來去去，永遠斷不了。所以你在那裡坐一萬年，不是在修行修道，只能算是凡夫修養定的一種靜坐法而已，不算修持，這點要注意。

我們對於打坐無所成的人，有個結論，就是他們第六意識作意的所緣境界，始終沒有達到專一，所以初步都不能成功，初禪都達不到。

不要以爲能靜坐幾個鐘頭，氣脈也有一點反應，就算是什麼成功，沒有用的，靠不住的，到了生死關頭時，你一定會後悔，因爲這個靠不住，靠生理來的不是道，生理機能一衰敗就沒有了。如果這個道是靠生理而來，它就是唯物，可是，道是絕對唯心的，這個問題很嚴重。

上面說過，在修持作功夫時，必須要專一於所緣境界，也就是我們的心理狀況要有個假想。不過，這個假想也很麻煩，所以我多半勸人不用假想，上座就保持自己靈明覺知。因爲用假想容易發生毛病，（千萬不要注意下丹田，女人注意下丹田容易引起血崩，男人容易遺精。）假想往往會配合生理上的變化，產生很多幻境。幻境就是魔境，看到什麼光，聽到什麼聲音，聞到什麼味道等等都來了。這許多幻境那裡來的？學佛的人要注意，不能不研究教理，理不通沒有不走錯路的。實際上，任何一個幻境，都是我們阿賴耶識下意識裡存在的觀念所造成，自己並不知道。幻境每個人不同，因爲各人所帶來的阿賴耶識種子不同的緣故。

有些人看到魔，有些人看到鬼，有些則是從聲音發生幻境，實際上都是我們下意識裡的鬼名堂，自己很難檢查得出來。普通心理學所講的下意識，即唯識學第六意識的一部分，第七識及第八識不能用下意識代表。眞有般若智慧的人，一有了幻境就檢查得出，知道是自己下意識裡頭出來的，沒有其他。所以龍樹菩薩的「中論」不能不看：諸法不自生，亦不從他生。不共不無因，是名爲無生。比如我們看到一個幻境，這個幻境本身沒有根，它自己不會生；也並不是有個鬼，有個魔，有個菩薩，故意變出來給你看的。不共生，不是自他共同構成出來一個東西；也不是無因而生。

共生就是講因緣，佛法處處講因緣，楞嚴經上說：本非因緣、非自然性。諸法不自生，就是非由一股自然力而來；也不是另外有個主宰。佛法的最高原理就是：無主宰、非自然。這些都屬於見地方面，也同修持有關係。

對於一般人修道家或修密宗的有爲法，我都不大贊成，因爲在這個時代，腦子已經夠複雜了，現在人的煩惱同古代太平盛世不同，在這五濁惡世中，有爲法容易引起生理、心理五濁的因素，很容易入魔障，所以不如守一個靈明清淨，比較穩當。靈明清淨很容易，只要上座的第一下保持著就行，但這也是所緣，要永遠保持這一念，中間不落於昏沈雜念思想中，就保持這一知。不過有了這一知，心心念念知道清淨，心心念念保持那一知，那一知就成了妄念。

第一刹那那一知，就是了。如果還一直念著，我要保持這一知，那就又過頭了。所以，知見立，知即無明本；知見無，見斯即涅槃。我們知道這一知清淨，清淨以後就不理了，就過去了，不就對了嗎？如果還一直念著清淨這一知，就又不對了。

這樣保持以後，生理是必然起變化的，老實講，四禪八定一步步的修持功夫，都離不開這個身體。講到生理，前面已講過學道、學密有些什麼毛病，學禪有些什麼毛病，反過來講，也都不是毛病。懂了理以後，氣脈之道是必然來的。但是你要求定，第一個要作到不漏。

不漏的範圍有廣義、狹義之分。廣義的，我們一天到晚都在漏，眼睛看，耳朵聽，六根都在漏。五濁惡世中，現代人的「命濁」最糟糕。老子講的一句話很有道理，「五音令人耳聾，五色令人目盲。」生在這個聲色時代，音響高明，燈光特別多彩，電視特別好。結果，耳朵聾的多了，眼睛近視的多了，反倒不如當年只有一根燈草的青油燈。我在峨嵋山閉關三年，三根燈草看大藏經，和尚還說浪費。這個時代，物質文明越進步，命濁越濁了，毛病越多了。

我們的六根都在漏，而身根的漏，最重要的就是漏丹。現代美國的性觀念問題非常嚴重，這且不談。至於我們修道爲什麼不能得定，性的問題過不了關，所以不能得定。楞嚴經再三強調，淫根不斷，如要得定，猶如「蒸砂成飯」，怎麼能成功呢？

有人問：最近科學生理學講，男女的精到了一個時間，也像其他細胞一樣，要新陳代謝。不把它排泄出來，對身體有妨礙。

現代醫學衛生是這麼講，但有一點要知道，凡是科學，都沒有絕對定論的。很多科學的研究，今天認爲是眞理，明天又把它推翻了，所以不要盲目的迷信科學。

楞嚴經卷六佛告阿難：**若不斷淫修禪定者，如蒸砂石，欲成其飯，經百千劫祇名熱砂，何以故，此非飯本，砂石成故。**所以修行若淫根不斷，如蒸砂成飯。這個根是什麼根？過去杭州有一個和尚，是個很有名的法師，人家說他的淫根斷了的，看到在家女或尼姑，就和他們抱在一起，大家也不在乎。因爲他爲了修道，自己硬拿剪刀把生殖器剪了。這怎麼是淫根斷了呢？淫根不是指這個，淫根是心理，這和尚比誰都犯戒，這很嚴重，他因爲自己生理部分一剪，就這樣亂來，一天到晚在犯淫戒——意淫。所謂淫根這個根，是指意識。

意識上有性的欲念以後，就有各種漏丹的後果。一般這個漏，只是指身漏。實際上，六根都在漏。

要把這個欲念完全淨化了，才能得定。壓制不是斷，像那個和尚也不是斷，那個根仍然存在。但眞要斷淫根，一定要到四禪定才能夠斷。

所以大家打坐，從頭頂到手指尖，每一根神經都沒有得樂，就是因爲精不滿的關係，都因爲是有漏之因的關係。我們打起坐來，生理不能舒暢，心理不能清淨，念頭不能專一，不能眞得定，都因爲有漏的關係。

我們打坐有時很清淨，是因爲六根都收攝了，少漏一點，自然就好一點，慢慢多坐，作到不漏，生理自然起變化。在我所說「靜坐修道與長生不老」一書中，敘述的氣脈過程是必然要經過的。這本書只講督脈，沒講任脈。任脈是自律神經部分，包括五臟六腑部分，任脈若通了的話，中脈也就通了，任脈是比督脈還難通的。

眞到了任脈起變化，五臟六腑等於換了個位子。如果見地道理不清楚，會嚇死的，這也是唯心的作用。佛經上講脈解心開，確有此事。心脈解開是非常難受的，好像在心口上挨了一刀一樣，不過打開了後，眞是舒服無比。胃氣打通尤其難受，好似胃連著肺部、肝臟，一下子給人撕了下來一樣。打開了，就好似五臟六腑都換了一個。換句話説，心肝脾肺腎的功能慢慢壞了，自己裡頭慢慢給你拆下來，換了一個新的裝上去。

任脈通了以後，當然，所緣的觀想還是在定境中，這個知覺定境界，同我們生理上的變化沒有關係，這時才會懂得解脫。

假定這時因生理上的各種變化，我們當場死了，我們那個靈明覺知照見自己變化的，正如心經所説：照見五蘊皆空，無所謂了，要死就死，沒有什麼了不起。我們只要把定的境界保持著，等任脈完全打通了以後，就可以達到眞正的初禪。

當然，任脈通沒有這麼簡單，修行是苦行。道家有個名詞叫「焚修」，修行者稱「煉師」，硬是像在火中鍛煉一樣。

任督二脈的打通，同密宗所講三脈七輪的情況，又是不同的。三脈七輪另講。

我們的身體弔在這裡，是多餘的。實際上，我們眞正的生命，是和這個宇宙，這個法界，這個太空合一，是永遠存在的。這個身體，只是生命第三重投影在這個世界。

這些屬於感覺方面的修持，生理、四大的變化，是一步一步固定的功夫。注意！那個執著在所緣境界上的知，始終不動，生理上的變化，才自然源源而來。不過，多半的人過不了這許多關，尤其是現代人，有一點難受就害怕了。比如胃像蔴袋一樣抽攏來，那感覺眞不好受。這時，心理上空靈的定境沒有變，生理才會起變化，重點在這裡。如果那時定境沒有了，氣脈就不會通，病也不會好，兩者要分開才會解脫。若把兩者混合在一起，想除生老病死永遠也辦不到。注意！定境還是空靈的，沒有變動過。

胃上不空，喉輪不通。喉嚨、食道不空，想斷妄念、斷煩惱是作不到的。所以密宗說，由喉輪到心輪這一部分眞正打通的人，可以沒有妄念，因爲起不了妄念了，生理與心理是互爲因果的。

修道家、陰陽家的都知道一句話：「四象五行皆藉土，九宮八卦不離壬。」胃即是土，所以我經常勸大家把胃搞好。所謂壬水，就是煉精，不漏丹。所以胃一通，就是中宮氣通了。那時你會體會到孟子說的「充實之謂美」。也就是易經坤卦，「黃中通理」（腠理就是皮膚）。胃氣走通了，「正位居體」，也就是孟子所謂「浩然之氣，充塞於天地之間」，這是眞眞實實的境界。

總之，五臟六腑部分，是屬於任脈的範圍，每個機能都要把它換過來。所以道家說「脫胎換骨」，這句話不是騙人的。

這些氣脈都通了，才能證入初禪的眞正禪定——大乘道的初禪境界。大家應當好好修持，不要亂搞。

一般所謂氣脈、功夫，都是拿著一點皮毛在搞，整個系統沒有弄清楚，自己沒有做到難行能行，難忍能忍的苦行。不修苦行過來，不是眞實作功夫，那種修行只是七零八落，支離破碎，永遠不會成功，永遠不會證果。

因爲時間關係，密宗與瑜珈的三脈七輪沒有講，姑且欠賬，將來有機會本利一齊交代。

第廿八講

內容提要

只有行願
三千善行，數千功德
打開心結
情的慈悲與智的慈悲
動搖心行
如何轉變氣質
四重恩三塗苦
檢查再檢查
行行重行行

今天的課程是最後一次。

這次講課，原則標榜的是見地、修證、行願。其中較偏重於修證作功夫方面，行願只略爲提到一兩句。

實際上我們大家學佛修道，都是想證果。但是爲什麼學的人那麼多，而眞正能證果的人那麼少見呢？主要是行願不夠，不是功夫不到。

今天站在行願的立場來講，如果沒有行願，見地是不會徹底的；沒有眞正的行願，修證功夫是不會進步的。但我們最易忽略的，就是行願這方面，所以大家用功會感覺不上路。

現在以見地、修證、行願三樣合一來講，比如有一個很明顯的心理，世界上很多人爲什麼要學佛學道？就算不走學佛求道的路子，也要求另外一個宗教信仰，乃至不找宗教信仰的人，也要另外找一個東西來依靠。基本上來說，下意識都是有所求，像作生意一樣，想以最少的代價，求一個非常大的成果。

等於求菩薩保佑的人，幾十塊錢香蕉，幾十塊錢餅，幾塊錢香，充其量花個壹百塊錢；到了廟裡，燒香、叩頭、拜拜，要丈夫好，要兒女好，又要升官、發財，一切都求完了以後，把香燒了，最後香蕉帶回去，自己慢慢吃。

這種祈求的心理多糟糕！好像人犯了錯，跪在那裡一祈禱，就辦了交代一樣。這是一種什麼樣的心理？我們自己要想一想。

至於我們這些修行的人，心中一定會想，我絕對沒有這種心理。但是依我看來，都是一樣的，方式不同而已。雖然沒有這種心理，可是也想打打坐就能成道，雖不求香蕉，也在求腿。

大家打坐都想明心見性，成佛成道，並且最喜歡的是功夫、境界。只要聽說那個人有道有功夫，反正好奇就去追求了。至於道與功夫究竟是什麽定義，也搞不清楚，這就是見地不清。爲何見地不清呢？嚴格追究起來，就是行願不對。

佛學的基本是建立在六道輪迴、三世因果上，但是據我幾十年的經驗所知，學佛學道的人，沒有幾個眞正相信六道輪迴，更沒有人相信三世因果，至少沒有絕對的相信。這並不是迷信，至少在理論上搞得清楚的人沒有，至於事實上求證到的更是沒有。這些都是値得大家反省的地方。

因爲不相信六道輪迴、三世因果，所以你學禪也好，學密宗也好，學淨土也好，根本基礎上是錯誤的，等於想在沙灘上建房子一樣，是不可能的事情。可是我們的心行都往這方面走。

比如我們學靜坐，坐起來都想空一下，然後都在那裡高談學理，空啊！有啊！般若啊！這些佛法道理談得頭頭是道，卻沒有研究心行。爲什麽要求得空？空的後面又是什麽？假定眞空了，是個什麽樣子呢？這些教理上都說了，可是我們沒去研究。

所以，有些人儘管功夫修得好，氣脈作得好，也是沒有用的。多少人說自己的奇經八脈打通了，三脈七輪打通了。打通了又怎麼樣？你說我氣脈打通了可以不死，還沒有一個氣脈通的人不死的。你說氣脈通了的人可以死得好一點，也有氣脈不打通的人死得蠻好的。那麼，所謂氣脈打通究竟是爲了什麼？我們沒有去思考，反正人家說氣脈通就跟著叫氣脈通。

又比如神通，神通又怎麼樣？先知又怎麼樣？多少個自稱有神通的人死於高血壓、糖尿病。

我們有沒有仔細想想，究竟學佛修行是爲了什麼？都在高談闊論，不切實際。眞正的修行，最後就是一個路子：行願。

什麼叫行願？就是修正自己的心理行爲。

我們的思想，起心動念是沒有發出來的行爲，一切的行動則是思想的發揮。我們想求得空，這是在追尋一個形而上的問題，追尋能夠發生思想的根源。在行爲上、思想上眞正作到了空，幾乎是不可能的。假定有人作到思想完全空，變成無知了，那又何必修道呢？所以空的道理不是這樣。

大家坐起來拚命在求空，基本上有一個最大的錯誤，對於空性的理，根本沒有認清楚。所以上次提及要大家看肇論，這本書是鳩摩羅什法師的大弟子僧肇法師所作。當然，這本書不大容易看，它是集中佛法之精華，以及老、莊、孔、孟思想而成的文章。比如他寫「般若無知論」，我們天天求般若大智慧的成就，他說智慧到了最高處是無智慧。等於心經上講的無智亦無得。又說：物不遷論，物沒有去來，無動也無靜，沒有過去，也沒有未來，只有當前這一下。又說：不眞空論，空而不空，這些形而上空與行爲配合爲一的道理，應多去研究。

我們作功夫、打坐爲什麼不能進步呢？大家一定以爲是方法不對，拚命找明師求方法。不是的！不要受自已的騙。功夫爲什麼不能進步？爲什麼不能得定？是因爲心行沒有轉。心理行爲一點都沒有改變的話，功夫是不會進步的，見地也不會圓滿。這在中國文化上，不論是儒家、道家，說法都是一致的，都是同一個論調。

比如學道家的人講，學道成仙有五類（好比佛家的五乘道），有鬼仙、人仙、地仙、天仙、神仙（也叫大羅金仙，相當於大阿羅漢。）道家認爲「只修命不修性，此是修行第一病。」光煉氣脈，作身體上功夫，而認爲這是道，這是修行的第一大毛病。又說「只修祖性不修丹，萬劫陰靈難入聖」，學佛的人只高談理論，對於生命根源沒有掌握住，經一萬劫也證不到聖人的境界。不論怎麼說，有一個基本原則，就是想成仙要修無數功德，無數善行才行。

什麼叫善行？以道家標準，一個人危急了，瀕臨死亡邊緣時，把他救出來，起死回生，這樣算是一件善行而已。以這個爲標準，要滿三千善行，數千功德，才夠得上修天仙。其他儒家、佛家都是一樣，佛家要求我們起心動念，內在的思想行爲要轉變。但據我所知，一個個的心行都沒有絲毫動搖，太可怕了。爲什麼不能證果？是自己心理的結沒有打開，八十八結使的結，根深蒂固。

學佛的人有一個基本的毛病，大家要反省。首先，因爲學佛，先看空這個人世間，所以先求出離，跳出來不管。因爲跳出來不管，慈悲就作不到。我們口口聲聲談慈悲，自己檢查心理看看，慈悲作到多少啊？這是個非常非常嚴重的問題。第二，貪瞋癡慢疑，我們又消除了多少？比如有一個例子，我們大家修行越修得好，脾氣越大爲什麼？你打坐坐得正舒服，有人來吵你，你還不氣啊？這種心理作用是不是跟慈悲相反呢？

還有功夫作得好的人，靜的境界儘管好，下坐以後，所有的行爲同靜的境界完全相反。理論講的也很對，作出來的完全相反。所以佛家要我們先從戒著手，小乘的戒還只是消極的，只防止自己行爲的錯誤，這是小乘戒的基本原則。大乘菩薩要積極培植善根，這樣才是大乘菩薩戒的基本。但是我們連消極的也沒有作到，積極的更談不到。

大家要注意，不論出家在家，以後學佛修持之路，應注意瑜伽師地論聲聞地當中的瑜伽地，這裡面包括了密宗所有的紅、白、花、黃教的基本理論，修氣脈、修止觀的原則，也都告訴我們了，這點順便提及。

比如我們曉得學聲聞，要學八關齋戒，其中一條戒云：沙彌不准坐高廣大床。

爲什麼?高廣大床就是上座、上位。爲什麼沙彌不能坐?是先要養成謙虛的德性,叫你不要處處自我傲慢,動輒自私自利,坐在上面很了不起那個樣子,就是要我們學謙虛。我們看了這條戒,不管在家出家,先反省自己有沒有謙虛,作到了謙虛沒有?據我了解,凡是學了佛的人,或信了任何宗教的人,比世界上任何人都傲慢。以爲別人不信,就是魔鬼,自己自認是聖人。我們學佛同樣也犯這種毛病,不過換一個名詞而已,覺得:他唉呀!很可憐,地獄種子啊!一樣的道理,不肯謙虛。

尤其是有點功夫的人,只要學佛打坐三天,然後「天上天下,唯我獨尊」起來了,別人的功夫都不行。專拿一個聖人的尺碼,去量人家,而且這個尺碼還是自己定的,眼光說有多短就有多短。人們在他的尺碼下,當然都不是聖人,可是他卻從來沒有量量自己有多長、多大,決不反照自己,這是最要命的。這個心行怎麼辦呢?所以爲什麼不能證果?爲什麼不能得定?就是這個心行,貪瞋癡慢疑一點都沒有轉化,非常可怕,反省起來非常嚴重。

我再三強調大家,修道沒有證果,不能證到空,就是心理行爲自己轉化不了,所以坐起來,只抓到意識境界造成的一點空,以爲那就是道了。

今天有位同學提出報告,昨天打坐坐得最好的當兒,忽然發現自己的手伸上來抓臉。當時他想,奇怪,前一秒怎麼不知道自己的手在抓臉?用功還用得很好呢!當時他覺得有點難過,懺悔自己的無記。失念了,自己做了,不知道。無記也有無記的果報，你說你是無心的，將來你所得的也是無記的果報。比如我們有時莫名其妙的受人打擊，那也就是無記果報。這位同學繼續打坐，後來又發現自己在抓臉，他說這就叫「無明」失念了。

不過，這也是只知其一，不知其二。普通談空這一念，只是起碼的，最初步的一點，還只是誘導法，誘導我們成就、成聖的最初步路子。但這個心念在同一秒鐘，同一刹那中，可以起很多的作用。所以我們眞靜下來時，六根同時並用，萬緣俱來時，若能萬緣都知，那就是六祖說的：何期自性，能生萬法。不是光修空，要能夠全知才行。

在清淨專一的時候，你還能夠用手抓癢，嘴裡咬咬牙齒，腳同時敲兩下，這些都是念的作用，你不能說「我的心念在這個時候空了，而抓癢並不屬於念。」你們要知道，本能的反應就是念，那是阿賴耶識的念。所以有許多人打坐修道，遭遇很多魔境界，實際上這個魔，都是自己這一生造的。不但如此，很多著魔的人，就是下意識喜歡玩弄這個東西，換句話說，他在心行方面根本沒有轉化。

所以，我經常告訴同學：易經六十四卦中，沒有一卦全好，也沒有一卦全壞，好中有壞，壞中有好，只有一卦比較算是六爻皆吉，那就是謙卦。所以佛家叫我們學空，戒律上第一個要做到謙虛。試問有幾個人作到了？自己反省一下，誰作到了。眞正作到了謙，才眞能做到菩薩的慈愛。道家老子云：「我有三寶：曰慈，曰儉，曰不敢爲天下先。」不敢爲天下先就是「謙」。佛家也是這樣，佛家謙到什麼程度呢？謙到「無我」，謙虛到了極點就是無我。

所以我們光想打坐達到空，在心行上作不到是空不了的，因爲我們坐在那裡守空，是「我」去守空，沒有做到無我的空，假定無我，何必求空呢？無我就已經空了。

所以以行願來講，「行」才是眞見地，行不到，見地沒有用，要作到這個才能談到眞慈悲，因爲慈悲就是無我。其實，我們普通講慈悲都屬於「情」，不是「智」。佛法大乘道的慈悲是智，是般若的慈悲。所以，以其眞無我，才能眞慈悲。說我要慈悲你，早落於下乘了。比如父母愛兒女那個仁慈，尤其是母愛，決不要求代價的，這是普通人道的父母子女之愛，但那還是「情」，這情是由「我」愛而發；菩薩的慈悲是「智」，智是「無我愛」而發，這可嚴重了。

所以講行願、行門之重要，我們隨時在靜定中，要檢點自己。什麼是修行人？是永遠嚴格檢查自己的人。隨時檢查自己的心行思想，隨時在檢查自己行爲的人，才是修行人。所以不要認爲有個方法，有個氣功，什麼三脈七輪啊，或念個咒子啊，然後一天到晚神經兮兮的，那是不相干的。我們看到多少學佛學道的人，很多精神不正常，爲什麼染污了？爲什麼有那麼多的不正常呢？因爲沒有嚴格在修行。換句話說，沒有嚴格的反省自己，檢查自己。

比如貪瞋癡三毒，你說我們那一點不貪？你說你一點都不貪，一天到晚想跟我在一起，想多跟老師一下，這是不是貪？我那裡沒有東西可給你的，因為你「貪」，你希望老師那裡也許有點東西可挖了來，這是什麼心理？為什麼自己不去用功呢？我當年向我的袁老師學習，不是我向老師問問題，都是老師在問我。

比如有一次，兩人由成都到重慶，那時交通不發達，到了內江，人很累。抗戰時候搭汽車只能站著，整整站一天，到了內江茶館裡，袁老師問：你累不累啊？當然累。你現在的心境如何？我答：同在山上閉關時一樣。那眞一樣，沒有動過，就是「旋嵐偃嶽而常靜，江河競注而不流」，沒有覺得動搖過，也沒覺得風塵僕僕是辛苦。但是這個時候覺得自己有一點疲勞，還是不對的。袁老師講：唔！這可不容易啊！我答：大概還要一年，我會把這問題解決。次日早起，我說：先生，您昨天睡覺時打呼好厲害啊！袁老師問：你曉得我為什麼要打呼？我愣住了，為什麼？這是個大問題。接著袁老師問：你曉得有一個不打呼的東西？我說那個我在理上知道。差不多了！要求證。理上知道有一個在打呼，還有一個不打呼的，在看這個在打呼。

舉上面這個例子，是說大家貪問，事無大小一概問。我們檢查自己的心理，貪瞋癡慢疑要斷，談何容易啊！你說，你打起坐來會空，沒有用的。你在事上過不去，心事來的時候過不去，瞋心來的時候比誰都大。

什麼是瞋心？怨天尤人就是瞋，這是瞋的根。對環境，對一切不滿意，有一點感覺不滿意維持著，就是瞋心的開始。

至於癡，那就更不用談了，引用袁老師的詩：

業識奔如許　鄉關到幾時
五蘊明明幻　諸緣處處癡

你看學佛的人，個個都曉得談空，可是每一個人都有心理上，感情上的癡、利害上的癡、生命上的癡等等，無一而不癡。沒有智慧嘛！這些根會在那裡發現呢？行爲上沒發現，夢中都會發現的。夢中會有這樣的行爲，就是因爲自己永遠在貪瞋癡中。行爲如果轉變不了，要想轉變氣脈，那是不可能的。但是如果認爲氣脈轉變就是得了道，那也是荒唐。聽了多少人氣脈通了，可是現在都到黑茫茫的那個地方去了。

所以，如果大家在心行、行願方面沒有動搖，不要談四禪八定，更不要想談證果。

老實說，一個人眞做了一件善行，這一天盤個腿打坐看看，馬上就不同，氣脈馬上就不一樣，心境馬上就擴大了，這個是絶對不能欺騙自己的事。不要說眞正善的行爲，或內在的善心，今天如果眞把貪瞋癡慢疑這些毛病解決了一點，那個境界就不同一點。所以我們坐起來不能空，心境空不了，就得找找看，看今天自己的病根在什麼地方，爲什麼今天上座不能空？你的心念在貪瞋癡慢疑當中，一定有個東西掛在那個地方。這是阿賴耶識的問題，不是第六意識的事情。如果沒有檢查這個，光是打打坐求一點空，求一點功夫，沒有用的，奉勸你不要學道，你會把自己給害了的。

所以心行方面要特別注意，這也只是說行，還沒有講願。至於發起救人救世之願，能有一點行爲爲別人著想，處處能犧牲自己的人，在我看來，沒有一個做得到，一點也作不到，所以要想證果，絕無此事。

講義上，八十八結使與三界的關係，明白地擺在面前。能解開了多少個結，你就得了那個果位，這些考驗都擺在眼前。別以爲腿能盤一個鐘頭就能升上什麼天；一個半鐘頭又能升上什麼天，沒這回事。腿是靠不住的，修「行」，修的是心理行爲，不是修腿。

佛學叫我們除煩惱，佛學的翻譯「煩惱」兩字用得好極了。拿普通的學問來研究，煩惱是我們心理行爲一個基本狀態。「煩」，煩死了；「惱」，討厭。這些就是煩惱。煩惱就是罪惡，對自己心理染污的罪惡。以形而上本體來講，我們的自性本來清淨，因煩惱連帶發生的行爲，變成了後天的罪惡。比如一個人殺人，是因爲火大了。而基本上，只是由一點的煩惱開始來的，它對自己來講，是最大的罪惡；對外界來講，發展下去，久了可以成爲害社會、害國家、害人類、害世界的大罪惡，所以煩惱兩字，不要輕易小看它。

我們講行願方面，這個心理的「行」，要做到清淨、做到空。要想得定，要想明心見性，應該隨時隨地檢查自己。是不是有一絲毫的煩惱存在？如有煩惱存在就很嚴重了。

有一種煩惱是來自生理的，由生理不平衡所引起的，就是儒家所謂氣質之性，所以修道要變化氣脈，也就是要變化氣質。氣質是一個實在的問題，不是空洞的理論。

爲什麼修道的人功夫好了，氣色會好、氣脈會通？因爲受心理行爲的影響，氣質在變化，每一個細胞都在變化，不是假的。所以煩惱能轉成菩提，轉成覺性，隨時清明。

我們每個人，尤其是學佛的人，隨時在煩惱中，我們回轉來檢查，一天二十四小時當中，有幾秒鐘身心都是愉快的？當然嚴格來講，後天的愉快也屬於煩惱之一。維摩經上講：煩惱即菩提，就是說，你能把煩惱轉過來就是菩提。因煩惱的刺激，引起你的覺悟，發現自己在煩惱中，這可不對，立刻警覺，這樣一轉，當下就是菩提。

但是，我們的煩惱不是菩提，因爲我們不知不覺中，總是跟著煩惱在轉。比如剛才一個同學在講，打坐腿子發麻，生理不好，煩惱來了。這個煩惱最重要的一部分，當然是生理影響，所以生理完全轉了，變成絕對的清淨，修道的基礎、定的基礎才算有了。所以氣脈對於這一方面很重要。

氣脈又與心理行爲有絶對的關係，你多行一點善，念頭轉善一點，雖然是消極的善，不是對人有利的行爲，但是你能先去掉自己心中的煩惱，也算是自我本分的一點善，能夠這樣做到了一些，氣脈就會轉一分，你的定力自然就增加一分。所以，我們打坐爲什麼靜不下來？檢查起來就是因爲煩惱。煩惱裡頭隱藏許許多多罪惡的種子，許多罪惡的因素，都是由「煩惱」而來。

假如我們轉掉了煩惱這個東西，完全轉清了，這個時候，心境會比較清明一點點，然後我們才能夠檢查自己念頭的起滅。

比如我們坐在那裡，覺得心境很清淨，這是意識境界。但是你可知道，我們在清淨這一刹那中間，隱藏了多少罪惡煩惱，能不能檢查得出來？假定有人說大話：在這一念清淨當中，我絶對沒有一點煩惱，沒有一點罪惡。那麼這個人不要談修行了，他根本就沒有見地嘛！我們在這一念清淨當中，煩惱與罪惡的根根，有八萬四千之多，這是假定數目，比喻很多很多的意思。佛說：一念之間有八萬四千煩惱，因此就有八萬四千方法，來對治這些煩惱。

剛才有一個同學問：爲什麼一到空的境界，或空靈境界一來，就起恐怖？非常怕，這很奇怪。關於這個問題，可以分幾點來談。

第一點，佛說墮落久了的人，見到空性，哈哈大笑，歡喜無比；墮落輕的人，見到了空性，會恐怖、大哭。

第二點，另外一種說法，見到空性不起恐怖心理的人，就是金剛經上所講：當知是人，於一佛二佛三四五佛而種善根，已於無量千萬佛所，種諸善根。學佛的人天天求空，善根淺的人，眞的空來了就害怕，無法面對現實，去接受這個空。原因在那裡？因爲執著，所以人生來總要抓住一個東西，忽然到了空境界，沒有東西可抓的時候，你害怕起來了。這是普通人的心理，自然會起恐懼。

第三點，當空境來時，忽然有恐懼心，這就說明你心裡頭已經有個恐懼，並不是空了，是有個恐懼佔進來了，因爲我們的習慣上愛執著，愛抓一個東西，就抓住了這個恐懼。

這麼一點東西，有那麼複雜的心理因素。我們大家是不是在一念空當中，隱藏了許多煩惱、許多罪惡？有沒有檢查出來？這都是修行當中看起來很空洞的理論，但卻是非常實際的話。尤其是年輕同學們，閉起眼睛，覺得有一點清淨，認爲這就是空，空不了的，那也是心理的一個狀況。也就是說，當我們打坐時，眼睛閉起來，腦子進入半休息的狀態，不是完全睡眠，眼神經也沒有完全的休息。只是下意識當中，空空洞洞的，在下意識的記憶習慣上，呈現一個類似空的景象而已。而這個景象前面，還是黑茫茫的，然後在這裡頭忙起哲學來了，玩起話頭來了，然後覺得自己都懂了，還認爲自己是一箭破三關呢！這是一。

第二，等你精神養好一點，脾氣也大，尤其是青年，第一關情欲就來了，也就是男女間的愛欲就強了。這點不要自欺，功夫做不好沒話說，功夫一做好了，男女愛欲之念，尤其生理上的壓迫就來了。這是什麼原因？貪瞋癡。貪欲的第一個根本無明馬上就爆發了。沒有這個來，氣脈也不可能打通；來了以後，欲念又引起。這個中間的行——心行、行門，該怎麼辦？用什麼方法可以把它對治過來？怎麼去處理它？怎麼去調理它？它的原理是在什麼地方？它的病根究竟怎麼來的？是心理先引起生理呢？或是生理先引起心理？這裡頭是個很大的關鍵。至於老年人以為自己沒有這個問題，那是因為你衰老了，要想把西沈的夕陽挽回到東面來，這件事真能做得到的話，第一關還是會碰到這個問題，因為這是根本煩惱。

所以大家要特別注意八十八結使，唯識百法明門論的五十一種心所，什麼是根本煩惱？什麼是隨煩惱？隨眠煩惱？這「隨眠」二字譯得非常好，它纏著你，跟著你，使你在睡眠昏迷的狀態中，自己也檢查不出來，被它迷糊住了。其實，這也是自己的魔障。

一層一層檢查，八十八結使能去幾層，你禪定的功夫絕對就到了那裡。若按照普通講法，念住就是初禪，這個只是普通說法。至於真正的初果位，就不是這樣了。所以，你即使得了初禪，卻不一定證得初果。因為果的標準就是根據八十八結使，也就是你那個下意識的罪惡煩惱的根，貪瞋癡慢疑去掉了幾層，就是果位的考驗。

我們不能不通教理，不要以爲光是打打坐，抱一個話頭就行了，沒有用的。所以別人問禪，我就說：我有「饞」，你那裡有好吃的我就來。那有那麼簡單？不容易的。你就是作到念住，還要看你是住在什麼念，念住在昏沈也是住，沒有用的。氣質沒有轉，心行沒有轉，沒有用的。

其次，就算作到氣住，呼吸停止了，充其量是二禪，並不一定就是二果。單單氣住，並不能證果位。氣住可以用意志控制作到，與道不相干。而且氣住了以後，只要一逗他，他發起脾氣來比誰都大。所以修行不是如此，不要搞錯了。你認爲氣住了，自己有功夫、有道了，那個道賣幾毛錢一斤啊？沒有用的。主要關鍵在心理行爲。

二禪氣住後，同時要查查八十八結使，心理的罪惡煩惱去掉了多少？身口意三業去掉了多少？所以有許多人都講功夫，講了半天，身口意三業一點都轉不了，自己不要自欺了。

脈停，印度很多瑜伽士都能做到，埋在土裡不會死，這都是能夠練出來的。這只是說明我們的生理功能，能夠用心訓練成各種狀況，這個是唯心所造，作得到的。至於說，這是不是道果呢？不是的。

至於三果、四果，每個道果，都可以在發給大家的八十八結使那一張表查到。自己每一天要隨時檢查自己，看看心理行爲中，煩惱罪惡的狀態解除了多少，檢查今天善行作了多少，所以古代儒家有功過格，用紅黑豆來標記，以檢查自己的心理行爲。

功夫作到了氣住脈停，只能說明心性的功能，證明唯心所造的功能，的確可成就這些功夫、神通等。至於說證道，或證到空性，卻不一定。證得三身——法身、報身、化身，那就更難。

這三身成就，也就是禪宗所講的三關，眞正的三關作到了，才能有三身的成就。禪宗祖師們，或其他許多人，雖然談空說有，比如上次提過的雪巖欽禪師，道不可謂不高，但是不是三身成就？我們不得而知。

三身成就是可以現生作到的，先把氣質變化過來，由善行開始做起，配合四禪八定的功夫，就有一點希望。我個人幾十年來投身在這裡頭，也在試驗求證階段。沒什麼功夫，也沒什麼修養。在沒有到達那個絕對的求證以前，不要隨便給自己定一個範圍，下一個定義，一下就錯了。

以上是行的部分。

願呢？更難談了，行願不到，見地不會到的。換句話說，行願不到，修證功夫也不會到。坐得好有什麼用呢？你說：我打起坐來，能夠坐三個鐘頭，心裡清清淨淨。那是你在那裡偷懶，也可以說是一種「道者盜也」。陰符經上這句話的意思是，人取用天地的精華，借用生命原有的功能，就能修煉成道。人一生下來，偷天地間的食物、空氣，打起坐來還子午卯酉，想吸天地正氣，日月精華，這個強盜多厲害！所以説道者盜也。但是陰符經鼓勵我們當盜，眞把宇宙的東西偷得來，我們的生命就成功了，我們的生命就是宇宙。然後你可以再讓別人搶去，這是道家的觀點。

墨子的思想出自於道家，墨子要我們「摩頂放踵以利天下」，等於佛家大慈大悲的精神，犧牲自我，這是墨家的思想。墨子是道家神仙傳上的人物，道家神仙傳上説，墨子到漢武帝的時候還在世間。但是誰又見過他呢？

楊朱則絕對自私自利，自由主義的思想也出在道家。

現在回到主題，所以我們學佛打坐都是坐在那裡偷盜，而在同一時間中，社會上那麼多人卻爲我們在忙碌。所以佛家有一句話很了不起，就是早晚課誦的一句話：上報四重恩，下濟三塗苦，這就是行願的願，每天都提醒我們作功德。我們學佛的人都要隨時隨地檢查自己，每天要上報四重恩，這四種恩都是我們所欠的：佛恩、父母恩、國家恩、衆生恩。

衆生對我們有什麼恩呢？一個人活在世界上，靠社會上很多人的努力成果，所以學佛的人要上報四重恩。我們活著一天，都要麻煩很多人提供生命所需給我們，事實上如此。

下濟三塗苦，同時也要想到下三道——畜牲、地獄、餓鬼的苦痛。換句話説，隨時要想到不如我的人的痛苦，要想到怎樣去幫助他們。可是我們做到了沒有？學佛的人只想怎麼爲自己求到法財侶地，你幫忙我成道，如此這麼一個動念，就是自私的基本。你爲什麼不先幫助人家成道呢？所以上面講行，下面講願。願發起了沒有？自己想想看。

至於說：衆生無邊誓願度，煩惱無盡誓願斷，法門無量誓願學，佛道無上誓願成。那眞是在唸經，唸過去就完了，心裡根本沒這回事。首先衆生無邊誓願度，只要度我就好了。煩惱無盡誓願斷，最好你幫忙我斷。法門無量誓願學，你教我就好了。佛道無上誓願成，將來總有一天會成。這四句話我們往往是這樣下的註解，只要一反省起來，就很嚴重了。所以說行門很難很難的。

所有的佛經、三藏十二部都告訴我們了，都在講行願。行，三十七道品，六度萬行，學佛的基本是在這些地方。了解三世因果、六道輪迴，從心理行爲上改進自己，漸漸地，功夫、見地自然會進步。這不是說教，是我的親身體驗，不從這裡下功夫是解決不了問題的，不會證果的。心行的改變比打坐、比修證重要得多，而且只要心行改正一天，你的定力、打坐就隨之進步一天。

所以說，爲什麼不能得定，甚至連打坐都坐不住呢？你在心行上去追求，不要在功夫上去追求。在功夫上追求是空的，偶然可以，過了幾天就沒有了。盤腿打坐與定沒有絕對的關係。至於坐在那裡，你身心能不能轉得過來呢？這個就是問題了。其實並不在於打坐的姿勢，要在心行上檢查自己才是究竟，才能夠談到定。

今天結論重點就在這裡。這次的課程以見地、修證、行願爲三大綱要。最後強調一句——行願最重要。行到了，見地才會圓滿，修證功夫才會證果。古人證果的多，就是在行願。

現在很流行木訥祖師傳（密勒日巴），個個都很佩服他，那你能不能學木訥祖師呢？作不到。木訥祖師的老師那麼故意整他，四幢房子蓋起來以後要他拆掉，把背上都磨破了，流膿流血，他沒有怨恨。你們天天想要老師傳密法，只要老師開口罵兩句，你們就要罵老師了。像這樣的心行，怎麼行嘛！都想自己當祖師，當六祖。六祖到五祖那裡求法，五祖叫他舂米舂了三年。我們不必舂米，反過來好像老師欠我們的，假使在以前的時代，早就一棒子打過來了。怎麼那麼不通呢？心中是怎麼個想法自己不檢查，還要求人家很嚴格，要求老師更嚴格了，這個是不行的，隨時都要注重心行。

見地到了就是法身；修證到了就是報身；行願到了就是化身。三身都在一念之間，這個修證不到，不談！

現在社會上，一般講的功夫都有問題。因爲全世界都在心理變態的狀態中，幾乎沒有一個人眞正證到，都是自欺欺人之談。我希望我們這裡在座的，能眞正學佛，不要作自欺欺人之事。

八十八結使這段很重要，很重要的。自己隨時去檢查檢查，八十八結使去掉了多少。瑜伽師地論中，聲聞地、菩薩地的作功夫程序都講完了，彌勒菩薩把怎麼樣修證，怎麼樣證果，所有祕密都告訴我們了，只要我們用智慧，盡心去看它就可以發現。

大家拿著這次所開列的書，包括大小乘經論及講義去參考，好好從心行作起，必有好處，必能證果。

三界天人表

- 無色界（四無色天 或 四空天）
  - （三十三）㉘非想非非想天 Nairasarynauasanjnayayatand
  - （三十二）㉗無所有處天 Akincanyayatana
  - （三十一）㉖識處天（識無所有處天）Vijnananantayatana
  - （三　十）㉕空處天（空無所有處天）Akasanantayatana
- 色界（天道）（色界四禪天）
  - 四禪
    - （二十九）㉔色究竟天（阿迦尼吒天）Akanistha
    - 五淨居天 或 五那含天 聖位所居
      - （二十八）㉓善現天 Sudarsana
      - （二十七）㉒善見天 Sudrsa
      - （二十六）㉑無熱天 Atupa
      - （二十五）⒇無煩天 Avrha
    - （二十四）⒆無想天 Asanjnisattva（外道所居）
    - （凡夫住處）
      - （二十三）⒅廣果天 Vrhatphala
      - （二十二）⒄福生天 Punyaprasava
      - （二十一）⒃福慶天（無雲天）Anabhraka
  - 三禪
    - （二　十）⒂遍淨天 Subhakvtsna
    - （十　九）⒁無量淨天 Apramanasubha
    - （十　八）⒀少淨天 Parttasubha
  - 二禪
    - （十　七）⑿極淨光天（光音天）Abhasvara
    - （十　六）⑾無量光天 Aprumanabha
    - （十　五）⑽少光天 Parittabha
  - 初禪
    - （十　四）⑼大梵天 Mahabrahma（凡夫所居）
    - （十　三）⑻梵輔天（梵前益天）Brahma purohita
    - （十　二）⑺梵衆天 Brahma-parisadya
- 欲界
  - 六欲天（日月繞須彌山半）
    - （十　一）⑹他化自在天（摩羅天）Paranirmita
    - （　十　）⑸化樂天（樂化天）Nirmanarati
    - （　九　）⑷兜率陀天（知足天）Tasita
    - （　八　）⑶夜（炎、焰）摩天 Yama
    - （　七　）⑵忉利天（三十三天）Trayastrimsas（居須彌山頂）
    - （　六　）⑴四天王天（居須彌山半）
      - 北毗沙門 Vaisrarana
      - 西毗琉璃婆叉 Virupaksa
      - 南毗琉璃勒 Virudhaka
      - 東多羅吒 Dhrtarastra
  - （　五　）阿脩羅 Asura
  - （　四　）人 Manusya
    - （北）鬱單越（俱盧洲）Uttara-kuru
    - （西）拘耶尼洲 Yodhana
    - （南）閻浮提洲 Jambu-dvipa
    - （東）弗于逮（勝神洲）Purva-videha
  - （　三　）餓鬼 Pretos
  - （　二　）畜生 Tiryagyoni
  - （　一　）地獄（共有十八）Naraka

二十八天：（二十九）色究竟天至（十一）他化自在天，加四無色天

六道：（二十）遍淨天至（一）地獄

（註）一、三十三天，諸經略有異見，本資料係廣採參用。

二、俱舍論，凡夫所居僅（不含外道）廣果、福生、無雲三天。

三、欲詳細研究，請參閱老古文化公司出版「三界天人體系表」。

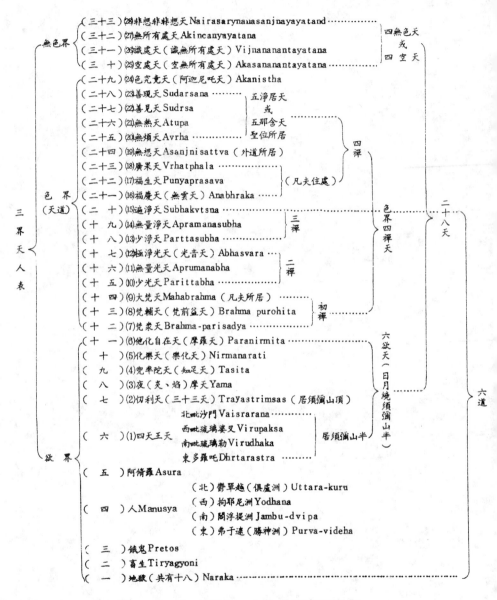

南懷瑾先生著作簡介

1. 論語別裁（原文加注音）　南懷瑾述著

是中華民國開國以來，闡揚中國固有文化精髓，推古陳新，使現代中國人能夠了解傳統文化的橋樑。它，接續了古今文化隔閡的代溝。

2. 孟子旁通(一)　南懷瑾著

是繼「論語別裁」後，劃時代的鉅著，爲中華文化留下再生的種子，內容包羅諸子百家思想精華，觸類旁通，驗證五千年來歷史人事，司馬遷謂：「通古今之變，成一家之言。」恰足以讚之。（初集梁惠王篇先出版，以後陸續出書。）

3. 佛門楹聯廿一幅　合篇

金粟軒詩話八講

淨名盦詩詞拾零

本書揭開古今詩訣奧秘，法語空靈，禪機雷射，所輯及所作詩詞、楹聯，皆爲千古流傳難得一見之詩林奇嚮。

4.新舊的一代　南懷瑾著

原名：廿世紀青少年的思想與心理問題。解析了近百年來學術思想的演變，近六十年來的教育問題和現代社會青少年思想問題的根源。

5.定慧初修　袁煥仙　南懷瑾著

本書收集袁煥仙先生及其門人南懷瑾先生，有關止觀修定修慧的講記，對習禪及修淨土者，提示了正知正見和眞正修行的方法，最適合初學者。

6.靜坐修道與長生不老　南懷瑾著

融合儒、釋、道三家靜坐原理，配合中、西醫學，對於數百年來，各方修道者的修持經驗，予於深入淺出的介紹和解答，揭開幾千年來修持的奧秘。

7.參禪日記（初集，原名：外婆禪）　金滿慈著　南懷瑾批

本書是一位退居異國的老人，參禪修道來安排他晚年生活的實錄，許多修行的功夫和境界，都是女性修道者，最好的借鏡與指導。

8.參禪日記（續集）　金滿慈著　南懷瑾批

她的日記續集，讓廿世紀的現代人，看到一個活生生的，邁向修道成功的事實例證。

9.習禪錄影　南懷瑾著

「羚羊掛角無踪跡，一任東風滿太虛。」本書是禪宗大師南懷瑾先生，歷年來主持禪七的開示語錄，及十方來學的修行報告，您想一睹禪門風範嗎？假此文字因緣，也算空中授受，可乎？

10.禪話　南懷瑾著

「山迴迴，水潺潺，片片白雲催犢返；風蕭蕭，雨灑灑，飄飄黃葉止兒啼。」禪話對歷代禪門祖師的公案，給予時代的新語！

11.金粟軒紀年詩初集　南懷瑾先生著

本書爲南懷瑾先生自十五歲至七十歲，閒居隨感而作詩詞編集而成。詩是他思想情感寄託蘊藏之所在，也是弟子們藉以了解其師生命的橋樑，本編所集，皆清涼塵囂之無上甘露也。

12.禪與道概論　南懷瑾著

本書說明禪宗宗旨與宗派源流，及其對中國文化之影響。後半部談正統道家及隱士、方士、神仙丹派之思想來源和內容，可稱照明學術界的方外書。

13. 楞嚴大義今釋　南懷瑾著

「自從一讀楞嚴後，不看人間糟粕書」——它是宇宙人生眞理探原的奇書，是入門悟空的一部書，也是抱本修行，閉關修行一直到證果跟在身邊的一部書。

14. 楞伽大義今釋　南懷瑾著

「楞伽印心」，禪宗五祖以前，用它來驗證學人是否開悟，書中有一百零八個人生思想哲學問題，是唯識學寶典。解析唯心、唯物矛盾的佛典。

15. 禪海蠡測　南懷瑾著

本書爲南懷瑾先生傳世經典之作，有關禪宗宗旨、公案、機鋒、證悟宗師授受、神通妙用，及其與丹道、密宗、淨土之關係，鈎玄剔要，爲無上菩提大道，鋪了一條上天梯。

16. 維摩精舍叢書　袁煥仙著　南懷瑾等編纂

散盡億萬家財，行脚遍天下，求法忘軀，大澈大悟，川北禪宗大德塩亭老人煥仙先生，此篇鉅著，分判諸宗門派獨步千古，凡究心三家內典者，不可不讀，南懷瑾先生即其傳法高第也。

17.歷史的經驗(一)　南懷瑾著

本書爲南教授外學講記，以經史合參方式，長短經、戰國策爲主，講君臣對待，有無相生、利弊相參的道理，是治世的良典，是領導的藝術，也是撥亂反正難得的寶笈。

18.道家、密宗與東方神秘學　南懷瑾著

本書揭開千古修行、成仙、成佛之奧秘，有關道家易經、中醫、與神仙丹道，以及西藏密宗原理和重要密法法本之提示，皆有深入淺出的介紹和批判。

19.觀音菩薩與觀音法門　南懷瑾等著

家家彌陀佛，戶戶觀世音，本書收集南懷瑾先生，歷年對觀音法門之講記，及古今大德、顯密二宗對觀音菩薩的看法及觀音修持法門，是學佛的初基，也是求證佛法最直接切入的方便法門

20.金剛經別講　南懷瑾講述

金剛決疑，金剛印心，「金剛經別講」以現代化、生活化的方式，活活潑潑地，讓現代人不論是初學佛或老參同修，都能隨其深淺，各得勝解。書後附有南老師的「中國文化與佛學八講」，是最基礎的佛學概論，是最佳結緣入門的階梯，也是簡要直捷的佛法大意鳥瞰。

21.序集　南懷瑾著

本書集中南老師歷年來所寫有關諸書序言，編爲一册，內容精蘊，包含廣泛，於人生學問、修證各方面之見地，高邁今古，迥脫凡塵，揮發儒、釋、道三家思想精華，可藉爲初學入門引導之指南，亦可作爲資深研究者更上之驗證。亦可由此略窺南先生思想精神之大概。

22.歷史的經驗(二)　南懷瑾講述

張良助劉邦擊敗項羽，統一天下，兵機謀略，大多得自黃石公素書之啓發，素書凡一千三百三十六言，上有秘戒，不許傳于不道、不神、不聖、不賢之人，若傳非其人，必受其殃。得人不傳，亦受其殃。張良之後，此書不知去向，至晉朝，有人盜發張良之墓，於玉枕之處發現此書，自此素書始再傳於世間云云。書後附陰符經及太公三略，皆兵法之宗祖。南先生此篇講記，將三千年來歷史例證，平鋪原經文之後，以便讀者可以經史合參，而對於千古是非成敗之際之因因果果，判然明白，或者以之做爲個人創業，及立身處世之參考。

23.一個學佛者的基本信念——華嚴經普賢行願品講記　南懷瑾著

本書將華嚴經普賢行願品的內義闡述無遺，尤其將普賢行願的修持法門直述公開，顯密融通，是歷來講解此經所未曾有者。書後并附普賢菩薩有關經文及諸佛菩薩行願。

24.禪觀正脈研究（上） 南懷瑾講述

據佛經記載，釋迦文佛住世時期，有無數修行弟子修行得道證果，何以二千多年來，佛法普及之後，修道者多如牛毛，證果者反而寥寥無幾？此一公案困惑千古行人，原來當初世尊座下弟子，泰半皆從白骨禪觀入手，以爲修行之根基，故容易獲得果證。自南師以「禪密要法」爲底本，首倡白骨禪觀之修法以來，參修同仁，宿業漸消，疾病多癒，禪觀定力亦日有更進。因之懇請南師首肯，乃將當初講記整理出書，以爲修道行人之參考，由於後半部尙待校正及補充資料，故先出版上册先行流通。

25.中國佛教發展史略述 南懷瑾先生著

本書從印度佛教起源，談至佛法傳入中國時的現況，以迄於民國後的佛教界，對於研究佛教歷史淵源及禪宗叢林制度的學者，本書提供了清晰的史料和線索，書後幷附禪宗叢林制度與中國社會全文。

26.中國道教發展史略述 南懷瑾先生著

幾千年來道教的歷史演變，由學術思想、宗教型式及修煉內涵三方面，以及宗教及科學兩個層次，公平的批判解析道教存在的歷史原因，和它偉大的貢獻和價值，並預言未來道教所應發展的方向。

27. 老子他說（上）　南懷瑾先生講述

老子其猶龍乎？南師懷瑾先生在本書中以經史合參，以經解經的方式，藉著老子自證的現身說法，刻劃出中國文化中道家隱士思想在歷史巨變中影響時世偉大磅礴光輝燦爛的一面。同時發揮了幾千年來書院學者所不知、不能言及的道德內蘊。老子他說，他說老子，這是領袖之學，這是修養的極致，有心文化者，有心領導事功者，有心修道成聖者，不可不一讀！再讀！

28. 易經雜說㈠——易經哲學之研究　南懷瑾先生講述

南師懷瑾先生精通易理，社會大衆往往有稱讚其爲「當今易學大師」者，然其講解易經課程，却是深入淺出，平易近人，幾乎把高深的易理說得人人都懂，還有他異於古今學者獨特的妙悟勝解，說是綜羅百家精要亦可，說是成一家之言亦可。本書爲其隨心所講的講記，整編而成，相信必大有助於初學易者及深研易者之啓發。

29. 如何修證佛法　南懷瑾先生講述

您知道學佛修行須依持那三個綱要？大乘必須以小乘作基礎，小乘的修法如何修呢？那個法門最易成就呢？修持只爲得定嗎？定是什麼？如何得定呢？修行中會有那些情況與歧路呢？楞嚴經所講的五十種陰魔境界裏，卻蘊藏著修行解脫程序的大秘密？這是南懷瑾先生花了幾十年的時間才發現的秘密，在此公開，請修行同道好好珍惜！